TERENZ

WERKE IN EINEM BAND

HERAUSGEGEBEN VON DIETRICH EBENER

BIBLIOTHEK DER ANTIKE

RÖMISCHE REIHE

TERENZ

WERKE IN EINEM BAND

AUFBAU-VERLAG
BERLIN UND WEIMAR
1988

AUS DEM LATEINISCHEN ÜBERTRAGEN
VON DIETRICH EBENER

1. Auflage 1988

Einbandgestaltung Horst Erich Wolter
Lichtsatz INTERDRUCK Graphischer Großbetrieb Leipzig – III/18/97
Druck und Binden
LVZ-Druckerei „Hermann Duncker", Leipzig III/18/138
Printed in the German Democratic Republic
Lizenznummer 301.120/113/88
Bestellnummer 613 676 3
01200

Terenz, Werke BDA
ISBN 3-351-00436-2

EINLEITUNG

ROMS ENTWICKLUNG ZUR WELTMACHT

Etwa dreißig Kilometer landeinwärts von jener Stelle, an der sich der Tiber in das Tyrrhenische Meer ergießt, windet sich der Fluß in mehreren großen Krümmungen durch ein hügeliges Gelände. Archäologische Funde beweisen uns, daß bereits im 10. Jahrhundert v. u. Z. auf und zwischen den Hügeln menschliche Siedlungen bestanden, Keimzellen gleichsam, aus denen die spätere Stadt Rom erwuchs. Jahrhunderte sollten allerdings noch vergehen, ehe diese Stadt aus dem Dämmerlicht des Mythos und der Legende in das klare Licht der Geschichte trat.

Kaum mehr als Mythos und Legende sind auch die beiden ersten, von den Römern selbst als zeitliche Fixpunkte ihrer Geschichte genannten Daten: das Jahr 753 v. u. Z., das Jahr „der Gründung der Stadt", das bereits der größte Wissenschaftler der Römer, Marcus Terentius Varro (116–27 v. u. Z.), für das richtige hielt, und das schon in höherem Grade durch historisch beglaubigte Quellen gestützte Jahr 510 v. u. Z., in dem das römische Volk den letzten der insgesamt sieben seit Gründung der Stadt regierenden Könige, Tarquinius Superbus, „den Stolzen", historisch die Verkörperung der zeitweiligen Beherrschung Roms durch die benachbarten Etrusker, in die Verbannung trieb. Dieses Ereignis wurde als der Beginn der Geschichte des „nunmehr freien" römischen Volkes angesehen, der römischen Republik (res publica bedeutet „öffentliche Sache"), die unter der Leitung zweier jährlich von der Volksversammlung neu zu wählender Konsuln stand. Bei aller Fragwürdigkeit der Daten selbst wie der zwischen ihnen liegenden Ereignisse, die eine legendenumwobene Tradition berichtet, schält sich doch mit Wahrscheinlichkeit als wichtigstes Ergebnis der Königszeit eine entscheidende gesellschaftliche Umwälzung heraus: der Übergang von der auf Sippe und Familie gegründeten Gentilgesellschaft zu einer staatlichen Organisation, die auf einer nach der Vermögenslage, d. h. dem Privateigentum des einzelnen Bürgers vorgenommenen Klasseneinstufung der freien Bevölkerung beruht. Standen sich bisher Patrizier, der meist auf Grundbesitz gestützte altrömische Adel, und Plebejer, die „Menge“ (Plebs) der ökonomisch schwächeren, persönlich freien Bevölkerung, als gesonderte Stände gegenüber, von denen lediglich die ersteren sich als das römische Volk bezeichnen durften, so umfaßte nunmehr dieses Volk, der populus Romanus, beide Schichten. Freilich vermochten die Patrizier das Privileg zur alleinigen Ausübung der höchsten Ämter sowie zahlreiche andere Vorteile noch geraume Zeit zu behaupten. Erst Jahrhunderte später, nach langwierigen und schweren inneren Auseinandersetzungen, in denen die Plebejer sich schrittweise höhere Rechte erkämpften, mußten die Patrizier das wichtigste Instrument ihrer Vormachtstellung aufgeben: Vom Jahre 367 v. u. Z. an mußte einer der beiden Konsuln von den Plebejern gestellt werden. Diese Bestimmung trug nicht allein der bisher schon lange nachweisbaren zahlenmäßigen Überlegenheit, sondern vor allem der gewachsenen wirtschaftlichen Macht der Plebejer Rechnung. Allerdings blieb die Klasseneinstufung bestehen: Nur den wohlhabenden Plebejern waren die höchsten Ämter zugänglich. Auf diese Weise bildeten in der Folgezeit die besitzenden Gruppen beider Gesellschaftsschichten gemeinsam den Amtsadel, die Nobilität; die Zahl der Privilegierten hatte sich bedeutend erweitert. Daß dennoch die inneren Kämpfe um bestimmte Rechte, insbesondere zur Erleichterung der nach wie vor harten, wenn seit 326 v. u. Z. auch gesetzlich bekämpften Schuldknechtschaft, die den Verarmten mit Sklaverei bedrohte, zwar nicht aufhörten, aber bis etwa zur Mitte des 2. Jahrhunderts v. u. Z. an Schärfe verloren, wurde wesentlich durch die außenpolitische Entwicklung Roms mitbestimmt.

Denn die inneren Auseinandersetzungen spielten sich ab vor dem Hintergrund eines harten Existenzkampfes der Stadt nach außen. Vom Zeitpunkt der Gründung an mußte Rom zunächst mit den Gemeinden der nächsten Umgebung, der Landschaft Latium, weiter mit den kulturell hochstehenden Etruskern des Nordens in ein erträgliches Verhältnis zu kommen suchen. Die Kämpfe gingen um Ländereien, die zum Anbau von Feldfrüchten und zur Weidewirtschaft geeignet waren, gingen um die Sicherung der für den Handel wichtigen Straßen, der Verkehrsknotenpunkte, der Flußübergänge, gingen auch in allmählich steigendem Grade um den Besitz von Arbeitskräften, von Sklaven, die sich nicht mehr allein aus den Opfern des Schuldrechts, sondern aus Kriegsgefangenen und von Sklavenhändlern verschleppten Personen, „Kaufsklaven", ergänzten. Schon in diesen Jahren des ersten Ausgreifens der Stadt Rom über die Grenzen ihres Territoriums bildete sich, vorläufig noch als Mittel der Selbstbehauptung, in den Grundzügen eine außenpolitische Haltung heraus, die mit dem Einsatz von Gewalt ein hohes Maß diplomatischer Elastizität und Variabilität zu vereinen wußte. Schon damals suchte Rom die von ihm abhängig gewordenen Gemeinden durch jeweils verschiedene, der Lage und den Kräfteverhältnissen entsprechende Formen an sich zu binden, angefangen von zuweilen freundschaftlichen Bündnissen mit der Gewährung gleicher oder maßvoll abgestufter Rechte bis zur brutalen Unterwerfung und Versklavung; es scheute auch nicht davor zurück, sich zeitweilig anderen, bereits bestehenden Städtebünden gleichberechtigt anzuschließen. Damit waren Richtungen gewiesen, die später Maximen der römischen Weltmacht werden sollten.

Aber der Weg dorthin erstreckte sich noch weit. Um 390 v. u. Z. drangen von der Poebene aus gallische Stämme in Mittelitalien ein und brachten den Römern eine schwere Niederlage bei. Rom wurde geplündert, lediglich die Besatzung des Kapitols – auf diesem höchsten Gipfel des kapitolinischen Hügels erhoben sich die Tempel der Gottheiten Jupiter, Juno und Minerva – vermochte sich zu halten. Wahrscheinlich haben innere Streitigkeiten der Gallier, vielleicht auch Angriffe von Alpenvölkern auf die gallischen Siedlungen in Norditalien die Sieger zum Abzug veranlaßt und Rom vor der Vernichtung bewahrt. Weitere Kämpfe Roms um die Festigung seines Einflusses in Mittelitalien, insbesondere gegen die Bergstämme Samniums, kosteten große Opfer. Innere Zwistigkeiten unter den Stämmen wie unter den griechischen Gemeinden Süditaliens, aus denen die blühende Handelsstadt Tarent hervorragte, führten zu erbetenen militärischen Hilfeleistungen Roms, gegen die Tarent den epirotischen König Pyrrhos um Unterstützung bat. Wechselvoll und verlustreich waren die durch erneute Vorstöße der Gallier erschwerten Kriege, die im Jahre 272 v. u. Z. mit der Kapitulation Tarents einen Abschluß fanden. Etwa um das Jahr 265 v. u. Z. konnten die Römer sich als die Herren der Apenninenhalbinsel betrachten.

Die Folgen dieser im ganzen für Rom siegreichen Kämpfe trugen, wie oben angedeutet, zu einer gewissen Entschärfung seiner inneren sozialökonomischen Spannungen bei. Einmal eröffneten die eroberten Gebiete den Römern die Möglichkeit, durch Anlage von Kolonien ihren wirtschaftlich schwächeren Bürgern bessere Existenzgrundlagen zu schaffen; zum anderen bewirkten die in den Kämpfen errungenen Beutegüter, die eingetriebenen Tribute, dazu die in immer größerer Zahl zur Verfügung stehenden Sklaven als verhältnismäßig billige Arbeitskräfte insgesamt einen wirtschaftlichen Aufschwung. Dabei darf nicht außer acht gelassen werden, daß die Mehrzahl der unterworfenen italischen Stämme noch in der Gentilgesellschaft lebte, also auf einer niedrigeren Stufe der Entwicklung stand. Die Etrusker waren zwar den Römern kulturell überlegen; aber ihrer auf mehrere rivalisierende Städte verteilten Macht fehlte die Einigkeit, deren es bedurft hätte, dem römischen Expansionsdrang Grenzen zu setzen. Ähnlich erging es den Griechen in der ersten Hälfte des 2. Jahrhunderts v. u. Z. Auch bei ihnen verhinderten die zwischen ihren Gemeinden herrschenden Spannungen einen politischen Zusammenschluß, der allein einen erfolgreichen militärischen Widerstand gegen die Römer hätte ermöglichen können. Für die kulturelle Entwicklung Roms aber sollte die engere Beziehung zu den überragenden Leistungen der Griechen insbesondere in der Literatur, der Philosophie und der bildenden Kunst in einer noch ungeahnten Weise fruchtbar werden.

Die Eroberung Italiens hatte Rom zu einem der wichtigsten Staaten unter den Anliegern des Mittelmeeres erhoben. Der Zusammenstoß mit der seit dem 5. Jahrhundert v. u. Z. stärksten Macht des westlichen Mittelmeergebietes, Karthago, war unvermeidlich. Diese Stadt, um 800 v. u. Z. von den Phöniziern, einem an den Küsten des östlichen Mittelmeers ansässigen semitischen Handels- und Seefahrervolk, gegründet, war ein blühendes Handelszentrum, dessen Reichtum sich auf den Transport und Verkauf von Waren aus Spanien, aus Britannien, ja aus dem fernen südlichen Afrika stützte. Gleichzeitig führte es die gefürchtete Tradition der Phönizier fort, Städte zu überfallen, die Bewohner zu verschleppen und als Sklaven teils selber einzusetzen, teils feilzubieten. Zu einer Zeit, in der auf italischem Boden die bäuerliche Klein- und Mittelwirtschaft noch blühte und der Großeinsatz von Sklaven zur Bodenbearbeitung noch in den Anfängen stand, befanden sich auf den umfangreichen Landgütern der karthagischen Geldaristokratie bereits Tausende von Sklaven, die, gruppenweise mit Ketten aneinander gefesselt, zur Arbeit gezwungen wurden. Damit hatte Karthago auch seinerseits zur Überwindung der Gentilgesellschaft wesentlich beigetragen. Diese Voraussetzungen stellten die beiden Gegner in bestimmtem Sinne auf eine annähernd gleiche Stufe der Entwicklung und bedingten die Härte und zeitliche Ausdehnung des Kampfes, der, soweit es erlaubt ist, moderne Begriffe auf antikes Geschehen anzuwenden, von beiden Seiten ein imperialistischer Raubkrieg war: Zwei Wolfsrudel kämpften um die Beherrschung ein und desselben Jagdgrundes. Daß die Römer, allen Rückschlägen zum Trotz, sich letzten Endes als die Stärkeren erwiesen, lag in der Konsequenz und Ausdauer, mit der die Führenden ihre Ziele im Auge behielten, auch die anfangs bestehende Überlegenheit Karthagos zur See durch den Bau einer eigenen Flotte auszugleichen wußten, vor allem aber in dem Umstande, daß die bäuerliche Bevölkerung des Stammlandes den Kern ihrer Armeen bildete. Demgegenüber vermochten sich die führenden Schichten Karthagos angesichts ihrer inneren, oft aus individueller Gewinnsucht erwachsenen Zwistigkeiten nur langsamer zu Entscheidungen durchzuringen und blieben wiederholt bei halbherziger Ausführung gefaßter Beschlüsse stehen; darüber hinaus stützten sie sich militärisch in starkem Maße auf Söldnerverbände aus vielerlei Gebieten, deren Unzuverlässigkeit in kritischen Situationen immer wieder zutage trat.

Die Entscheidung des blutigen Ringens zwischen Römern und Karthagern, die ihrer Herkunft wegen auch Punier genannt wurden, war nach dem zweiten der insgesamt drei Punischen Kriege (264–241; 218–201; 149–146 v. u. Z.) bereits gefallen. Nach dem ersten hatte Karthago auf den Besitz Siziliens verzichten und eine hohe Kontribution an den Sieger entrichten müssen. Doch vermochte es sich, insbesondere unter Ausnutzung der ihm in Spanien verbliebenen Einflußgebiete, rasch zu erholen und, gestützt auf das militärische Genie eines Hannibal, im zweiten Punischen Krieg die Römer überraschend in ihrem eigenen Lande anzugreifen. Hannibals Siegeslauf gipfelte in der Schlacht bei Cannae (216 v. u. Z.), in der eine römische Armee fast vollständig vernichtet wurde. Aber die zähe Hinhaltetaktik der Römer und die Unfähigkeit der karthagischen Führungsschicht, durch sofortigen hinreichenden Nachschub Hannibal zu einem vernichtenden Schlag gegen Rom selbst zu befähigen, ließen das Blatt sich wenden. Auf afrikanischem Boden kam es bei Zama (202 v. u. Z.) zur entscheidenden Schlacht. Hannibals einzige Niederlage besiegelte sein und seiner Vaterstadt Schicksal: Karthago mußte einen für seine wirtschaftliche Kraft kaum erschwinglichen Tribut zahlen, fast seine gesamte Flotte ausliefern und zahlreiche Geiseln stellen; alle auswärtigen Besitzungen gingen ihm verloren, die Stadt sah sich in Afrika auf die unmittelbar angrenzenden Gebiete beschränkt. Rom war zum Beherrscher des zentralen und westlichen Mittelmeergebietes geworden, es vermochte jetzt das Hauptgewicht seiner Außenpolitik nach dem Osten zu verlagern. Der nochmalige verzweifelte Widerstand, zu dem Karthago ein halbes Jahrhundert später sich aufraffte, angesichts politischer Forderungen Roms, deren Erfüllung seinem Untergang ohnehin gleichgekommen wäre, bedeutete einen zwar noch drei Jahre währenden, aber aussichtslosen Endkampf.

Dieses Ereignis führt jedoch über die Zeitspanne hinaus, innerhalb deren die literarische Persönlichkeit, der unsere Darstellung gilt, sich entfaltete. In den Jahrzehnten nach dem zweiten Punischen Krieg, die den Dichter Terenz leben und wirken sahen, befand sich die Großmacht Rom bereits politisch wie militärisch in der erfolgreichen Auseinandersetzung mit den hellenistischen Staaten des östlichen Mittelmeerraumes. Als erste Höhepunkte dieser Auseinandersetzung sind die Einflußnahme Roms auf die nordwestgriechische Landschaft Illyrien, deren Küstengebiete sich bereits 219 v. u. Z. unter römischer Kontrolle befanden, die nach mehreren Kriegen (215–205; 200–197; 171–167 v. u. Z.) abgeschlossene Unterwerfung des mächtigsten griechischen Staates der Balkanhalbinsel, Makedonien – Anlaß für Rom, die Annektierung als „Befreiung Griechenlands“ zu verherrlichen –, sowie die Zerschlagung und territoriale Inbesitznahme der übrigen kleineren, zu Bünden vereinten griechischen Staaten zu nennen; die gleichzeitig mit der Zerstörung Karthagos (146 v. u. Z.) erfolgende Zerstörung Korinths bedeutete den Abschluß der Eroberung griechischen Gebietes auf dem europäischen Festland. In Kleinasien faßten die Römer nach ihrem Siege über den syrischen König Antiochos III., den Urenkel eines der Diadochen (vgl. S. XV), im Jahre 190 v. u. Z. Fuß und schufen damit die Voraussetzung für die schrittweise vorangetriebene Einbeziehung der hellenistischen Staatenwelt in das Römische Reich.

ITALISCHE VORSTUFEN DER RÖMISCHEN LITERATUR

Die römische Kultur als Ganzes erhielt entscheidende Anstöße von der Begegnung mit den kulturellen Leistungen der Griechen. Dabei büßte sie ihren unverwechselbar römischen Charakter keineswegs ein; sie verstand ein Großteil griechischer Vorbilder mit eigenem Geiste zu erfüllen. Dabei übten auch zahlreiche altitalische, insbesondere etruskische Einflüsse eine starke Wirkung aus.

Entsprechendes gilt für die Literatur. Kultisch gebundene „heilige Lieder", in dem noch verhältnismäßig einfachen Versmaß des Saturniers gestaltet, auch Gesänge, in denen im selben Versmaß die Taten Verstorbener gepriesen wurden, bezogen zum Teil bis dahin mündlich weitergegebene mythische Begebenheiten in ihren Themenkreis ein. Förderer und Nutzer derartiger Gesänge waren entsprechend den sozialen Verhältnissen vorrangig die Patrizier. Neben solchen bereits bewußt von der Umgangssprache abgehobenen Bemühungen um poetische Formung führten die innen- wie außenpolitischen Erfordernisse, vor allem das Abfassen von Gesetzen, die Ausarbeitung von Verträgen, das Aufzeichnen der Riten für die öffentlichen Kulte auch zu der Notwendigkeit, einen knappen, klaren Prosastil zu schaffen. Die nach dem Sturz des Königtums errichtete Republik nötigte die führenden Schichten zur Teilnahme an den Debatten im Senat, verlangte auch für die Verpflichtung, vor der Volksversammlung das Wort zu ergreifen, eine Schulung in der Fähigkeit, sich mündlich überzeugend auszudrücken. Man wurde sich der Vorteile bewußt, die eine Beherrschung der wichtigsten Techniken der Redekunst bot. Die den Patriziern Schritt für Schritt abgerungene Zulassung auch der Plebejer zu den Ämtern erweiterte ständig den Kreis derer, die bestrebt waren, sich zur Durchsetzung oder Ablehnung jeweils vorgelegter Beschlußentwürfe ein solides Rüstzeug an rednerischem Können anzueignen. Allerdings blieb der Besitz dieser Bildung auf eine Minderheit beschränkt.

Indessen gab es auf italischem Boden vorliterarische Gattungen ehrwürdigen Alters, die im Volke verwurzelt waren. Sehr wahrscheinlich haben die Etrusker auf die Entwicklung der Gattung einen stärkeren Einfluß genommen, als sich bei der gegenwärtigen Quellenlage nachweisen läßt; dies gilt sicher schon für die nach der etrurischen Stadt Fescennium benannten fescenninischen Verse, überwiegend improvisierte derbe Spottlieder mit teilweise dialogischem Charakter. Auch der besonders auf Sizilien heimische griechische Mimos, eine bis zum Ausgang der Antike beliebte volkstümliche „Kleinkomödie", machte seinen Einfluß geltend. Im Begriff Fabula Atellana, „ein Stück aus Atella" bzw. „nach atellanischer Art", ist die Stadt Atella genannt, eine in der mittelitalischen Landschaft Kampanien auf dem Gebiet des alten Volksstammes der Osker gelegene Gemeinde. Die nach ihr bezeichneten Stücke waren eine Art locker gebauter, ursprünglich auch improvisierter Lustspiele, deren Schauplatz das Leben auf dem Lande und in den kleinen Städten widerspiegelte. Die wichtigste Rolle übernahmen in steter, nur in Einzelzügen nuancierter Wiederkehr bestimmte Alltagstypen, etwa der Einfaltspinsel, der Nimmersatt, der Prahlhans. Daß es dabei nicht zimperlich zuging und die Grobheit in rohe, verhöhnende Darstellung körperlicher Gebrechen ausarten konnte, beweist der beliebte Typ eines raffinierten bzw. großsprecherischen Buckligen. Derartige Atellanenstücke erfreuten sich schon im frührepublikanischen Rom großer Beliebtheit.

Inwieweit die Fabula Atellana Raum für gesellschaftskritische Äußerungen bot, ist ungeklärt. Atella gehörte zu jenem Teil Kampaniens, der lange Zeit von den Etruskern beherrscht wurde. Die aristokratische Führungsschicht der Lucumonen, des etruskischen Adels, der die politisch Leitenden, die Priester, auch die Offiziere der großenteils aus Söldnern bestehenden Streitkräfte stellte, wird dafür gesorgt haben, daß dieses Lustspiel über vordergründigen Spaß und allenfalls allgemein gefaßte Sentenzen schwerlich hinausgekommen ist. Bei den Römern scheint es von Anfang an kaum anders gewesen zu sein, wie sich aus dem Schicksal des Naevius in historischer Zeit schließen läßt (vgl. S. XXIVf.). Die Tendenz der Herrschenden, die Massen der ökonomisch und damit politisch von ihnen Abhängigen in einer für ihre eigenen Privilegien ungefährlichen Weise „zu unterhalten", war offenbar auf italischem Boden in einer weit in die Vergangenheit reichenden Tradition verwurzelt, und von jenen verhältnismäßig harmlosen Vorstufen bis zu der berüchtigten Devise der Kaiserzeit: panem et circenses („Brot und Zirkusspiele"), wie sie der Dichter Juvenal (etwa 60–130 u. Z.) kritisch in seiner 10. Satire festgehalten hat, bedurfte es nicht allzu vieler Schritte. Die subjektiv zweifellos ehrliche, von den Zuständen unter der Militärdiktatur des Kaisertums genährte Vorstellung Juvenals von einer republikanischen Verfassung, innerhalb deren die politischen Ämter sozusagen jedermann zugänglich waren – die Sklaven standen auch für den späten Satiriker ohnehin nicht zur Debatte –, war sich der Fragwürdigkeit der „Freiheit der Vorfahren" schwerlich bewußt.

Die aus den Vorstufen der altrömischen Literatur ablesbare gesellschaftliche Rolle des dramatischen Spiels war also von vornherein begrenzt. Weil dieses Spiel aber in Zeiten, in denen die schriftliche Verbreitung literarischer Werke schon aus materiellen Gründen nur einer Minderheit zugute kam, allein eine gewisse Breitenwirkung erzielte, ergibt sich angesichts der immer intensiver werdenden Begegnungen Roms mit dem Griechentum die entscheidende Frage: In welchem Zustand befand sich das Drama der Griechen in jener Zeitspanne, da auf italischem Boden die ersten historisch greifbaren Persönlichkeiten als Vermittler dramatischer Werke in Erscheinung traten, da römische Dichter im Banne der griechischen Literatur als Leser, Übersetzer, Bearbeiter, in steigendem Grade auch als schöpferische Gestalter tätig wurden?

DIE ENTWICKLUNG DES GRIECHISCHEN DRAMAS IN HELLENISTISCHER ZEIT BIS ZU SEINER ÜBERTRAGUNG NACH ROM

Der Begriff des griechischen Dramas läßt zunächst an die großen Schöpfungen des 5. Jahrhunderts v. u. Z. denken, an die Tragödien des Aischylos, Sophokles, Euripides und die Komödien des Aristophanes. Gemeinsam war ihnen die Verwurzelung im gesellschaftlichen Leben der Polis Athen. Diese Verwurzelung drückte sich formal in der Bindung an die religiösen Feiern der Athener aus, inhaltlich in dem Streben der Dichter, mit ihren Mitteln aktuelle Probleme der Polis, des demokratischen „Stadtstaates“, zu gestalten. Nun war die attische Demokratie, die „Herrschaft des Demos“, der persönlich freien Bürger, genausowenig eine musterhafte wie andere, die ihr folgen sollten. Sie stützte sich auf eine nach dem Besitz abgestufte Teilnahme der Begüterten am öffentlichen Geschehen. Große Gruppen der freien Bevölkerung, insbesondere die aus anderen Gemeinden Zugezogenen und die wirtschaftlich Schwächeren, besaßen nur wesentlich eingeschränkte Rechte, die Frauen waren sogar völlig vom politischen Leben ausgeschlossen. Das in der Theorie jedem freien und unbescholtenen Bürger eingeräumte Recht der Rede konnte in der Praxis nur von demjenigen ausgeübt werden, dem seine ökonomische Stellung die Mittel und die Muße verschaffte, deren es bedurfte, die unerläßliche Sachkenntnis und rhetorische Schulung zu erwerben. Und der Grundsatz der Stimmenmehrheit bewies seine Unzulänglichkeit damals nicht weniger als heutzutage. Abgesehen von dem Problem derer, die sich aus wirtschaftlichen, moralischen oder anderen Gründen einer Teilnahme an den Volksversammlungen überhaupt entzogen, fanden sich Mehrheiten für unheilvolle Beschlüsse nur zu oft; die Tätigkeit redegewandter Demagogen, der „Volksverführer“, die infolge von Bestechung, aus Ehrgeiz, aus persönlicher Gewinnsucht das Streben der Masse nach ihrem Willen zu lenken wußten, trieb ihre giftigen Blüten und führte wiederholt zu schwerwiegenden politischen wie militärischen Fehlentscheidungen.

Und dennoch: Innerhalb der nur wenige Jahrzehnte dauernden Blütezeit der attischen Demokratie, die bereits von den Schatten der nahenden Krise verdunkelt wurde, vermochte sich trotz aller Unzulänglichkeiten ein bis dahin nirgendwo nachweisbares Klima kritischer Geistigkeit zu entwickeln. Zu den Errungenschaften, die ihm verdankt werden, gehören Tragödie und Komödie. Beide Arten des dramatischen Spiels konnten im Rahmen ihrer Mittel einen Freiraum der Diskussion für sich behaupten und einen Grad künstlerischer Reife und Verallgemeinerung erreichen, der sie zu einem kostbaren Bestandteil der Menschheitskultur erhob.

Das auf dem Wege zur Weltmacht voranschreitende Rom begegnete freilich dem Griechentum nicht als Zeitgenosse dieser kritischen Geistigkeit. Denn als das Volk Athens über die Späße der Alten Komödie lachte und dabei auf der Bühne sich selbst mit all seinen Torheiten und mehr oder weniger fähigen politischen Köpfen erkannte, war das bereits republikanische Rom noch eine latinische Landstadt unter anderen und stand in hartem Kampf um seine Existenz. Noch mehr als zwei Jahrhunderte sollten vergehen, ehe diese Stadt, nunmehr Herrin Italiens und des westlichen Mittelmeeres, damit auch Herrin der griechischen Kulturzentren der südlichen Apenninenhalbinsel und Siziliens, ihre Legionen zum griechischen Mutterland und nach Kleinasien entsandte.

Zu dieser Zeit bedeutete das klassische griechische Drama selbst für die Stätten seines Ursprungs nicht mehr als ein ehrwürdiges Erinnerungsstück, an dem man sich auf der Bühne noch gelegentlich erbaute, ohne daß ihm eine gegenwartsgestaltende Aufgabe zukam. Während Schätze der griechischen bildenden Kunst als Beutegut nach Italien verschleppt wurden und Zehntausende von Kriegsgefangenen und Bewohnern eroberter Städte den Weg in die Sklaverei antraten, war die Polis ihrer Stellung als führende Kraft längst beraubt. Innerhalb der von den Machtkämpfen der Diadochen, der „Nachfolger" Alexanders des Großen, erschütterten hellenistischen Staatenwelt hatten die Städte ihre Bedeutung als Zentren der Kultur und der Wirtschaft zwar aufrechterhalten und teilweise erhöht, aber in den monarchisch regierten Gebieten, in die das Reich Alexanders des Großen nach dem Tode des Eroberers (323 v. u. Z.) zerfallen war, ihre politische Selbständigkeit eingebüßt. An den Höfen der Fürsten fielen die Entscheidungen, und auf den Schlachtfeldern fochten nicht mehr freie Bürger für die – tatsächlichen oder vermeintlichen – Interessen ihrer Polis, sondern mordeten sich Söldner ohne Rücksicht auf ihre Nationalität im Dienste desjenigen Machthabers, der ihnen den höchsten Sold und die reichste Beute versprach. Die Kultur als Ganzes diente der Aufgabe, Glanz, Herrlichkeit, Weisheit, Gerechtigkeit und Tapferkeit des jeweiligen Königs zu preisen. Dieser Umstand schloß bedeutende Fortschritte auf zahlreichen Gebieten, u. a. der Geographie, der Naturwissenschaften, der Architektur, der bildenden Künste nicht aus. Doch wer sich als Poet versuchen wollte, mußte, sofern er sich nicht vorrangig dem Lob seines Herrschers zu widmen gedachte, auf weniger tiefschürfende Themenbereiche zurückgreifen. Dieser Zwang traf den Lebensnerv der Tragödie. Spärlich sind die Reste tragischer Dichtung, die aus diesen Jahrhunderten zu uns sprechen. Für die klassische Tragik gab es keinen Raum mehr. Was aber wurde aus der Komödie?

Die Literaturgeschichte spricht nach der Alten Komödie, deren hervorragender Repräsentant Aristophanes war, von einer Mittleren (etwa 390–320 v. u. Z.) und einer darauf folgenden Neuen Komödie. Schon die von der Mittleren Komödie auf uns gekommenen dürftigen Fragmente lassen eine für den Niedergang der Polis alten Stils bezeichnende Abkehr von großen gesellschaftlichen Problemen erkennen. Parasiten, Hetären, „bürgerliche" Intrigen, auf vordergründige Komik berechnete Darstellung mythischer Szenen prägen das Geschehen. Die eingeschlagene Richtung wird weiter verfolgt von der Neuen Komödie eines Diphilos, eines Philemon (etwa 360–264 v. u. Z.), vor allem eines Menander. Hier fließen die Fragmente reichlicher, hier hat uns das letzte Jahrhundert in Papyrosfunden für Menander sogar die Texte eines fast vollständigen Stückes („Der Griesgram", auch „Menschenfeind" o. ä.) und eines in wesentlichen Teilen erhaltenen („Das Schiedsgericht") geschenkt. Der Weg der Gattung ist eindeutig: Nur keine Politik – unter den monarchischen Verhältnissen wäre ein Politisieren auch nicht anzuraten; selbst die Lobhudelei auf den jeweils Herrschenden kann gefährlich werden, weil der Ausgang der nächsten Schlacht schwerlich vorauszuberechnen ist –, kaum eine diesbezügliche Anspielung, schon gar kein Hinweis auf gesellschaftliche Spannungen. Am besten tut man so, als sei das im Augenblick Bestehende, wenn auch zuweilen Eingriffen der Göttin des Zufalls und Schicksals Tyche ausgesetzt, als Ganzes für die Ewigkeit geschaffen, d. h., man siedelt das Bühnengeschehen in Kreisen an, die von den Stürmen der Zeit am glimpflichsten gezaust zu werden scheinen, im einigermaßen begüterten Bürgertum, das es verstanden hat, aus dem als Folge der Eroberungszüge Alexanders des Großen zu verzeichnenden Aufschwung des Handels und mehrerer Zweige des Handwerks Vorteil zu ziehen und sich verhältnismäßig gehobene Lebensbedingungen zu verschaffen oder zu erhalten. Man kann die soziale Wirklichkeit nicht verdrängen, aber man braucht ja bloß ihre erträglichen oder sogar rosigen Seiten ins Blickfeld zu rücken. Dem Armen geht es schlecht. Folglich zitiert man ihn lediglich, wenn er es in einer dem „Lustspiel" gemäßen Weise fertigbringt, seinen Zustand zu überspielen, etwa als Parasit. Die Mädchen, die durch Preisgabe ihres Körpers am Rande des Elends ihr Leben fristen, sind zu bedauern oder, in der Mehrzahl der Fälle, zu verachten. Man bringt deshalb lieber die wenigen auf die Bühne, denen es dank ihren körperlichen und geistigen Vorzügen und einem Lächeln der Tyche gelungen ist, zu einem gehobenen Hetärendasein aufzusteigen. Die Sklaven sind Unfreie, jederzeit von körperlicher Strafe, von Folterung und grausamer Hinrichtung bedroht. Da läßt man diejenigen, die das härteste Los getroffen hat, die gefesselt in den Bergwerken und auf den Äckern Schuftenden, aus dem Spiel, man läßt jene auftreten, die sich, wenn auch stets gefährdet, als Haus- und Familienbediente eines etwas besseren Daseins erfreuen, die sich das Vertrauen ihrer Herren errungen haben, zuweilen ein freies Wort riskieren dürfen, an Witz und Geist, gelegentlich auch an Charakter ihre ein wenig beschränkten Herren übertreffen und deren Söhnen, die, ihrem Alter gemäß, gern über die Stränge schlagen, mit List und klug gesponnenen Intrigen Hilfe leisten. Und wenn einmal ein freies, jedoch armes Mädchen auftritt, das sich bemüht, „rein" zu bleiben und sich durch Spinnen und Weben über Wasser zu halten, dann kann man damit rechnen, daß der junge Mann, dem sie insgeheim ihr Herz geschenkt hat, sie eines Tages erlöst und freudestrahlend heimführt, in ein wohlhabendes Haus natürlich, in dem alle Not ein Ende findet. In dieser Welt können Weisheit und Torheit, Geiz und Verschwendungssucht, Großsprecherei und Bescheidenheit, Liebe und Haß, Ehrlichkeit und Tücke, schließlich Schrullen verschiedener Färbungen in allen nur denkbaren Spielarten und Kombinationen sich entfalten; im „allgemein Menschlichen" darf der Poet schwelgen und eindrucksvolle Sentenzen prägen.

Bemerkenswert bleibt ein weiterer Zug: Die Neue Komödie übernimmt einige Motive der klassischen Tragödie, insbesondere des Euripides, und schmilzt sie in ihre Weltsicht ein. Ein kennzeichnendes Beispiel sei angeführt.

Im „Ion" hatte Euripides das Los der Krëusa in den Mittelpunkt des Geschehens gestellt, der attischen Königstochter, die, von

Apollon vergewaltigt, unter dem Zwang der herrschenden Moralauffassung ihr Kind heimlich zur Welt bringt und aussetzt. Der Junge wird ohne Wissen der Mutter geborgen und nach Delphi in das Apollonheiligtum gebracht, wo die Orakelpriesterin ihn mitsamt den ihm in einem Körbchen mitgegebenen Gegenständen aufnimmt, nährt, erzieht und im Jünglingsalter als Tempeldiener einsetzt. Nach einem an Irrungen und Wirrungen reichen Spiel, während dessen sich Mutter und Sohn, ohne sich zu kennen, sogar eine Zeitlang als Todfeinde gegenüberstehen, kommt es anhand der mit dem Kinde einst ausgesetzten Gegenstände zur glücklichen Wiedererkennung. Die von den Herrschenden gepredigte Moral wird als verlogen und unmenschlich, der göttliche Mädchenschänder als verantwortungslos genußsüchtig, arrogant, zum Schluß auch noch als töricht und feige entlarvt. Um das Stück vor dem Archon basileus, dem „herrschenden König“, durchzubringen, der unter den neun jedes Jahr zu wählenden Beamten Athens als Verantwortlicher für die Einhaltung der Kulte und die Ausrichtung der Festspiele auch eine Zensur der eingereichten Stücke ausübte, und zum mindesten die harmloseren Gemüter innerhalb des Publikums nicht in Entrüstung zu versetzen, hat Euripides in diesem Stück zum Mittel des deus ex machina gegriffen, der zum Schluß mittels einer Bühnenvorrichtung über der Szene erscheint, alles wieder ins rechte Lot rückt und dem Mythos und damit der offiziellen Ideologie das ihre gibt. Die sogar den Göttern überlegene Schicksalsgöttin Tyche hat alles weislich geordnet.

Dieses Motiv, die – in der Wirklichkeit meist aus materieller Not oder unter moralischem Zwang erfolgte – Kindesaussetzung, Wiedererkennung, Wiederaufnahme und, sofern es sich um ein Mädchen handelt, auch Verheiratung, wurde für die Neue Komödie nicht weniger ein beliebter Angelpunkt des Geschehens als die Vergewaltigung, die sich auch ein sonst braver Bürgersohn im Rausch und im Überschwang der Gefühle einmal zuschulden kommen läßt und die gegenüber einer Sklavin oder einer Hetäre niederen Grades gar nichts Besonderes und Folgenschweres bedeutet. In der Komödie aber entpuppt das vergewaltigte und schwanger gewordene Mädchen sich plötzlich als eine Freie mit dem ihr gebührenden Bürgerrecht, und das Kind, in solchem Fall in der Regel ein Junge, ist der jeweiligen Familie als Stammhalter willkommen. Alle

Spannungen, Intrigen, Verwechslungen, sonstigen Irrtümer, alle Sorgen und Ängste lösen sich in Wohlgefallen auf.

Für eine Krëusa, die nicht nur leidenschaftlich ihren Schmerz äußert, sondern auch flammende Anklagen gegen den Urheber ihres Leides und damit gegen die herrschende Moral schleudert, bleibt in diesem Spiel kein Raum. Es finden sich Stücke, in denen das Mädchen, um das die Handlung sich dreht, gar nicht auf der Bühne erscheint; allenfalls hört man sie aus dem Inneren eines Hauses einmal aufschreien, in den Wehen der Geburt Lucina um Beistand bitten. Wo sie auftritt, zeigt sie sich in der Regel „sittsam", „schamhaft", „züchtig", ihrem Gatten „ergeben"; man zweifelt nicht daran, daß sie sich zu jenem Typ der Gattin, Hausfrau und Mutter entwickeln wird, der in dem Stück als gereifte oder auch als ältere Frau gegen die ihr zukommende Abhängigkeit vom Mann sehr selten ernstlich aufbegehrt, selbst einem vertrottelten oder als Ehebrecher entlarvten Partner verhältnismäßig glimpflich den Kopf zurechtsetzt, mehr klagend als anklagend, und die Rolle der sparsamen Hüterin der Häuslichkeit in der Regel bieder und zuverlässig erfüllt.

In höherem Grade können sich die Hetären als Persönlichkeiten entfalten. Da der Dichter nur die gehobene Schicht dieser Frauen auf der Bühne erscheinen läßt, die oftmals ihnen gebotene Chancen einer höheren Bildung und eines vornehmeren Umgangstones nutzen durften, vermag er unter ihnen anziehende, fesselnde, ja liebenswerte Charaktere zu zeichnen. Zu diesen bevorzugten Hetären rechnen die Mädchen, die zwar ihr Gewerbe als Sklavinnen eines Kupplers betreiben, denen aber der Kuppler selbst, um sie desto stärker ausbeuten zu können, nicht nur durch entsprechende Wohnbedingungen und Kosmetik, sondern auch durch musische Ausbildung in Tanz und Gesang sowie im Spielen von Instrumenten, zuweilen sogar durch philosophische Schulung eine möglichst starke Anziehungskraft verleihen wollte. Manche dieser Mädchen wurden von einem wohlhabenden Liebhaber freigekauft, manchen gelang es auch, durch Ersparnisse sich selbst freizukaufen; manchmal ließ der Kuppler unter Bedingungen, die für ihn günstig waren, auch eine seiner Sklavinnen selber frei (vgl. Anm. zu den *Brüdern,* V. 980f.). Freigelassene oder durch Geburt freie Hetären konnten sich durch Geschick, durch kluges Schröpfen, auch durch gegenseitiges Ausspielen ihrer Liebhaber Reichtümer erwerben, sich ihrerseits Sklaven und Sklavinnen halten und ein Leben im Luxus führen. Ein Dichter fand hier eine Fülle von Möglichkeiten, seine Gestaltungskunst zu bewähren. Die verlogene Moral freilich wird weder angeprangert noch auch nur ehrlich bedauert. Sie wird, im Gegenteil, bekräftigt: Hetären, selbst geschätzte und begehrte, bleiben letzthin verachtet. Die bürgerliche Wohlanständigkeit verzichtet keineswegs auf die Genüsse, die dort zu holen sind, zieht aber den Trennungsstrich immer wieder deutlich. Die Hetären selbst denken kaum daran, ihn zu überschreiten – allenfalls in dem Bemühen, persönlich in ein näheres Verhältnis zu einer bürgerlichen Familie zu treten und derart in bestimmten Fällen auf einen, wenn auch begrenzten, rechtlichen Schutz rechnen zu dürfen.

In ähnlicher Weise denken auch die Sklaven der Neuen Komödie nicht daran, einmal ernstlich aufzumucken. Das Höchste an Trotzreaktion, das von ihnen zu erwarten ist, besteht darin, daß sie mit dem Gedanken des Weglaufens liebäugeln. Eine solche Flucht scheitert in der Regel, sofern der Gedanke halbwegs ernst gemeint ist, alsbald an rein ökonomischen Nützlichkeitserwägungen: Woher in der Freiheit das tägliche Brot nehmen? Derlei Erwägungen sind für den Kreis der verhältnismäßig privilegierten Sklaven, die hier auftreten, durchaus realistisch. Im übrigen lag der Gedanke an Abschaffung der Sklaverei außerhalb des Gesichtskreises der Gesellschaft und damit auch der Sklaven selbst. Der Sklave erstrebte die persönliche Freiheit, vor allem die Freilassung durch den Herrn, die ihn freilich in der Regel in ein neues, wenn auch milderes Abhängigkeitsverhältnis brachte. Eine echte soziale Alternative hatte ja auch keiner der späteren großen Sklavenaufstände zu bieten, die das Römische Reich zum Teil schwer erschütterten. Das Streben der mit bewaffneter Hand Aufbegehrenden nach der persönlichen Freiheit bedeutete fast immer nur ein beabsichtigtes Tauschen der Rollen von Herren und Dienenden, sehr oft auch weiter nichts als den Versuch, sich in die alte Heimat oder in noch nicht in das Imperium einverleibte Gebiete durchzuschlagen, und war angesichts der Machtverhältnisse zum Scheitern verurteilt. Ansätze zu durchgreifenden gesellschaftlichen Umgestaltungen gab es lediglich in der Theorie; sie gelangten über die Stufe verschwommener Wunschbilder nicht hinaus.

Dabei leugnet die Neue Komödie die umfassenden, großen Probleme der Zeit, die zuweilen zerstörerischen Gewalten der Natur wie die durch unaufhörliche Kriege der Mächtigen genährten unmenschlichen Lebensumstände der Mehrzahl der Zeitgenossen keineswegs. Sie sind vorhanden, sie sind wirksam. Aber sie spielen sich hinter der Bühne ab. Da kommt es vor, daß im Sturm ein Schiff mit Mann und Maus untergeht oder, bei gutem Wetter, von Seeräubern gekapert wird, daß jemand ertrinkt oder, wie die Umstände im einzelnen auch sein mögen, vom Freien zum Sklaven wird. Da kommt es vor, daß ein Vater vor der nahenden Kriegsgefahr seine Familie durch Umzug in eine vermeintlich weniger gefährdete Gegend in Sicherheit zu bringen sucht und dabei in das schlimmste Unheil gerät. Da kommt es auch vor, daß ein Bürgersohn, sei es aus Liebeskummer, sei es in der Folge eines Zerwürfnisses mit seinem Vater, die Heimat verläßt und bei einem der Machthaber Sold nimmt. Aber wie etwa die Hetären fast ausschließlich als Angehörige der gehobenen Schicht ihres Standes auftreten und das Elend der zahllosen kleinen Prostituierten nur am Rande, meist rein verbal und mit moralisch warnendem Unterton, anklingt (vgl. z. B. *Eunuch,* V. 935–940), so erscheint auch der Söldner lediglich in der Gestalt dessen, der nach erfolgreicher Teilnahme an Kampfhandlungen im Genuß der Beute und im Glanz errungenen Ruhmes schwelgt, als prahlerischer Soldat bzw. Offizier, ein Meister in der rhetorischen Beherrschung der Fachausdrücke seines blutigen Handwerks, im übrigen oft ein wenig dümmlich, ja feige, gar kein Unmensch, selbstbewußt polternd, aber in der Mehrzahl der Fälle nicht gänzlich ohne sympathische Züge, am Schluß zuweilen als Liebhaber abgeblitzt, um einen Teil seines Geldes geprellt, manchmal sogar verprügelt.

Somit erwächst die griechische Neue Komödie zu einer Spielart jener Literatur, deren dargestellte Geschehnisse, Gedanken und Gefühle durchweg „stimmen", d. h. in jedem einzelnen Zuge in der Wirklichkeit sich abspielen oder sich abspielen können – die aber gleichzeitig eine Wirklichkeit vorgaukelt, die gar nicht vorhanden ist. Ist sie deshalb zu verurteilen? Wohl kaum, denn die Neue Komödie bleibt sich bei ihren führenden Vertretern stets jener wie auch immer begrenzten Verantwortung bewußt, die ein Kennzeichen der besten Schöpfungen der griechischen Literatur überhaupt ist: der Verantwortung des Menschen für die Gestaltung seines Lebens im Kreise der Mitmenschen. Dieses Verantwortungsgefühl schließt Schwächen, Irrtümer, Verbrechen, Not und Elend, Unterdrückung und Aubeutung nicht aus, erhebt diese negativen Erscheinungen aber zu Prüfsteinen der Fähigkeit, jene Verantwortung zu übernehmen und sich ihrer würdig zu erweisen. In der Neuen Komödie geschieht dies nicht annähernd mit jener Härte extremer Entscheidungssituationen, die den Werken der Klassiker ihr Gepräge gibt. Der gesellschaftliche Zwang nötigt den Poeten der hellenistischen Zeit, die von ihm dargestellten Entscheidungen auf eine niedere Ebene hinabzustufen, auf einen kleineren Kreis zu beschränken. Aber die Verantwortung besteht. Sie drückt sich in teilweise eindrucksvoll formulierten Sentenzen aus. Goethe, der zu seiner Zeit aus der Feder Menanders weiter nichts vor Augen bekam als die unter dem Namen des alten Meisters zahlreich überlieferten – freilich zum Teil unechten – Sinnsprüche, fühlte sich allein durch diese Gedankensplitter zum Ausdruck des Bedauerns veranlaßt, auf ein zusammenhängendes Stück des Atheners verzichten zu müssen, überschrieb auch „Dichtung und Wahrheit“ mit dem Menanderwort:

Ein Mensch, der nicht geschunden wird, bleibt unerzogen.

Aber weit stärker noch als aus den Sentenzen spricht jene Verantwortung zu uns aus den erhaltenen Stücken. In dem erwählten Kreis ihrer handelnden Personen herrscht ein Klima menschlicher Verhaltensweisen, in dem das Streben nach dem Wahrnehmen von Verantwortung nicht erlischt. Sicher, die Schranken der Wirklichkeit werden nirgendwo durchbrochen. Die jungen Bürgersöhne, die einerseits von den ihnen durch Sklaverei und gewerbsmäßige Prostitution gebotenen Genüssen bedenkenlos zehren, andererseits an die zukünftige Ehepartnerin ganz persönliche Glücksansprüche stellen und gegen das materielle Erwerbs- und Nützlichkeitsdenken der Väter aufbegehren, werden später wohl genauso in den Sog des Besitzstrebens hineingeraten und sich im großen und ganzen von den Vätern kaum unterscheiden. Ein jeder, ob Mann oder Frau, ob reich oder arm, Freier oder Sklave, „bleibt dort, wo er hingehört“. Persönlich harte, auch zur Entsagung bereite Bemühung, beflissene Liebedienerei und ein Lächeln der Tyche vermögen im einzelnen Erfolge zu zeitigen. Insgesamt aber bleiben die Realitäten der sozialen Wirklichkeit unangefochten. Daß die Neue Komödie angesichts dieser Wirklichkeit weder in Resignation noch in Zynismus verfällt, gehört zu ihren Verdiensten. Damit zeigt auch sie, wie eng ihr die Grenzen auch immer gezogen sind, sich der humanen Tradition der griechischen Kultur bewußt verpflichtet.

ANFÄNGE UND FRÜHE ENTWICKLUNG DER RÖMISCHEN DICHTKUNST, VORRANGIG DER KOMÖDIE, BIS ZUM AUFTRETEN DES TERENZ

Ein Grieche war es, der die römische Poesie eröffnete. Andronikos, Bürger von Tarent, geriet um 270 v. u. Z. in römische Kriegsgefangenschaft und wurde Sklave in einer Familie des plebejischen Geschlechts der Livier. Von seinem Herrn freigelassen, führte er den Namen Livius Andronicus und bewährte die Kenntnisse und die Begabung, um derentwillen er zweifellos die Freiheit erlangt hatte, in produktiver Weise. In dem aufgrund der römischen Expansionspolitik wachsenden Kreis der Interessenten erteilte er griechischen und lateinischen Sprachunterricht. Die Odyssee übersetzte er im altrömischen, bisher vorwiegend auf Inschriften verwendeten Versmaß des Saturniers ins Lateinische und schuf damit ein Lesebuch für den Schulgebrauch, das mehreren Generationen der römischen Schuljugend Grundkenntnisse in der griechischen Literatur und Mythologie vermittelte. Auch auf dem Gebiet der Dramatik war er tätig. Er übersetzte und bearbeitete griechische Tragödien und Komödien. Die erste beglaubigte Aufführung solcher Stücke zu Rom im Jahre 240 v. u. Z. wird ihm verdankt.

Die dürftigen Fragmente, die sich aus seinem Werk erhalten haben, erlauben kein Urteil über die Qualität seiner Arbeiten. Sicherlich wird sein Latein noch verhältnismäßig unbeholfen gewesen sein. Auch über das Maß schöpferischer Gestaltung, das er in die griechischen Vorlagen einbrachte, gibt es keine Anhaltspunkte. Dennoch steht die Bedeutung seines Schaffens außer Zweifel: Er legte den Grund, auf dem erfolgreich weitergebaut werden konnte, und setzte sprachliche und ästhetische Maßstäbe, mit deren Hilfe Jüngere zu weiterer Vervollkommnung vorstoßen konnten.

Der zweite namentlich bekannte römische Autor, der noch zu Lebzeiten des Andronicus bekannt wurde, stammte als gebürtiger Kampaner bereits aus dem älteren römischen Machtbereich, Gnaeus Naevius. Als römischer Soldat nahm er am ersten Punischen Kriege teil und verfaßte, offenbar im vollen Bewußtsein der historischen Bedeutung dieses Ereignisses, im saturnischen Versmaß ein Epos darüber, das auch einen Abriß der Urgeschichte Roms enthielt. Die Gründe der Feindschaft zwischen Karthago und Rom verfolgte er bis zum mythischen Ursprung in den Schicksalen des Aeneas und seiner Gefährten zurück und wurde damit einer der Anreger Vergils. Als Dramatiker begnügte er sich nicht mit der Übersetzung bzw. Bearbeitung griechischer Vorlagen, sondern verfaßte auch selbst Dramen und wurde der Schöpfer der römischen Tragödie, die nationale Stoffe behandelte, der Fabula praetexta, so benannt nach der Toga praetexta, dem mit einem Purpurstreifen verbrämten weißen Obergewand der höheren römischen Beamten, zum Unterschied von der späteren Fabula togata, die römische Stoffe bürgerlich-privaten Charakters mit heiterem Inhalt bot und nach der einfachen weißen Toga, dem Zivilgewand des freien Bürgers, benannt wurde. Bezeichnenderweise galt auf dem Gebiete des griechischen Lustspiels die Aufmerksamkeit des Naevius weniger der Neuen als vielmehr der Alten Komödie, nicht in dem Sinne, daß er letztere übertrug oder bearbeitete, sondern indem er ihre kritische Schau in eigene bzw. bearbeitete Dramen zu übernehmen wagte. So flocht er in ein Stück – wobei konkrete Einzelheiten allerdings bis jetzt nicht nachweisbar sind – ironische Bemerkungen gegen den überschwenglich verehrten Scipio ein und ließ auch Angehörige des Geschlechts der Meteller, die das Konsulat bekleideten, nicht ungeschoren. Dies war möglicherweise der erste und einzige Versuch, wenigstens einen Abglanz aristophanischer Freizügigkeit auf die römische Bühne zu bringen. Sein Scheitern sollte schwerwiegende Folgen für die weitere Entwicklung der römischen Literatur haben. Denn selbst die ein Jahrhundert später von Lucilius (180–102 v. u. Z.) begründete, mit Recht als „eigens römische Literaturgattung" gepriesene Satire trug den Stempel dessen, was in Rom an literarisch gestalteter, tiefer lotender Kritik möglich bzw. nicht möglich war. Vor dem leuchtenden Hintergrund der sogenannten altrömischen Tugenden durfte ein Dichter gegen Luxus, Habgier, Geiz, Erbschleicherei, sexuelle Ausschweifungen u.ä. weidlich zu Felde ziehen; die gesellschaftlich bedeutsamen Entscheidungen und Entwicklungen blieben für die Poesie unantastbar. Das Schicksal des Naevius beweist, daß auch die Republik in Rom letztendlich eine Diktatur war, eine kollektive, breitgefächerte, aber nichtsdestoweniger mit allen Attributen geistiger Einengung behaftete: Der Schöpfer des ersten römischen Epos wurde ins Gefängnis geworfen, und nur der Einspruch der Volkstribunen, die ihr Vetorecht gegen Entscheidungen der Amtsträger wahrnahmen, bewahrte ihn vor Schlimmerem; zur Verbannung begnadigt, verbrachte er die letzten Jahre seines Lebens unter ärmlichen Verhältnissen auf nordafrikanischem Boden, in der kleinen Stadt Utica.

Obwohl wir von dem Werk des Naevius mehr Fragmente besitzen als von dem des Andronicus, bleibt uns ein umfassendes Urteil über seine Gesamtleistung verwehrt.

Ein glücklicheres Schicksal war dem aus der südostitalischen Landschaft Kalabrien stammenden Quintus Ennius beschieden. Seine Heimatstadt Rudiae, südostwärts von Tarent gelegen, stand unter dem Einfluß der von jener Hafenstadt ausstrahlenden griechischen Kultur. Am zweiten Punischen Krieg nahm Ennius als Soldat teil. Später versah er auf Sardinien Stationsdienst als Centurio, „Hundertschaftsführer", zwar nur ein Unteroffiziersrang in der Armee, der aber mit beträchtlichem Einfluß verbunden sein konnte. Dort wurde Cato der Ältere (234–149 v. u. Z.), der zu dieser Zeit als Stabsoffizier, als sogenannter „Militärtribun", Dienst tat, auf den begabten jungen Mann aufmerksam und forderte ihn auf, mit ihm nach Rom zu kommen. In der Hauptstadt verdiente Ennius sich den Lebensunterhalt durch Erteilen von Unterricht in griechischer und lateinischer Sprache und Literatur und begann selbst literarisch zu arbeiten, wobei er allerdings die von Cato verfolgte kulturpolitische Linie nicht einhielt, sich vielmehr dem Scipionenkreis (vgl. S. XXXIII f.) näherte. Sein Hauptwerk sind die Annalen, „Jahrbücher"; in ihnen stellte er in achtzehn Gesängen die Geschichte Roms von Aeneas bis in seine Zeit dar; nach dem Vorbild Homers verwendete er den Hexameter und tat damit einen entscheidenden Schritt zur weiteren Formung der lateinischen Literatursprache. Gleichzeitig bearbeitete auch er griechische Tragödien und Komödien, verfaßte auch einige Stücke der Gattung Fabula praetexta (vgl. S. XXIV), ohne sich jedoch die für Naevius so verhängnisvollen Freiheiten herauszunehmen. Wenn unter seinen Prosaerzählungen und Versdichtungen sich einige Stücke finden, die als Vorstufen der späteren Satire angesehen werden können, so blieb er mit ihnen ebenso in den Grenzen des Erlaubten wie überwiegend die späteren Vertreter dieser Gattung. Freilich sind auch von seinen Arbeiten lediglich Fragmente auf uns gekommen. Der Ruhm Vergils ließ den des Vorläufers verblassen.

Alle drei führenden Vertreter der älteren römischen Poesie räumten in ihrem Schaffen dem Drama einen bedeutenden Raum ein. Dieses Drama zeigte sich nicht als eine Fortentwicklung der altitalischen Bühnenspiele, sondern als Bemühen, griechische Stücke in Übersetzungen und Bearbeitungen in Rom einzuführen. Der Versuch, das den klassischen Schöpfungen der griechischen Dramatik zugrunde liegende Problembewußtsein zu übernehmen, scheiterte an den gesellschaftlichen Verhältnissen. Die Tatsache, daß wir von der Praetexta und der Togata der republikanischen Zeit, Dramen also, die römische Thematik in einer den Griechen verpflichteten Form behandelten, nicht ein einziges Stück auch nur annähernd vollständig erhalten vor uns haben, brauchte angesichts der Vervielfältigungs- und Überlieferungsverhältnisse jener Zeit nicht unbedingt ein Qualitätsmerkmal zu sein. Daß es in unserem Falle mit großer Wahrscheinlichkeit eines ist, läßt sich vermuten nach dem jähen Ende, das der nach unserer Quellenlage einzige, durch Naevius gemachte Versuch zur Übernahme jenes Problembewußtseins fand, sowie aus den uns vorliegenden Lesedramen, die Seneca der Jüngere (4 v. u. Z.–65 u. Z.) in der frühen Kaiserzeit verfaßte. Seine neun Tragödien – eine Praetexta mit dem Titel „Oktavia“ wird ihm fälschlich zugeschrieben – befassen sich im Anschluß an die attischen Tragiker mit griechischen Mythen und weichen Gegenwartsstoffen aus. Lediglich die Neue Komödie, der „zahme Ausklang“ des alten attischen Lustspiels, das die Römer, wohl schon seit Andronicus, nach der griechischen Kleidung der Schauspieler, dem Pallium, einem als Mantel getragenen lockeren Überwurf, Fabula palliata nannten, setzte sich in Rom durch. Ihr blieb es vorbehalten, noch in republikanischer Zeit ein Aufblühen zu erleben, das ihr zu einem verdienten weltliterarischen Rang verhalf. Man kann fragen, wie unter den Bedingungen, die einen Naevius scheitern ließen, ein dramatisches Spiel überhaupt eine derartige Stufe zu erklimmen vermochte. Antwort erteilen die beiden Persönlichkeiten, an deren Namen sich diese Schöpfungen knüpfen, Plautus und Terenz.

Titus Maccius Plautus, ein etwas älterer Zeitgenosse des Ennius, geborener Umbrer, aus ärmlichen Verhältnissen stammend, kam in jungen Jahren nach Rom und verdiente sich seinen Lebensunterhalt eine Zeitlang durch recht einfache praktische Tätigkeiten, u. a. wohl als Bühnenarbeiter in einer oder mehreren Theatergruppen. Er muß mit zahlreichen Menschen aller Schichten der Bevölkerung zusammengetroffen sein und mit scharfer Beobachtungsgabe ihre individuellen wie standesgebundenen Eigenheiten erkannt haben. Gleichzeitig förderte er seine Einsichten in die wichtigsten Erfordernisse der Bühnenwirksamkeit und begann selbst Stücke zu schreiben.

Die technischen Voraussetzungen des Bühnenspiels waren seit den ersten Aufführungen äußerst einfach. Während in Griechenland seit dem 4. Jahrhundert v. u. Z. steinerne, freilich nicht überdachte Theater nach einem bestimmten grundsätzlichen Plan gebaut wurden, sollte in Rom erst im Jahre 55 v. u. Z. durch den römischen Staatsmann und Feldherrn Pompeius (106–48 v. u. Z.) unter Nutzung von Elementen der griechischen Theater das erste steinerne Bauwerk für die Zwecke derartiger Aufführungen errichtet werden. Zur Zeit des Plautus und Terenz wurden die für ein Bühnenspiel benötigten Aufbauten einschließlich der Sitzreihen für das Publikum von Fall zu Fall auf einem geeigneten Gelände roh aus Balken und Brettern gezimmert und nach den Aufführungen wieder abgerissen. Die Bühne war nicht mehr als ein Podium, auf dessen Rückseite in schlichter Kulissenform die Eingänge des Hauses bzw. der Häuser dargestellt wurden, durch die den Schauspielern das Betreten oder Verlassen des Schauplatzes möglich war. Den Vordergrund bildete in der Regel eine Straße, auf der sich die für das Spiel wichtigen übrigen Örtlichkeiten erreichen ließen, etwa der Hafen, der Marktplatz, die entfernter liegende Wohnstätte einer der handelnden Personen. Zwischen den Häusern gab es nach Bedarf Seitengassen bzw. Seiteneingänge; an der Straße erhob sich zuweilen der Altar einer Gottheit, die im Laufe des Spiels, sei es nur im Anruf, sei es im Gebet, genannt wurde.

Die Schauspieler haben für die Zeit des Plautus und Terenz auf ein von den Griechen bis zur Neuen Komödie festgehaltenes Requisit verzichtet: auf die Maske. Sie war bei den Griechen aus dem kultischen Charakter der Festspiele erwachsen und beibehalten worden, obwohl, wie Aufführungen der Stücke auf modernen Bühnen beweisen, ein Auftreten *ohne* Maske den Schauspielern, besonders bei Euripides und Aristophanes, reiche Gelegenheiten zur Bewährung mimischer Fähigkeiten bietet. Allerdings haben auch moderne Aufführungen *mit* Masken ihre Wirkung auf das Publikum nicht verfehlt, ein Zeichen dafür, mit welcher Intensität die Autoren dieser Stücke die Macht des Wortes als das für sie Dominierende betrachteten und derart aus der Not eine Tugend machten. Offenbar sahen die politischen Führungsschichten Athens in der Maske weniger einen für die Freilichtaufführungen aus praktischen Gründen erwünschten „Lautverstärker" als vielmehr ein in dem von ihnen erstrebten konservativen Sinn wertvolles Attribut des religiösen Spiels. Die Maske verlieh dem Bühnengeschehen der Tragödie wie der Komödie einen unwirklichen, märchenhaften Charakter, der geeignet sein konnte, zum mindesten für einen Teil des Publikums den dargestellten Vorgängen etwas von ihrer inneren Brisanz zu nehmen. Wie dem auch sei: Plautus wie Terenz haben sich sehr wahrscheinlich (vgl. für letzteren besonders *Phormio*, V. 210ff. und Anm.) der Maske nicht mehr bedient, sie fand erst später wieder, in der Kaiserzeit, unter gewandelten gesellschaftlichen Verhältnissen Zugang auch zu römischen dramenähnlichen Veranstaltungen (vgl. S. XLVIII). Im übrigen trugen die Schauspieler die griechische Alltagskleidung.

Weibliche Rollen wurden nach griechischem Vorbild überwiegend von Männern gespielt, doch scheinen im römischen Lustspiel in der Zeit vom 3. bis zum 2. Jahrhundert v. u. Z. bereits in größerer Zahl Schauspielerinnen aufgetreten zu sein. Für Terenz weist der im 4. Jahrhundert wirkende Grammatiker Aelius Donat(us) in seinem zum größten Teil erhaltenen Terenzkommentar darauf hin, daß im *Mädchen von Andros* die Rolle der Mysis von einer Frau dargestellt wurde. Die Zahl der Schauspieler hielt man, wohl aus Kostengründen, so niedrig wie möglich, so daß ein Schauspieler im allgemeinen mindestens zwei Rollen übernahm. Einen ständigen Chor, wie er dem klassischen griechischen Drama eigentümlich war, gab es schon in der Neuen Komödie kaum noch. Plautus verwandte ihn gelegentlich, wohl nach der griechischen Vorlage; Terenz verzichtete völlig auf ihn. Über die soziale Stellung der Schauspieler sind wir nicht klar unterrichtet. Während in Athen spätestens seit dem Auftreten des Sophokles der Schauspieler ein vom Staat besoldeter Berufskünstler war, der durch gute Leistungen durchaus zu öffentlichem Ansehen gelangen konnte – womit wir freilich über seinen juristischen Status auch noch nichts Eindeutiges wissen –, scheint in Rom bis in die spätere Kaiserzeit hinein die Stellung des Mimen eine ziemlich verachtete, eines freien Bürgers schwerlich würdige gewesen zu sein, unabhängig davon, ob der Betreffende auf der Bühne einmal ausgepfiffen oder mit Beifall überschüttet worden war. Die Komposition wie die Ausübung der die Stücke begleitenden Musik lag durchweg in den Händen von Sklaven oder Freigelassenen.

Die Aufführungen fanden gewöhnlich an den mit Spielen aller Art verbundenen staatlichen Festtagen bzw. innerhalb der dem Anlaß gewidmeten Festwoche statt. Auch Trauerfeierlichkeiten für namhafte Politiker und Feldherrn konnten mit szenischen Darbietungen verbunden werden, desgleichen Tempelweihen, zuweilen Triumphzüge. Der Dichter bot sein Stück einem Theaterdirektor, dem „Herren einer Schauspielertruppe" an, der auch selbst als Schauspieler auftrat. Dieser legte den Text, nachdem er ihn zur Kenntnis genommen und für gut befunden hatte, dem Ädilen vor, der für die Organisation und Finanzierung der Feierlichkeiten zuständig war. Gab der Ädil seine Zustimmung und bewilligte die für die Aufführung vorgesehenen Mittel, kaufte der Direktor dem Dichter das Stück ab und begann verantwortlich mit der Einstudierung, entlohnte auch nach der Aufführung die Schauspieler. Inwieweit dieses Honorar für Dichter wie Schauspieler zum Leben reichte, wissen wir nicht. Sehr wahrscheinlich genügte es nicht. Dieser Umstand schloß nicht aus, daß für einzelne Stücke, die beim Publikum starken Beifall fanden und wiederholt aufgeführt wurden, recht hohe Summen zur Auszahlung gelangten. Für Terenz gehörte zu diesen Stücken der *Eunuch*, der dem Dichter die für die damalige Zeit unerhörte Summe von achttausend Sesterzen eingebracht haben soll; allerdings läßt die von Sueton überlieferte Angabe, das Honorar sei für eine zweimalige Aufführung an *einem* Tage gezahlt worden, Zweifel offen (vgl. auch S. XXXIX f.).

Der Eintritt zu den Aufführungen war für das Publikum frei. Beiwohnen konnte in Rom den Vorstellungen jedermann, auch Sklaven, soweit ihr Herr bzw. gleichzeitige Arbeitsverpflichtungen es ihnen nicht verwehrten. Allerdings trug man Sorge dafür, die ständischen Gruppen der Bevölkerung, Patrizier, Plebejer, unterteilt nach Senatoren, Beamten, Rittern, sowie die Sklaven voneinander getrennt zu halten. Platzanweiser wachten über die nötige Ordnung.

Derart etwa sahen zu der Zeit, da Plautus Lustspiele zu schreiben begann, die äußeren Bedingungen der römischen Bühne aus. Der legendäre Lebenslauf des Mannes aus der nordostitalischen Landschaft Umbrien mag grundsätzlich recht haben in der Betonung der harten Arbeit, zu der sich der Dichter für den Erwerb seines Unterhaltes wenigstens zeitweise gezwungen sah, darunter Tätigkeiten, zu denen Sklaven zum Abbüßen einer Strafe verurteilt wurden, etwa das Drehen des Mühlsteins im Dienste eines Müllers. Um so mehr ist die Arbeitskraft und Zähigkeit zu bewundern, mit der sich der Dichter jenen Freiraum schuf, innerhalb dessen er sein Talent zu entwickeln und die römische Literatur um eine wesentliche Variante der Neuen Komödie zu bereichern verstand. Wahrscheinlich hat die außergewöhnliche Beliebtheit, deren seine Stücke sich beim Publikum von Anfang an erfreuten, in Verbindung mit der auch quantitativ hohen Fruchtbarkeit seines Fleißes ihn von dem Zeitpunkt an, da er vor die Öffentlichkeit trat, der materiellen Sorgen weitgehend enthoben.

Die Variante der Neuen Komödie, die sich an seinen Namen knüpft, erwuchs aus der Meisterschaft, mit der er im Rahmen seiner griechischen Vorlagen bestimmte, den italischen Völkern eigentümliche und in der Fabula Atellana (vgl. S. XII) vorbereitend gestaltete Züge zu entfalten wußte. Zu diesen Zügen gehörte vor allem der kraftvolle, ja deftige Wortwitz, der sich im Dialog zu einem gehörigen Schlagabtausch im Sticheln, im Höhnen bis hin zu gröbster Beschimpfung des Gegners steigern konnte, nicht selten auch in Tätlichkeiten überging. Prügeleien auf der Bühne gehörten geradezu als Glanzstücke zum Geschehen der Plautinischen Lustspiele. Lebhafte äußere Bewegung war freilich nur *eine* Voraussetzung der vom Dichter erzielten Situationskomik. Im Reichtum seiner witzigen Einfälle zeigte er sich unübertroffen. Um neue Wortbildungen war er nicht verlegen, entlehnte parodierend Ausdrücke der Sphäre römischer Behörden, der Gerichte, des Militärwesens. In stärkste Turbulenz blendete er aber auch gelegentlich, zu oft wiederum komischem Kontraste, gemütvolle und besinnliche Szenen ein. Er übertrug Szenen anderer griechischer Stücke in das von ihm als Hauptvorlage benutzte, ohne den Vorwurf der Kontamination zu scheuen, wenn es ihm auf diesem Wege nur gelang, starke Bühneneffekte hervorzubringen. Er zögerte auch nicht, zahlreiche sprachliche Wendungen, daneben Verhaltensweisen und Voraussetzungen sowie Ortsbeschreibungen, ungeachtet des griechischen Gesamtcharakters seiner Stücke, aus dem römischen Leben zu übernehmen, wobei die Tatsache, daß die auftretenden Personen Griechen waren, neue komische Wirkungen hervorrief.

Offenbar hat Plautus Verbindungen zu den Mächtigen in der römischen Republik nicht besessen, sie vielleicht auch nicht gesucht. Hinter der, im ganzen, exklusiven Welt der Neuen Komödie wurden bei ihm Leben und Probleme der niederen Bevölkerungsschichten in höherem Grade sichtbar als in den Originalen. Dennoch blieb die an wenigen Stellen unüberhörbare gesellschaftsbezogene Kritik in den Grenzen, die eine Gefährdung des Autors ausschlossen. An der Sklaverei als gleichsam von Natur aus notwendiger Institution wird nicht gerüttelt, die Kritik erschöpft sich im persönlich-individuellen und dabei anonymen Bereich. Die römische Aristokratie fand keinen Anlaß, gegen den geist- und witzsprühenden Umbrer vorzugehen, ja, sie übernahm nicht wenige seiner Formulierungen und ließ sie in die Sprache der höheren Schichten einfließen.

Der Vielfalt an Themen, der auch vor Vergröberungen der Originale nicht scheuenden Lebendigkeit der Szenen, dem schier unerschöpflichen Reichtum der Sprache widmete Plautus auch eine angemessene Kunst der Metrik. Hatte die Neue Komödie nach und nach die reiche musikalische Ausstattung der klassischen Tragödie und Komödie aufgegeben und sich zu einem metrisch weniger anspruchsvollen Sprechdrama entwickelt, so griff Plautus hier auf die

Vorbilder der Klassik zurück und erhob seine Cantica, seine „Gesänge", „Gesangseinlagen", zu einem wichtigen Mittel, die Bühnenwirksamkeit der Stücke zu erhöhen. Man spricht zu Recht von einem operettenhaften Charakter seiner Werke. Mögen auch Naevius und Ennius, vielleicht auch schon Andronicus, einer ähnlichen Tendenz gefolgt sein, so blieb es doch dem Umbrer vorbehalten, die Fülle musikalischer Möglichkeiten aufs neue und steigernd zu nutzen. Gerade das „Lied" mit seinem Stimmungsgehalt bot ihm vorzugsweise Gelegenheit, sich von der Bühne herab auch einmal unmittelbar an das Publikum zu wenden und aktuelle Bezüge deutlich zu machen.

Die geniale Schöpferkraft, die Plautus bewies, hat, über ihre Wirkung auf die Zeitgenossen hinaus, auch die verdiente Anerkennung der Nachwelt gefunden. Der um 100 v. u. Z. lebende bedeutende römische Philologe Lucius Aelius Stilo, der Lehrer Varros und Ciceros, soll nach einem Varrozitat gesagt haben: „Wünschten die Musen lateinisch zu sprechen, so würden sie es in der Redeweise des Plautus tun." Das mag übertrieben sein. Aber es zeigt den Eindruck, den das Werk des Umbrers noch fast ein Jahrhundert nach seinem Tode hervorrief. Mittelalter und Neuzeit haben ihn bestätigt.

Die von Plautus geschaffene Variante der griechischen Neuen Komödie ließ sich in der ihr eigenen Qualität schwerlich überbieten. Eine andere Variante sollte es sein, die dem jüngeren Dichter Terenz, dessen erstes Stück fast zwei Jahrzehnte nach dem Tode des Umbrers auf einer römischen Bühne aufgeführt wurde, zu seinem Ruhme verhalf.

TERENZ. LEBEN, WERK, AUSSAGE

Das Leben des Terenz ist nicht weniger von Legenden umwoben als das seines großen Vorgängers. Der Dichter war nach der von Sueton (etwa 70–140 u. Z.) verfaßten Biographie „ein in Karthago geborener Afrikaner", d. h. kein gebürtiger Karthager, gehörte also einem der in Nordafrika heimischen Stämme an. Wahrscheinlich wurden schon sein Vater bzw. seine Eltern bei einer der von den Sklavenhändlern dieser Zeit üblicherweise durchgeführten Menschenjagden in die Sklaverei verschleppt. Dann hätte Terenz, dessen früherer Name unbekannt geblieben ist, bereits als Sklave das Licht der Welt erblickt. Nach späteren gesicherten Daten seines Lebens zu schließen, geschah dies zu einem nicht mehr feststellbaren Zeitpunkt im ersten Jahrzehnt des 2. Jahrhunderts (195?) v. u. Z. Wie er nach Rom gekommen ist, wissen wir nicht. Da der zweite Punische Krieg schon 201 v. u. Z. beendet worden war, kann er weder ein Kriegsgefangener noch eine der Geiseln, zu deren Auslieferung der Friedensvertrag die Karthager verpflichtete, gewesen sein. Offenbar hat ihn sein karthagischer Herr aus nicht mehr ersichtlichen Gründen nach Rom verkauft. Dort wurde er Sklave im Hause des Senators Terentius Lucanus.

Zu dieser Zeit hatten Tausende von Römern aller Schichten bereits Leistungen griechischer Kultur zur Kenntnis genommen. Schon die römischen Bauern, die als Legionäre während der Kämpfe in Süditalien gegen Pyrrhos und auf Sizilien gegen dic Karthager gefochten hatten, waren mit den Lauten und vielen Wendungen der griechischen Sprache vertraut gewesen, sie hatten griechische Bauten und Kunstwerke gesehen. Bei den Triumphzügen in Rom hatte die Masse der Plebs Gemälde und Statuen von bislang unbekannter Schönheit vor die Augen bekommen. In den Häusern der führenden Geschlechter Roms errangen gebildete griechische Sklaven das Vertrauen ihrer Herren, wirkten als Sprachlehrer, als Vorleser, als Berater, übernahmen in vielen Fällen die Erziehung der Kinder. Allerdings mischte sich in die Bewunderung, die man der kulturellen Überlegenheit der Besiegten zollte, auch ein gut Teil Verachtung. Als Graeculi, „Griechlein", bezeichnete man sie, und Plautinischer Witz verstand manche in lustiger Weise vorgebrachte Kritik gegen sie zu richten, die der Tieferschauende auch auf römische Verhältnisse beziehen mochte. Bei den Griechlein durfte der Dichter sich das leisten. Die Zwiespältigkeit, der das Urteil über sie unterlag, erlaubte es, ihnen Dinge nachzusagen, die gegenüber den Römern, die sich, ungeachtet ihrer inneren sozialen Spannungen, als „Herrenvolk" zu empfinden begannen, besser unausgesprochen blieben.

Diese Zwiespältigkeit teilte auch die Bewunderer der griechischen Kultur innerhalb der politisch einflußreichen Kreise Roms in zwei Lager. In der sachlichen Einschätzung der kulturellen Überlegenheit Griechenlands war man sich einig, ebenso darüber, daß man diese Kultur kennenlernen und sich mit ihr auseinandersetzen müsse. Aber an dieser Stelle schieden sich die Geister. Die einen, als deren Wortführer Cato der Ältere anzusehen ist, fürchteten als Folge einer bedenkenlosen „Gräkomanie" eine Überfremdung altbewährter römischer Tugenden und damit auf lange Sicht eine Schwächung römischer Macht; man solle von den Griechen lernen, soweit es den Römern nütze; was darüber hinausgehe, sei von Übel. Die andern folgten zwar dem gleichen Grundsatz, zogen aber die Grenzen dessen, was Nutzen bringe, wesentlich weiter. Gerade jener der hellenistischen Kultur eigene kosmopolitische Zug, den Cato und seine Gesinnungsgenossen für schädlich hielten, erschien ihnen einer weitgehenden Übernahme durch das zur Weltherrschaft berufene Rom wert. Sie empfanden es als Gebot der Stunde, den Machtanspruch Roms nicht mehr nur auf den Einsatz politischer und militärischer Mittel zu gründen, sondern auch auf eine der führenden Nation angemessene kulturelle Leistung und tragfähige Ideologie, die ohne Nutzung des von den Griechen bereits Geschaffenen nicht zu erreichen sei.

Wortführer dieser Auffassung, denen die historische Entwicklung recht geben sollte, fanden sich insbesondere um den jüngeren Scipio zusammen. Dieser Scipionenkreis umfaßte außer dem Adoptivenkel des Siegers von Zama, dem späteren Zerstörer Karthagos, unter anderen dessen etwas älteren Freund, den Redner Gaius Laelius, sowie den literarisch interessierten späteren Konsul des Jahres 136 (?) Lucius Furius Philus. Auch Griechen gehörten dem Kreise an, als namhafteste der Historiker Polybios (etwa 200–120 v.u.Z.) und der Stoiker Panaitios (etwa 180–100 v.u.Z.). Beziehungen zu diesem Kreis hat als Freund und Förderer griechischen Kultureinflusses auch Terentius Lucanus besessen. Sueton berichtet, der Senator hätte dem jungen Sklaven aus Afrika „um seiner Begabung und seines gewinnenden Äußeren willen Unterricht wie einem freien Manne erteilen lassen, ihm dann auch bald die Freiheit geschenkt". Das ist glaubhaft, läßt lediglich die Frage offen, inwieweit vielleicht schon der karthagische Besitzer die Anlagen des Jungen erkannt und gefördert hat, und sei es nur deshalb, einen höheren Preis für ihn zu erzielen; wurden doch Sklaven mit besonderen Kenntnissen und Fertigkeiten teurer bezahlt. Wie es sich nun damit auch verhalten mag: Dem jungen Freigelassenen, der, wie damals üblich, den Namen seines ehemaligen Herrn und nunmehrigen Patrons annahm, wurde der Zugang zum Scipionenkreis eröffnet, wo er Anregungen für sein Talent und ideelle wie materielle Unterstützung seines Schaffens gewann.

Leicht ist dem Dramatiker freilich der Weg zur literarischen Anerkennung nicht geworden. Offenbar hat er schon vor der Aufführung seines ersten Stückes, des *Mädchens von Andros*, gegen mancherlei Schwierigkeiten ankämpfen müssen. Als der Schauspieldirektor Lucius Ambivius Turpio das Manuskript bei dem zuständigen Ädilen einreichte, erhielt der Dichter die Auflage, das Stück zur Prüfung dem damals in Rom angesehenen Komödienautor Caecilius vorzulegen. Letzterer nahm gerade seine Mahlzeit ein, als ihm der Besucher gemeldet wurde, ließ ihn eintreten, auf einer Bank Platz nehmen und forderte ihn auf, seine Arbeit vorzulesen. Terenz folgte dem Geheiß, erregte aber schon nach wenigen Versen die gespannte Aufmerksamkeit seines Zuhörers. Caecilius unterbrach ihn, lud ihn zur Teilnahme am Essen ein und ließ ihn erst danach die Lesung fortsetzen und abschließen; „nicht ohne tiefe Bewunderung" hörte er ihm zu. Da nun Caecilius im Jahre 168 v. u. Z. starb, das *Mädchen von Andros* aber erst 166 zur Aufführung gelangte, muß es trotz des anerkennenden Urteils des Prüfenden Widerstände gegen die Aufführung gegeben haben. Über einige dieser Widerstände unterrichtet uns der Dichter selbst, denn er gebraucht die Prologe seiner Stücke als Mittel, sich öffentlich gegen vorgebrachte Anwürfe zur Wehr zu setzen.

Der Prolog, das „Vor-Wort" eines Dramas, hatte seit klassischer Zeit im wesentlichen die Aufgabe, den Hörer in Kürze über die handlungsmäßigen Voraussetzungen des beginnenden Spiels zu unterrichten, zuweilen auch nur, ihn auf das von sich aus verständliche Geschehen „einzustimmen". Auf vielerlei Weise nuanciert, hatte er auch in der Neuen Komödie bis zu Plautus im grundsätzlichen die gleiche Aufgabe erfüllt, wobei die Tendenz, ihn nicht als aufgepfropftes, technisch bedingtes Vorspiel, sondern bereits als Glied der im folgenden dargestellten Handlung erscheinen zu lassen, überwog; in mehreren Fällen wurde auf einen ausdrücklichen Prolog auch verzichtet und die Handlung in einer dem Hörer verständlichen Weise durch die erste Szene hinreichend entwickelt.

Terenz gibt seinen Prologen eine andere Funktion: Er setzt sich in ihnen mit seinen literarischen Widersachern auseinander und rechtfertigt seine Arbeitsweise. Dabei ist er sich der Neuheit seines Verfahrens bewußt und begründet es aus der Sache heraus (*Mädchen von Andros*, V. 5 ff.). Auch unterstreicht er, daß seine Handlung ohne einen Prolog des üblichen Stils verständlich ist (*Brüder*, V. 23 ff.).

Ein Teil der gegen Terenz gerichteten Angriffe ist, soweit aus den Prologen ersichtlich, an den Haaren herbeigezogen und nicht haltbar, so die wiederholte Behauptung, er hätte die Originale durch seine Kontamination sowie seine Bearbeitung überhaupt verdorben und mache sich des Plagiats schuldig (*Mädchen von Andros*, V. 9 ff.; *Mann, der sich selbst bestraft*, V. 16 ff.; *Eunuch*, V. 22). Daß hinter Vorwürfen dieser Art sachlich ernst gemeinte Bestrebungen mehrerer Literaten standen, mit dem Plautinischen Arbeitsstil grundsätzlich Schluß zu machen und sich den griechischen Originalen wieder anzunähern, läßt sich vermuten. In diesem Falle allerdings hätten die Kritiker gut getan, Proben solchen Strebens vor das Publikum zu bringen, anstatt Terenz, der sich in *diesem* Punkte auf eine bewährte Tradition berufen konnte, persönlich zu verunglimpfen. In jedem Falle verteidigt sich der Dichter klar und überzeugend. Bemerkenswert bleibt sein Verhalten gegenüber einem anderen Vorwurf, der ihm zur Last legt, „er stütze sich auf das Talent von Freunden" (*Mann, der sich selbst bestraft*, V. 24 f.) und „hochgestellte Persönlichkeiten ... schrieben ... mit ihm gemeinsam die Stücke" (*Brüder*, V. 15 f.). Terenz weicht einer Bestätigung wie einem Widerspruch aus, erklärt vielmehr, er rechne sich den Vorwurf zur Ehre an: Er „gefalle" ja denen, die auch den Zuschauern und dem Volke überhaupt „gefielen". Mit dieser Formulierung geht er einer klaren Antwort aus dem Wege. Nun tragen die sechs von Terenz hinterlassenen Stücke durchweg die Handschrift *eines* Autors. Sollte also das „Mitschreiben" wörtlich zu nehmen sein, so müßte Terenz es verstanden haben, dessen Spuren in ähnlicher Weise unsichtbar zu machen, wie es ihm bei der Übernahme von Szenen aus anderen Stücken gelungen ist. Denn bei der Mehrzahl seiner Kontaminationen, die uns durch Mitteilungen in den Prologen oder durch antike Kommentatoren bekannt sind, würden wir ohne diese Hinweise schwerlich auf den Verdacht einer Übernahme verfallen, so fugenlos und natürlich hat der Dichter die betreffenden Szenen in den Haupttext eingearbeitet. Die Frage bleibt demnach offen. Unabhängig davon hat die geistige Atmosphäre des Scipionenkreises im ganzen den Dichter und damit sein Werk entscheidend beeinflußt und geformt; wenn er, wie damals üblich, den Freunden aus seinen Manuskripten vorlas oder ihnen Manuskripte zur Lektüre aushändigte, so werden ihre, zweifellos gelegentlich auch kritischen, Äußerungen und Vorschläge ihre Wirkung nicht verfehlt haben.

Trotz der Haltlosigkeit der Vorwürfe hat der Dichter sie sehr ernst nehmen müssen; sonst würde er sich nicht derart gegen sie zur Wehr gesetzt haben. Mäkeleien wie die genannten vermochten um so leichter auch bei einem breiten Publikum Gehör zu finden, als ja die Komik des Terenz sich grundsätzlich von jener des Plautus unterschied. Gewiß, auch seine Stücke kennen turbulente Szenen, kennen den Wortwitz, kennen Dialoge und Situationen, die zum Lachen reizen. Aber die Heiterkeit, die in seinen Stücken waltet, ist überwiegend eine gedämpfte, sanfte, in nicht wenigen Fällen eine besinnliche. Sie stellt vielfach bestimmte geistige wie moralische Ansprüche. Sie verzichtet nicht auf tragische Züge, tragisch nicht im Sinne der Fabula praetexta mit ihrem hochgestochenen, vaterländisch verbrämten Pathos und ihrer zur Schau gestellten feierlich-erhabenen Würde, sondern im Hinblick auf die Zwiespälte, Probleme, Ausweglosigkeiten des Individuums in seinen dem Alltag verhafteten persönlichen Beziehungen. Dazu kam, zum weiteren Unterschied zu Plautus, die spürbare Einschränkung der Gesangseinlagen, die einen Glanzpunkt der Werke des Umbrers darstellten und, im rauschhaften Zusammenklang von Wort und Musik, zusätzlicher Beifallsstürme des Publikums sicher sein konnten. Terenz verbannt sie nicht völlig aus seinen Stücken. Auch er hat neben den Sprechszenen die in vielfältigen Metren gehaltenen (vgl. „Zu dieser Ausgabe“, S. 378 f.), von Musik begleiteten Szenen, in denen ein Sänger (Cantor) den Text vortrug, indes der oder die Schauspieler seinem Gesang mimisch und gestisch folgten. Inwieweit auch Schauspieler selbst von Fall zu Fall Verspartien singend vortrugen, wissen wir nicht. Daß die Musik auch zur Überbrückung von Pausen eingesetzt wurde, die sich aus der Handlung ergaben, ist wahrscheinlich. Im ganzen aber verlegt Terenz den

Schwerpunkt des Geschehens in Sprechszenen und nähert sich in dieser Hinsicht wieder den Originalen der Neuen Komödie. Die Gesamtheit dieser Umstände schien nicht geeignet, den Stücken des jungen Dichters von vornherein eine bemerkenswerte Zustimmung des Publikums zu sichern, um so weniger, als die sozialen Verhältnisse nicht dazu angetan waren, bei der breiten Masse schnell ein Verständnis für die hier gebotene, in ihrer Art neue Form des Dramas zu erwecken.

Denn als Zuschauer vor der Bühne saßen invalide, beurlaubte, entlassene Soldaten, deren blutiges Handwerk die Gefühle der meisten abgestumpft hatte; saßen die persönlich freien, aber ökonomisch abhängigen, teilweise verelendeten, politisch so gut wie einflußlosen Bürger, deren Menge durch das Anwachsen des Großgrundbesitzes und das dadurch bedingte Schrumpfen der Zahl mittlerer und kleiner Bauernwirtschaften ständig wuchs; saßen die völlig rechtlosen Sklaven, die „sprachbegabten Werkzeuge", in der Regel jene, die es als Bedienstete in der Stadt immer noch besser getroffen hatten als ihre Leidensgenossen auf den großen Gütern oder in den Bergwerken, aber stets damit rechnen mußten, ihre ohnehin spärlichen Vorteile zu verlieren; saßen schließlich, durch Schranken von den übrigen getrennt, auch Patrizier und wohlhabende Plebejer, Angehörige des finanzkräftigen Ritterstandes, Inhaber von Ämtern und Würden. Diesem Publikum fehlten in der übergroßen Mehrzahl die Voraussetzungen, ein feines Kunstverständnis zu entwickeln, es war vielmehr gewohnt, durch ungehemmtes, in gewissem Sinne befreiendes Gelächter über Plautinische Possen, durch staunendes Gaffen auf Seiltänzer, Messerwerfer, Faustkämpfer, Gaukler aller Art, endlich auch durch den erregenden Genuß des Anblicks auf Leben und Tod miteinander kämpfender Gladiatorenpaare seine Sorgen um die täglichen Lebensbedingungen für kurze Zeit zu verdrängen und zu vergessen.

Vor solch einem Publikum also hatte das Schauspiel eines Terenz, sollte man glauben, wenig Chancen. Kamen literarische Angriffe wie die oben genannten hinzu, wurde die Aussicht auf einen Erfolg noch geringer. Und diese Angriffe setzten ja nicht nur nach einer immerhin zustande gekommenen Aufführung ein. Gegner des Dichters wußten sich bereits vor den Aufführungen Kenntnis von dem Stück zu verschaffen und bemühten sich nach Kräften, es vor den Augen der Öffentlichkeit herabzusetzen, noch ehe es auf die Bretter kam (*Eunuch*, V. 19ff.; *Brüder*, V. 1ff.). Bleibt man sich dieser Lage bewußt, wird es verständlich, daß – eine wenigstens innere Wahrheit der Caeciliusanekdote vorausgesetzt – nach dem Votum des berühmten älteren Dramatikers noch zwei Jahre vergingen, ehe das *Mädchen von Andros* aufgeführt wurde. Möglicherweise haben auch die jeweils zuständigen Ädilen Bedenken gegen die Annahme des Stückes gehegt; ihnen war ja, im Sinne eines Gelingens der von ihnen organisierten und verantworteten Spiele, an einem zugkräftigen, massenwirksamen Stück gelegen, das die aufgewandten Kosten lohnte, und sie waren sich über Geschmack und Neigungen der Mehrheit der Zuschauer durchaus im klaren. Andererseits war der Einfluß des Scipionenkreises nicht geringzuschätzen. Wenn unter diesen Voraussetzungen Donat von einem ermutigenden Gelingen der ersten Aufführung eines Terenzischen Stückes spricht, so wird man wohl eher annehmen dürfen, daß die Komödie nicht schlechthin „durchfiel", sondern ein immerhin respektabler Teil der Zuschauer sich positiv äußerte. Einen Durchbruch erzielte Terenz mit dem Stück schwerlich. Und ein Jahr später (165) scheiterte er mit der ersten Aufführung der *Schwiegermutter* völlig: Die Zuschauer verließen schon nach den ersten Versen das Theater, um ihre Aufmerksamkeit einer Seiltänzergruppe zu widmen (*Schwiegermutter*, V. 4f.); bei einem zweiten Versuch (erst 160) wiederholte sich der Vorgang; diesmal erwies sich ein Gladiatorenkampf als der stärkere Magnet (V. 39ff.). Zwei Jahre nach dem ersten Scheitern dieses Stücks (163) gelang es Terenz, den *Mann, der sich selbst bestraft*, auf die Bühne zu bringen. Von einem ausdrücklichen Erfolg spricht keine Quelle; auch bei diesem Stück wird wohl nur ein Teil des Publikums mitgegangen sein und Beifall gespendet haben. Erst der *Eunuch* erzielte den Durchbruch, wiederum zwei Jahre später (161), und zwar einen außergewöhnlichen und zugleich nachhaltigen (vgl. S. XXIXf.); noch im gleichen Jahr wurde auch der *Phormio*, wahrscheinlich erfolgreich, gespielt, desgleichen im nächsten Jahr (160) die *Brüder*. Einen Rückschlag brachte bei den gleichen Festspielen die zweite Aufführung der *Schwiegermutter*; erst bei einer wenige Monate später veranstalteten dritten Aufführung stellte sich auch bei diesem Stück ein Erfolg ein.

Die zeitliche Übersicht zeigt: Von den sieben Jahren öffentlichen Auftretens, die dem Dichter vergönnt waren, hat er fünf um die Anerkennung seines Schaffens ringen müssen, und selbst das siebente Jahr sah noch einen Mißerfolg. Dieses Ringen, während dessen dem Dichter sein Schauspieldirektor Ambivius Turpio treu und wagemutig zur Seite stand, gibt Aufschluß über Willen wie Fähigkeit zur Aufnahme des Gebotenen seitens der überwiegenden Mehrheit der Zuschauer, die ja von den unteren Schichten der Bevölkerung gestellt wurde. Der Dichter resignierte nicht angesichts der Tatsache, daß ein nicht unbeträchtlicher Teil andere Spektakel der von ihm vermittelten schwereren Kost vorzog. Er setzte sich beharrlich für das von ihm mit seinen Werken erstrebte Ziel ein, wohl wissend, daß der Einfluß seiner hochgestellten Freunde und Gönner ihm *hier* nur in begrenztem Maße helfen konnte.

Immerhin war seine Stellung im Jahre 160 v. u. Z. die eines anerkannten, von vielen geachteten, ja bewunderten Dramatikers. Auch seine wirtschaftlichen Verhältnisse waren zufriedenstellend: Nach der Biographie Suetons besaß er in Rom ein 20 Morgen großes Grundstück; über seine Familienverhältnisse erfahren wir lediglich, daß er eine Tochter hatte, die später einen Mann aus der Ritterschaft heiratete. Beide Zeugnisse weisen ihn als vermögend aus. Die teilweise nicht unerheblichen Honorare für erfolgreiche Stücke, vor allem aber die Zuwendungen seiner Freunde werden das bewirkt haben.

Freilich sollte Terenz sich der ihm zuteil gewordenen öffentlichen Anerkennung nur kurze Zeit freuen. Im Jahre 159 v. u. Z. brach er zu einer Studienreise nach Athen auf, von der er nicht mehr zurückkehrte. Seines allzu frühen Todes bemächtigte sich alsbald die Legende, die, mochte er nun auf der Rückfahrt in einem Sturm ertrunken, mochte er auf griechischem Boden aus Kummer über den Verlust des vorausgeschickten Gepäcks gestorben sein, insbesondere das Verschwinden einer großen Zahl unveröffentlichter Manuskripte beklagt.

So blieben denn der Nachwelt nur die sechs zu seinen Lebzeiten aufgeführten Stücke erhalten, genug für uns, dankbar der Leistung des „schlanken, dunkelhäutigen" Sklaven aus Afrika zu gedenken, dem es ein gütiges Schicksal ersparte, gleich Unzähligen seiner Leidensgenossen unter grausamen Umständen zugrunde zu gehen, und ihm Gelegenheit bot, sein bedeutendes Talent zu nutzen.

Ein Teil des Ruhmes, den die Nachwelt dem Dichter zollte, gründete sich auf die Tatsache, daß in seinen Dramen zwei Jahrtausende lang die einzigen in sich geschlossenen Zeugnisse der Kunst des Menander und des Apollodoros und damit der griechischen Neuen Komödie überhaupt vorlagen. Vermittelten doch in diesem Zeitraum lediglich Fragmente eine lückenhafte Kenntnis von den Originalen, und das sehr freie Verfahren des Plautus gegenüber seinen Vorlagen war für die Forschung Grund genug, bei ihm mit Schlüssen auf Wesen und Aussage des Verlorenen vorsichtig zu sein; daß etwa die weitgehende Umsetzung der griechischen Sprechdramen in Gesangspartien bzw. melodramatische Rezitationen, das starke römische Kolorit und andere Eigenheiten (vgl. S. XXXff.) dem in Grundzügen erschließbaren Gesamtbild der griechischen Neuen Komödie weniger entsprachen, blieb unbestritten. Am Terenz aber glaubte man, und in wesentlichen Punkten auch mit Recht, wichtige Aufschlüsse über den Gesamtaufbau, die dramaturgischen Elemente, schließlich die Gesamtaussage der verlorenen Schöpfungen zu erhalten. Daß Terenz freilich nicht schlechthin ein „Übersetzer" war, daran zweifelten bereits die antiken Kommentatoren nicht. Dieser Umstand ließ sich nicht allein aus den Kontaminationen beweisen; er wurde auch bestätigt durch Vergleiche zwischen der Terenzischen Diktion und der Sprache der Originale an Stellen, an denen sich anhand von Zitaten die griechische und die lateinische Version miteinander vergleichen ließen. Allerdings standen und stehen für derartige Vergleiche bloß einzelne Worte und Begriffe, allenfalls einige Verse zur Verfügung, und in manchen Fällen sind sogar Zweifel angebracht, ob die von dem jeweiligen Kommentator angeführten Stellen auch die richtigen sind. Den Vergleich einer ganzen Komödie mit der Nachdichtung des Terenz erlauben uns selbst die neuesten Papyrosfunde noch nicht. Und wie schwierig es ist, aus dem Vergleich einzelner Stellen weiterreichende Schlußfolgerungen zu ziehen, sei an einem Beispiel erhellt. Im *Mädchen von Andros* läßt Terenz die Hebamme zu einer Dienerin der Wöchnerin sagen (V. 483f.):

Sorg jetzt zum ersten dafür, daß sie badet; dann lasse sie trinken
nach meinem Geheiß in der angegebenen Menge!

Donat zitiert in seinem Kommentar das griechische Original:

Ihr müßt sofort sie baden!

Zwei antiken Lexika, dem des byzantinischen Gelehrten Photios (etwa 820–890 u. Z.) sowie dem heute als Suda bezeichneten, das um 1000 u. Z. von einem unbekannten Autor verfaßt wurde, verdanken wir unter dem Stichwort neottos, „neugeborenes Tier", das Menander in der Bedeutung „Eidotter" im Sinne von „etwas ganz Frisches" verwende, die darauf folgenden Worte:

Dann gib, meine Gute,
das Dotter von vier Eiern ihr zu trinken!

Schon auf den ersten Blick wird die bereits in der Antike gerühmte „Lebensnähe" Menanders deutlich: Meisterhaft trifft der griechische Dramatiker den familiär-vertraulichen Ton, der zwischen Frauen am Lager einer Gebärenden waltet, verbindet die Autorität der erfahrenen Hebamme mit der gemütvoll-persönlichen Anrede an die Sklavin und der von gewissenhafter Sorge um die Wöchnerin bestimmten genauen Angabe dessen, was der erschöpften jungen Mutter not tut.

Anders bei Terenz. Im Vergleich zur Vorlage erscheint seine Formulierung steif, blaß, abstrakt. Wo liegt der Grund? Sind die Griechischkenntnisse des Nachdichters zu schwach, als daß er mit ihnen den Sinn der Stelle voll erfassen könnte? Oder fehlt ihm gar die Fähigkeit, die psychologische Feinheit einer Szene zu erfassen und zu gestalten?

Die Fragen stellen heißt sie verneinen. Gewiß, niemand wird leugnen, daß es im Werk des Terenz, wie im Werk eines jeden Poeten, schwache Stellen gibt, Ungenauigkeiten in der Motivierung, eine psychologische Härte, einen Übergang, den man sich besser vorbereitet gewünscht hätte, eine befremdende Entscheidung angesichts eines angebahnten Konflikts. Aber der allenthalben hervortretende, mit liebevollem Eingehen auf die seelischen Regungen des Individuums gestaltete Austausch von Mensch zu Mensch ist, ungeachtet derartiger gelegentlicher Mängel, ja geradezu ein Wesenselement des Terenzischen Schaffens. Man betrachte etwa im *Mädchen von Andros* (V. 28–171) das einleitende Gespräch zwischen Simo und seinem Freigelassenen Sosia, das Werben eines jeden der beiden um Vertrauen und Verständnis, den Versuch, mit allem nur denkbaren Takt die eigene Würde zu behaupten und jene des Partners zu schonen; oder im *Mann, der sich selbst bestraft* (V. 53–170) das Bemühen des Chremes, hinter das seltsame Gebaren seines neuen Nachbarn zu kommen, die ungezwungene Verbindung von schlichter Neugier und echter Hilfsbereitschaft; oder im *Eunuchen* die Persönlichkeit der Thais, den Zusammenklang von Koketterie und Schelmerei, von kluger Berechnung und festem Willen, von tiefer Sehnsucht nach aufrichtiger Partnerschaft und dem Entschluß zum Verzicht, zugleich das Ringen um eine Aufgabe, die dem Leben einen Sinn zu geben vermag, oder, im gleichen Stück, den turbulenten Sturmangriff auf das Haus der Hetäre mit seinem kläglichen Ausgang (V. 771 ff.): Die Reihe ließe sich beliebig fortsetzen, in der wir den zu Anschaulichkeit und gelegentlicher Derbheit wie zu ergreifender Gefühlstiefe in gleicher Weise befähigten Dichter erkennen.

Anstatt also die bei den oben zitierten Versen feststellbare Blässe und Steifheit zu registrieren, sollten wir lieber fragen, warum Terenz in seiner Übertragung, scheinbar zu seinen Ungunsten, vom Original abgewichen ist.

Die Antwort läßt sich finden. Für Terenz war der Augenblick, in dem der ungläubige Simo und der vom Geschehen überrumpelte Davos als heimliche Lauscher die Anweisungen der Hebamme zur Kenntnis nahmen, zu entscheidungsträchtig für die Aussage des Stückes, als daß er ihn zusätzlich, und sei es in noch so realistischer Weise, ins Familiär-Idyllische hätte umbiegen mögen. Er unterdrückt die Versuchung, dem Athener zu folgen, und gestaltet seinen Text, auf Kosten menandrischer Lebensnähe, „feierlicher, würdiger“ (Büchner), in gewissem Sinne sachbetonter, unpersönlicher, strenger: Die Hebamme hat ihre Weisung bereits erteilt, sie erinnert nur beim Fortgehen noch einmal an die Notwendigkeit, sie aufs genaueste einzuhalten.

Vielleicht gibt diese Stelle einen deutlicheren Fingerzeig für das Wesen Terenzischer Dichtung, als es zunächst den Anschein hat. Seit der Antike hat die Forschung wiederholt auf gewisse „tragische Züge“ bei Terenz hingewiesen und diese nach guter philologischer Tradition an Textstellen mit entsprechend „gehobener“ Redeweise erhärtet gesehen. Derart kennzeichnet z. B. schon Donat in der *Schwiegermutter* den Dialog zwischen Laches und Phidippus (V. 243–273) und den anschließenden Monolog der Sostrata, desgleichen in den *Brüdern* etwa die pathetischen Ausrufe des Demea (V. 757f.). Mühelos wird jeder Leser entsprechende Stellen finden. Abgesehen aber von der Frage, inwieweit Terenz solche sozusagen formal-tragischen Elemente im Einzelfall durch erzielte Kontrastwirkungen ins hintergründig Komische abbiegt, jedoch auch umgekehrt das vordergründig Komische letzten Endes als Zeugnis tiefer Tragik gestaltet (etwa *Schwiegermutter*, V. 440f.), scheinen die wahrhaft tragischen Züge des Dichters weniger in der Diktion schlechthin zutage zu treten als in der kaum auffälligen Nuancierung des Handlungsablaufs im ganzen wie in dem gelegentlichen Verzicht gerade auf das, was die eigentliche Stärke Menanders ist. In bezeichnender Weise hat einer der klügsten, in der Wahl seiner Mittel oft genug rücksichtslosesten Vertreter der römischen Machtpolitik sich zu diesem „Mangel" im Werk des Terenz geäußert. Gaius Iulius Caesar (um 100–44 v. u. Z.), selber literarisch schöpferisch, schreibt in einem Gedicht, von dem wir nicht wissen, ob es in einen größeren Zusammenhang gehört oder als eine Art Epigramm zu verstehen ist (Sueton, Terenzbiographie, 7):

Dich auch, du halber Menander, Verehrer durchsichtig reiner
Sprache, dich würdigt zu Recht man als einen der größten
Poeten.
Wären doch deine sanft fließenden Verse auch hinreichend
kraftvoll,
Ruhm zu gewinnen durch eine den Griechen entsprechende
Komik,
statt sich auf diesem Gebiet als schwächlich mißachten zu lassen!
Dies nur, Terenz, vermisse an deinen Werken ich bitter.

Ob ein gutes Jahrhundert vorher die zu den führenden Kreisen Roms gehörenden Gönner und Förderer des Terenz diesen Mangel nicht als solchen empfunden oder „übersehen" haben – ihnen wie Caesar waren die Dramen Menanders ja noch zugänglich –, sei dahingestellt. Der Eroberer Galliens, der Begründer der Militärdiktatur des römischen Kaisertums und Verfasser bedeutsamer Memoiren hat jedenfalls Entscheidendes erkannt: Die sprachlich-formal meisterhaft und mit tiefgründiger Menschenkenntnis wie spürbarer

Menschenliebe gestaltete, doch in einem Teilbereich der sozialen Wirklichkeit unverbindlich dahinplätschernde Komik eines Menander entsprach einem Terenz genausowenig wie die unbekümmerte Frische, die genial-kraftvolle Derbheit, die von Witz und Geist sprühende Possenhaftigkeit eines Plautus. Der junge Sklave aus Afrika war nicht in der Lage des wohlsituierten Bürgers eines ruhmbedeckten, in gewissem Sinne unter Denkmalschutz stehenden Gemeinwesens, der sich mit diplomatischem Geschick, gestützt auch auf eben jene unverbindliche Komik, aus den blutigen Metzeleien der Diadochen einigermaßen herauszuhalten vermochte; ihm fehlte desgleichen die ursprüngliche, zupackende, zuweilen doppelbödige Heiterkeit des Umbrers. Die Peitsche, die Folter, das Kreuz, die stets gegenwärtigen Schreckgespenster des Sklaven, waren für Terenz, wenigstens in einem Abschnitt seines Lebens, mehr als ein Bildungserlebnis; er hat wohl empfunden, was es heißt, vor ihnen zittern zu müssen. Ob sein Talent ausgereicht hätte, eigenes Erleben in eigenen Schöpfungen frei Gestalt werden zu lassen, wissen wir nicht. Hätte es ausgereicht, würden die Umstände seiner Existenz ihm kaum die Gestaltung erlaubt, in jedem Fall die Veröffentlichung verwehrt haben. Im Sog einer unmenschlichen Wirklichkeit winkte ihm lediglich, bereits zu literarischer Tradition geworden, die Menschenliebe der griechischen Neuen Komödie, ihrerseits ein Notbehelf in dem der Literatur ihrer Zeit vergönnten knappen Spielraum. Er folgte dem Wink, er durfte ihm folgen, weil die Gunst der Stunde sein Streben in die Nutzbarkeitserwägungen eines Teiles der politisch Einflußreichen einmünden ließ. Daß diese Erwägungen für einige derer, die sie anstellten, gleichzeitig ein subjektiv ehrliches Bekenntnis zu jener Menschenliebe waren, bleibt zu hoffen, wenn es auch kaum zu beweisen ist; wohlgesetzte gute Worte sollte man nicht mit barer Münze gleichsetzen.

Daß Terenz auf seinem Wege sich nicht in erster Linie vom Geschmack des Publikums leiten ließ, sondern, im Gegenteil, sich bemühte, auf sein Publikum einzuwirken, bleibt der Bewunderung würdig. Die „glänzend ankommenden“ Mittel des Plautus verwandte er sparsam; er wußte, daß er seine Zuschauer oder wenigstens einen Teil von ihnen nur allmählich zu sich herüberziehen, an sich gewöhnen, in seinem Sinne bilden konnte. Zu bieten hatte er als Kern seines Schaffens die schon bei Menander ausgeprägte Achtung vor dem Menschen, einem Menschen, „dem nichts Menschliches fremd ist" (*Mann, der sich selbst bestraft*, V. 77), der vieles versteht, wenn auch nicht alles verzeiht, der zu echter und bewußter Großzügigkeit fähig ist, ohne selbst bestimmten von der launischen Tyche gelegten Schlingen zu entgehen, der seine Tugenden in der Regel allerdings als persönlich Freier und hinreichend Begüterter bewährt. Terenz entkleidete diese Achtung, wenn auch vorsichtig, ihres stellenweise idyllisierenden Charakters. Die Unverbindlichkeit freilich durfte er ihr nicht nehmen; in diesem Streben hat man vielleicht die Gründe dafür zu suchen, daß er, in einem weiteren kennzeichnenden Unterschied zu Plautus, römisches Kolorit nur selten durchschimmern ließ. Wenn er schon auf die Wirkungsmöglichkeiten des altrömischen Lustspiels teilweise verzichtete, bedurfte er in höherem Grade der in anderer Art bühnengemäßen Stützen, die ihm seine Originale, aber auch sein eigener Instinkt in der psychologisch durchdachten Gedankenführung der Szenen lieferten.

Diesem Bemühen des Dichters ist es vergönnt gewesen, einen unverwechselbaren Typ des Lustspiels zu schaffen, gewiß, eine Variante nur der griechischen Neuen Komödie, dennoch eine mit individueller und ausdrucksstark verallgemeinernder Schöpferkraft gestaltete. Die Nachwelt hat es bestätigt.

NACHLEBEN DES TERENZ

Terenz hat selbst seine Sprache als „klar", „rein" bezeichnet (*Mann, der sich selbst bestraft*, V. 46). Damit grenzte er sich von Plautus ab, dessen Sprache durch neue Wortbildungen, durch Verdrehungen und auf Komik berechnete Zusammensetzungen, durch vulgäre Ausdrücke und Redewendungen gekennzeichnet war. In diesem Punkte hat das Urteil der Folgezeit Terenz recht gegeben. Schon Caesar erkannte ihm die Erfüllung dieser Aufgabe, die der Dichter sich gestellt hatte, zu (vgl. S. XLIV). Ähnlich lautete das Urteil des berühmten Redners, Staatsmanns und Schriftstellers Cicero (106–43 v. u. Z.); Terenz hätte zwar Menanders „Bewegungen" (im weitesten Sinne „geistige Regungen", „Leidenschaften", „Wirkungen“) gedämpft und damit abgeschwächt, jedoch im übrigen „durchweg gefällig“ (im Sinne von „sauber“, „korrekt“) „gesprochen und lieblich die Worte gesetzt“ (Sueton, Terenzbiographie, 7). In dieselbe Richtung geht die Meinung des Lyrikers Horaz (65–8 v. u. Z.), der im Vergleich mit Caecilius, dem er den Vorrang in der „Würde“, der „Erhabenheit“ zubilligt, die Stärke des Terenz in der „künstlerischen Leistung“, d. h. ebenfalls in der gefeilten Sprache und im Aufbau der Stücke erblickt (Brief über die Dichtkunst, V. 59).

Die Selbstaussage des Dichters und die Anerkennung, die ihm literarische Schöpfer des folgenden Jahrhunderts zollten, scheinen das Urteil zu bestätigen, das, wenn auch im einzelnen variiert, im großen und ganzen zum Gemeingut der heutigen Einschätzung geworden ist: Terenz hätte die Fabula palliata gleichsam von einer niedrigeren Ebene emporgehoben in den Kreis der gebildeten Schichten Roms, er hätte dort geworben für die Anerkennung jener Menschlichkeit, die sich in den großen Werken der griechischen Literatur ausprägte, und nicht wenige Anhänger für sein Streben gewonnen.

Ob eine solche Wirkung den Absichten des Dichters entspricht, ist eine andere Frage. Die kurze Zeitspanne, die seinem Schaffen vergönnt war, beweist, mit welcher Anstrengung er um die Aufmerksamkeit, zunächst einmal um das bloße konzentrierte Zuhören, damit natürlich auch um den Beifall eines möglichst breiten Publikums kämpfte. Danach läßt sich ein poetisches Mühen vermuten, das einem höheren Ziele zustrebte als dem Beifall einer politisch einflußreichen, aber zahlenmäßig geringen Oberschicht. Indem Terenz bewußt die vor allem auf äußere Wirkung berechneten Mittel der Bühnenkunst eines Plautus hintansetzte, die so ganz den Vorlieben und dem Bildungsgrad der Masse entsprachen, ohne jedoch ganz auf sie zu verzichten, versuchte er, sein Publikum in einem bestimmten Sinne zu „bilden“, seinen Geschmack zu verfeinern, in ihm ein Gespür für die Werte höherer Geistigkeit, eines gesitteten Umgangstones, schließlich, vor allem, eines von Geduld, Einsicht, Güte und wechselseitiger Achtung getragenen Verhältnisses zwischen den Menschen zu wecken. Sollte dies zutreffen, so wäre festzustellen, daß der Dichter sein Ziel verfehlte. Der auch von einem Caesar gerügte Mangel wurde dem Poeten von der

Mehrzahl seines Publikums nicht verziehen. Menschen, für die Krieg, Gemetzel, Versklavung, grausamste Hinrichtung, insgesamt schrankenloses Vernichten der menschlichen Würde durch die demütigenden Bedingungen der Ausbeutung zum Alltag gehörten, versagten sich dem Versuch, mittels dramatischer Kunst der allgemeinen Tendenz entgegenzutreten. Mitte des 2. Jahrhunderts v. u. Z. hat es zwar noch Aufführungen Terenzischer Stücke gegeben. Nach dem Scheitern der von den beiden Gracchen eingeleiteten sozialen Bewegung, die als Volkstribunen (133 bzw. 123/122 v. u. Z.) vor allem durch eine Beschränkung des Großgrundbesitzes und Landzuteilungen an mittellose Bürger die gesellschaftliche Entwicklung zugunsten der Plebs in andere Bahnen zu lenken suchten, und nach dem Beginn der Bürgerkriege verstummte auch die Stimme des Dichters auf der Bühne; der Stern, der am Himmel der dramatischen Kunst Roms überraschend aufgetaucht war, erlosch.

Jahrhundertelang, bis in die römische Kaiserzeit und die byzantinische Epoche hinein, verlor das Drama und mit ihm die Komödie als Bühnenkunst jeglichen die Wirklichkeit mitgestaltenden Einfluß. Was an dramenähnlichen Vorführungen komödienartigen Charakters weiterlebte, war eine in literarische Form gekleidete Fabula Atellana, waren der Mimos, die Pantomime, die mit derberotischen, ja sadistischen Szenen sich immer stärker auf das Erzielen äußerer Effekte beschränkten. Wo „tragische Wirkungen“ in der leibhaftigen Verbrennung des Heroen Herakles oder der tatsächlichen Kreuzigung eines eingefangenen Räubers vor den Augen einer sensationslüsternen Menge gipfelten, fanden sich komödienhafte Elemente lediglich in varietéähnlichen Darbietungen verschiedener Art. Für einen Terenz gab es keine Bühne mehr.

Die Texte aber blieben. Philologen, Historiker, Biographen widmeten ihnen ihre Aufmerksamkeit. Eine erstaunlich große Zahl von Namen derartiger Gelehrter ist überliefert, und wenn ihre Arbeiten auch zum überwiegenden Teile verschollen sind, so beweist ihre Menge doch, daß Stücke des Terenz zwar nicht auf der Bühne, doch als Lesestoff innerhalb eines begrenzten Kreises geschätzt wurden. Bestimmte ethische Forderungen des aufkommenden Christentums fand man in den Gestalten des Dichters verkörpert, und in seiner Ausdrucksweise entdeckte man mehr und mehr das

Muster eines gehobenen, doch lebendigen und jeglicher Schattierungen und Feinheiten fähigen umgangssprachlichen Lateins. Aus der Zeit des Übergangs vom 4. zum 5. Jahrhundert u. Z. bis zum 10. Jahrhundert stammen die uns vorliegenden ältesten Handschriften, unter denen sich, etwas Außergewöhnliches in der Gesamtüberlieferung der antiken Literatur, einige mit bildlichen Darstellungen der auftretenden Personen befinden. Doch während fleißige Mönche in ihrer Zelle die Texte abschrieben und die der lateinischen Sprache Mächtigen an der Lektüre wachsenden Gefallen fanden, begannen Dogmatiker innerhalb des Klerus vor dem beliebten Heiden zu warnen. Als Protest gegen den gefährlichen Lesegenuß verfaßte die um Reinheit ihres Glaubens und einen unanstößigen Lebenswandel ihrer Glaubensgenossinnen besorgte Nonne Hrotsvit von Gandersheim (etwa 935–980) sechs geistliche Stücke in rhythmisierter lateinischer Prosa unter enger sprachlicher Anlehnung an den Geschmähten – ein kurioses Zeugnis früher deutscher Literatur in lateinischem Gewande.

Renaissance und Humanismus richteten in dem allgemeinen Wiederaufleben der antiken Studien ihr Augenmerk auch auf Terenz. Sein Latein übte neben dem Ciceros einen starken Einfluß auf das praktische Sprechen der Gebildeten aus, und mit dem Interesse an der Sprache wuchs auch das Bemühen, den Gehalt der Stücke zu erklären, wuchs das Verlangen, über Leben und Persönlichkeit des Dichters Erkundigungen einzuziehen. So schrieb neben anderen der Humanist und Dichter Francesco Petrarca einen Essay über das Leben des Terenz. Im Lateinunterricht der Schulen spielte der eigenwillige und schöpferische Interpret der griechischen Neuen Komödie eine führende Rolle, nicht allein als Meister der Sprache, sondern auch als Gestalter eingängiger Redewendungen und tiefgründiger, der Praxis des Alltags abgelauschter Sinnsprüche. Sammlungen derartiger Vulgaria Terentii, „üblich gewordener Verse des Terenz“, entstanden seit dem 15. Jahrhundert und lieferten als beispielhaft eingeschätzte Zierden lateinischer Konversation. Seine Beliebtheit an den Schulen leitete auch seine allmähliche Rückkehr auf die Bühne ein, bei der ihm allerdings die rasch gewachsene Begeisterung für den in Italien wiederentdeckten Plautus, die seit dem 16. Jahrhundert auf Europa ausstrahlte, vorerst den zweiten Rang zuwies; lediglich bei den zahlreich stattfindenden Schüleraufführungen behauptete er die erste Stelle. Dies galt auch für England, wo indessen Shakespeare gleich anderen führenden Gestaltern der in Europa neu entstehenden Gattung der Komödie, etwa Lope de Vega in Spanien und Molière in Frankreich, anfangs die stärkeren Anregungen von dem urwüchsigen Plautus empfing. Neben dem Werk des Umbrers behauptete sich der schmalere Nachlaß des Afrikaners in bedeutenden Einzelzügen, insbesondere in der Technik der Szenengestaltung und einer auf psychologisch motivierter Gedankenführung gegründeten Bühnenwirksamkeit. Hier hat Lessing in seiner Hamburgischen Dramaturgie (70. bis 73. Stück; vgl. auch 97. bis 100. Stück) für die *Brüder* scharfsinnige Interpretationen geliefert, die den Feinheiten des Autors in beispielhafter Weise gerecht werden, bot uns auch treffende Einzelcharakteristiken, u. a. des *Mannes, der sich selbst bestraft* (87. und 88. Stück). Eben derartige Feinheiten sind es, die unserem Dichter für die Entwicklung des modernen Dramas, durchaus nicht nur des „Lustspiels" im engeren Sinne, einen unverächtlichen Platz zuwiesen, für einen Heinrich von Kleist in nicht geringerem Grade als für so manchen Librettisten auf dem Felde der Operette und der Oper.

Inwieweit das Werk des Terenz über die Lektüre hinaus auf der modernen Bühne Leben gewinnen könnte, bleibt offen. An Liebhaberaufführungen in meist kleinerem Kreise hat es zu keiner Zeit gefehlt. Ob es wagemutigen und einfallsreichen Regisseuren gelingt, dem Spiel des Terenz für einen weiteren Kreis von Zuschauern unserer Zeit fesselnde Züge abzugewinnen, sollte einen Versuch wert sein.

DAS MÄDCHEN VON ANDROS

DIDASKALIE

Dieses Stück entstand als das erste. Es wurde aufgeführt bei den Spielen zu Ehren der Grossen Mutter unter den kurulischen Ädilen Marcus Fulvius und Manius Glabrio. Die Aufführung leiteten Lucius Atilius aus Praeneste und Lucius Ambivius Turpio. Die Musik komponierte Flaccus, der Sklave des Claudius, durchgehend in gleichen rechten und linken Flöten. Das griechische Original stammt von Menander. Veranstaltet wurde die Aufführung unter den Konsuln Marcus Marcellus und Gaius Sulpicius und angezeigt unter dem Titel „Die Andria des Terentius“, letzteres, weil der Name des Dichters bis dahin unbekannt war und noch kein auf eine bekannte Leistung gegründetes Ansehen genoss. Die Einteilung des Textes in Dialog- und Gesangspartien ist in gefälliger Weise gelungen; der Erfolg des Stückes bedeutete für den Dichter einen glückverheissenden Ansporn, weitere Komödien zu verfassen.

DES GAIUS SULPICIUS APOLLINARIS INHALTSANGABE

Der junge Pamphilus sah in Glycerium
die Schwester einer Hure, die von Andros stammte.
Das freilich war ein Irrtum. Er verführte sie,
und als sie schwanger ward, versprach er ihr die Heirat.
Doch hatte schon sein Vater ihn mit einer andern
verloben wollen, mit der Tochter eines Freundes,
des Chremes. Als er vom Verhältnis seines Sohnes
erfahren, setzte er zum Schein die Hochzeit an,
um festzustellen, was sein Sohn tatsächlich wolle.
Auf Rat des Davos widersetzte Pamphilus
sich nicht. Doch als die Niederkunft Glyceriums
dem Chremes jetzt zur Kenntnis kam, da sagte dieser
die Hochzeit ab und wies den Schwiegersohn zurück.
Indes, ganz überraschend, ward Glycerium
erkannt als seine Tochter; darauf gab er sie
dem Pamphilus zur Frau, die andre dem Charinus.

PERSONEN

Simo, Bürger von Athen
Chremes, sein Freund, gleichen Standes
Crito, Bürger von Andros
Pamphilus, Sohn des Simo
Charinus, sein Freund
Glycerium, Geliebte des Pamphilus
Sosia, Freigelassener des Simo
Davos, } Sklaven des Simo
Dromo, }
Byrria, Sklave des Charinus
Mysis, Sklavin der Glycerium
Lesbia, Hebamme
Der Sänger
Sklaven, Sklavinnen

Ort der Handlung: Athen

PROLOG

Seitdem der Dichter sich entschloß, Komödien
zu schreiben, hielt er es für seine erste Pflicht,
das Publikum mit seinen Stücken zu erfreuen.
Doch sieht er sich in der Erwartung schwer getäuscht:
Er muß, Vergeudung seiner Kraft, Prologe schreiben –
nicht um vom Inhalt zu erzählen, sondern um
auf das, was ihm ein alter Dichter voller Neid
zum Vorwurf macht, gebührend Antwort zu erteilen.
Hört, bitte, selbst, was man an seinem Werk bemängelt!
Menander schrieb zwei Stücke, eine „Andria",
das andre die „Perinthia". Wer eines kennt,
kennt beide; derart ähnelt sich ihr Inhalt. Nur
in Stil und Sprache zeigen sich die Unterschiede.
Was nun aus der „Perinthia" gut paßte in
die „Andria", das übertrug er in sein Stück
und nutzte es als eigen: Offen legt er hier
es dar. Das tadelt dieser Klüngel und behauptet,
man dürfe nicht zwei Stücke „ineinanderschustern".
Die weise Einsicht wird zum Nachweis nur der Blindheit:
Wer ihn anklagt, der klagt auch Naevius und Plautus
und Ennius mit an. In ihnen sieht er ja
sein Vorbild, zieht auch ihre Art Großzügigkeit
der kleinlich-finstren „Sorgfalt" dieses Klüngels vor.
Ich warne ihn: Er soll in Zukunft Ruhe geben,
nicht länger lästern, sonst sieht er die eignen Fehler
vor seinen Augen aufgedeckt!
Nun schweigt, gebt Obacht,
ganz unvoreingenommen, schaut das Stück euch an
und prüft genau: Könnt ihr dem Dichter Hoffnung machen?
Wollt ihr die Stücke, die er künftig schreibt, euch gern
ansehen – oder lehnt sie ab von vornherein?

Eine Straße in Athen. An ihr liegen nebeneinander das Haus des Simo und das der Glycerium. Die Straße führt vom Hafen zum Marktplatz. Simo und Sosia treten auf, begleitet von zwei Sklaven, die Gepäckstücke tragen.

SIMO *zu den Sklaven*:
Los, bringt ins Haus die Waren, fort mit euch!
Sklaven ab. Sosia,
bleib noch ein Weilchen! Kurz nur möchte ich dich sprechen.

SOSIA:
Verlaß dich drauf: Die Sache wird ganz tadellos
erledigt!

SIMO: Nein, ich meine etwas anderes.

SOSIA:
Was kann ich denn mit meiner Kunst noch für dich tun?

SIMO:
Für meinen Vorsatz brauche ich nicht deine Kunst,
nein, nur die Eigenschaften, die ich an dir kenne:
Pflichttreue und Verschwiegenheit.

SOSIA: Sag, bitte, was
du willst!

SIMO: Seitdem ich dich als Sklaven kaufte, habe
ich dich von Kindheit an stets milde und gerecht
behandelt, wie du weißt. Ich ließ dich frei, weil du
mit Takt und Anstand deinen Dienst verrichtet hast.
Ich zahlte dir dafür den Lohn, den ich als höchsten
vergeben kann.

SOSIA: Das werde niemals ich vergessen.

SIMO:
Ich habe es nicht zu bereuen.

SOSIA: Große Freude
empfinde ich, wenn dir mein Handeln, einst wie jetzt,
gefällt, und dankbar bin ich dir für deinen Dank.
Nur eines ist mir peinlich: Daß du mich daran
erinnerst, kommt beinahe einem Vorwurf gleich,

ich hätte, was du Gutes mir getan, vergessen!
Sag lieber kurz, womit ich dir jetzt dienen kann.

SIMO:
Das will ich tun. Eins schicke ich voraus: Die Hochzeit,
die du für „richtig" hältst, ist keine richtige!

SOSIA:
Du täuschst sie also vor – warum?

SIMO: Hör alles nach
der Reihe: Meines Sohnes Lebensart, mein Planen
und deine Rolle in dem Plan entnimm daraus!
Seit er zum Mann herangewachsen war, Sosia,
vermochte er sein Leben freier zu gestalten.
Wie nämlich sollte man vorher verstehen ihn,
genau durchschauen den Charakter, als noch Alter
und Ehrfurcht, auch der Lehrer, hemmend wirkten?

SOSIA: Richtig!

SIMO:
Was nun so gut wie alle jungen Leute tun:
sich emsig einer Lieblingsneigung widmen, etwa
der Pferdezucht, dem Halten einer Meute oder
dem Studium bei unsern Philosophen, nichts
von alledem betrieb er mit besondrem Eifer,
doch jedes einzelne im guten Durchschnittsmaß.
Ich war darüber froh.

SOSIA: Zu Recht. Ein Grundsatz nützt
im Leben ja besonders: „Nichts im Übermaß!"

SIMO:
So lebte er: Umgänglich kam er aus mit allen,
mit denen er zusammentraf, schloß nie sich aus,
war auch kein Spielverderber, niemandem je feind,
schob nie sich in den Vordergrund – so erntet leicht
man Lob, entgeht dem Neid und macht sich Freunde.

SOSIA: Weise
hat er sein Leben eingerichtet. Heute schafft
Willfährigkeit dir Freunde, Offenheit nur Haß.

SIMO:
Inzwischen war, schon vor drei Jahren, eine Frau
aus Andros hier in unsre Nachbarschaft gezogen,

aus Not, im Stich gelassen auch von der Verwandtschaft,
durch Schönheit ausgezeichnet, jung und blühend noch.

SOSIA:
Na, hoffentlich stürzt diese Frau uns nicht ins Unglück!

SIMO:
Sie lebte anfangs ehrbar, sparsam, eingeschränkt,
verdiente sich ihr Geld durch Spinnen und durch Weben.
Als ein Verliebter dann Bezahlung bot, ein zweiter
desgleichen, ging sie auf die Angebote ein –
wie Menschen allgemein geneigt sind, den Genuß
der Arbeit vorzuziehn – und machte zum Gewerbe
ihr Treiben! Wie es nun zu gehen pflegt, so luden
jetzt ihre Liebhaber auch meinen Sohn einmal
dorthin zum Essen ein. Gleich schöpfte ich Verdacht:
Den hat es ganz bestimmt erwischt, der ist gefangen!
Und in der Frühe fing ich ihre Sklaven ab,
beim Kommen wie beim Gehen, mit der Frage: „Hallo,
sag, Junge, bitte, wer die Chrysis gestern hatte!" –
so nämlich hieß die Frau aus Andros.

SOSIA:
Ich verstehe.

SIMO:
Sie nannten Phaedrus, Niceratus, Clinia –
die drei verkehrten damals gleichzeitig mit ihr.
Drauf ich: „Und Pamphilus?" – „Ach, der! Der futterte
nur seinen Essensbeitrag ab!" Ich freute mich
und fragte später nochmals nach und stellte fest:
Rein gar nichts hat mein Sohn mit dieser Frau gehabt.
Ausreichend schien mir völlig diese Probe, und
ich sah in Pamphilus ein seltnes Beispiel von
Charakterstärke. Denn mit solchen Leuten eng
zusammenkommen und sich nicht erschüttern lassen,
das heißt befähigt sein, das Leben selbst zu meistern!
Dies freute mich von Herzen, ganz besonders auch
der Umstand, daß einmütig alle Gutes nur
zu sagen wußten und mich glücklich priesen, weil
ich einen so charakterfesten Sohn besäße.
Wozu noch viele Worte? Dieser gute Ruf
bewog jetzt Chremes, mich von sich aus aufzusuchen

und mir die Tochter, seine einzige, mit einer
sehr hohen Mitgift als Gemahlin anzubieten
für meinen Sohn. Ich stimmte zu, schloß das Verlöbnis,
und heute sollten wir das Hochzeitsfest begehen.

SOSIA:
Und warum soll das Fest nicht „richtig“ sein?

SIMO: Hör zu!
Nur ein paar Tage seit der Einigung verstrichen,
als plötzlich Chrysis, unsre Nachbarin, verstarb.

SOSIA:
Ein Glück! Der Vorfall freut mich: Schlimmes habe ich
von dieser Frau befürchtet.

SIMO: Zu der Zeit verkehrte
mein Sohn noch häufig in dem Kreis der Liebhaber,
bereitete mit ihnen auch die Totenfeier
gemeinsam vor. Tieftraurig war er währenddessen,
brach manchmal gar in Tränen aus. Mir war das recht,
ich dachte: Flüchtig nur hat er die Frau gekannt,
trotzdem trifft ihn ihr Tod so hart. Ja, hätte er
tatsächlich innig sie geliebt, wie hätte dann
der Kummer ihn gequält! Wie wird er später erst
um mich, den Vater, trauern! Kurz, ich glaubte, sein
Benehmen gründe sich auf Menschenliebe und
Gutherzigkeit. Um nun sogleich zum Kern zu kommen:
Um seinetwillen ging ich mit im Trauerzug,
noch immer ahnungslos.

SOSIA: Ha! Was geschah?

SIMO: Gib acht!
Man trägt die Leiche aus dem Haus. Wir brechen auf.
Da sehe ich ein Mädchen in dem Schwarm der Frauen,
noch jung, recht stattlich, …

SOSIA: Eine Schönheit wohl?

SIMO: … dazu
mit einem Antlitz, so bescheiden und so lieblich,
wie – Schöneres kann es nicht geben! Weil ich sie
ausnehmend heftig klagen sah, sie auch vor allen
das hübsche Äußere mit edlem Anstand paarte,
begab ich mich zur Schar der Sklavinnen und fragte,

wer diese Frau denn sei. „Der Toten Schwester", hieß
es da. Ich stutzte gleich: Aha, das ist der Punkt!
Deshalb die Tränen, dieses starke Mitgefühl!

SOSIA:
Zu gutem Ende hoffentlich!

SIMO: Der Trauerzug
rückt vorwärts, wir auch folgen und erreichen die
Verbrennungsstätte. Nunmehr übergibt man die
Verstorbene den Flammen. Tränen fließen. Da
kommt die besagte Schwester unbedacht dem Feuer
bedrohlich nahe, und mein Pamphilus, zum Tod
erschreckt, verrät die Leidenschaft, die er bisher
so gut verhehlte und verbarg, er stürzt sofort
herbei, umschlingt des Mädchens Hüften und ruft laut:
„Glycerium, mein Liebes, was bezweckst du? Willst
du selbst dich töten?" Sie jedoch – Beweis für die
Vertrautheit der Gefühle – sank in seine Arme,
von Tränen überströmt, in aller Innigkeit!

SOSIA:
Was du nicht sagst!

SIMO: Ich kehrte heim, ergrimmt, verärgert.
Doch reichten meine Gründe nicht, ihm Vorwürfe
zu machen. Hätte er mir doch entgegnen können:
Ich handelte gar nicht verkehrt und schuldhaft, Vater!
Sie wollte sich ins Feuer stürzen, ich hielt sie
zurück und rettete ihr Leben! Solche Worte
sind aller Ehren wert.

SOSIA: Sehr richtig! Wenn du schon
für einen Lebensretter Tadel übrig hättest –
wie würdest Schufte und Verbrecher du behandeln!

SIMO:
Am nächsten Tage suchte Chremes gleich mich auf
und schrie: „Empörend! Pamphilus, wie ich erfuhr,
hat ein Verhältnis mit dem fremden Weib!" Ich stritt
das ganz energisch ab, doch er bestand darauf.
Kurz, bei der Trennung rief er deutlich: „Niemals gebe
ich meine Tochter ihm!"

SOSIA: Du hast nicht deinen Sohn –

SIMO:
Auch dies vermochte keinen Vorwurf zu begründen.
SOSIA:
Wie bitte?
SIMO: Sagen würde er: Du selber, Vater,
hast für mein gegenwärtiges Verhalten mir
die Frist gesetzt. In kurzer Zeit schon werde ich
auf meine Gattin Rücksicht nehmen müssen. Laß
mich heut nach meinem eigenen Geschmack noch leben!
SOSIA:
Worauf kannst du dann einen Vorwurf stützen noch?
SIMO:
Verweigert einer Liebschaft wegen er die Heirat,
begeht er klar ein Unrecht, das zu strafen ist.
Und jetzt will durch die vorgetäuschte Hochzeit ich
ein triftiges Motiv für solchen Vorwurf schaffen –
falls er sich wirklich widersetzt; zugleich erreichen,
daß Davos, dieser Schurke, sollte eine List
er spinnen, einen Schlag ins Wasser führt. Ich weiß
genau, er wird mit Händen und mit Füßen sich
dagegen stemmen, mehr, ein Schnippchen mir zu schlagen,
als meinem Sohne sich gefällig zu erweisen.
SOSIA:
Aus welchem Grund?
SIMO: Du fragst noch? Schlimme Ansichten
zuerst, dann schlimme Absichten! Wenn ich den Kerl
ertappe – doch wozu noch viele Worte? Wenn
mein Wunsch sich jetzt erfüllt, sich Pamphilus nicht sträubt,
bleibt Chremes noch – mit dem muß ich ins reine kommen,
was hoffentlich gelingt. Du hast jetzt mit Geschick
die Hochzeit vorzutäuschen, Davos einzuschüchtern
und meines Sohnes Treiben streng zu überwachen,
besonders, was mit Davos er noch ausheckt!
SOSIA: Jetzt
weiß ich genug und werde dafür sorgen.
SIMO: Treten
wir also gleich ins Haus. Geh vor, ich komme nach!
Sosia ab.

Mein Sohn will zweifellos sich vor der Heirat drücken.
Ich habe vorhin wohl bemerkt, wie heftig Davos
erschrak, als er von dem geplanten Hochzeitsfest
uns reden hörte. Doch da kommt er selbst heraus!

DAVOS *tritt auf, ohne Simo zu bemerken; für sich*: Es sollte mich wundern, wenn das so ohne weiteres hinginge! Schon immer machte mir Milde des Herren bange vor möglichen Folgen. Denn seit er vernahm, es werde sein Sohn die Frau nicht bekommen, ließ er zu keinem von uns auch nur ein Wörtchen des Vorwurfs nur fallen, verhehlte den Ärger.

SIMO *für sich*: Jetzt aber, jetzt wird er es tun, und ich glaube, du wirst es bitter verspüren!

DAVOS *für sich*: Er wollte uns, die wir nichts ahnten, durch eine erlogene Freude irreführen, uns dann, wenn wir die Furcht vergaßen und wieder Hoffnung schöpften, überfallen, indes in den Schoß die Hände wir legten: Wir sollten keine Zeit mehr zum Nachdenken haben, wie sich die Hochzeit verhindern ließe! Gerissen!

SIMO *hält mit Mühe an sich*: Der Schuft, was erzählt er?

DAVOS *für sich*: Der Herr, und ich habe ihn gar nicht bemerkt!

SIMO *laut*: He, Davos!

DAVOS: Ja, bitte!

SIMO: Komm her!

DAVOS *für sich*: Was will er denn bloß?

SIMO: Was hast du zu sagen?

DAVOS: Worüber?

SIMO: Da kannst du noch fragen? Es geht das Gerücht, mein Sohn sei verliebt!

DAVOS: Fürs Volk ein gefundenes Fressen, natürlich!

SIMO *wütend*: Nimmst du die Sache jetzt ernst oder nicht?

DAVOS *mit willfähriger Miene*: Selbstverständlich, sehr ernst!

SIMO *zwingt sich zur Ruhe*: Ich möchte den Fall nicht genau untersuchen, das täte doch nur ein kleinlicher Vater. Was Pamphilus früher getan, das berührt mich nicht mehr. Solange die Zeit es halbwegs erlaubte, ließ ich ihn austoben sich nach seinem Geschmack. Mit dem heutigen Tag beginnt ein anderes Leben, gebietet auch andere Sitten. Deswegen fordere oder, wohl besser, erbitte ich, Davos, von dir auch Verständnis: Zurück auf den richtigen Weg soll Pamphilus finden! Was das bedeutet? Nun: Jeder Verliebte empfindet die Ehe als lästiges Joch!

DAVOS: So heißt es.

SIMO: Und hat er dazu noch für seine Gelüste sich einen nichtswürdigen Lehrer genommen, so läßt er zumeist die eigne Verderbtheit noch weiter zum Schlechteren sinken.

DAVOS: Beim Herkules, das verstehe ich nicht!

SIMO: Verstehst du nicht, wirklich?

DAVOS: Nein, bin ich doch Davos, nicht Ödipus.

SIMO *mit wachsendem Groll*: Du möchtest also, daß ich zuletzt noch ganz deutlich mich ausdrücke?

DAVOS: Freilich, das möchte ich wohl.

SIMO:

So höre: Wenn ich heute merke, daß du durch
Intrigen unser Hochzeitsfest zu stören suchst,
dabei auch deine Schlauheit glänzen lassen willst,

so werde ich, Davos, dich auspeitschen lassen, dann in die Drehmühle stecken, bis du verreckst, und sichre dir feierlich zu: Wenn ich jemals dich rauslasse, drehe ich selber den Mörser für dich! Nun, hast du kapiert? Oder immer noch nicht, nicht mal das?

DAVOS: Natürlich, sehr gut. Ganz deutlich hast du die Sache ja dargelegt, miedest auch jeglichen Umschweif.

SIMO: Ich würde wohl mancherlei durchgehen lassen, doch hierbei dulde ich keinerlei Scherze!

DAVOS *eingeschüchtert, doch immer noch ironisch*: Glückbringende Worte, ich bitte dich!

SIMO: Auslachen willst du mich noch? Genau durchschaue ich dich. Ich warne dich aber vor unüberlegtem Handeln. Du kannst nicht später behaupten, ich hätte dich nicht unterrichtet. Sei vorsichtig! *Ab.*

DAVOS *für sich*: Mein lieber Davos – je mehr ich die Ansicht des Alten, die Hochzeit betreffend, begreife, jawohl, um so weniger darf ich gedankenlos bleiben und träge! Sofern ich nicht vorbaue jetzt mit List und mit Tücke, gerate ich selber ins Unglück – oder mein Herr! Ich weiß nicht genau, was ich tun soll: Dem Pamphilus helfen? Dem Alten gehorchen? Verlasse ich Pamphilus, muß um sein Leben ich bangen; doch helfe ich ihm, so droht mir Bestrafung vom Vater! Den Alten beschwatzen ist schwierig; er weiß ja bereits um die Liebschaft. Voll Argwohn belauert er mich, damit ich die Hochzeit nicht etwa mit List hintertreibe. Bemerkt er etwas, so bin ich verloren, oder er findet, nach Willkür, schon einen Grund und steckt mich, mit Recht oder Unrecht, ganz unversehens hinein in die Mühle!

Zu diesem Unglück trifft mich noch ein weiteres:
Die Frau von Andros, sei sie Gattin oder auch
Geliebte, trägt von Pamphilus ein Kind im Schoß.
Es lohnt sich, ihre dreiste Absicht zu vernehmen,
die ja dem echten Wahn entspringt, nicht dem der Liebe:
Sie wollen dieses Kind, ob Junge oder Mädchen,
erziehen, allen Ernstes, und sie denken sich
dafür zur Zeit ein Lügenmärchen aus: Die Mutter
sei Bürgerin Athens! „Es war einmal ein Kaufmann,
betagt schon. Der erlitt vor Andros Schiffbruch und
fand dort den Tod.“ Die kleine Waise sei vom Meer
ans Land geworfen worden, und da hätte sie
der Vater gleich der Chrysis aufgenommen. Unsinn!
Ich halte das, beim Herkules, für unwahrscheinlich.
Die beiden freilich finden dieses Truggespinst
sehr gut.
Doch da tritt Mysis aus dem Haus. Da will
ich fort zum Marktplatz gehen, Pamphilus zu treffen.
Der Vater soll mit seinem Hochzeitsplan ihn nicht
so ohne jede Vorbereitung überfallen. *Ab.*

MYSIS *tritt auf und ruft in das Haus Glyceriums zurück*: Ich habe dich schon verstanden, Archylis: die Lesbia soll ich herbeischaffen. Versoffen ist dieses Weibsstück und unzuverlässig, beim Pollux, der darf man doch eine erstmals Gebärende keinesfalls anvertrauen! Ich werde sie trotzdem holen. *Wendet sich dem Vordergrund zu.* Betrachtet euch nur die abscheuliche Alte: Nur weil sie Archylis beim Zechen Gesellschaft leistet! Ihr Götter, gewähret Glycerium, bitte, gewährt ihr ein leichtes Gebären und laßt die Säuferin pfuschen bei anderen Weibern! Doch sehe ich Pamphilus dort herankeuchen eben! Was soll das bedeuten? Mir wird schon ganz bange! Da will ich gleich warten, erfahren, was los ist, was diese Erregung an Kummer uns bringt!

PAMPHILUS *tritt auf, ohne Mysis zu bemerken; in heller Aufregung, für sich*: Ist solch ein Handeln, ist solch ein Beginnen noch menschlich? Darf derart ein Vater verfahren?

MYSIS *für sich*: Was soll denn das heißen?

PAMPHILUS: Bei eurer Treue, ihr Götter, ist das nicht empörend? Er hat sich entschlossen, mich heut zu verheiraten! Und sollte nicht wenigstens ich es vorher erfahren? Er nicht gemeinsam mit mir sich darüber beraten?

MYSIS: Ich Arme, was muß ich da hören!

PAMPHILUS: Wie? Chremes, der damals sich weigerte schon, mir seine Tochter zur Frau zu geben, der änderte seinen Vorsatz, weil er an meinem mich festhalten sieht? So hartnäckig strengt er sich an, von Glycerium fort mich zu reißen, mich Ärmsten? Sollte das Wirklichkeit werden, dann bin ich verloren! Gibt es noch einen Menschen, so glücklos verliebt und vom Unglück geschlagen wie mich? Du Treue der Götter und Menschen! Eröffnet sich mir kein Weg, der Verwandtschaft mit Chremes mich noch zu entziehen? Auf wie viele Arten ward ich verachtet, verhöhnt! Ja, alles getan schon, endgültig vollzogen! Verschmäht erst, werde erneut ich gerufen. Weswegen? Ich kann doch nur eines vermuten: Ein Scheusal erzogen sie sich; und weil man es keinem anderen aufdringen kann, da nimmt man die Zuflucht zu mir!

MYSIS: Ich Arme vergehe vor Angst, wenn ich so etwas höre!

PAMPHILUS: Was soll ich vom Vater noch reden? Ha! Ein solches Vorhaben derart lässig erledigen! Da läuft er am Marktplatz vorüber an mir und sagt mir: „Du hast heut zu heiraten, Pamphilus, mache dich fertig, begib dich nach Hause!“ Mir war zumute, als spräche er: „Schleunig verschwinde und hänge dich auf!“ Ich erstarrte. Glaubst du, ich hätte auch nur ein Wörtchen herausbringen können, einen Einwand vielleicht, und sei er auch albern, verkehrt, unpassend? Ich war wie mit Stummheit geschlagen. Ja, hätte ich früher gewußt davon! Was dann? Wenn jetzt mich einer fragte: Tun würde ich irgend etwas, um bloß nicht das zu tun! Wie aber jetzt weiter, was zuerst? So viele Nöte umstricken mich, reißen mich hierhin wie dorthin: die Liebe zu ihr, das Mitleid für sie, die Aufregung wegen der Hochzeit, die Scheu vor dem Vater auch, der bis zur Stunde mit Sanftmut mir durchgehen ließ, was immer zu tun mir beliebte! Wie: Solchem Vater entgegen mich stemmen? Ach, ich weiß nicht, was jetzt unternehmen.

MYSIS *verstärkt ihre Stimme, um die Aufmerksamkeit des Pamphilus auf sich zu lenken*: Ich Ärmste, ich fürchte sein „Weiß nicht": Wohin wird es führen? Jetzt muß er doch entweder selbst mit der Herrin sich aussprechen – oder mit m i r über sie! Solange er schwankt, bedarf es nur eines sehr leichten Stoßes, ihn nach dieser oder auch jener Seite zu treiben!

PAMPHILUS: Wer redet hier? Mysis, ich grüße dich!

MYSIS: Grüße dich, Pamphilus!

PAMPHILUS: Sag mir, wie geht es der Herrin?

MYSIS: Da kannst du noch fragen? Sie quält in den Wehen sich, wird noch, die Arme, gepeinigt vom Kummer, weil einstmals der heutige Tag für die Hochzeit bestimmt war. Sie fürchtet zudem, du läßt sie im Stich!

PAMPHILUS:

Ha, brächte ich so etwas fertig? Ließe zu,
daß sie von mir betrogen wird, die Arme, die
ihr Herz, ihr ganzes Leben fest mir anvertraute,
sie, die ich innigst liebe und zur Frau begehre?
Daß sie, so gut und sittsam ausgebildet und
erzogen, durch den Zwang der Not verdorben wird?
Niemals!

MYSIS: Ich fürchte nichts, soweit es nur auf dich
ankommt. Doch kannst du der Gewalt dich widersetzen?

PAMPHILUS:

Glaubst du, daß ich so feige bin, so undankbar,
unmenschlich, roh, daß weder unsre Liebesbindung
noch Scham mich rühren, nicht zur Treue mich verpflichten?

MYSIS:

Ich weiß nur eines: Sie ist deiner Treue wert!

PAMPHILUS:

Wert meiner Treue? Mysis! Tief ins Herz gebrannt
ist mir noch heut, was Chrysis von Glycerium
mir sagte. An das Totenbett ließ sie mich rufen.

Ich kam. Sie wies euch fort, wir waren unter uns.
Sie sprach: „Mein Pamphilus, du siehst, wie schön und jung
sie ist. Du weißt genau, wie wenig beides ihr
zum Schutz der Ehre und des Geldes nützen kann.
Ich bitte dich bei deiner Rechten, deinem Schutzgeist,
beschwöre dich bei deiner Treue wie auch bei
der Einsamkeit, die sie bedrängt: Nie trenne dich
von ihr, nie lasse sie im Stich! Wenn ich dich liebte
wie einen Bruder, wenn sie dich als einzigen
stets über alles schätzte, sich in allem nach
dir richtete – so gebe ich dich ihr zum Gatten,
zum Freunde, zum Beschützer wie zum wahren Vater.
All unsre Habe hinterlasse ich nur dir,
vertraue sie dir an." Durch Handschlag hat sie das
bekräftigt. Kurz darauf entraffte sie der Tod.
Ich übernahm ein Pfand und will es treu bewahren.

MYSIS: Ich will es dringend hoffen.

PAMPHILUS: Aber warum verläßt du sie jetzt?

MYSIS: Ich hole die Hebamme her!

PAMPHILUS: Beeile dich nur! Und höre eines noch: Kein einziges Wort von Hochzeit! Sonst, zu ihren Wehen noch –

MYSIS: Ja, ich verstehe! *Ab.*

Pamphilus wendet sich dem Haus Glyceriums zu und bleibt dort lauschend stehen. Charinus und Byrria treten auf.

CHARINUS: Was behauptest du, Byrria? Pamphilus heiratet heute die Tochter des Chremes?

BYRRIA: Genau!

CHARINUS: Woher erfuhrst du das?

BYRRIA: Auf dem Marktplatz hörte ich's eben, von Davos.

CHARINUS: Wehe mir Armem! Schwebte ich bis zur Stunde noch zwischen Hoffnung und Furcht, bin ich, nachdem die Hoffnung geschwunden, völlig erschlafft, von der Sorge gelähmt, wie erstarrt!

BYRRIA: Bitte, beim Pollux, Charinus: Ist die Erfüllung schon deiner Wünsche nicht möglich, wünsche das Mögliche dir!

CHARINUS: Ich wünsche nur eins: Philumena.

BYRRIA: Ach! Besser, du gäbest dir Mühe, die Liebschaft ganz zu vergessen, als dein Verlangen durch Klagen zu schüren – vergeblich!

CHARINUS: Mit Leichtigkeit geben wir alle, sofern wir gesund sind, den Kranken vortreffliche Ratschläge. Wärest du an meiner Stelle, empfändest du anders.

BYRRIA: Na, bitte, nur zu, wie du möchtest!

CHARINUS: Da sehe ich Pamphilus! Los denn, eher riskiere ich alles, als daß aus dem Leben ich scheide!

BYRRIA *für sich*: Was hat er im Sinn?

CHARINUS: Ihn selber werde ich bitten, ihn anflehen, werde ihm selber von meiner Liebe berichten. Ich glaube, ich kann es erreichen, daß er die Hochzeit noch aufschiebt um einige Tage. Inzwischen, ich hoffe es, tut sich noch etwas!

BYRRIA: Dies „etwas" bedeutet doch „nichts"!

CHARINUS: Was meinst du, Byrria? Soll ich ihn ansprechen?

BYRRIA: Sicher, warum nicht? Und wenn du nichts ausrichtest, weiß er doch wenigstens, daß er, im Falle der Hochzeit, mit dir schon als Hausfreund zu rechnen hat.

CHARINUS: Scher dich zum Henker, du Schuft, mit deinem verdammten Verdacht!

PAMPHILUS *tritt auf ihn zu*: Charinus, ich grüße dich!

CHARINUS: Grüße dich ebenfalls, Pamphilus! Ich komme zu dir, verlangend nach Hoffnung und Rettung, nach Hilfe und Rat!

PAMPHILUS: Beim Pollux, ich kann mir doch selber nicht raten, nicht helfen! Doch worum handelt es sich?

CHARINUS: Du heiratest heute?

PAMPHILUS: Erzählt man.

CHARINUS: Ach, Pamphilus, solltest du heiraten, siehst du mich niemals wieder!

PAMPHILUS: Nanu!

CHARINUS: Ach, mich hindert die Scham, es zu sagen. Du, Byrria, sag es ihm, bitte!

BYRRIA: Von mir aus –

PAMPHILUS: Also?

BYRRIA: Er ist verliebt in deine Braut!

PAMPHILUS: Durchaus nicht nach meinem Geschmack! Doch sage mir ehrlich, Charinus: Hat es da etwa m e h r zwischen euch noch gegeben?

CHARINUS: Pamphilus, aber! Rein gar nichts!

PAMPHILUS: Ich hätte es gerne gesehen.

CHARINUS: Innig beschwöre ich dich jetzt bei Liebe und Freundschaft: Verweigre die Heirat mit ihr, das wäre das Wichtigste!

PAMPHILUS: Selber schon werde ich Mühe mir geben.

CHARINUS: Doch ist das nicht möglich oder solltest du gar die Hochzeit innig dir wünschen, ...

PAMPHILUS: Ich, innig!

CHARINUS: ... verschiebe sie wenigstens einige Tage, bis ich mich irgendwohin aus dem Staube gemacht: Ich kann's nicht mit ansehen!

PAMPHILUS: Jetzt höre mal her: Nach meiner Ansicht, Charinus, darf ein freigeborener Bürger niemals für etwas, das er nicht leistete, Dank noch verlangen: Der leidigen Hochzeit will ich entgehen – viel lieber, als du sie erstrebst!

CHARINUS *aufatmend*: Du hast mir das Leben wiedergeschenkt!

PAMPHILUS: Soweit nun du selber oder auch Byrria fähig sich zeigt, los, handelt, erdichtet, erfindet, setzt alles daran, daß die Braut, Charinus, die deine wird! Ich meinerseits werde mich anstrengen, daß man sie keineswegs mir gibt!

CHARINUS: Mir aus dem Herzen!

PAMPHILUS: Da sehe ich Davos, im richtigen Augenblick: Auf seine Ratschläge stütze ich mich.

CHARINUS *zu Byrria*: Du freilich, beim Herkules, bist nur ein Nichtsnutz, weißt lediglich Dinge, die gar nichts fruchten. Verschwinde!

BYRRIA: Jawohl, mit Vergnügen! *Ab.*

DAVOS *tritt auf, ohne Pamphilus und Charinus zu sehen*: Gütige Götter, wie gut auch die Nachricht, die ich jetzt bringe! Wo finde ich Pamphilus aber? Ich will ihn befreien von Furcht, ihm das Herz mit Freude erfüllen!

CHARINUS: Er freut sich – ich weiß nicht, warum.

PAMPHILUS: Das hat nichts zu sagen, er weiß von dem Unglück noch nichts.

DAVOS: Wenn er schon hörte, daß man die Hochzeit ihm richtet, dann wird er ganz sicher ...

CHARINUS *zu Pamphilus*: Hör doch – verstehst du?

DAVOS: … mich atemlos suchen in sämtlichen Ecken der Stadt! Wo aber kann ich ihn finden? Wo soll ich zuerst nach ihm forschen?

CHARINUS *zu Pamphilus*: Was zögerst du? Rede ihn an!

DAVOS: Jetzt habe ich's doch! *Wendet sich zum Gehen.*

PAMPHILUS: Halt, Davos, bleib stehen!

DAVOS *bleibt stehen und schaut sich um*: Wer will mich da – Pamphilus! Dich suche ich eben. Und auch noch Charinus! Beide zusammen, vortrefflich! Euch möchte ich sprechen.

PAMPHILUS: Ich bin verloren, mein Davos!

DAVOS: Das hörte ich schon.

PAMPHILUS: Vollkommen erledigt!

DAVOS: Ich weiß, was du fürchtest.

CHARINUS: Es geht um mein Leben, beim Herkules!

DAVOS: Deinen Kummer auch kenne ich.

PAMPHILUS: Ich soll heiraten …

DAVOS: Weiß ich doch schon!

PAMPHILUS: … noch heute –

DAVOS: Du langweilst mich. Ich bin doch völlig im Bilde. *Zu Pamphilus:* Du zitterst davor, sie zu kriegen – *Zu Charinus:* Du aber, sie nicht zu kriegen.

CHARINUS: Das stimmt.

PAMPHILUS: Genau!

DAVOS: Das eben bedeutet keine Gefahr. Du kannst auf mich dich verlassen.

PAMPHILUS: Bitte, erlöse mich Armen zuerst von dieser Angst!

DAVOS: Selbstverständlich, das tue ich: Chremes gibt dir die Tochter nicht mehr zur Frau.

PAMPHILUS: Das weißt du? Woher?

DAVOS: Ich weiß es. Soeben bekam mich dein Vater zu fassen, erzählte, er wolle dich heute verheiraten – und manches andre noch, was nicht hierher gehört. Gleich renne ich los, dich zu treffen, zum Marktplatz, will dich unterrichten. Doch nirgendwo finde ich dich. Da suche ich mir ein höhergelegenes Plätzchen und halte Umschau von dort. Umsonst. Da erblicke ich – *auf Charinus weisend* – seinen Byrria, frage ihn. Doch er behauptet, dich nicht gesehen zu haben. Schade. Was tun? Schon kehre ich um, da durchzuckt ein Verdacht mich: Aha! Das bißchen Essen – sein mürrisches Wesen – die Hochzeit, so Hals über Kopf – das reimt sich doch gar nicht zusammen!

Pamphilus: Und worauf läuft das hinaus?

Davos: Ich gleich zu Chremes – und als ich dort ankomme: Ruhe am Eingang, kein Mensch. Ich freue mich schon.

Charinus: Sehr richtig!

Pamphilus: Los, weiter!

Davos: Ich bleibe. Und sehe beim Warten niemanden kommen und niemanden gehen, nicht eine einzige Frau in dem Hause, keinerlei Schmuck und keinerlei Unruhe. Näher noch trete ich, luge ins Innere.

Pamphilus: Ja, ich begreife: Ein sicheres Zeichen!

Davos: Das alles stimmt, offensichtlich, durchaus nicht zur Hochzeit!

Pamphilus: Das glaube ich auch, mein Davos!

Davos: „Das glaube ich", sagst du? Da irrst du gewaltig: Die Sache ist sicher! Ich will grad gehen, da treffe ich einen Sklaven des Chremes, der bringt dem Alten zu essen, für einen Obolus: Grünzeug, dazu ein paar winzige Fische!

Charinus: Gerettet bin ich heute, mein Davos, dank deiner Bemühung!

Davos: Du gar nicht!

Charinus: Wieso denn: Er gibt sie bestimmt nicht dem Pamphilus!

Davos: Laß dich nicht auslachen! Gibt er sie Pamphilus nicht, so muß er sie längst noch nicht dir überlassen – es sei denn, du tummelst dich, wirbst bei den Freunden des Alten mit Bitten und Schmeicheln!

Charinus: Vortrefflich dein Rat! Ich gehe, obwohl mich, beim Herkules, oft schon die Hoffnung bloß narrte. Leb wohl! *Ab.*

Pamphilus: Was eigentlich will denn mein Vater? Was soll das Getue?

Davos: Ich werde es gleich dir erklären. Wäre er böse jetzt, weil dir Chremes die Tochter nicht gibt, sähe er selbst sich im Unrecht, und das – mit Recht! Deswegen möchte er vorher genau noch erkennen, wie du zu der Hochzeit dich stellst. Wenn du dich gegen sie sträubst, so wälzt er die Schuld auf dich. Dann gibt es den üblichen Krach.

PAMPHILUS: Soll kommen, was will!

DAVOS: Er ist dein Vater, Pamphilus! Mißlich die Lage. Allein steht deine Geliebte. Ein Auftrag, schon wird er zur Tat. Finden läßt sich ein Anlaß, sie fortzujagen, bestimmt!

PAMPHILUS: Sie fortzujagen?

DAVOS: Jawohl, und sofort!

PAMPHILUS: Bitte, mein Davos, was kann ich jetzt tun?

DAVOS: Sag einfach: „Ich nehme die Tochter des Chremes!"

PAMPHILUS: Wie?

DAVOS: Hast du etwas dagegen?

PAMPHILUS:
Ich – sagen soll ich –

DAVOS: Ja!

PAMPHILUS: Niemals!

DAVOS: Lehn es nicht ab!

PAMPHILUS:
Mach mich nicht weich!

DAVOS: Erwäge, was dabei herauskommt!

PAMPHILUS:
Ich werde ausgesperrt sein von Glycerium
und eingesperrt im Hause meines Vaters.

DAVOS: Nein!
Dein Vater, meine ich, wird wohl wie folgt sich äußern:
„Heut sollst du heiraten!" Und darauf du: „Jawohl!"
Sag selbst: Kann er dann auf dich schimpfen? Damit bringst
du seine Pläne jäh zum Wanken und riskierst
dabei nicht das geringste. Denn ganz sicher gibt
dir Chremes seine Tochter nicht. Deswegen lebst
du weiter wie bisher, damit er stur beharrt!

Dem Vater heuchle Gehorsam – dann hat er kein Recht, dir zu zürnen, selbst wenn er es wollte. Denn hoffst du: Leicht werde ich so, wie ich lebe, zurück noch jede Anwärterin scheuchen; kein Vater vertraut die Tochter mir an – dann verfällt er noch gar auf ein armes Geschöpf, ehe er zusieht, wie du versumpfst! Bemerkt er jedoch, daß du ruhig es hinnimmst, so wirst du sein Drängen beschwichtigen. Er wird eine andere suchen, ohne Eile. Inzwischen ereignet vielleicht sich ein Glücksfall.

PAMPHILUS: Das glaubst du?

DAVOS: Ich zweifele nicht im geringsten daran.

PAMPHILUS: Bedenke, wohin du mich führst!

DAVOS: So schweige doch endlich!

PAMPHILUS: Ich willige ein. Doch Vorsicht, mein Vater darf nicht erfahren, daß sie ein Kind von mir bekommt! Versprach ich ihr doch, das Neugeborene anzunehmen.

DAVOS: Wie unüberlegt!

PAMPHILUS: Sie bat mich um diese Verpflichtung, um sicher zu sein, daß ich niemals im Stiche sie ließe.

DAVOS: Wird alles besorgt. Doch kommt dort dein Vater; hüte dich, eine verdrossene Miene zu zeigen!

SIMO *tritt auf, ohne die Anwesenden zu bemerken; für sich*:
Nachsehen will ich, was sie tun und was sie planen!

DAVOS *leise zu Pamphilus*:
Er zweifelt nicht daran, daß du die Hochzeit ablehnst,
hat irgendwo für sich was ausgeheckt und kommt
jetzt her und wähnt, das Stichwort hätte er gefunden,
um dich schachmatt zu setzen. Sei auf deiner Hut!

PAMPHILUS:
Wenn ich das fertigbrächte, Davos!

DAVOS: Bau auf mich,
wie ich dir sagte, Pamphilus: Dein Vater wird
kein böses Wort jetzt gegen dich verlauten lassen –
du brauchst dein Jawort zu der Hochzeit nur zu geben!

BYRRIA *tritt unbemerkt auf; für sich*:
Mein Herr befahl mir, alle Arbeit einzustellen
und Pamphilus zu überwachen, soll ich doch
herausbekommen, wie er zu der Hochzeit sich
verhält. Deswegen folge ich ihm wie sein Schatten.
Da, er und Davos, wie gerufen! Laßt mich lauschen!

SIMO *für sich*:
Da, alle beide!

DAVOS *leise zu Pamphilus*:
He, gib Obacht!

SIMO *laut*: Pamphilus!

DAVOS *leise*: Tu so, als sähst du unvermutet ihn!

PAMPHILUS *sucht den Überraschten zu spielen*: Oh, Vater!
DAVOS *leise*:
Sehr gut!
SIMO: Du machst heut also Hochzeit, wie ich wünsche!
BYRRIA *für sich*:
Ich zittre vor der Antwort – uns betrifft sie!
PAMPHILUS: Stets,
so hier wie sonstwo, folge ich dir ohne Zögern.
BYRRIA:
Ha!
DAVOS: Ihm verschlägt's die Sprache.
BYRRIA: Wie – er sagt –
SIMO: Im guten
erfüllst du meinen Wunsch, ganz wie es sich gehört.
DAVOS *leise zu Pamphilus*:
Nun, hatte ich nicht recht?
BYRRIA *für sich*: Soweit ich das verstehe,
ist mein Gebieter jetzt die Gattin losgeworden.
SIMO *zu Pamphilus*:
Geh jetzt ins Haus – dann bist du, ist es Zeit, bereit!
PAMPHILUS:
Jawohl! *Ab.*
BYRRIA *für sich*:
Man kann doch keinem Menschen wirklich trauen!
Ein wahres Wort, das man im Volke hören kann:
Ein jeder liebt sich selber mehr als seinen Nächsten.
Ich sah das Mädchen: hübsch; so habe ich sie in
Erinnerung. Da bin mit Pamphilus ich einig,
wenn er zur Nacht sie lieber selbst umarmen will,
anstatt sie meinem Herrn zu lassen. Ach, ich werde
für meine böse Nachricht wohl auch Böses ernten! *Ab.*

DAVOS *für sich*:
Er glaubt jetzt sicher, daß ich ihn betrügen will
und nur in dieser Absicht hiergeblieben bin.
SIMO:
Was sagt mein Davos da?
DAVOS: Nichts von Bedeutung.

SIMO: Nichts?
Hm.
DAVOS: Wirklich nichts.
SIMO: Doch rechnete ich eigentlich –
DAVOS *für sich*:
Er ist, ich spüre es, enttäuscht. Das macht ihn fertig.
SIMO:
Sprich: Kannst du mir die reine Wahrheit sagen?
DAVOS: Klar!
SIMO:
Mein Sohn hat doch mit einem fremden Mädchen ein
Verhältnis – tut ihm da die Hochzeit gar nicht weh?
DAVOS:
Beim Herkules, kein bißchen! Allenfalls zwei Tage,
auch drei mag er bedrückt sein, du verstehst – nichts weiter!
Er hat sich seine Lage gründlich überlegt.
SIMO:
Das muß ich loben.
DAVOS: Hat er doch, solange es
die Jugend ihm erlaubte, gern das Liebesspiel
getrieben, heimlich allerdings; er hütete
vor bösem Leumund sich, ganz wie ein wackrer Mann.
Jetzt braucht er eine Frau, und einer Frau gilt auch
sein Streben.
SIMO: Doch er kam mir ziemlich traurig vor.
DAVOS:
Das hängt von dem Entschluß zur Hochzeit gar nicht ab.
Er nimmt vielleicht dir etwas andres übel.
SIMO: Was denn?
DAVOS:
Ach, eine Kinderei!
SIMO: Und welche?
DAVOS: Nichts.
SIMO: Nun sprich
doch endlich!
DAVOS *nach einigem Drucksen*:
Allzu sparsam, meint er, rüstest du
die Hochzeit aus.

SIMO: Zu sparsam, ich?

DAVOS: Ja, du! Für knapp
zehn Drachmen, sagt er, kaufst du nur Verpflegung ein –
kein Mensch schließt daraus auf die Hochzeit deines Sohnes!
„Wen soll ich da“, so fährt er fort, „von meinen Freunden
zur Mahlzeit bitten?“ Wirklich, unter uns gesagt,
du zeigst dich allzu karg. Das heiße ich nicht gut.

SIMO:
Sei still!

DAVOS *für sich*:
Das hat gesessen!

SIMO: Sorgen werde ich
dafür, daß dies in Ordnung kommt! *Für sich:* Was soll das nur
bedeuten? Was hat der verschmitzte Kerl im Sinn?
Geht etwas schief, steckt der doch ganz bestimmt dahinter!

Mysis und Lesbia treten auf,
ohne die Anwesenden zu bemerken.

MYSIS:
Beim Pollux, Lesbia, du hattest recht: Kaum findet
man einen Mann, der einer Frau die Treue hält!

SIMO *leise zu Davos*:
Das ist doch wohl die Dienerin der Frau von Andros?

DAVOS:
Was meinst du? – Ja!

MYSIS: Doch Pamphilus ...

SIMO: Was?

MYSIS: ... hielt sein Wort.

SIMO: Nanu!

DAVOS *für sich*:
Er müßte taub sein oder die da stumm!

MYSIS:
Das Kind, das sie gebiert, soll aufgenommen werden,
versprach er fest.

SIMO *für sich*: Beim Jupiter, was muß ich hören?
Spricht sie die Wahrheit, ist das ganze Spiel verloren.

LESBIA:
Charakter zeigt der junge Mann, nach deinen Worten!

MYSIS: Sehr wohl! Doch komm ins Haus, damit die Herrin du
nicht warten läßt!

LESBIA: Ich folge dir.

Beide ab.

DAVOS *für sich*: Was kann ich jetzt
bloß unternehmen, um den Schaden gutzumachen?

SIMO *für sich*:
Was soll das? Ist er denn verrückt geworden? Kriegt
ein Kind von einem Mädchen aus dem Ausland? Ha!
Ich weiß, durchschaue endlich diesen Trick, ich Dummkopf!

DAVOS *für sich*:
„Durchschaue" sagt er – was?

SIMO: Das ist der erste Streich,
den dieser Kerl mir spielt: Sie tun, als ob die Frau
ein Kind kriegt – nur um Chremes Schrecken einzujagen!

GLYCERIUM *schreit im Hause*:
Lucina, hilf mir, bitte, bring mir Rettung, ach!

SIMO:
So eilig, ha! Zum Lachen! Grade hört sie, daß
ich vor der Türe stehe, und schon platzt sie raus!
Du hast nicht gut genug die Rollen eingeübt,
mein Davos!

DAVOS: Ich?

SIMO: Der Einsatz deiner Schüler hat
wohl nicht so gut geklappt?

DAVOS: Ich weiß nicht, was du meinst.

SIMO *für sich*:
Der Gauner! Hätte er bei einer echten Hochzeit
mich derart überrumpelt, steckte ich im Netz.
Jetzt zappelt er darin, ich liege fest im Hafen!

LESBIA *tritt aus dem Haus der Glycerium, spricht rückwärts hinein*: Bis jetzt, Archylis, sehe ich bei der Wöchnerin alles ordnungsgemäß sich vollziehen zu glücklichem Ausgang! Sorg jetzt zum ersten dafür, daß sie badet; dann lasse sie trinken nach meinem Geheiß in der angegebenen Menge! Ich komme bald wieder. *Für sich:* Beim Kastor, ein prächtiger Bengel wurde dem Pamphilus eben geboren. Laßt ihn am Leben, ihr Götter! Es hat ja der Vater einen so guten Charakter, scheute sich, dieser vortrefflichen Frau ein Unrecht zu tun! *Ab.*

SIMO *zu Davos*: Kaum jemand bezweifelt, sofern er dich kennt, daß du das Possenspiel ausgeheckt hast!

DAVOS: Ja, was denn für eins?

SIMO: Nicht am Wochenbett gab sie der Mutter die nötigen Weisungen, nein, vor der Haustüre schreit, von der Straße, sie denen im Hause die Aufträge zu! Mein Davos, schätzt du mich derart gering ein und hältst mich für derart beschränkt, daß du so plump mich zu täuschen versuchst? Dann tu es doch wenigstens kunstgerecht, spiel mir den Ängstlichen vor für den Fall, daß ich deine Tücke entlarve!

DAVOS *für sich*: Jetzt täusche ich nicht ihn, nein, er sich selbst, beim Herkules!

SIMO: Ich warnte dich, verbot dir Winkelzüge streng. Du schlugst es in den Wind, es war umsonst! Ich soll dir glauben jetzt, sie hat ein Kind gekriegt von Pamphilus?

DAVOS *für sich*: Jetzt erst verstehe ich seinen Irrtum – und weiß, was ich tue!

SIMO: Du schweigst?

DAVOS: Was heißt hier „glauben"! Als hättest du nicht die sichere Nachricht erhalten!

SIMO: Ich – sichere Nachricht –

DAVOS: Von selber durchschautest du dieses täuschende Spiel?

SIMO: Man will mich noch höhnen!

DAVOS: Die sichere Nachricht erhieltest du! Wie wärest du sonst verfallen auf diesen Verdacht!

SIMO: Wie? Weil ich dich sattsam kenne!

DAVOS: Als wolltest du sagen, auf meinen Ratschlag hin sei das Ganze geschehen!

SIMO: Das weiß ich genau.

DAVOS: Da hast du mich, Simo, immer noch nicht zur Genüge durchschaut.

SIMO: Dich nicht zur Genüge –

DAVOS: Ich brauche ein Wort nur zu sagen, schon wähnst du, ich wollte ein Schnippchen dir schlagen!

SIMO *grimmig*: Zu Unrecht etwa?

DAVOS: So wage ich denn, beim Herkules, kaum noch zu mucksen!

SIMO: Ich weiß nur das eine, ganz sicher: Niemand gebar hier ein Kind!

DAVOS *ironisch*: Du hast es begriffen. Doch trotzdem wird man sehr bald ein Kind vor die Haustür dir legen! Ich teile dir, Herr, das heute schon mit, damit du eingeweiht bist, nicht späterhin etwa behauptest, der Davos hätte mit Tücke es ausgeheckt. Mit einem Wort: Ich möchte von deinem Verdacht endgültig befreit sein!

SIMO: Woher denn willst du das wissen?

DAVOS: Ich hörte und glaube es auch. So mancherlei gleichzeitig läßt mich den Hergang vermuten: Glycerium sagte schon früher, sie sei von Pamphilus schwanger; das stellte sich freilich als Lüge heraus. Kaum sah sie die Vorbereitung der Hochzeit im Hause, da schickte sie ihre Bediente zur Hebamme, kommen solle sie gleich und ein Neugeborenes mitbringen; nur wenn du ein Kind vor die Augen bekämest, würde das Hochzeitsfest abgeblasen.

SIMO: Was du da behauptest! Erhieltest du Wind von dem listigen Plane – weswegen dann hast du nicht Pamphilus gleich unterrichtet?

DAVOS: Wer hat ihn aus ihren Fängen gerissen, wenn ich es nicht tat? Wir wissen doch alle, wie sinnlos er in das Mädchen verliebt war! Jetzt möchte er ordentlich heiraten. Laß das nur meine Sorge sein! Betreibe du weiter die Hochzeit, wie du es bisher schon getan. Die Götter, wir hoffen es, werden uns helfen!

SIMO: Ja, gehe ins Haus! Dort warte auf mich und tu, was erforderlich ist! *Davos ab.*

Er hat mich in der Sache nicht ganz überzeugt.
Ob er die reine Wahrheit sprach, bezweifle ich.
Das macht mir aber wenig aus. Als Wichtigstes
gilt mir bei weitem das Versprechen meines Sohnes.
Jetzt will ich Chremes sprechen, will für meinen Sohn
ihn um die Hand der Tochter bitten. Wenn es klappt,
will ich die Hochzeit lieber heut als morgen feiern.
Ich halte fest mich an des Sohnes Einverständnis.
Sträubt er sich doch noch, kann ich ihn als Vater zwingen.
Da kommt ja Chremes, und im rechten Augenblick!

Chremes tritt eilig auf.

Ich möchte, mein Chremes, dir herzlich –

CHREMES: Dich suchte ich eben!

SIMO: Ich dich! Du kommst wie gerufen.

CHREMES: Da laufen doch Leute zu mir und behaupten, sie hätten aus deinem Munde vernommen, heut heirate meine Tochter deinen Jungen! Nun möchte ich wissen: Wer ist verrückt, du oder sie!

SIMO: Hör zu, in Kürze: Du sollst gleich erfahren, was ich von dir möchte und was du erfragst.

CHREMES: Ich höre. Erzähl, was du willst!

SIMO:

Mein Chremes, bitte, bei den Göttern, bei der Freundschaft,
die uns begleitete von Kindheit an bis jetzt,
bei deiner Tochter, deiner einzigen, dazu
bei meinem Sohn, dem du allein jetzt helfen kannst:
Stütz mich in diesem Fall, laß uns die Hochzeit feiern,
wie wir vereinbart hatten!

CHREMES: Hör mit Bitten auf!

Als müßtest die Erfüllung deines Wunsches du
durch Flehen erst von mir erreichen! Glaubst du wirklich,
ich wäre heut ein anderer als zu der Stunde,
da ich die Tochter freigab? Nützt die Hochzeit beiden,
kannst du das Mädchen kommen lassen. Wenn daraus
jedoch mehr Schaden sich als Vorteil für die zwei
ergibt, so denke, bitte, doch darüber nach –
bemüht um unser aller Wohl –, als wärest du
der Vater meiner Tochter, ich der deines Sohnes!

SIMO:

Ja, eben das soll auch nach meinem Wunsch geschehen.
Ich würde nichts von dir verlangen außer dem,
was die Entwicklung selbst uns rät.

CHREMES: Und was ist das?

SIMO: Es haben sich Glycerium und Pamphilus
zerstritten, …

CHREMES *ironisch*: Hört man!

SIMO: … und zwar derart heftig, daß
man auf die Trennung beider hoffen darf.

CHREMES: Geschwätz!

SIMO: Nein, das ist Wahrheit!

CHREMES: Nein, beim Herkules, die Wahrheit
sieht anders aus: Ein Streit, den zwei Verliebte führen,
frischt nur die Liebe auf!

SIMO: Dann, bitte, greifen wir
rechtzeitig ein, solange noch gekränkte Ehre
den Jungen seine Leidenschaft vergessen läßt!
Bevor die Bosheit und die tückisch-falschen Tränen
der Weiber ihm das liebeskranke Herz erneut
zum Mitleid locken, geben wir ihm eine Frau!
Der innige Verkehr mit ihr, das Leben in
der ordentlichen Ehe werden fest ihn binden,
mein Chremes, und ich hoffe sehr, daß er sich leicht
aus jenem leidigen Verhältnis lösen wird.

CHREMES:
Das bildest du dir ein. Ich glaube weder, daß
er treu sein noch daß ich ein Unglück für mein Kind
ertragen kann.

SIMO: Woher weißt du das so genau,
wenn du die Probe scheust?

CHREMES: Es widerstrebt mir doch,
die eigne Tochter solcher Probe auszusetzen.

SIMO: Ein Schaden tritt ja schließlich dann bloß ein, sofern –
die Götter mögen es verhüten! – eine Scheidung
in Frage kommt. Doch läuft die Ehe, sieh doch nur,
wie viele Vorteile daraus für uns erwachsen!
Du gibst dem Freunde seinen Sohn zurück, gewinnst
dir selber einen sehr soliden Schwiegersohn
und deiner Tochter einen Mann!

CHREMES *nachsinnend*: Ja, allerdings.
Bist du so überzeugt, daß uns die Hochzeit nützt,
will ich mich gegen deinen Vorteil nicht mehr sperren.

SIMO:
Ich schätzte dich zu Recht aufs höchste stets, mein Chremes!

CHREMES *erneut zweifelnd*: Da wäre freilich noch etwas –

SIMO: Ja?

CHREMES: Woher erfuhrst du, daß Pamphilus und Glycerium heute zerstritten sind?

SIMO: Das sagte mir Davos persönlich, der enge Vertraute der beiden. Er gibt mir den Rat auch, die Hochzeit so schnell wie nur möglich zu richten. Er täte es kaum – das kannst du wohl annehmen –, sofern er nicht wüßte, daß Pamphilus selber es wünschte! Zur Sicherheit wirst du am besten ihn selber noch hören. *Ruft in sein Haus:* He, hallo, ruft mir Davos her! Da kommt er ja schon von allein aus dem Haus!

DAVOS *tritt auf*: Ich wollte eben zu dir.

SIMO: Was gibt es ?

DAVOS: Weswegen holt man die Braut nicht? Es geht auf den Abend bereits.

SIMO *zu Chremes*: Du hörst doch? *Zu Davos:* Noch unlängst hegte ich Mißtrauen gegen dich, Davos, glaubte, du handeltest ebenso, wie Sklavenpack üblicherweise es tut: du hieltest mich tückisch zum Narren, grad wo mein Sohn ein Verhältnis hat.

DAVOS: Meinst du, das kriegte ich fertig?

SIMO: Ich glaubte es, habe euch deshalb aus Furcht auch verheimlicht, was ich jetzt aussprechen will.

DAVOS: Was ist es?

SIMO: Gleich wirst du es wissen. So ziemlich vertraue ich nämlich dir schon.

DAVOS: Jetzt endlich erkennst du meinen Charakter!

SIMO *leise*: Die Hochzeit sollte doch gar nicht stattfinden!

DAVOS: Wie? Nicht stattfinden?

SIMO: Eben! Ich habe sie vorgetäuscht nur, um euch auf die Probe zu stellen.

DAVOS: Tatsächlich?

SIMO: Jawohl.

DAVOS: Schau an, auf solchen gescheiten Gedanken wäre ich niemals verfallen! Ein kluger Entschluß!

SIMO: Nun höre! Ich hatte dich grade ins Haus gehen lassen, da ist mir – *auf Chremes weisend* – mein Freund hier glücklicherweise begegnet.

DAVOS *entsetzt, für sich*: Jetzt sind wir erledigt!

SIMO: Und ihm erzähle ich, was du mir vorhin erzählt hast.

DAVOS *für sich*: Was soll ich zu hören bekommen?

SIMO: Und bitte, für meinen Sohn, ihn um seine Tochter und stimme ihn endlich auch um.

DAVOS *für sich*: Da bin ich doch fertig!

SIMO: Was meinst du?

DAVOS: Und fertig, so sagte ich, zeigt sich die günstigste Lösung.

SIMO: Jetzt steht uns nichts mehr im Wege.

CHREMES *befriedigt*: Ich gehe nach Hause sofort, die Weisung zur Hochzeit zu geben, und melde dir gleich den Vollzug! *Ab.*

SIMO: Jetzt bitte ich dich, mein Davos – du hast ja allein mir die Hochzeit ermöglicht –: …

DAVOS *für sich*: Allein, ja tatsächlich!

SIMO: … Bemüh dich auch weiterhin, meinen Sohn vortrefflich zu lenken!

DAVOS: Das will ich, beim Herkules, aufrichtig tun!

SIMO: Das kannst du gerade noch jetzt, wo er mächtig erzürnt ist!

DAVOS: Verlaß dich auf mich!

SIMO: Nun sag noch, wo steckt jetzt der Junge?

DAVOS: Zu Hause doch sicher.

SIMO: Ich werde ihn aufsuchen, will ihm genau das berichten, was dir ich schon sagte. *Ab.*

DAVOS: Verloren bin ich! Da müßte ich, ohne zu säumen, auf gradem Weg in die Drehmühle laufen! Mir bleibt es versagt, noch um Gnade zu flehen: Ich habe doch alles vermasselt, den Herrn betrogen, dem Sohne das Hochzeitsfest eingebrockt, und das noch für heute, wider Verhoffen des Herrn und wider den Willen des Sohnes! Ach, meine verdammten Kniffe! Ja, hätte ich still mich verhalten, es hätte kein Unglück gegeben! Da, Pamphilus selber! Jetzt bin ich erledigt. Hätte ich etwas, womit ich mich umbringen könnte!

PAMPHILUS *stürzt aus dem Haus; für sich*: Wo ist er, der Schurke, der heute ins Unglück mich stürzte?

DAVOS: Aus!

PAMPHILUS *für sich*: Freilich, ich muß schon gestehen, daß recht mir geschah, so unfähig, ohne Verstand, wie ich bin! Einem nichtsnutzigen Sklaven all mein Glück überlassen! So trage ich nun die Belohnung für meine Blödheit davon. Aber der Kerl soll nicht ohne Strafe davonkommen!

DAVOS *für sich*: Des Lebens so ziemlich sicher werde ich sein – gelingt es mir heute, die Haut noch zu retten!

PAMPHILUS *für sich*: Was soll ich dem Vater jetzt sagen? Ihm Widerstand bieten, nachdem ich soeben mein Heiratsversprechen ihm gab? Worauf kann ich bei solcher Kühnheit mich stützen? Ich weiß nicht mehr aus, nicht mehr ein!

DAVOS *für sich*: Ich auch nicht – doch will mich nach Kräften bemühen, will sagen: Ich werde schon etwas entdecken, was diesen Reinfall wenigstens aufschiebt!

PAMPHILUS *erblickt Davos*: Oh!

DAVOS: Jetzt bin ich dran!

PAMPHILUS: Nun, wackerer Diener, was sagst du? Siehst du, wie deine vortrefflichen Ratschläge elend ins Netz mich verstrickten?

DAVOS: Ich werde dich schon aus den Maschen befreien.

PAMPHILUS: Befreien?

DAVOS: Bestimmt, mein Pamphilus!

PAMPHILUS: Genauso „bestimmt" wie vorhin?

DAVOS: Nein, hoffentlich besser!

PAMPHILUS: Ha, ich dir Vertrauen noch schenken, du Spitzbube? Du und retten die Karre, die steckengeblieben, zertrümmert schon ist? Ich soll dir noch trauen, der heute du mich aus heiterem Himmel gestürzt in den Hochzeitsorkan? Ich hatte es doch prophezeit schon!

DAVOS: Das stimmt.

PAMPHILUS: Was verdienst du?

DAVOS: Das Kreuz! Doch lasse ein bißchen mich erst zur Besinnung noch kommen. Ich werde schon etwas ausfindig machen!

PAMPHILUS: Wie ärgerlich, daß mir Gelegenheit fehlt, dich zu strafen, wie ich es möchte! Die Stunde gebietet mir Vorsicht, erlaubt mir nicht, Rache zu nehmen.

CHARINUS *tritt auf in höchster Erregung, ohne die beiden zu bemerken; für sich*: Das ist doch kaum glaublich und ganz unerhört! Kann irgendein Mensch von Natur so gemein sich erweisen, am Unglück des Nächsten Vergnügen zu finden, aus Nachteilen anderer Vorteil zu ziehen? Das gibt es tatsächlich! Die schlimmste Art Menschen jedoch sind jene, denen ein Fünkchen von Scham ein ehrliches Nein verbietet, die aber, sobald die Stunde zum Einhalten ihres Versprechens sie nötigt, den Rücken zur Wand schon, den wahren Charakter enthüllen und Angst bekommen und trotzdem, notgedrungen, endlich ihr Nein bekennen. Dann fragen sie frech, auf dem Gipfel der Schamlosigkeit: „Wer bist du? Was hast du mir zu bedeuten? Meine Verlobte für dich –? Ha, ich bin mir selber der Nächste!“ Und fragst du: „Wo bleibt dein Versprechen?“, dann regt sich dort, wo es notwendig wäre, kein bißchen von Scham. Doch wo es der Scham nicht bedürfte, da hegen sie Scheu und Bedenken! Aber was soll ich jetzt tun? Ihn aufsuchen, vor seinen Augen mich über dies Unrecht beklagen? Beschimpfen, verfluchen den Kerl? Man könnte wohl sagen: „Das hilft dir nicht weiter!“ O doch, das hilft! Ich heize ihm ein und erleichtere selbst mir das Herz!

PAMPHILUS *tritt auf ihn zu*: Charinus, ich habe mich selber wie dich aus mangelnder Vorsicht – helft, Götter! – zugrunde gerichtet!

CHARINUS: Aus mangelnder Vorsicht? Da findest du endlich die Ausrede – nicht doch: Du brachst dein Wort!

PAMPHILUS: Wie, „endlich“?

CHARINUS: Auch jetzt noch willst du mit billigen Worten mich abspeisen!

PAMPHILUS: Was soll das heißen?

CHARINUS: Ich habe enthüllt dir, daß ich sie liebe – und gleich gefiel sie auch dir! Ich Armer, ich schloß aus meinem Herzen auf deines!

PAMPHILUS: Du irrst dich!

CHARINUS: Du hast wohl erst dann genug an Vergnügen, wenn du mich Liebenden anlockst, in falscher Hoffnung mich wiegst? Das Mädchen soll dir gehören!

PAMPHILUS: Gehören? Du ahnst ja gar nicht, welch Unglück mich Elenden peinigt, in welche Klemme – *auf Davos weisend* – der Kerl da, mein Henker, durch seine Ratschläge tückisch mich brachte!

CHARINUS: Was Wunder, wenn er an dir sich ein Beispiel genommen!

PAMPHILUS: Das sagtest du kaum, wenn du wirklich Kenntnis von mir und meiner Liebe besäßest!

CHARINUS *ironisch*: Ich weiß, mit dem Vater hast du dich eben gestritten; deswegen ist er dir böse und konnte dich heute noch nicht zur Hochzeit bewegen.

PAMPHILUS:
Das stimmt nicht! Davon, was mich peinigt, ahnst du nichts!
Die Hochzeit wurde gar nicht für mich vorbereitet,
kein Mensch hat heute mich zur Heirat aufgefordert.

CHARINUS *höhnisch*:
Ich weiß: Dein Wille ist es, der dich zwingt.
Will gehen.

PAMPHILUS: Halt, warte!
Du weißt noch immer nichts.

CHARINUS *bitter*: Ich weiß: Du willst sie haben!

PAMPHILUS:
Du bringst mich um! Hör zu: Ununterbrochen hat
der Kerl mir zugesetzt, dem Hochzeitswunsch des Vaters
zu folgen, riet und bat, bis er mich weichgemacht.

CHARINUS: Wer ist der Kerl?

PAMPHILUS *mit der Hand zeigend*: Der Davos, ...

CHARINUS: Der Davos?

PAMPHILUS: ... der schuf die Verwirrung!

CHARINUS: Weswegen?

PAMPHILUS: Ich weiß nur das eine genau:
Mir zürnen schwer die Götter, weil ich mich ihm beugte!

CHARINUS:
Du, Davos, tatest das?

DAVOS: Ja.

CHARINUS: Ha, was sagst du, Schurke?
Die Götter sollten über dich den Tod verhängen,
zu Recht! Sag selber: Gäbe ihm nicht jeder, der
ihn haßt, den Rat, dies Ehejoch auf sich zu nehmen?

DAVOS:
Ich ward getäuscht, doch nicht entmutigt.

CHARINUS *bitter*: Ja, ich sehe.

DAVOS:
Wir sind gescheitert. Fangen wir es anders an –
es sei, du wähnst, nach einem ersten Fehlschlag könne
ein Unglück sich nicht mehr zum Guten wenden lassen.

PAMPHILUS *in höhnischem Zweifel*:
Im Gegenteil, ich glaube fest, wenn du dich anstrengst,
wirst du statt einer mir zwei Hochzeiten verschaffen.

DAVOS:

Als Sklave muß ich pflichtgemäß, mein Pamphilus,
dir dienen, Tag wie Nacht, mit Händen wie mit Füßen,
mein Leben wagen auch, wenn ich dir nützen kann.
Du hast, wenn etwas nicht gelang, mir zu verzeihen.
Und habe ich nicht gleich Erfolg, so bleibe ich
doch weiter fest dabei. Sonst mußt den beßren Weg
du selber finden, mir indes den Laufpaß geben.

PAMPHILUS *zwischen Angst und Hoffnung*:

Dann bitte, bleib dabei: Den Zustand stelle her,
in dem ich war, bevor du ratend „helfen" wolltest!

DAVOS: Das will ich tun.

PAMPHILUS: Jedoch sofort!

DAVOS: He! Warte! Eben knarrt Glyceriums Tür!

PAMPHILUS: Das geht dich gar nichts an.

DAVOS: Ich überlege.

PAMPHILUS: Wie, jetzt erst?

DAVOS: Gleich kann ich den Plan dir unterbreiten.

MYSIS *erscheint in der Tür des Hauses der Glycerium, spricht rückwärts in das Innere*: Sofort, wo immer er weilt, ich werde ihn finden und bringen, gleich, deinen Pamphilus! Grämen nur darfst du dich nicht, meine Gute!

PAMPHILUS: He, Mysis!

MYSIS: Wer ruft da? Ach, Pamphilus, kommst grad zum richtigen Zeitpunkt!

PAMPHILUS: Wieso?

MYSIS: Im Auftrag der Herrin soll ich dich bitten, sofern du sie liebst, gleich zu ihr zu kommen. Sie möchte dich sehen.

PAMPHILUS *für sich*: Verloren bin ich. Die Qualen beginnen aufs neue. *Zu Davos:* So müssen wir zwei, wir vom Unglück Verfolgten, jetzt leiden, durch dein Verschulden! Sie läßt mich ja rufen nur, weil sie bemerkte, daß man die Feier der Hochzeit mir richtet!

CHARINUS: Leicht wäre uns dieser Kummer erspart geblieben, wenn er da auch seinen Rat uns erspart hätte!

DAVOS *zu Charinus, wütend*: Nur weiter – gieß Öl noch ins Feuer, wenn er von sich aus nicht schon zur Genüge außer sich ist!

MYSIS *zu Pamphilus*: Beim Pollux, deswegen gerade härmt sich die Arme so heftig!

PAMPHILUS: Hör, Mysis, ich schwöre bei sämtlichen Göttern: Nie will ich im Stich sie lassen, sogar wenn ich wüßte, daß ich damit die Feindschaft des ganzen Menschengeschlechtes mir auflüde! Ich wollte sie haben, es glückte, wir passen zusammen – verschwinden sollen all jene, die uns auseinander zu reißen wünschen! Der Tod nur, sonst niemand, wird sie mir nehmen.

MYSIS: Ich fasse wieder Mut.

PAMPHILUS: Apollo trifft nicht genauer die Wahrheit als ich: Könnten wir meinen Vater doch nur überzeugen, daß diese Hochzeit nicht scheitert auf mein Betreiben, ich wünschte es mir. Doch sind wir dazu nicht imstande, dann soll er, das wäre ein Leichtes, die Schuld nur suchen bei mir! *Zu Charinus:* Nun, bitte, sag selber: Wie steht es um mich?

CHARINUS: Ganz erbärmlich, genau wie um mich.

DAVOS *tröstend*: Ich suche noch einen glücklichen Einfall.

CHARINUS *ironisch*: Sehr tüchtig!

PAMPHILUS *ebenso*: Ich kenne schon deine Bemühung!

DAVOS: Ich wende bestimmt noch zu deinen Gunsten den Fall!

PAMPHILUS: Das brauchen wir nötig, sofort!

DAVOS: Ich habe es schon.

CHARINUS: Was?

DAVOS *zu Charinus*: Für Pamphilus, nicht für dich. Begriffen?

CHARINUS *aufatmend*: Das reicht mir!

PAMPHILUS: Was planst du? Heraus mit der Sprache!

DAVOS: Schwerlich langt mir der heutige Tag zum Handeln, geschweige, ich hätte noch Zeit zum Erzählen – das kannst du mir glauben! Deswegen verschwindet von hier, ihr steht mir im Wege!

PAMPHILUS: Ich gehe sofort zu Glycerium!

Ab in das Haus seiner Geliebten.

DAVOS *zu Charinus, der noch zögert*: Du aber? Wohin wirst du dich verziehen?

CHARINUS *verlegen*: Soll ich die Wahrheit dir sagen?

DAVOS *ungeduldig*: Nun rede doch schon! *Für sich:* Der hält mir vielleicht jetzt noch einen Vortrag nach allen Regeln der Kunst!

CHARINUS *kläglich*: Was soll denn nun werden mit mir?

DAVOS: Eh, schamlos vor Ungeduld, du, dir genügt es noch nicht, daß ich dir durch Verschieben der Hochzeit eine Verschnaufpause gönne?

CHARINUS: Mein Davos, indessen –

DAVOS: Na, was denn?

CHARINUS: Ich möchte mein Mädchen doch haben!

DAVOS: Zum Lachen!

CHARINUS: Komme doch, bitte, zu mir gleich, sobald du etwas erreichtest!

DAVOS: Ich, kommen, zu dir? Ich habe noch gar nichts erreicht.

CHARINUS: Ich meine doch nur, falls du etwas –

DAVOS: Schon gut, ja, ich komme!

CHARINUS: Falls etwas – ich warte zu Hause.

Ab.

DAVOS: Du, Mysis, ein Weilchen warte hier, bitte, auf mich, bis ich wieder herauskomme!

MYSIS: Weswegen?

DAVOS: Es muß sein!

MYSIS: Beeile dich denn!

DAVOS: Ich sagte doch schon: Gleich bin ich zurück!

Eilt in das Haus der Glycerium.

MYSIS:

Gar nichts gehört uns Menschen wirklich. Gute Götter!
Da wähnte ich, daß Pamphilus für meine Herrin
das höchste Gut bedeute, Freund, Geliebter, Gatte,
wo immer auch, zu ihren Diensten. Welches Leid
jedoch muß jetzt die Ärmste seinetwegen dulden!
Dies Unglück, klar, wiegt stärker als das Glück von einst.
Doch Davos kommt heraus.

Davos eilt aus dem Hause, das neugeborene Kind in den Armen.

Mensch, sag mir bloß, was soll
das heißen? Wohin schleppst du unser Kind?

DAVOS: Jetzt, Mysis,
mußt du für mich in dieser Sache deinen Geist
und Witz entfalten!

MYSIS: Eh, was hast du vor?

DAVOS: Nimm mir

das Kind hier ab, los, zögre nicht, und lege es
vor unsre Haustür!

MYSIS: Wie, um Himmels willen, auf
die bloße Erde?

DAVOS: Leg ihm ein paar Zweige unter,
von dem Altar hier!

MYSIS: Warum tust du das nicht selbst?

DAVOS:
Vielleicht muß ich vor meinem Herren schwören, daß
nicht ich der Bringer war – dann kann ich ehrlich schwören.

MYSIS:
Das sehe ich schon ein. Dich quälen neuerdings
Gewissensbisse. Gib es her!
Sie legt das Kind sorgfältig auf die Schwelle des Hauses Simos.

DAVOS: Los, mach nur schneller,
du mußt noch meinen Plan erfahren. *Erschrickt.* Jupiter!

MYSIS:
Was ist?

DAVOS: Der Vater unsrer Braut kommt uns dazwischen!
Als unnütz muß ich meinen ersten Plan verwerfen.

MYSIS:
Ich weiß nicht, was du meinst.

DAVOS *schnell, leise, eindringlich*: Ich werde jetzt so tun,
als ob auch ich vom Markt her käme. Nach Bedarf
hilf mir beim Reden, gib auf deine Worte acht!
Versteckt sich.

MYSIS:
Ich kann dein Handeln nicht verstehen. Aber brauchst
du meine Hilfe – siehst du weiter doch als ich –,
so will ich bleiben, deine Pläne nicht durchkreuzen!

CHREMES *tritt auf*:
Da bin ich wieder, tat zur Hochzeit meiner Tochter
das Nötige. Jetzt möchte ich sie holen lassen.
Erblickt das Kind.
Ha, was ist das? Ein Kind, beim Herkules!
Zu Mysis: He, Weib,
hast du das Kind hierhergelegt?

MYSIS *schaut sich verwirrt nach Davos um*: Wo ist er?

CHREMES: Willst du mir nicht Antwort geben?

MYSIS *leise, für sich*: Nirgendwo, ich Ärmste!
Im Stich ließ mich der Kerl, verdammt!

DAVOS *tritt geräuschvoll auf; für sich, aber laut*: Ihr guten Götter!
Welch ein Gedränge auf dem Markt! Und wie die Leute
sich streiten! Und das Brot, so teuer – *Leise:* Weiter weiß
ich nicht.

MYSIS *zu Davos, leise*:
Warum, beim Himmel, läßt du mich allein?

DAVOS *tut, als sähe er plötzlich das Kind*:
Nanu, was ist das für ein Schmierenstück? He, Mysis,
woher kommt dieses Kind? Wer hat es hergebracht?

MYSIS *leise*:
Bist wohl verrückt, mich das zu fragen!

DAVOS *laut*: Wen denn sonst,
wo ich hier keinen andern sehe!

CHREMES *für sich*: Ganz erstaunlich!
Woher mag dieses Kind nur kommen?

DAVOS *zu Mysis, leise, sie möglichst sachte anrempelnd*:
Mensch, nun gib
doch endlich Antwort auf mein Fragen!

MYSIS: Au!

DAVOS: Nach rechts,
los, geh schon!

MYSIS *verwirrt*: Blöder Kerl, hast du nicht eben selbst –

DAVOS *eindringlich flüsternd*:
Gib nur auf meine Frage Antwort – sonst, paß auf!
Laut:
Du redest unklar. Woher stammt das Kind? Sprich
deutlich!

MYSIS:
Von uns.

DAVOS: Haha! Kein Wunder, eine Hure nur
kann derart schamlos handeln!

CHREMES *für sich*: Dieses Weib gehört
doch zu der Frau aus Andros, wenn ich mich nicht irre.

DAVOS:

Ihr bildet euch wohl ein, daß wir uns solchen Hohn
von euch ganz ruhig bieten lassen, he?

CHREMES *für sich*: Da bin
ich grade noch zur rechten Zeit gekommen!

DAVOS *zu Mysis, laut*: Los,
beeil dich, heb das Kind hier von der Schwelle auf!
Leise:
Bleib hier! Beweg dich nicht vom Fleck, …
Drohend: … sonst …

MYSIS: Sollen doch
die Götter dich mit Stumpf und Stiel zermalmen! Mich,
ein armes Weib, so furchtbar zu erschrecken!

DAVOS: Rede
ich mit dir oder nicht?

MYSIS: Was willst du eigentlich?

DAVOS:

Du fragst noch? Rede: Wem gehört das Kind, das du
hier vor die Türe legtest? Klipp und klar!

MYSIS: Du weißt
das nicht?

DAVOS: Gleichgültig, was ich weiß. Gib Antwort auf
die Frage!

MYSIS: Euch!

DAVOS: Wie, uns?

MYSIS: Es stammt von Pamphilus.

DAVOS:

Von Pamphilus?

MYSIS: Na, etwa nicht?

CHREMES *für sich*: Da hatte ich
doch recht, mich dieser Hochzeit stets zu widersetzen!

DAVOS:

Ein Schurkenstreich, der Strafe wert!

MYSIS: Was schreist du so?

DAVOS:

Ist das der Balg hier, den man gestern, spät am Abend,
zu euch gebracht hat? So was habe ich doch selbst
gesehen!

MYSIS: Unverschämter Kerl!

DAVOS: Die Cánthara
sah ich genau, die trug ein Bündel vor sich her!

MYSIS:
Den Göttern sage ich, beim Pollux, Dank: Es waren
ja ein paar freie Frauen Zeugen der Geburt!

DAVOS:
Die Frau aus Andros kennt noch nicht den Mann, für den
sie diesen Streich berechnet hat:
Ahmt eine Frauenstimme nach. „Sieht Chremes vor
dem Haus das Kindlein liegen, wird er ihm nicht mehr
die Tochter geben wollen.“ Ha, beim Herkules:
Mit um so größerer Bereitschaft gibt er sie!

CHREMES *grimmig, für sich*:
Er gibt, beim Herkules, sie nicht!

DAVOS *zu Mysis, drohend*: Jetzt nimm zur Kenntnis:
Heb gleich den Knaben auf – sonst stoße ich ihn selbst
noch mitten auf die Straße, dich desgleichen, in
den Dreck!

MYSIS: Beim Pollux, du bist nicht bei Troste, Mensch!

DAVOS *noch lauter*:
Ein Schwindel jagt den andern: Schon vernehme ich,
wie man sich zuraunt, sie sei Bürgerin Athens!

CHREMES *für sich*:
Oho!

DAVOS: „Er wird sie unterm Zwange der Gesetze
heiraten müssen!“

MYSIS: Bürgerin, ich bitte dich,
das ist sie doch!

CHREMES *für sich*: Da wäre ich aus Unkenntnis
beinah auf einen schlechten Scherz hereingefallen!

DAVOS *tut so, als erblicke er Chremes erst jetzt*:
Wer spricht hier? Chremes, ha, du kommst gerade recht!
Hör zu!

CHREMES: Ich hörte alles schon.

DAVOS *spielt den Erstaunten*: Tatsächlich, alles?

CHREMES:
Genau, von Anfang an.

DAVOS: Verstanden, Himmel! Ha!
Die Schurkerei! Sofort ans Kreuz gehört das Weib!
Zu Mysis, auf Chremes weisend:
Hier steht er! Hoffe nicht, den Davos zu betrügen!

MYSIS *zu Chremes*:
Ich Ärmste! Lautre Wahrheit sprach ich, greiser Herr!

CHREMES *sie beruhigend*:
Das ganz Spiel durchschaue ich. *Zu Davos:* Weilt Simo drin?

DAVOS
Jawohl.
Chremes tritt in Simos Haus. Davos will vor Freude Mysis umarmen.

MYSIS *sträubt sich*:
Du, rühre mich nicht an, du Schuft! Beim Pollux,
wenn ich nicht gleich Glycerium die ganze Sache –

DAVOS:
Du dumme Gans, begreifst du nicht, was eigentlich
hier vor sich ging?

MYSIS: Wie sollte ich denn was begreifen!

DAVOS:
Der Alte ist der Schwiegervater! Konnte ich
ihm doch auf andre Weise nicht verständlich machen,
was er verstehen sollte!

MYSIS: Hm – ach so! Das hättest
du vorher mir erklären sollen!

DAVOS: Macht es wohl
nichts aus, ob frisch du von der Leber weg dich äußerst,
so ganz natürlich, oder künstlich vorgepaukt?

CRITO *tritt auf, mit Reisehut, einem Wanderstab und umgehängtem Beutel*:
In dieser Straße, heißt es, wohnte Chrysis, die
viel lieber hier im fremden Land in Schande Reichtum
erwerben als im Vaterland zwar arm, jedoch
in Ehren leben wollte. Laut Gesetz bin ich
nach ihrem Tod der Erbe. Doch hier stehen Leute,
die ich befragen kann: Ich grüße euch!

MYSIS: Beim Himmel,
wen sehe ich? Den Vetter meiner Chrysis, Crito?
Jawohl!

CRITO *erkennt sie*:
Ja, Mysis! Sei gegrüßt!
MYSIS: Glück dir auch, Crito!
CRITO:
So ist denn Chrysis –
Er räuspert sich verlegen, anstatt das Schmerzliche auszusprechen.
MYSIS *bestätigt durch trauriges Nicken seine unterdrückte Äußerung*:
Ja, ließ uns zurück im Elend,
beim Pollux!
CRITO: Und wie geht es euch? Einigermaßen?
MYSIS:
Ach uns? So wie wir können – nicht nach unserm Wunsch.
CRITO:
Was macht Glycerium? Hat sie die Eltern schon
gefunden?
MYSIS: Herrlich wäre das!
CRITO *betroffen*: Noch nicht? So setzte
mein Schiff mich denn zur Unzeit hier an Land. Beim Pollux,
in Kenntnis dieser Lage würde ich doch nie
den Boden hier betreten haben! Immer hieß
sie ihre Schwester, ward als solche anerkannt.
So ist sie denn die Erbin ihres Eigentums.
Wie schwer und unnütz es für mich als Ausländer
jetzt wäre, um des Erbes willen etwa gar
den Rechtsweg zu beschreiten, zeigen andre Fälle.
Zudem wird sie schon einen Freund und Anwalt haben;
bei ihrem Aufbruch nämlich war sie fast erwachsen.
Als Sykophant vielleicht noch werde ich verschrien,
Erbschleicher, Bettler! Und sie etwa zu berauben,
verspüre ich nicht die geringste Lust.
MYSIS: Beim Pollux,
mein Crito, bester Freund, anständig-edel zeigst
du dich, wie früher!
CRITO: Da ich einmal nun hierherkam,
führ, bitte, mich zu ihr: Ich möchte gern sie sehen!
MYSIS:
Natürlich!
Geht mit Crito in das Haus Glyceriums.

DAVOS *schließt sich ihnen an*:
Folgen will ich ihnen. Soll mich doch
der Alte eben jetzt nicht zu Gesicht bekommen.

Chremes und Simo treten aus Simos Haus.

CHREMES: Hinreichend, Simo, tatsächlich hinreichend habe ich dir gegenüber Freundschaft bewiesen, hinreichend Risiken auf mich genommen. Jetzt brauchst du nicht länger zu bitten. Ich wollte gefällig dir sein und habe dabei fast das Lebensglück meiner Tochter verspielt.

SIMO: Im Gegenteil, grade zur Stunde bitte ich, Chremes, dich dringend: Laß den Beweis des Wohlwollens, den du in Worten kürzlich versprachest, zur Wirklichkeit werden!

CHREMES: Ungerecht macht dich dein Eifer: Du bist auf Erfüllung nur deiner Wünsche erpicht, denkst an die Grenzen nicht, die auch der Güte gesetzt sind, auch nicht an Wesen und Folgen des Wunsches! Wärest du fähig, das klar zu erwägen, fielest du mir mit unbilligen Wünschen nicht länger zur Last.

SIMO: Unbillig? Wie das?

CHREMES *ausbrechend*: Du fragst noch? Du drängtest mich, einem ganz grünen Jungen, der in ein anderes Mädchen verknallt ist und gar nicht an Eheschluß denkt, drängtest mich, dem meine Tochter zu geben zu ewigem Streit nur und unsichrer Ehe, wolltest durch ihre Leiden und ihren Kummer deinen Sohn zur Vernunft bringen. Du hast es erreicht, ich ließ mich drauf ein, soweit mir die Umstände dieses erlaubten. Heute erlauben sie mir es nicht länger: So werde denn selbst mit den Umständen fertig! Seine Geliebte, so heißt es, hat Bürgerrecht hier, sie brachte ein Kind schon zur Welt; deswegen verzichte auf meine Tochter und mich!

SIMO: Inständig bitte ich dich, im Namen der Götter, nicht denen Glauben zu schenken, denen es Vorteil nur bringt, wenn mein Sohn als Ausbund von Schlechtigkeit gilt! Um zu vereiteln die Hochzeit, wurde all dieses geplant und erlogen. Wird den Verschwörern der Grund für ihre Intrige genommen, werden sie aufgeben!

CHREMES: Irrtum! Ich selber war Zeuge, wie Davos erbittert sich stritt mit der Dienerin.

SIMO *abwinkend*: Weiß schon!

CHREMES: Nicht doch, sie stritten sich echt: Sie hatten doch beide gar nicht bemerkt, daß ich anwesend war!

SIMO *höhnisch*: Glaube ich: Hatte mir Davos doch längst schon das tückische Spiel der Weiber vorausgesagt. Heute noch wollte ich dich unterrichten, habe es aber, ich weiß nicht weswegen, vergessen.

DAVOS *tritt aus dem Hause Glyceriums, spricht rückwärts ins Innere*: Völlig beruhigt und frei von Sorge könnt ihr jetzt sein!

CHREMES: Ha, dein Davos!

SIMO: Wo kommt er bloß her?

DAVOS *ebenso*: Das dankt ihr mir und dem Manne von Andros, wir bieten euch Sicherheit.

SIMO *für sich*: Was für ein Unglück bedeutet das?

DAVOS *wendet sich vom Haus weg, für sich*: Größeres Glück erlebte ich nie: der Mann, sein Erscheinen, der richtige Zeitpunkt!

SIMO *für sich*: Wen lobt er, der Schurke?

DAVOS *für sich*: Jetzt haben wir alles an Land!

SIMO *für sich*: Gleich will ich zur Rede ihn stellen!

DAVOS *erblickt ihn*: Ha, der Gebieter! Was tue ich jetzt?

SIMO *höhnisch*: Sei gegrüßt, du tüchtiger Diener!

DAVOS: Simo! Und unser Chremes dazu! *Faßt sich.* Drinnen im Hause ist alles bereit!

SIMO: Hast wacker dich angestrengt!

DAVOS: Möchtest du es, laß kommen die Braut!

SIMO: Vortrefflich! Das eben fehlt uns jetzt noch! Antwort will ich von dir: Was hast du dort drinnen zu tun?

DAVOS: Ich?

SIMO: Jawohl!

DAVOS: Ich, wirklich?

SIMO *schreit*: Ja, du!

DAVOS: Ich ging eben hinein dort …

SIMO: Ich wollte das „eben" nicht wissen!

DAVOS: … mit deinem Sohne zusammen.

SIMO: Pamphilus? Drinnen? *Leise für sich:* Ich Elender gehe kaputt! *Laut:* He, du Folterknecht, hast du nicht vorhin behauptet, die beiden seien verfeindet?

DAVOS: Ja doch, das stimmt!

SIMO: Und dann weilt Pamphilus drinnen?

CHREMES *spöttich*: Klar, und weißt du, warum. Er streitet mit ihr!

DAVOS: Überhaupt nicht. Lasse dir, Chremes, von mir etwas ganz Abscheuliches sagen. Eben ist hier ein älterer Mann eingetroffen, beachtlich: selbstsicher, klug! Siehst du ihn, merkst du sogleich, was er wert ist. Strenge Wahrhaftigkeit spricht aus der Miene; was er behauptet, ist ernst zu nehmen.

SIMO: Was bringst du nun eigentlich?

DAVOS: Das nur, was ich den Fremdling darlegen hörte.

SIMO: Was denn?

DAVOS: Glycerium habe das attische Bürgerrecht!

SIMO *außer sich vor Wut*: Ha! *Schreit in sein Haus:* Dromo! Dromo!

DAVOS: Was ist denn?

SIMO: Dromo!

DAVOS: So höre doch, bitte!

SIMO: Kein Wort mehr! He, Dromo!

DAVOS: Hör doch, um Himmels willen –

DROMO *erscheint, in den Händen Riemen zum Fesseln, am Gürtel die Peitsche*: Was soll ich?

SIMO: Schleppe den Kerl in das Haus und lasse ihn baumeln, so schnell wie nur möglich!

DROMO: Wen?

SIMO: Davos!

DAVOS: Weswegen denn?

SIMO: Weil ich es will! Los, ab mit ihm, sage ich!

DAVOS: Aber was tat ich denn?

SIMO: Ab mit ihm!

DAVOS: Kannst du mir eine einzige Lüge nur nachweisen, schlage mich tot!

SIMO: Ich höre nicht mehr! Ich werde auf Schwung dich schon bringen!

DAVOS: Auch dann, wenn ich immer die Wahrheit gesprochen?

SIMO: Auch dann! *Zu Dromo:* Feßle ihn, halt ihn in Haft! Und hörst du? Binde ihm Hände und Füße und schließe ihn krumm!

Jetzt ab! *Dromo zerrt Davos in das Haus Simos.*

So wahr ich lebe, will, beim Pollux, dir
ich heute zeigen, was es heißt, den Herren zu
betrügen – aber meinem Sohn, den Vater!

CHREMES *legt sich ins Mittel*: Bitte,
laß dich so schrecklich nicht vom Zorne übermannen!

SIMO:
Ach, Chremes! Kindesliebe! Tu ich dir nicht leid?
Ein solcher Sohn – verursacht mir solch bittren Schmerz!
Ruft in Glyceriums Haus:
He, Pamphilus! Komm, Pamphilus! Du schämst dich wohl?

PAMPHILUS *tritt heraus*:
Wer ruft mich? *Erschrickt.* Aus! Der Vater!

SIMO: Muckst noch auf? Du aller –

CHREMES *begütigend*:
Komm lieber doch zur Sache, höre auf zu schimpfen!

SIMO:
Als ob man den zu hart beschimpfen könnte! He,
red endlich doch! Glycerium hat Bürgerrecht?

PAMPHILUS:
Man sagt es.

SIMO: „Sagt es!" Ungeheuerliche Frechheit!
Bedenkt er seine Worte? Und bereut den Fehltritt?
Errötet sein Gesicht ein wenig nur vor Scham?
So wenig kann er sich beherrschen, daß er gegen
gutbürgerliche Sitte, gegen das Gesetz
und gegen seines Vaters Willen dieses Weib
sich halten muß, ein Gipfel ehrvergeßner Schmach!

PAMPHILUS:
Ich Ärmster!

SIMO: Ha! Jetzt erst begreifst du, Pamphilus,
was du dir eingebrockt hast? Damals, als du gierig
der Lust nach Laune frönen wolltest, damals hätte
der Ausruf „Ärmster" dir tatsächlich angestanden.
Was aber schwatze ich? Wozu mich quälen und
wozu mich härmen? Warum mich in meinem Alter
durch seine unbedachten Streiche reizen lassen?
Soll i c h vielleicht für das, was e r verbrach, noch büßen?
Nein, soll er sie nur haben, sich mit ihr vergnügen,
mit ihr sein Leben führen!

PAMPHILUS: Lieber Vater!

SIMO: Was heißt „lieber Vater“? Als ob du den „lieben Vater“ noch brauchst! Du fandest Hausstand, Gattin, Kinder gegen den Willen deines Vaters, ließest Leute auch dir kommen, die dem Weib das Bürgerrecht Athens zusprechen: Bitte, dein sei der Erfolg!

PAMPHILUS: Darf ich, mein Vater, etwas sagen?

SIMO *höhnisch*: Was wirst du mir sagen?

CHREMES: Trotz allem, Simo, mußt du hören ihn.

SIMO: Ich muß ihn hören? Was, ihn hören, Chremes?

CHREMES: Lasse ihn doch reden, bitte!

SIMO *unwillig*: Soll er reden denn, von mir aus!

PAMPHILUS: Ja, ich gestehe es: Ich liebe diese Frau; und ist das Sünde, so gestehe ich es trotzdem. Ich unterwerfe mich dir, Vater; du befiehl, was immer du mir auferlegen willst. Heiraten soll ich? Ihr den Laufpaß geben? So weit wie möglich will ich es ertragen. Eines nur, bitte, das darfst du nicht glauben: daß ich den betagten Fremdling aus Andros bestellte! Bitte, erlaub mir, den Vorwurf sogleich zu entkräften und ihn dir vor Augen zu führen!

SIMO: Vor Augen zu führen?

PAMPHILUS: Erlaub es mir, Vater!

CHREMES: Was er verlangt, ist berechtigt. Gewähre es ihm!

PAMPHILUS: Ich bitte dich herzlich: Erlaub es!

SIMO *unwirsch*: Na, meinetwegen! *Zu Chremes, während Pamphilus in das Haus Glyceriums eilt:* Alles Erdenkbare wünschte ich lieber mir, Chremes, als von dem eigenen Sohne betrogen zu werden.

CHREMES: War die Verfehlung auch schwer – gelinde zu strafen genügt einem Vater!

CRITO *tritt aus dem Hause; zu Pamphilus, der ihn begleitet:* Du brauchst mich nicht länger zu bitten, einer der Gründe genügt schon für mich, es zu tun: weil es dein Anliegen ist – weil es, zweitens, der Wahrheit entspricht – weil ich, zum dritten, Glycerium ehrlich die Freude vergönne!

CHREMES: Habe ich Crito von Andros vor Augen? Ganz sicher!

CRITO: Gegrüßt sei mir, Chremes!

CHREMES: Was führt nach Athen dich, so außergewöhnlich?

CRITO: Das hat sich ergeben. Und er hier ist Simo?

CHREMES: Jawohl.

CRITO: Du, Simo –

SIMO: Du möchtest mich sprechen? He, du behauptest, Glycerium hätte das attische Bürgerrecht?

CRITO: Willst du das abstreiten?

SIMO: Kommst wohl im Auftrag hierher, mit erheucheltem Vorwand?

CRITO: Wieso denn?

SIMO: Du fragst noch? Wähnst wohl, du dürftest straflos so handeln? Lockst junges Volk, Knaben, anständig erzogen, noch ohne Erfahrung, listig auf Abwege! Willst durch Verführung und falsche Versprechen sie ködern!

CRITO: Du bist wohl gar nicht bei Troste!

SIMO: Willst wohl aus Hurenumarmungen Hochzeiten stiften!

PAMPHILUS *für sich*: Er bringt mich noch um! Das kann doch der Fremde nicht hinnehmen!

CHREMES: Simo, du kennst doch den Fremden zu wenig. Du würdest ihn sonst ganz anders beurteilen. Ein Ehrenmann ist er!

SIMO: Ein Ehrenmann, der? Zufällig trifft er gerade heute, am Tage der Hochzeit, hier ein, ließ niemals jedoch sich früher hier sehen? Wirklich, so einer verdient schon Vertrauen, mein Chremes!

PAMPHILUS *für sich*: Hemmte die Ehrfurcht mich nicht vor dem Vater, würde die Wahrheit ich gründlich ihm beibringen!

SIMO *zu Crito*: Gauner!

CRITO: Ha!

CHREMES *beschwichtigend*: Laß ihn doch, Crito, so ist er nun einmal!

CRITO *aufbegehrend*: Dann soll er nur sehen, wie „einmal er ist"! Schimpft er noch weiter nach seinem Belieben, soll er auch hören sogleich, was ihm gar nicht beliebt! Wirbelte ich vielleicht mit Fleiß die Staubwolken auf? Vielmehr willst du nicht geduldig dein Übel ertragen. Ob die Berichte, auf die ich mich stütze, stimmen, ob nicht, das wird sofort sich erweisen. Einstmals erlitt ein Bürger von Attika Schiffbruch und trieb an die Küste von Andros, mit ihm zusammen das Mädchen, noch klein. Zufällig wandte er sich in seiner Bedrängnis zuerst an den Vater der Chrysis.

SIMO: Ein Märchen beginnt er zu spinnen!

CHREMES: So lasse ihn reden!

CRITO: Er will mich wohl stören in meinem Bericht?

CHREMES: Erzähle schon weiter!

CRITO: Der damals ihm Obdach geboten, war ein Verwandter von mir. Dort hörte ich selbst aus dem Mund des Gestrandeten, er sei ein attischer Bürger. Er ist dort gestorben.

CHREMES: Wie hieß er?

CRITO: Der Name – so warte doch, gleich –

PAMPHILUS: Gar Phania?

CHREMES *verblüfft*: Das haut mich doch um!

CRITO: Beim Herkules, ja, so hieß er wohl, Phania! Eines nur weiß ich genau: Er war, nach eigener Angabe, Bürger von Rhamnus.

CHREMES: Jupiter!

CRITO: Zahlreiche andere Leute auf Andros hörten die Aussage damals desgleichen, mein Chremes.

CHREMES *für sich*: Erfüllte sich doch, was ich hoffe! *Laut:* Sage mir, bitte, zu wem gehörte das Mädchen? Sprach er von ihr als der eigenen Tochter?

CRITO: Nein.

CHREMES: Was war sie dann aber?

CRITO: Seine Nichte!

CHREMES *in ausbrechender Freude*: Dann ist es ja meine Tochter!

CRITO: Was sagst du?

SIMO: Was, du behauptest –

PAMPHILUS *für sich*: Jetzt spitze die Ohren, mein Pamphilus!

SIMO: Wie kommst du zu dieser Behauptung?

CHREMES: Phania war mein Bruder.

SIMO: Das weiß ich und kannte ihn auch.

CHREMES: Er wollte dem Kriege entgehen und folgte mir, der ich nach Asien gereist war. Die Tochter allein hier zu lassen, hatte er freilich Bedenken. Sein weiteres Schicksal kommt heute zum ersten Mal mir zu Ohren.

PAMPHILUS *für sich*: Ich kann mich kaum noch beherrschen, so aufgeregt bin ich vor Furcht, vor Hoffnung, vor Freude, vor Staunen angesichts eines so großen, so plötzlichen Glücks!

SIMO: Du fandest die Tochter wieder – das freut mich in mancherlei Hinsicht.

PAMPHILUS: Das glaube ich, Vater.

CHREMES: Doch bleibt noch ein Zweifel, der ernst mich beunruhigt.

PAMPHILUS *für sich*: Das sieht dir ähnlich, so übergenau, wie du bist, du Ekelpaket! Suchst Knoten am glattesten Faden!

CRITO: Was für ein Zweifel?

CHREMES: Der Name – er stimmt nicht.

CRITO: Beim Herkules, ja, in der Kindheit rief man sie anders.

CHREMES: Wie, Crito? Erinnerst du dich?

CRITO: Ich will überlegen!

PAMPHILUS *für sich*: Soll etwa sein schwaches Gedächtnis mein Glück vereiteln? Ich kann doch selber das Rätsel lösen, zu meinen Gunsten! *Zu Chremes, laut:* Ich habe, mein Chremes, wonach du suchst: Pasibula lautet der Name!

CHREMES: Sehr richtig!

CRITO: So hieß sie, jawohl!

PAMPHILUS: Ich hörte schon tausende Male den Namen, aus ihrem Munde!

SIMO: Darüber, mein Chremes, freuen wir herzlich uns alle, das ist doch wohl deine Meinung wie meine!

CHREMES: Auch meine, so wahr mir die Himmlischen helfen!

PAMPHILUS: Jetzt bleibt uns noch, Vater –

SIMO *gütig*: Längst schon stimmten die Tatsachen selber mich um!

PAMPHILUS: Wie lieb von dir, Vater! Und bleibt Chremes dabei, daß ich seine Tochter behalte, als Gattin?

CHREMES: Von mir aus ist alles aufs beste in Ordnung, es sei denn, dein Vater wäre dagegen.

PAMPHILUS *mit einer Gebärde des Geldzählens*: Das etwa?

SIMO: Natürlich.

CHREMES: Die Mitgift beträgt zehn Talente, mein Pamphilus.

PAMPHILUS: Das lasse ich gelten.

CHREMES: Jetzt eile ich aber zur Tochter! Begleite mich, Crito! Sie wird mich wohl gar nicht erkennen.

Er und Crito ab in das Haus der Glycerium.

SIMO: Dann lasse Glycerium gleich in unsere Wohnung tragen!

PAMPHILUS: Du mahnst mich zu Recht. Ich werde Davos den Auftrag erteilen.

SIMO: Nicht möglich.

PAMPHILUS: Warum?

SIMO: Der hat andres zu tun, was wichtiger ist.

PAMPHILUS: Und was?

SIMO: Krumm ist er geschlossen.

PAMPHILUS: Krumm – Vater, das ist nicht gerecht!

SIMO: Ich erteilte mit Recht den Befehl.

PAMPHILUS: Lasse ihn losbinden, bitte!

SIMO: Von mir aus soll es geschehen.

PAMPHILUS: Doch schnell!

SIMO: Ich gehe hinein. *Ab in sein Haus.*

PAMPHILUS: Ein Tag der Freude, des Segens!

CHARINUS *tritt auf und späht in ängstlicher Neugier umher*: Ich muß doch erkunden, was Pamphilus vorhat! Da ist er ja!

PAMPHILUS *ohne ihn zu sehen, für sich*: Es könnte wohl einer gar glauben, ich hielte für unwirklich, was hier geschah; aber die Wirklichkeit ist es doch, die mich beglückt! Ich glaube, daß Götter deswegen in Ewigkeit leben, weil ihnen die Freuden als eigen gehören; denn selber gewann ich Unsterblichkeit, wenn keinerlei Kummer mir meine Freuden durchkreuzt. Wem wünschte ich freilich am innigsten jetzt zu begegnen, um ihm zu berichten von meinem Glück?

CHARINUS *für sich*: Worüber freut er sich so?

Davos hinkt aus dem Haus und reibt sich die verrenkten und wunden Glieder.

PAMPHILUS: Da sehe ich Davos! Wen wollte ich lieber jetzt treffen? Ich weiß doch genau: Der einzige ist er, der ehrlich mit mir in die Freude sich teilt!

DAVOS *ohne Pamphilus und Charinus zu sehen, für sich*: Wo ist denn mein Pamphilus?

PAMPHILUS: Davos!

DAVOS: Wer ruft da?

PAMPHILUS: Ich bin es!

DAVOS: Mein Pamphilus!

PAMPHILUS: Du weißt wohl noch gar nichts vom Glück, das mir eben zuteil ward.

DAVOS *nicht ohne Bitterkeit*: Bestimmt nicht. Ich kenne das Glück nur, das mich überrumpelte.

PAMPHILUS: Ich weiß, was dir zustieß.

DAVOS: So geht es nun einmal unter den Menschen: Mein Mißgeschick kam dir früher zu Ohren als mir dein Glück.

PAMPHILUS: Meine Glycerium fand die verlorenen Eltern wieder!

DAVOS: Vortrefflich!

CHARINUS *für sich*: Ha, was?

PAMPHILUS: Ihr Vater – der treueste Freund von uns!

DAVOS: Wer ist es denn?

PAMPHILUS: Chremes.

DAVOS: Das trifft sich ja glücklich!

PAMPHILUS: Nun kann ich sie ohne weiteres heiraten.

CHARINUS *für sich*: Der träumt wohl lediglich, was er im Wachsein sich wünscht.

PAMPHILUS: Was weiter, Davos, das Kind dann betrifft –

DAVOS: Ach, schweig, das Kind ist der einzige Liebling der Götter!

CHARINUS *für sich*: Für mich steht alles aufs beste, wenn das, was ich höre, tatsächlich auch stimmt! *Tritt auf Pamphilus zu.* Ich will mit ihm sprechen.

PAMPHILUS: Wer kommt da? Charinus! Im richtigen Augenblick stellst du dich ein!

CHARINUS: Dir lächelt das Glück.

PAMPHILUS: Ja, hörtest du davon?

CHARINUS: Ja, alles. Doch denke an mich auch in deiner Freude! Jetzt steht doch Chremes auf deiner Seite, er dürfte all deine Wünsche erfüllen.

PAMPHILUS: Ich denke daran. Doch dauert es mir viel zu lange, zu warten, bis er herauskommt. Gehe mit mir hinein! Er weilt bei Glycerium drinnen. Du, Davos, gehe nach Hause! Los, hole die Leute, die Braut zu geleiten! Was bleibst du noch stehen und zögerst?

DAVOS: Ich gehe schon. *Pamphilus und Charinus treten in das Haus Glyceriums; Davos wendet sich an das Publikum.* Ihr braucht nicht zu warten, bis man herauskommt. Man feiert im Haus die Verlobung, im Hause auch wird man vollziehen, was noch zu erledigen ist.

DER SÄNGER: Ihr, bitte, spendet uns Beifall!

ANDERER SCHLUSS

PAMPHILUS *zu Chremes*: Ich erwartete dich. Ich möchte mit dir noch etwas besprechen, was dich angeht. Ich habe bewußt es im Auge behalten, damit du niemals mir vorwerfen kannst, ich hätte jetzt deine andere Tochter vergessen. Habe ich doch, wie ich glaube, für sie gefunden den Mann, der ihrer wie deiner sich würdig erweist.

CHARINUS *leise, zu Davos*: Ha, Davos, mir zittern die Knie, jetzt fällt die Entscheidung über mein Lieben und Leben!

CHREMES: Die Absicht, mein Kind zu verheiraten, hege ich lange schon, aber ich habe sie noch nicht verwirklichen wollen, mein Pamphilus.

CHARINUS *leise, zu Davos*: Ich bin erledigt, mein Davos!

DAVOS: So warte doch!

CHARINUS: Aus!

CHREMES: Ich werde den Grund für mein Zögern erklären. Keineswegs liegt er darin, daß ich keinen Schwiegersohn wünschte, ...

CHARINUS: Ha!

DAVOS: Schweige doch!

CHREMES: ... nein, nur die Bande der Freundschaft, die Simo und ich übernahmen von unseren Vätern, die wollte ich, möglichst verstärkt noch, unseren Kindern weitervererben. Heute erlauben es Mittel und Umstände mir, beiden Töchtern den Wunsch zu erfüllen. Deswegen stimme ich zu.

PAMPHILUS:

Ein trefflicher Entschluß!

DAVOS *leise, zu Charinus*: Geh hin und danke ihm!

CHARINUS:

Sei, Chremes, mir gegrüßt! Von allen, die mir freundlich
gesonnen sind, erwiesest du mir höchste Güte.
Wozu noch viele Worte? Die Großzügigkeit,
die ich seit jeher an dir schätze, gönnte mir

die gleiche Freude, die mir das Versprechen schenkt,
um das ich heute dich von ganzem Herzen bitte!

CHREMES:
Du magst, Charinus, aus dem Ziel des eignen Strebens
auf die Gefühle schließen, die ich selber hege.

PAMPHILUS:
Ich kann als Beispiel für die Wahrheit dessen dienen.

CHARINUS:
Obwohl dir fremd, erkannte ich dein wahres Wesen.

PAMPHILUS:
So ist es.

CHREMES: Meine Tochter Philumena gebe
ich dir zur Frau, dazu als Mitgift sechs Talente.

DER MANN,
DER SICH SELBST BESTRAFT

DIDASKALIE

Der Heautontimorumenos des Terenz. Das Stück wurde aufgeführt bei den Spielen zu Ehren der Grossen Mutter unter den kurulischen Ädilen Lucius Cornelius Lentulus und Lucius Valerius Flaccus. Die Aufführung leiteten Lucius Ambivius Turpio und Lucius Atilius aus Praeneste. Die Musik komponierte Flaccus, der Sklave des Claudius. Der erste Teil des Stückes hatte zur Musikbegleitung ungleiche, der folgende zwei rechte Flöten. Das griechische Original stammt von Menander. Das Stück entstand als das zweite unter den Konsuln Manius Iuventius und Tiberius Sempronius.

DES GAIUS SULPICIUS APOLLINARIS INHALTSANGABE

Den Liebhaber Antíphilas, den Clinia,
zwang hartherzig der Vater, Söldnerdienst zu nehmen,
bereute später dies jedoch und quälte sich
mit Selbstvorwürfen. Ohne Wissen seines Vaters
fand Clinia, zurückgekehrt, jetzt Unterschlupf
bei Clitipho, der die Hetäre Bacchis liebte.
Nun wollte Clinia gern die Geliebte sehen.
So kam denn Bacchis in die Wohnung Clitiphos,
zum Schein als Freundin Clinias, Antiphila
mit ihr in Sklaventracht; so wollte Clitipho
den wahren Sachverhalt vor seinem Vater tarnen.
Dank einer List des Syrus konnte er dem Alten
zehn Minen für den Kauf der Bacchis noch entlocken.
Zum Schluß entpuppte sich Antíphila als Schwester
des Clitipho. Nun konnte Clinia zur Frau
sie nehmen, Clitipho indes ein andres Mädchen.

PERSONEN

Chremes, Bürger von Athen
Menedemus, Bürger von Athen, Witwer
Clitipho, Sohn des Chremes
Clinia, Sohn des Menedemus
Sostrata, Gattin des Chremes
Syrus, Sklave des Chremes
Dromo, Sklave des Clinia
Antíphila, Geliebte des Clinia
Bacchis, Hetäre, Geliebte des Clitipho
Phrygia, Sklavin der Bacchis
Die Amme
Der Sänger
Sklaven, Sklavinnen

Ort der Handlung: Attika, in der Nähe von Athen

PROLOG

Ihr braucht euch nicht zu wundern, daß der Autor mir,
dem alten Mann, die Rolle anvertraute, die
sonst Jüngere zu spielen pflegen. Diese Pflicht
will ich zuerst erfüllen, dann den Grund für m e i n
Auftreten nennen. Also: Heute bringe ich,
nach einem noch nicht übersetzten Griechenstück,
den „Mann, der selber sich bestraft" neu auf die Bühne.
Die Handlung, einfach im Original, wird in
der neuen Fassung eine doppelte. Damit
wies auf die Neuheit ich und auf den Inhalt hin.
Ich brauche wohl das Stück und seinen Dichter nicht
zu nennen, sicher kennt die Mehrzahl sie von euch.
Nun kurz den Grund, warum ich diese Rolle spiele.
Auf Wunsch des Autors soll ich als Verteidiger,
nicht nur als Sprecher des Prologes wirken. Euch
ernennt er zum Gerichtshof, mich zum Rechtsanwalt.
Wenn dieser nur derart erfolgreich reden könnte,
wie jener treffend formulierte als Verfasser
des Textes, den ich jetzt bei euch zum Vortrag bringe!
Da streuten Neider böswillig Gerüchte aus,
mein Autor hätte Griechenstücke roh vermanscht,
nur wenig römische verfaßt. Er streitet das
nicht ab, doch er bedauert es auch nicht, bestätigt
vielmehr, daß er auch weiter so verfahren wird.
Er folgt dem Beispiel guter Dichter. Deren Vorbild
sich anzuschließen, hält er für sein gutes Recht.
Zum Vorwurf seines Gegners, jenes alten Dichters,
mein Autor hätte sich der Poesie voreilig
gewidmet, stütze sich auf das Talent von Freunden,
nicht auf die eigene Begabung, nur soviel:
Bei e u c h soll die Entscheidung liegen, e u e r Urteil
den Ausschlag geben! Deshalb bitte ich euch herzlich,
die Worte von Verleumdern ernster nicht zu nehmen
als die von redlich Prüfenden. Prüft selber redlich

und fördert jene, die euch neue, fehlerfrei
gebaute Stücke sehen lassen. Er, der kürzlich
in einem Stück auf offner Straße freie Bürger
Platz machen ließ für einen Sklaven, soll nicht wähnen,
mit solchen Szenen Beifall zu gewinnen: Unsinn
darf keinen Glauben finden! Schwächen des Verleumders
wird künftig auch mein Autor bei Premieren rügen,
sofern sein Gegner nicht die Lästerungen einstellt.

Nun nehmt das Spiel gut auf, vergönnt mir, bitte, ein
Charakterstück ganz ohne Störung vorzuführen:
Ich will, alt wie ich bin, nicht nur gehetzte Sklaven,
erregte Greise, gierig schlingende Schmarotzer,
schamlose Spitzel, bloß auf Geld erpichte Kuppler
mit viel Geschrei und wilden Gesten spielen lassen.
Um meinetwillen würdigt diese Stoffwahl als
berechtigt – das wird mir mein Schaffen sehr erleichtern.
Denn heute nehmen die Verfasser neuer Stücke
auf einen alten Mann kaum Rücksicht; macht eine Stück
viel Mühe, nimmt zu mir man Zuflucht; fließt es sanft
dahin, dann werden andere Theatertrupps
damit beauftragt.

In dem Stück, das jetzt ich biete,
herrscht eine klare, reine Sprache. Bitte, schätzt
das Für und Wider meines Könnens kritisch ein!
[Ich machte niemals aus Gewinngier meine Kunst
zur Ware, stets galt mir als herrlichster Gewinn,
so weit wie möglich eurem Vorteil nur zu dienen.]
Ein Beispiel setzt in mir, damit die jungen Leute
das eigene Vergnügen eurem Beifall opfern!

Landschaft in Attika, in der Nähe von Athen. Auf der einen Seite das Landhaus des Menedemus mit anschließendem Garten und Acker, gegenüber das Landhaus des Chremes und, dahinter noch sichtbar, das Anwesen des Nachbarn Phania. Es ist später Nachmittag. Menedemus bearbeitet mit Hacke und Spaten angestrengt seinen Boden.

CHREMES *tritt auf, zu Menedemus*:
Nur kurze Zeit sind miteinander wir bekannt –
erst seit du hier das Nachbargrundstück kauftest –, und
nur dieser Kauf schafft eine Bindung zwischen uns.
Doch deine Tüchtigkeit, vielleicht der Umstand auch,
daß wir benachbart sind, das heißt, in meinen Augen,
beinahe schon befreundet, beides nötigt mich,
mir jetzt ein Herz zu fassen und dich freundschaftlich
zu mahnen: Für dein Alter scheinst du mir zu hart
zu schuften, viel zu hart für dein Vermögen auch.
Was, um des Himmels und der Erde willen, möchtest
du noch erreichen? Was erstrebst du? Bist schon sechzig,
vermutlich älter. In der Gegend hier besitzt
kein Mensch ein Grundstück, das noch besser oder gar
wertvoller ist. Auch einer größern Zahl von Sklaven
gebietest du. Doch übernimmst du ihre Pflichten
so eifrig, als besäßest du nicht einen. Ob
ich morgens gehe oder abends wiederkomme –
stets sehe ich dich auf dem Acker graben, pflügen,
auch Lasten schleppen. Kurz: Nie hörst du auf zu rackern,
nimmst keine Rücksicht je auf dich. So handelst du
nicht zum Vergnügen, davon bin ich überzeugt.
Du könntest freilich sagen: Die erbrachte Leistung
befriedigt mich noch nicht. Nun, setztest du die Kräfte,
die du bei deiner Plackerei vergeudest, für
die Aufsicht deiner Sklaven ein, du kämest weiter!

MENEDEMUS *unterbricht erst während der letzten Worte des Nachbarn seine Arbeit und schaut auf; nicht unfreundlich, doch abweisend*:
Mein lieber Chremes, kannst bei deiner Arbeit du

so viel an Zeit erübrigen, daß du dich um
die Sorgen Fremder kümmerst, die dich gar nichts angehn?

CHREMES:
Ich bin ein Mensch, nichts Menschliches gilt mir als fremd.
Nimm meine Worte als Ermahnung oder Frage:
Bist du im Recht, will ich dir beipflichten; bist du
im Unrecht, will ich dich nach Kräften davor warnen.

MENEDEMUS:
Ich muß so handeln. Handle du, wie du es mußt!

CHREMES: Muß denn ein Mensch sich selber schinden?

MENEDEMUS: Ich jawohl!

CHREMES:
Dein Kummer tut mir leid. Worin besteht er? Bitte,
sprich, wodurch hast du solche Schinderei verdient?

MENEDEMUS *bricht in Tränen aus*:
Ach!

CHREMES:
Weine nicht! Sag, was dich peinigt, welcher Art
es immer sein mag! Halte nichts zurück und laß
die Hemmungen beiseite! Schenke mir Vertrauen,
ich wiederhole es! Durch Trost, mit Rat, vielleicht
durch Tat auch kann ich helfen dir.

MENEDEMUS: Du willst es wissen?

CHREMES:
Ja, aus dem Grunde, den ich dir soeben nannte.

MENEDEMUS:
Nun gut.

CHREMES: Doch lege, bitte, erst die Hacken weg,
hör mit der Arbeit auf!

MENEDEMUS: Niemals!

CHREMES: Was soll das heißen?

MENEDEMUS:
Du, unterbrich nicht meine Arbeit!

CHREMES: Doch ich will
sie unterbrechen!

Er entreißt dem Menedemus, der nur schwach noch widerstrebt, die Hacke, ergreift auch den ins Erdreich gesteckten Spaten, wiegt die Geräte dann in den Händen.

MENEDEMUS: Ha! Du tust mir Unrecht an.
CHREMES:
So schwer!
MENEDEMUS: Das habe ich verdient.
CHREMES: Jetzt sprich, freiweg!
MENEDEMUS *nach anfänglichem Schwanken, noch unsicher und stockend*:
Ich habe einen Sohn, ach, einen einzigen.
Doch wie? Ich habe? Nein, ich hatte, lieber Chremes.
Ob ich ihn jetzt noch habe, weiß ich nicht.
CHREMES *teilnahmsvoll*: Wie das?
MENEDEMUS:
Hör zu! Hier in Athen lebt eine Fremde aus
Korinth, betagt schon, ziemlich arm. In deren Tochter
verliebte sich mein Sohn bis über beide Ohren,
hielt sie beinahe schon wie seine Frau. Dies alles
blieb lange mir verborgen. Als ich endlich Kenntnis
davon bekam, verfuhr ich grob, nicht menschlich, nicht
gefühlvoll, wie ein liebeskranker Junge es
verdient, nein roh, beschritt den Weg, der allzuoft
von Vätern eingeschlagen wird, erhob fast täglich
Vorwürfe gegen ihn: „He, bildest du dir ein,
du dürftest länger noch, zu Lebzeiten des Vaters,
mit einer Freundin es so treiben fast, als wäre
sie deine Frau? Dann irrst du, Clinia, und kennst
mich nicht! Ich will als meinen Sohn dich anerkennen,
solange du entsprechend handelst – andernfalls
schon Mittel finden, angemessen gegen dich
mich durchzusetzen. Überlange Freizeit nur
treibt solche Blüten. Ich in deinem Alter gab
mich nicht mit Liebe ab, nein, zog, arm wie ich war,
nach Asien, erwarb als Söldner dort Vermögen
und Ruhm zugleich!" So kam es denn zum Schluß so weit:
Der Junge gab dem steten Nörgeln nach, er wähnte,
daß ich, nach Alter und Erfahrung, klüger sei
als er und besser für ihn sorge, als er selbst
es könnte. Fort nach Asien zog er, mein Chremes,
um dort als Söldner für den König Dienst zu tun!

CHREMES:
Tatsächlich?

MENEDEMUS: Ja, er reiste heimlich ab, schon vor drei Monaten.

CHREMES: Schuld tragt ihr beide. Freilich zeugt sein Unterfangen von Respekt vor dir wie auch von Mut.

MENEDEMUS: Sobald mir Eingeweihte seine Tat
berichtet hatten, ging ich heim, tieftraurig und
vor Gram verwirrt und ratlos, sank auf einen Stuhl.
Die Sklaven sprangen, zogen mir die Schuhe aus;
vor meinen Augen machten andre mir das Bett
zurecht, auch deckten sie den Tisch. Ein jeder war
voll Eifer tätig, mir mein Elend zu erleichtern.
Der Anblick zwang mich nachzudenken: Soviel Leute
sind hier auf Trab gebracht, um meinetwillen nur,
allein um meine Wünsche zu erfüllen? Soviel
Bediente müssen sich um meine Kleidung mühen?
Ich ganz allein, ich habe solchen Aufwand nötig?
Und meinen Jungen, meinen einzigen, der ganz
genauso davon zehren sollte, nein, noch stärker –
denn seine Jugend ist für solche Freuden eher
empfänglich –, ihn, den Armen, jagte ich davon,
zu Unrecht! Ich verdiente jede Art von Unheil,
wenn ich so weiterlebte. Nein! Solange er
durch meine Schuld im Ausland karg sein Leben fristet,
will ich um seinetwillen selber mich bestrafen,
will schuften, knausern, raffen, alles ihm zuliebe!
So handle ich seitdem. Im Hause ließ ich nichts
zurück, nicht einen Topf noch Fetzen. Alles packte
ich zum Verkauf zusammen, schlug die Sklavinnen
und Sklaven los, nur jene nicht, die sich ihr Brot
durch Arbeit auf dem Acker voll verdienen konnten.
Mein Haus auch habe gleich ich feilgeboten, habe
fünfzehn Talente etwa dafür eingenommen
und kaufte dieses Landstück. Hier arbeite ich
mich tüchtig aus, entschloß mich, was ich meinem Sohn
zu Unrecht antat, durch mein eignes Elend streng

zu sühnen und auf jede Freude zu verzichten,
bis er zurückkehrt, wohlbehalten, voll befähigt,
mit mir gemeinsam zu genießen.

CHREMES: Du bist wohl
ein milder Vater, er, sofern er taktvoll und
gerecht behandelt wird, ein guter Sohn. Du kanntest
ihn viel zu wenig – was für ihn dir gegenüber
genauso gilt! Wo das geschieht, da kann man nicht
vernünftig leben. Niemals hast du ihm gezeigt,
was er dir wert war, und er wagte dir nicht das
Vertrauen zu gewähren, das dem Vater zusteht.
Sonst hätte schwerlich dieser Schlag dich treffen können.

MENEDEMUS:
Recht hast du, ja. Ich habe völlig falsch gehandelt.

CHREMES:
Ich bin voll Hoffnung für die Zukunft, Menedemus,
und sicher, daß er bald gesund zu dir zurückkehrt!

MENEDEMUS:
Vergönnten das die Götter!

CHREMES: Sie vergönnen es.
Doch bist du einverstanden – heute feiert man
Dionysos! –, sei, bitte, jetzt mein Gast!

MENEDEMUS: Unmöglich!

CHREMES:
Wieso? Du solltest dich doch endlich etwas schonen.
Dein Sohn, wenn ferne auch, wünscht ganz bestimmt dasselbe.

MENEDEMUS:
Es wäre Unrecht, erst den Sohn ins Elend jagen
und dann mich feige drücken.

CHREMES: Bleibst du fest dabei?

MENEDEMUS: Jawohl!

CHREMES: Dann alles Gute!

MENEDEMUS: Dir desgleichen!

Er packt seine Geräte zusammen und tritt in sein Haus.

CHREMES: Tränen
entlockt er mir, er tut mir leid. Doch es wird spät,
Zeit, meinen Nachbar Phania zu mahnen, daß
er mich besucht zum Essen. Ist er noch zu Hause?

Er geht zu Phanias Haus und klopft an. Ein kurzer Wortwechsel wird hörbar. Dann kehrt Chremes zurück.

Ich brauchte ihn nicht zu erinnern, er soll längst
bei mir schon sein. Ich lasse meine Gäste warten.
Nur schnell hinein!

Wendet sich seinem Hause zu.

Ha, meine Türe knarrt! Wer kommt
denn da heraus? Ich möchte schnell beiseite treten.

Stellt sich hinter die geöffnete Tür.

CLITIPHO *erscheint auf der Schwelle, spricht in das Haus zurück*: Du brauchst doch gar nichts zu fürchten, mein Clinia! Verspätet sind sie noch längst nicht. Ich bin überzeugt, daß Bacchis gleich eintreffen wird, mit dem Boten. Mach Schluß mit der grundlosen Aufregung, die dich nur peinigt!

CHREMES *für sich*: Mit wem unterhält sich mein Junge?

CLITIPHO *erblickt seinen Vater; für sich*: Mein Vater! Genau, was ich wünsche! Nur zu! *Spricht ihn an.* Vater, im richtigen Augenblick kommst du!

CHREMES: Was gibt es?

CLITIPHO: Du kennst Menedemus doch, unseren Nachbarn?

CHREMES: Recht gut!

CLITIPHO: Er hat einen Sohn – das ist dir bekannt?

CHREMES: Jawohl, er soll sich in Asien aufhalten.

CLITIPHO: Stimmt nicht. Er hält sich bei uns auf.

CHREMES: Bei uns?

CLITIPHO: Er ist vor kurzem erst wiedergekommen. Ich traf ihn im Hafen, als er von Bord ging, und brachte sofort zum Essen ihn mit. Wir waren ja beide von Kindheit an aufs engste befreundet.

CHREMES: Ganz herrliche Nachrichten bringst du! Ich hätte soeben mit stärkerem Nachdruck doch Menedemus einladen sollen zu uns, um ihm als erster und ganz überraschend die freudige Botschaft in meinem Hause zu bringen! Aber auch jetzt noch ist Zeit dazu. *Will zum Hause des Menedemus gehen.*

CLITIPHO: Tue es nicht, ich bitte dich, Vater! Es geht nicht.

CHREMES: Weswegen?

CLITIPHO: Weil Clinia immer noch unschlüssig ist, was er tun soll. Eben erst kam er zurück, schwebt jetzt in Ängsten, einmal vorm

Zorne des Vaters, zum anderen, weil er nicht weiß, was heute sein Mädchen für ihn noch empfindet. Abgöttisch liebt er sie ja; um ihretwillen erhob sich der Streit, verließ er die Heimat.

CHREMES: Gut, ich verstehe. *Bleibt.*

CLITIPHO: Jetzt schickte er einen Burschen zu ihr in die Stadt, ich unseren Syrus mit ihm.

CHREMES: Was meint er denn selbst?

CLITIPHO: Er selbst? Er beklagt sein leidiges Los.

CHREMES: Sein leidiges Los? Das wird ihm doch kaum jemand abnehmen! Blieb ihm doch alles erhalten, was unter den Menschen als Segen gepriesen wird, Vater und blühende Heimat, auch Freunde, gehobener Stand und Verwandte und Geld! Freilich, all dies ist so viel nur wert wie seines Besitzers Charakter: Wer es genießt, dem wird es zum Segen, doch dem, der es nicht zu genießen versteht, nur ein Fluch.

CLITIPHO: Ach, sein Alter ist immer unleidlich gewesen, und nichts befürchte ich mehr jetzt, als daß er vor rasender Wut auf den Sohn aus der Haut fährt.

CHREMES: Der? Vor Wut aus der Haut – *Für sich:* Doch ich will mich beherrschen: daß Clinia Angst hat, ist nützlich für Menedemus.

CLITIPHO: Was murmelst du da vor dich hin?

CHREMES: Ich will es dir sagen: Nach Lage der Dinge hätte doch Clinia hierbleiben sollen. Vielleicht war sein Vater ein wenig zu streng im Urteil über sein Liebesverhältnis. Clinia hätte es ruhig hinnehmen sollen; wen sollte ertragen er, wenn nicht den eigenen Vater? Sollte der Sohn sich der Lebensführung des Vaters anpassen oder der Vater jener des Sohnes? Und daß der Vater dem Sohne Vorwürfe macht, ist niemals ein Zeichen von Härte. Die „Härten" der Väter sind in der Regel von einem Schlage – sofern überhaupt ein Mensch zu ertragen ist. Die Väter wünschen kein häufiges Rumhuren, wünschen kein häufiges Schlemmen, beschneiden das Taschengeld. Diese Beschränkungen dienen doch sämtlich der Formung des guten Charakters! Machte der Junge sich freilich erst einmal zum Sklaven übler Begierden, verfällt er, Clitipho, zwangsläufig auch auf entsprechende Pläne. Ein Zeichen von Klugheit ist es, aus Fehlern anderer Schlüsse zum eigenen Vorteil zu ziehen.

CLITIPHO: Ich bin überzeugt davon.

CHREMES: Jetzt will ich hineingehen, nachschauen, was für ein Essen wir haben. Die Zeit ist vorgerückt schon; deswegen bleibe mir, bitte, zu lange nicht aus! *Tritt in sein Haus.*

CLITIPHO: Wie urteilen Väter doch immer ungerecht über die Jungen! Sie bilden sich ein, wir seien zur Welt gekommen als Greise bereits und stünden sämtlichen Freuden und Wünschen der Jugendzeit fern! Nach ihren heutigen Lüsten setzen sie Maßstäbe, nicht nach denen, die einstmals sie hegten. Sollte ich je einen Sohn bekommen, er sollte an mir einen nachsichtig-gütigen Vater haben! Nicht nur zur Kenntnis nehmen will ich Vergehen, nein, auch sie verzeihen – nicht wie mein Vater, der seine Ansichten mir am Beispiel anderer darlegt. Verdammt noch mal, er braucht nur ein, zwei Becher zu leeren, dann packt er die eigenen Streiche schon aus! Jetzt predigt er: „Zieh aus den Fehlern anderer Schlüsse zum eigenen Vorteil!" Schlau, der Alte! Wahrhaftig, er ahnt nicht, welch tauben Ohren er seine Märchen erzählt! Stärker stacheln mich heute die Worte der Freundin „Gib mir" und „Bring mir"! Gar nichts zum Antworten habe ich. Niemandem geht es schlechter als mir. Mein Clinia hier – *weist auf das Haus des Chremes* – hat wahrlich genug mit Sorgen und Nöten zu kämpfen, besitzt indessen ein trefflich und sittsam erzogenes Mädchen, das sich auf Kniffe von Dirnen gar nicht versteht. Meine ist unbeherrscht, mutwillig, hochfahrend, liebt den Aufwand und spielt die Vornehme. Und was ich ihr gebe, das ist halt „in Ordnung"; einzugestehen, daß mir nichts gehört, ist streng mir verboten. Dies Übel erkannte ich spät erst, noch weiß mein Vater auch gar nichts davon.

CLINIA *tritt aus dem Hause des Chremes*: Hätte ich Glück in der Liebe, so wären sie sicherlich längst schon gekommen. Mein Mädchen, fürchte ich, wurde verführt in der Zeit, da ich fern von ihr weilte. Zahlreiche Gründe verstärken noch meine Besorgnis: Gelegenheit, Umstände, dann auch ihr Alter, die Bosheit der Mutter, die sie überwacht und eines nur hochschätzt: das Geld!

CLITIPHO *erblickt ihn; mit gedämpfter Stimme*: He, Clinia!

CLINIA *fährt vor Schreck zusammen*: Jammer, o Jammer!

Während des folgenden Geschehens beginnt der Abend zu dämmern.

CLITIPHO: Paß auf, daß keiner vom Hause des Vaters herauskommt und etwa dich spitzkriegt!

CLINIA: Ich passe schon auf. Doch sagt mein Gefühl mir, es steht etwas Schlimmes bevor.

CLITIPHO: Immer noch fällst du Entscheidungen, ehe du weißt, was eigentlich los ist.

CLINIA: Wäre nichts Schlimmes geschehen, so müßten sie längst zur Stelle schon sein.

CLITIPHO: Gleich werden sie hier sein.

CLINIA: Und was bedeutet dein „gleich"?

CLITIPHO: Bedenke: Sie wohnt doch ziemlich entfernt! Auch kennst du die Sitten der Weiber: Während sie emsig sich rühren und sich zum Anlauf entschließen, vergeht ein Jahr.

CLINIA: Mein Clitipho, ach, ich schwebe in Ängsten!

CLITIPHO: Aufatmen kannst du: Da kommen schon Dromo und Syrus, zusammen; sie sind dir zur Stelle!

Dromo und Syrus treten auf, im Gespräch miteinander, ohne Clinia und Clitipho zu bemerken.

SYRUS: Meinst du?

DROMO: Tatsache ist es.

SYRUS: Doch während wir leeres Stroh dreschen, blieben die Mädchen zurück.

CLITIPHO *zu Clinia*: Dein Frauchen kommt. Du hast es gehört, mein Clinia?

CLINIA: Ja doch, ich höre und sehe sie endlich, und besser wird mir sogleich, mein Clitipho!

DROMO *zu Syrus*: Kein Wunder, sie schleppen Gepäck in Massen herbei, ziehen auch einen Haufen von Mägden hinter sich her!

CLINIA: Verdammt, woher nur die Mägde?

CLITIPHO: Von wem soll ich das denn wissen?

SYRUS: Sie brauchten gar nicht zurückzubleiben. Doch packten zuviel sie sich auf!

CLINIA: Ich Ärmster!

SYRUS: Goldenen Schmuck und Gewänder! Es dunkelt bereits, sie kennen den Weg nicht. Das haben wir gründlich versiebt. Los, Dromo, zurück, geh ihnen entgegen! Mach hin, was trödelst du? *Dromo ab.*

CLINIA *sieht die Frauen von ferne näherkommen*: Wehe mir Armem: Welche Hoffnung und welche Enttäuschung!

CLITIPHO: Was soll dein Gejammer? Was regt dich so auf?

CLINIA: Da kannst du noch fragen? Bist du denn blind? Bediente und goldenen Schmuck und Gewänder – sie, das Mädchen, das ich zurückließ mit einer einzigen schäbigen Sklavin! Woher, was meinst du, hat sie das alles?

CLITIPHO: Aha, jetzt kapiere ich endlich!

SYRUS *für sich*: Gütige Götter, was für ein Gewimmel! Das können doch unsere Häuser kaum fassen, bestimmt! Was werden die fressen, was werden die saufen! Kann unseren Alten ein schlimmeres Unglück noch treffen? *Bemerkt Clitipho und Clinia.* Aber da sehe ich auch die jungen Herren, nach Wunsch!

CLINIA *für sich*: Oh, Jupiter, wo nur, wo gibt es Beständigkeit noch? Deinetwegen, Antíphila, irrte ich ferne der Heimat umher, ich Dummkopf – inzwischen hast du dich bereichert und ließest in meinem Kummer allein mich; deinetwegen häufte ich Schande auf mich; verweigerte meinem Vater sogar den Gehorsam! Mit Scham nur und Reue gedenke ich seiner: Er schärfte andauernd mir ein, wie sich solcherlei Frauen benehmen. Doch seine Warnung verhallte, er schaffte es nicht, mich von dem Mädchen zu trennen. Trotzdem, jetzt werde ich selber es tun. Ja, damals hätte ich Dank mir verdient durch die Trennung, aber ich weigerte mich! Jetzt bin ich der ärmste Mensch auf Erden.

SYRUS *für sich*: Der Herr hat offensichtlich unsere Worte völlig verkehrt verstanden! *Zu Clinia:* Du machst dir, Clinia, ein falsches Bild von deiner Geliebten! Sie hat in ihrem Lebensstil und in ihren Gefühlen für dich stets die Treue sich selber gehalten, soweit wir das aus den Tatsachen selbst zu schließen vermochten.

CLINIA: Was heißt das, ich bitte dich? Wünschte ich doch auf dieser Welt nichts sehnlicher mir, als daß mein böser Verdacht sich als falsch entpuppte!

SYRUS: Die ganze Geschichte sollst du erfahren. Deswegen nimm vor allem zur Kenntnis:

Die alte Frau, die damals noch als ihre Mutter
bezeichnet wurde, war mit ihr gar nicht verwandt.
Sie starb inzwischen. Das vernahm ich zufällig

aus deines Mädchens eignem Munde, unterwegs,
als sie es der Begleiterin erzählte.

CLITIPHO *aufgeregt*: Der
Begleiterin? Wer ist das?

SYRUS: Halt! Laß, bitte, mich
beenden erst, womit ich anfing, Clitipho!
Auf deine Frage komme später ich zurück.

CLITIPHO:
Dann schnell!

SYRUS: Der Reihe nach: Wir kamen zu dem Haus,
und Dromo klopfte. Eine ältre Frau erschien
sogleich darauf. Sie hatte kaum geöffnet, als
schon Dromo sich ins Innre drängte, ich ihm nach.
Die Frau schob gleich den Riegel vor, dann fuhr sie fort
im Wollespinnen. Hier allein, mein Clinia,
ließ sich, wo wir Antiphila jäh überraschten,
erkennen, wie sie, während du im Ausland weiltest,
in angespannter Tätigkeit ihr Leben führte.
Denn diese Arbeit gab uns ja die Möglichkeit
zum Einblick in den Ablauf ihres Alltags – der
am besten eines Menschen Wesen uns enthüllt!
Bei unsrem Eintritt war das Mädchen voller Eifer
am Webstuhl tätig, schlicht gekleidet, wie zur Trauer –
wohl um den Tod der vorerwähnten greisen Frau –,
und ohne goldnen Schmuck, zurechtgemacht allein
für sich, von Tünche frei, mit der sich Frauen gern
verschönern; ihre Haare wallten frei herab
in reicher Fülle. Schluß!

CLINIA: Mein lieber Syrus, bitte,
du darfst mich nicht mit einer falschen Freude narren!

SYRUS:
Die ältre Frau spann Wolle. Außerdem war da
noch eine junge Sklavin; sie half mit beim Weben,
trug ein geflicktes Fähnchen, schmucklos, ziemlich schmuddlig.

CLITIPHO:
Wenn, Clinia, das stimmt – wie ich es gerne glaube –,
dann bist du doch der Allerglücklichste! Weißt du,
was das bedeutet: „Junge Sklavin, schmucklos, schmuddlig"?

Die Unschuld der Gebieterin ist klar bewiesen,
wird ihr Gesinde derart dürftig nur versorgt.
Denn Männer pflegen, um den Weg zur Herrin sich
zu bahnen, deren Dienerinnen zu bestechen!

CLINIA *zu Syrus*:
Sprich weiter, bitte, aber lüge nicht, um Dank
von mir zu ernten! Als du meinen Namen nanntest,
was hat sie da gesagt?

SYRUS: Kaum hatten wir gemeldet,
du seist zurückgekehrt und bätest sie zu kommen,
da ließ sie ihr Gewebe sinken und begann
zu weinen, Tränen überströmten ihr Gesicht.
Kein Zweifel: Das geschah aus Sehnsucht nur nach dir!

CLINIA:
Vor Freude weiß ich, wirklich, nicht, wo ich jetzt bin:
So quält mich Furcht!

CLITIPHO: Doch ich weiß überhaupt noch nicht,
was los ist, Clinia! He, Syrus, sag mir endlich,
wer ist die andre Frau?

SYRUS: Wir bringen deine Bacchis!

CLITIPHO *in heller Erregung*: Wie? Was? Die Bacchis? Du Schurke, wo willst du sie hinbringen?

SYRUS: Ich? Wohin? Zu uns ganz natürlich!

CLITIPHO: Zu meinem Vater?

SYRUS: Jawohl!

CLITIPHO: Du Lump du, wie schamlos, wie frech!

SYRUS: Nichts Großes und nichts, was erwähnenswert bleibt, läßt ohne ein Risiko je sich erreichen!

CLITIPHO: Stell dir die Frage, du Lump: Setzt du mein Leben aufs Spiel, um derart dir Lob zu gewinnen? Ein kleiner Ausrutscher nur braucht dir dabei zu passieren, und ich bin erledigt! *Zu Clinia:* Was sollte man anfangen mit dem Kerl?

SYRUS: Aber tatsächlich –

CLITIPHO: Was heißt hier „tatsächlich“ –

SYRUS: Läßt du mich aussprechen, werde ich reden.

CLINIA *begütigend zu Clitipho*: Lasse ihn doch!

CLITIPHO: Ich lasse ihn schon.

SYRUS: Die Sache, um die es jetzt geht, die ist – sozusagen –

CLITIPHO *ungeduldig*: Verflucht, was schwafelt er wieder drumrum!

CLINIA: Syrus, dein Herr hat recht. Laß das Geschwafel und komme zur Sache!

SYRUS: Ich kann es doch gar nicht verschweigen: Vielerlei bitteres Unrecht tust du mir an, Clitipho, kaum zu ertragen!

CLINIA *zu Clitipho*: Beim Herkules, anhören müssen wir ihn, sei still!

SYRUS: Lieben willst du, das Mädchen besitzen, Geld für sie haben. Aber das Wagnis, das stets dem Erfolge vorausgeht, das scheust du – gar nicht so dumm, sofern es „nicht dumm" ist, zu wünschen, was niemals eintreten kann. Erfolg und Wagnis gehören zusammen, das mußt du in Kauf nehmen – oder auf beides verzichten! Entscheide dich nun, wie du möchtest! Allerdings weiß ich: Mein Plan ist richtig und sicher. Aufhalten kann sich deine Geliebte mit dir im Haus deines Vaters, ohne daß etwas zu fürchten wäre. Weiter: Das Geld, das du ihr versprachst, das werde auf gleichem Wege ich aufbringen. Darum doch batest du mich, hast mir in den Ohren gelegen, bis beide vollständig taub waren. Was willst du noch mehr?

CLITIPHO *unsicher*: Wenn es wirklich Erfolg mir brächte –

SYRUS: „Wenn?" – versuch es, dann wirst du es wissen!

CLITIPHO: Dann los doch, erkläre mir, was du im Sinn hast!

SYRUS *mit gedämpfter Stimme*: Wir wollen so tun, als ob d e i n e Geliebte – *weist auf Clinia* – die s e i n e ist.

CLITIPHO *ungläubig, spöttisch*: Herrlich! Und was fängt Clinia an mit der seinen? Soll etwa die s e i n e sie zusätzlich heißen, als ob ihm die eine nicht Schande genug bringt?

SYRUS: Nicht doch! Zu deiner Mutter soll sie geführt werden.

CLITIPHO: Zu meiner Mutter? Warum das?

SYRUS: Es wäre zu weitläufig jetzt, Clitipho, dir zu erzählen, warum. Es hat schon seine Bewandtnis damit.

CLITIPHO: Unsinn! Ich sehe gar keinen hinreichenden Grund, durch ein derart gefährliches Spiel noch „Vorteil" zu ernten! *Will abgehen.*

SYRUS *tritt ihm in den Weg*: Halt! Wenn dir dies zu gefährlich erscheint, so habe ich noch einen anderen Plan, den ihr beide bestimmt als gefahrlos anerkennt.

CLITIPHO: Bitte, ja, denke dir etwas Derartiges aus!

SYRUS:

Jawohl, ich werde ihr entgegengehen und
sie bitten, heimzukehren.

CLITIPHO: Wie, das ist dein Plan?

SYRUS:

Von aller Furcht befreie ich dich bald, so daß
du ruhig schlafen kannst auf deinen beiden Ohren!

CLITIPHO *zu Clinia*:

Was soll ich tun?

CLINIA: Du? Wo was Gutes ...

CLITIPHO: Sprich doch, Syrus!

SYRUS:

Ach, laß! Heut ist es spät, man richtet doch nichts aus!

CLINIA:

... geboten wird, greif zu, solange du es kannst!
Man weiß nicht, ...

CLITIPHO: Syrus, he, dich meinte ich!

SYRUS *zu Clitipho*: Mach weiter!

Für sich:

Ich folge trotzdem meinem ursprünglichen Plan.

Er wendet sich mit gleichgültiger Miene zum Gehen.

CLINIA:

... ob später noch einmal Gelegenheit sich bietet.

CLITIPHO:

Das stimmt, beim Herkules! He, Syrus, ja doch, Syrus!

SYRUS *für sich*:

Jetzt fing er Feuer! *Bleibt stehen; laut:* Ja, was willst du?

CLITIPHO: Komm zurück!

SYRUS *folgt der Aufforderung*:

Hier! Was ist los? Du wirst auch diesen Plan verwerfen.

CLITIPHO:

Nein, Syrus! Ich vertraue mich und meine Liebe
und meinen guten Ruf dir an. Urteile selbst –
gib Obacht nur, daß man dich nicht belangen kann!

SYRUS:

Mich hier zu warnen, Clitipho, ist lächerlich.
Nicht weniger für dich als mich steht auf dem Spiel.

Geht bei der Sache uns durch Zufall etwas schief,
erwartet dich nur eine Predigt – mich die Peitsche!
Deshalb muß ich besondre Vorsicht walten lassen.
Jetzt aber bitte deinen Freund um die Bereitschaft,
dein Mädchen als das seine auszugeben.

CLINIA: Freilich,
ich bin bereit. Der Plan erfordert meine Hilfe.

CLITIPHO:
Zu Dank bin ich dir tief verpflichtet, Clinia!

CLINIA:
Daß dabei nur das Mädchen nicht ins Stolpern kommt!

SYRUS:
Sie ist gehörig eingefuchst.

CLITIPHO: Erstaunlich nur,
daß du so leicht sie dazu überreden konntest;
sie trägt doch sonst Verachtung oft und Spott zur Schau.

SYRUS:
Ich habe sie zu einem Zeitpunkt angetroffen,
der äußerst günstig war: Gerade bettelte
ein Offizier um ihre Gunst für eine Nacht.
Sie spielte meisterhaft mit ihm, entflammte ihn
durch ihre Weigerung nur um so mehr, erwies
jedoch zugleich dir höchste Schmeichelei. Indes
paß auf, fall nicht durch einen Patzer bös herein!
Du weißt doch, wie gewitzt und scharf in derlei Dingen
dein Vater ist, und ich weiß nur zu gut, daß du
die Selbstbeherrschung oft verlierst! Zweideutig reden –
den Kopf zur Seite drehen – seufzen, räuspern, husten,
gar kichern: nichts davon!

CLITIPHO: Du sollst mich loben!

SYRUS: Bitte,
sei vorsichtig!

CLITIPHO: Du wirst dich selber wundern noch!

SYRUS *blickt über die Straße zurück*:
Die Frauen haben uns gleich eingeholt.

CLITIPHO *erregt*: Wo sind sie?
Zu Syrus, der ihn warnend anfaßt:
Warum hältst du mich fest?

SYRUS *flüstert*: Sie ist nicht mehr dein Liebchen!

CLITIPHO:
Ja doch, ich weiß, vor Vaters Augen. Aber hier noch nicht.

SYRUS *zischt*: Das spielt doch keine Rolle! *Packt ihn fester.*

CLITIPHO: Laß zu ihr mich gehen!

SYRUS *hält ihn*: Nein!

CLITIPHO: Nur einen Augenblick, ich bitte!

SYRUS:
Nein, sage ich!

CLITIPHO: Ein Küßchen nur, zum Gruß!

SYRUS: Verschwinde, wenn du noch bei Verstand bist!

CLITIPHO *entschließt sich widerwillig*: Ja doch! *Weist auf Clinia.* Aber er?

SYRUS:
Er bleibt.

CLITIPHO: Der Glückliche!

SYRUS: Nun hau doch endlich ab!

Clitipho geht zögernd ab in das Haus seines Vaters. Inzwischen ist die Abenddämmerung tiefer geworden. Bacchis, Antiphila, letztere in Sklavinnentracht, und mehrere Dienerinnen mit Gepäck treten auf, ohne Syrus und Clinia zu bemerken.

BACCHIS: Beim Pollux, liebe Antíphila, loben kann ich dich, glücklich auch preisen für dein Bemühen, deinen Charakter deinem gewinnenden Äußeren anzupassen. Ich wundere mich, wahrhaftig, durchaus nicht, daß jeder Mann dich zur Gattin begehrt; meine Gespräche mit dir enthüllten mir völlig dein Wesen. Wenn ich darüber nachdenke heute, wie du dein Leben gestaltest und wie sich die Frauen deines Schlages abgrenzen von der großen Masse der Weiber, dann brauche ich gar nicht zu staunen über den Unterschied zwischen uns beiden. Zustatten kommen euch Güte und Redlichkeit. Die Männer, mit denen wir umgehen müssen, verwehren uns das: Nur aufgrund unsrer äußeren Schönheit huldigen Liebhaber uns. Sobald unsre Reize verwelkt sind, richten sie ihre Wünsche auf andre. Haben bis dahin wir kein Vermögen erworben, so müssen elend vereinsamt wir leben. Haben sich Frauen wie du erst einmal entschlossen, mit einem Gatten zusammenzubleiben, so schließen sie einem Manne sich an, dessen Charakter dem ihren am ehesten ähnelt. Bei derart vortrefflichem wechselseitigem Einfluß entwickelt sich zwischen euch beiden eine so feste Bindung, daß niemals ein Unheil die Zuneigung auslöschen kann.

ANTIPHILA: Ich weiß nicht Bescheid über andere. Ich freilich habe mich immer bemüht, mein eigenes Glück zu bemessen nach seinem.

CLINIA *für sich*: Wirklich, du liebe Antiphila, du ganz allein ermutigst mich jetzt zur Rückkehr ins Vaterland. Denn solange ich fern von dir weilte, konnte mit Leichtigkeit jegliche Mühsal ich tragen außer der Trennung von dir!

SYRUS *leise zu ihm*: Das glaube ich.

CLINIA: Syrus, kaum kann ich es aushalten. Ein bitteres Elend für mich, meine Liebe nicht offen auskosten zu dürfen!

SYRUS *leise zu ihm*: Das stimmt, und wie deinen Vater ich kenne, wird er dir lange noch manchen Kummer bereiten.

BACCHIS *erblickt Clinia; zu Antiphila*: Wer ist denn der Junge dort, der uns so anstarrt?

ANTIPHILA *folgt ihren Blicken; eine Ohnmacht droht sie zu befallen*: Ach, halte mich fest, um Himmels willen!

BACCHIS: Was fehlt dir? Ich bitte dich –

ANTIPHILA: Schwindlig wird mir, ich stürze, ich Arme!

BACCHIS: Was raubt dir die Sinne?

CLINIA *tritt auf Antiphila zu*:
Antíphila!

ANTIPHILA: Tatsächlich, Clinia?

BACCHIS: Wen siehst du?

CLINIA *umarmt Antiphila*:
Mein Glück, willkommen!

ANTIPHILA: Du, mein Clinia!

CLINIA: Wie geht
es dir?

ANTIPHILA: Ich bin so glücklich, daß du wohlbehalten
nach Hause kamst!

CLINIA: So halte ich dich wirklich fest,
Antíphila, dich, heiß ersehnt?
SYRUS *ungeduldig*: Hinein mit euch!
Der alte Herr erwartet euch schon längst im Haus.
Alle ab in das Haus des Chremes. Die Nacht bricht herein.
Pause.

Morgengrauen des nächsten Tages.

CHREMES *tritt aus seinem Hause*:
Es wird schon hell. Ich möchte an des Nachbarn Tür
gleich klopfen, ihm als erster seines Sohnes Rückkehr
zu melden. Freilich will der Sohn nichts davon wissen.
Doch habe ich vor Augen, wie der arme Vater
sich grausam über seines Jungen Fortgang härmt,
dann muß ich ihm die unverhoffte Freude gönnen,
wo doch dem Sohne daraus keinerlei Gefahr
erwächst. Ich wage es. Ich muß, soweit ich kann,
dem Vater helfen. Sehe ich doch, wie mein Sohn
jetzt seinem Freund und Alterskameraden treu
zur Seite steht und ihm in seinen Nöten hilft –
so sollten auch wir Alten gegenseitig uns
Gefälligkeit erweisen.
MENEDEMUS *tritt aus seinem Hause, ohne Chremes zu bemerken*:
Ganz bestimmt bin ich
von der Natur schon auserkoren, schweres Leid
zu tragen, oder jene Weisheit stimmt nicht, die
man allgemein vernimmt: die Zeit befreie uns,
die Sterblichen, von Kummer! M e i n Schmerz um den Sohn
wächst jedenfalls von Tag zu Tag, und mit der Länge
der Zeit, die er mir fehlt, quält meine Sehnsucht mich
nur immer stärker.
CHREMES: Da kommt er heraus! Ich will
gleich mit ihm sprechen.
Tritt auf ihn zu. Guten Morgen, Menedemus!
Ich bringe dir die Neuigkeit, auf die du schon
mit größter Spannung lange wartest.
MENEDEMUS: Ha, mein Chremes,
hast du von meinem Sohn etwas gehört?

CHREMES: Er lebt,
es geht ihm gut!
MENEDEMUS: Beim Himmel, wo?
CHREMES: Bei mir im Haus.
MENEDEMUS:
Mein Sohn?
CHREMES: Jawohl!
MENEDEMUS: Ist da?
CHREMES: Bestimmt.
MENEDEMUS: Mein Clinia
ist hier?
CHREMES: Ja!
MENEDEMUS: Los doch, bitte, lasse mich zu ihm!
CHREMES:
Er möchte nicht, daß du erfährst von seiner Heimkehr,
und weicht dem Wiedersehen aus. Sein falscher Schritt
läßt ihn befürchten, daß sich deine frühere
Hartherzigkeit noch steigert.
MENEDEMUS: Hast du ihm denn nicht
gesagt, wie heute ich darüber denke?
CHREMES: Nein.
MENEDEMUS:
Weshalb nur, Chremes?
CHREMES: Weil es wohl für dich wie ihn
das schlechteste Verfahren wäre, wenn du dich
jetzt derart mild und gleichsam unterwürfig zeigtest.
MENEDEMUS:
Ich kann nicht anders, habe allzu lange schon
als Vater Strenge walten lassen, allzu lange!
CHREMES:
Mein Lieber, zwischen zwei Extremen pendelst du,
zeigst zu verschwenderisch dich hier, zu sparsam dort,
verfällst demselben Irrtum, damals so wie heut.
Statt deinem Sohne damals seinen Umgang mit
dem Mädchen zu gestatten, das mit wenigem
zufrieden und für alles dankbar war, vertriebst
du ihn ins Ausland. Darauf mußte schweren Herzens
das Mädchen seinen Unterhalt, wie üblich, selbst

verdienen. Heute, wo sie nur noch mit Verlust
zu haben ist, willst du ihm jeden Wunsch erfüllen.
Denn laß dir sagen: In der Zwischenzeit hat sie
es meisterhaft gelernt, die Männer auszunehmen,
hat schon, fürs erste, Mägde mitgebracht, ein Dutzend!,
die Kleidungsstücke schleppen, Goldschmuck auch. Sogar
wenn ihr Geliebter als Satrap im Reichtum schwelgte,
er könnte schwerlich ihre Ansprüche erfüllen –
geschweige du!

MENEDEMUS: Ist sie in deinem Haus?

CHREMES: Du fragst noch?
Ich lernte sie schon kennen. Ihr und ihrem Troß
gab ich ein Abendbrot. Ein zweites Essen, und
ich wäre pleite! Um von anderem zu schweigen:
Was spuckte sie an Wein schon aus beim Kosten! „Der
ist herbe, Vater", rief sie, „bring mir, bitte, einen,
der milder ist!" Ich mußte alle Krüge öffnen
und alle Fässer. Jeden setzte sie in Trab,
und das war nur e i n Abend! Was geschieht, meinst du,
mit dir, wenn sie von deinem Vorrat dauernd zehrt?
Es tut mir wirklich, Menedemus, leid um dein
Vermögen!

MENEDEMUS: Soll er tun doch, was ihm Spaß bereitet:
soll nehmen und verbrauchen und verschwenden. Ich
entschloß mich, es zu dulden, wenn ich meinen Jungen
nur bei mir habe!

CHREMES: Willst du unbedingt so handeln,
so scheint es mir sehr wichtig, daß er gar nicht merkt,
wie du bewußt ihn unterstützt.

MENEDEMUS: Wie soll ich das
erreichen?

CHREMES: Dadurch, daß du, wie auch immer, umdenkst:
Gib Unterstützung ihm durch einen Mittelsmann,
laß dir durch seinen Sklaven listig Geld entlocken!
Ich merkte freilich, daß sie schon derlei betreiben,
es heimlich unter sich besprechen. Syrus und
dein Sklave flüstern miteinander, weihen dann
in ihre Pläne unsre Jungen ein. Und lieber

verlier auf diesem Wege ein paar Tausender
als auf dem erstgenannten ein paar Dutzend! Es
geht jetzt nicht mehr um Geld, nein, um die Art und Weise,
mit der man unter kleinstem Risiko dem Jungen
die Mittel zuspielt! Wenn er deinen Sinneswandel
erst einmal klar erkannte, nämlich, daß du eher
dein Leben, dein Vermögen opferst als den Sohn,
ha, wie hast du dann der Verschwendung Tür und Tor
geöffnet, dir dein Leben künftighin verbittert!
Freizügigkeit verdirbt uns nämlich allesamt:
Was jeden grade als Gelüsten ankommt, will
er haben, fragt nicht, ob zu Unrecht oder Recht!
Du kannst Verlust des Geldes wie des Sohnes kaum
zugleich ertragen, stellst die Zahlung folglich ein –
sofort wird er die Zuflucht zu dem Mittel nehmen,
das, wie er spürt, ihm über dich die stärkste Macht
verleiht: Er wird dir gleich mit seinem Fortgang drohen!

MENEDEMUS:
Da schätzt du, glaube ich, die Lage richtig ein.

CHREMES:
Ich tat, beim Herkules, heut nacht kein Auge zu
beim Grübeln, wie ich deinen Sohn dir wiedergebe.

MENEDEMUS:
Gib deine Hand mir: Folge, bitte, deinem Plan,
mein Freund!

CHREMES: Ich bin bereit.

MENEDEMUS: Ob du vielleicht für mich
noch etwas andres tun magst?

CHREMES: Sprich es ruhig aus!

MENEDEMUS:
Weil du schon ihren Plan entdecktest, mich zu täuschen,
beschleunige ihr Handeln! Dringend wünsche ich
doch meinem Sohn zu geben, was er will, und dringend,
ihn auch zu sehen!

CHREMES: Ja, ich will mein Bestes tun.
Nur eine Kleinigkeit noch hält zurück mich: Simus
und Crito, meine Nachbarn, haben einen Grenzstreit
und wählten mich zum Schiedsmann. Ihnen will ich nur

noch sagen, daß ich den Termin für heute nicht
wahrnehmen kann. Ich bin gleich wieder hier.

MENEDEMUS: Ja, bitte!

Chremes ab.

Getreue Götter, wie ist doch der Mensch beschaffen:
Er kann in fremder Sache besser sehen und
entscheiden als in eigener! Warum? Weil uns
in unsrer Angelegenheit ein Übermaß
an Freude oder Kummer hemmt? Er läßt zur Stunde
für mein Problem bedeutend mehr an Einsicht walten
als ich!

CHREMES *kehrt zurück*:

Das ist geschafft, ich bin jetzt frei für dich.
Ich muß mir Syrus schnappen und ihm Weisung geben.

Eine Tür knarrt.

Ha, jemand kommt bei mir heraus! Geh, Menedemus,
zu dir: Man soll nicht merken, daß wir miteinander
verhandeln!

Menedemus ab in sein Haus.

SYRUS *tritt aus dem Hause des Chremes, ohne diesen zu bemerken; für sich*:

Wo du rollst auch, Geld, ich muß dich finden.
Ich will dem Alten eine Falle stellen.

CHREMES *für sich*: Ich
durchschaute, was die Burschen wollen! Offensichtlich
ist Clinias Bedienter geistig träge. Deshalb
will diesen Auftrag ich dem meinen überlassen.

SYRUS:

Wer redet da?

Erblickt Chremes und erschrickt.

Verdammt! Verstand der Herr mich etwa?

CHREMES:

He, Syrus!

SYRUS: Herr?

CHREMES: Wie geht es dir?

SYRUS: Recht gut. Doch sehe
ich mit Erstaunen dich so früh schon auf den Beinen,
wo du doch gestern soviel transkst!

CHREMES: Nicht allzu viel.

SYRUS:
„Nicht" sagst du? Dann behauptet man mit Recht, es sei
der Adler ewig jung!

CHREMES: Na, na!

SYRUS: Ein nettes Frauchen
ist die Hetäre doch, gewinnend auch.

CHREMES: Genau,
beim Herkules, und stattlich, kann man sagen, ja.

SYRUS:
So stattlich nicht wie Mädchen früher, aber doch
beachtlich schon für heute. Ist es da ein Wunder,
daß Clinia sich heiß in sie verliebte! Doch
sein Vater ist ein Ausbund von Gewinnsucht und
von Geiz, der Nachbar dort. Du kennst ihn? Schwelgt im Reichtum,
sein Sohn jedoch lief weg, so knapp ward er gehalten.
Kennst du den Hergang?

CHREMES: Ja, natürlich. Dieser Bursche
verdient die Mühle.

SYRUS: Wer?

CHREMES: Der Sklave Clinias, ...

SYRUS *für sich*:
Gib acht, das wird gefährlich, Syrus!

CHREMES: ... der das zuläßt!

SYRUS: Was konnte er denn tun?

CHREMES: Nun, Geld ausfindig machen,
Intrigen spinnen, derart Mittel für den Jungen
beschaffen, die er seiner Freundin schenken könnte,
aufpassen auf den alten griesgrämigen Geizhals,
wie stur sich der auch anstellt!

SYRUS: Das meinst du nicht ernst.

CHREMES:
Das ließe von dem Sklaven sich erwarten, Syrus.

SYRUS:
Wie, Sklaven lobst du, die den Herrn betrügen?

CHREMES: Ja,
wenn es geschieht zum rechten Zeitpunkt!

SYRUS: Ganz vernünftig.

CHREMES:
Es beugt oft großem Kummer vor: Zum Beispiel wäre
in unsrem Fall der Sohn, der einzige, zu Haus
geblieben, bei dem Vater.

SYRUS *für sich*: Meint er das im Scherz?
Im Ernst? Er muntert mich geradezu noch auf,
mein Spielchen fortzusetzen.

CHREMES: Und worauf will jetzt
der Vater warten noch? Darauf, daß ihn der Sohn
zum zweiten Mal verläßt, bloß weil der Vater nicht
den Aufwand für das Mädchen tragen kann? Da sollte
der Diener doch dem alten Herren listig auf
die Sprünge helfen!

SYRUS: Der ist schwer doch von Begriff.

CHREMES:
Du müßtest aber helfen um des Jungen willen!

SYRUS:
Das kann ich unschwer tun – wenn du Befehl erteilst!
Denn wie man allgemein dergleichen ausführt, darauf
verstehe ich mich schon.

CHREMES: Beim Herkules, nur um
so besser.

SYRUS: Freilich, lügen ist nicht meine Art.

CHREMES: Dann los!

SYRUS: Bedenke aber, bitte, auch den Fall,
daß etwa, wie es menschlich ist, dein eigner Sohn
entsprechend einmal handeln könnte!

CHREMES: Wie ich hoffe,
wird dafür keinerlei Gelegenheit sich bieten.

SYRUS:
Das hoffe ich, beim Herkules, genauso und
erkläre auch, daß ich an ihm dergleichen nicht
bemerkte. Tritt es aber ein, hab keine Sorge:
Du hast sein Alter doch vor Augen. Notfalls kann
ich ganz bestimmt dich, Chremes, großartig bedienen!

CHREMES:
Darüber werden wir, sobald es sich ergibt,

das Nötige bedenken. Jetzt erfüll die Pflicht
des Augenblicks! *Tritt in sein Haus.*

SYRUS: Ich hörte meinen Herrn noch nie
so vorteilhaft in meinem Sinne sprechen, nie
bekam ich so bequem sogleich Gelegenheit,
ihm straflos einen Streich zu spielen. Aber da
– *weicht etwas zurück* –
tritt jemand aus der Türe unsres Hauses – wer?

CHREMES *kommt empört aus dem Hause zurück und stößt Clitipho vor sich her*: Was soll das, ich bitte dich – was für abscheuliche Sitten, Clitipho – darf man sich derart benehmen?

CLITIPHO *spielt den Harmlosen*: Was habe ich denn verbrochen?

CHREMES: Ich sah es mit eigenen Augen: Du fuhrst mit der Hand dem Mädchen zwischen die Brüste!

SYRUS *für sich*: Verpatzt die Sache, verdamm mich!

CLITIPHO: Ich?

CHREMES: Ja, mit eigenen Augen sah ich es, brauchst nicht zu leugnen! Schamlos kränkst du den Freund, wenn du deine Hände nicht stillhältst! Das ist doch tatsächlich ein Gipfel der Schande: gastlich empfangen den Freund – dann aber seine Geliebte befingern! Gestern bereits beim Zechen benahmst du dich taktlos …

SYRUS *für sich*: Stimmt!

CHREMES: … in höchstem Grade und aufdringlich! Furcht überfiel mich sogar, bei den Göttern, worauf das hinauslaufen könnte! Liebhaber kenne ich wohl: Sie vermerken voller Empörung, was du als geringfügig einschätzt!

CLITIPHO: Vater, er ist überzeugt doch davon, daß ich niemals dergleichen verübe!

CHREMES: Mag sein, doch entferne dich wenigstens etwas aus ihrem Gesichtskreis! Liebe verleitet zu zahlreichen Torheiten. Solcherlei Possen verwehrt dir deine Besonnenheit. Aus meinen eignen Erfahrungen schließe ich das: Vor keinem meiner Freunde wagte ich heute, Clitipho, meine Geheimnisse voll zu enthüllen! Bei dem einen hemmt mich mein Ehrgefühl; bei dem anderen schäme ich dessen mich, was ich getan, will nicht den Eindruck der Torheit, der Dreistigkeit wecken. Glaub mir, für deinen Freund gilt das genauso! Aber wir sollten Verständnis aufbringen, sollten bei jedem uns richten nach Zeit und Ort!

SYRUS *nähert sich den beiden; leise zu Clitipho*: Was erzählt er denn bloß!

CLITIPHO: Verdammt!

SYRUS *laut*: Clitipho, legte ich dies dir ans Herz? Hast du die Pflichten eines Mannes erfüllt, der Verstand und Selbstbeherrschung bewährt?

CLITIPHO: Ich bitte dich, schweige!

SYRUS *ironisch*: Ganz recht, allerdings!

CHREMES: Ich schäme mich seiner, Syrus!

SYRUS: Das glaube ich wohl, und völlig zu Recht. Es ist mir selber auch peinlich.

CLITIPHO *leise zu Syrus*: Du machst mich fertig, beim Herkules!

SYRUS: Ich sage ganz offen, was ich für wahr erachte.

CLITIPHO *zu Chremes*: Soll ich mich ihnen denn gar nicht nähern?

CHREMES: Ich bitte dich: Gibt es nur einen Weg, sich ihnen zu nähern?

SYRUS *für sich*: Verspielt! Der verrät sich, bevor ich das Geld noch besorgte! *Zu Chremes:* Herr, möchtest du hören auf mich, so dumm, wie ich bin?

CHREMES: Was soll ich tun?

SYRUS: Schicke doch, bitte, Clitipho weg!

CLITIPHO: Wohin soll ich gehen?

SYRUS: Wohin du Lust hast. Räum ihnen den Platz! Geh fort, spazieren!

CLITIPHO: Spazieren? Wohin?

SYRUS: Als ob es an Orten uns fehlte! Hauptsache: Gehe – dahin, dorthin, nach Laune!

CHREMES: Syrus hat recht: Verschwinde!

CLITIPHO *leise*: Sollen die Götter zermalmen dich, Syrus, weil du mich abschiebst!

SYRUS *leise*: Du aber, beim Pollux, halte in Zukunft besser die Hände im Zaum! *Laut:* Na, willst du nicht endlich verschwinden? *Clitipho ab, nachdem er Syrus durch Gebärden bedroht hat; Syrus zu Chremes:* Was, Herr, wird er nach deiner Meinung weiter noch tun, wenn du ihn nicht, soweit es die Götter ermöglichen dir, streng überwachst und bestrafst und ermahnst?

CHREMES: Ich werde darum mich schon kümmern.

SYRUS: Ja, Herr, du darfst ihn jetzt nicht aus den Augen verlieren.

CHREMES: Ich werde schon achtgeben.

SYRUS: Richtig, ein Zeichen von Einsicht! Mir freilich gehorcht er immer weniger schon.

CHREMES: Doch weiter jetzt: Unternahmst du, mein Syrus, schon etwas in jenem Punkt, den ich vorhin mit dir berührte? Fandest du etwas nach deinem Geschmack? Oder nicht?

SYRUS: Du meinst den „Betrug“? *Chremes nickt.* Nun ja: Ich bin vor kurzem auf einen verfallen.

CHREMES: Du bist doch ein tüchtiger Bursche! Sag doch: Was ist es?

SYRUS: Ich werde es sagen, doch so, wie sich eins aus dem andern ergibt.

CHREMES: Was also, mein Syrus?

SYRUS: Diese Hetäre hier ist doch ein übel durchtriebnes Geschöpf.

CHREMES: Es hat den Anschein.

SYRUS: Oh, wenn du erst wüßtest! Schau nur, wie schändlich sie handelte: Lebte doch hier eine alte Frau aus Korinth. Unsre Hetäre lieh ihr tausend silberne Drachmen.

CHREMES: Und dann?

SYRUS: Die Alte verstarb und ließ eine Tochter zurück, ein blutjunges Mädchen. Unsre Hetäre bekam sie als Unterpfand für das geliehene Geld.

CHREMES: Ich verstehe.

SYRUS: Sie brachte das Mädchen mit sich hierher; es weilt jetzt bei deiner Frau.

CHREMES: Und nun?

SYRUS: Sie forderte Clinia auf, ihr die tausend zu zahlen; dann werde sie ihm das Mädchen geben.

CHREMES: Verlangt, tatsächlich?

SYRUS: Bezweifelst du es? Ich glaube es.

CHREMES: Was nun gedenkst du zu tun?

SYRUS: Ich? Menedemus werde ich aufsuchen, werde ihm sagen, das Mädchen sei aus Karien verschleppt, sei wohlhabend, höheren Standes; wenn er sie kaufe, sei guter Gewinn zu erwarten.

CHREMES: Da irrst du.

SYRUS: Wieso?

CHREMES: Ich kann dir für Menedemus gleich antworten: „Niemals kaufe ich sie." Nun, bitte, was tust du darauf?

SYRUS: Du redest mir aus dem Herzen.

CHREMES: Warum?

SYRUS: Er hat es nicht nötig.

CHREMES *verwirrt*: Nicht nötig?

SYRUS: Beim Herkules: Nein!

CHREMES: Inwiefern? Das begreife ich nicht.

SYRUS: Gleich wirst du es wissen. Doch halt, da öffnen bei uns sich knarrend die Türen! Warum?

Sostrata und die Amme treten auf, ohne Chremes und Syrus zu sehen.

SOSTRATA: Sollte ich mich nicht irren, so ist das tatsächlich der Ring, ganz wie ich vermute, mit dem meine Tochter einst ausgesetzt wurde.

CHREMES *leise*: Was will sie, Syrus, nur sagen damit?

SOSTRATA: Nun, was denkst du? Hältst du ihn auch für denselben?

AMME: Ich meinerseits sagte doch gleich, sobald du ihn mir vor die Augen hieltest: „Das ist er, jawohl!"

SOSTRATA: Hinreichend hast du ihn doch überprüft, liebe Amme?

AMME: Völlig hinreichend.

SOSTRATA: Dann gehe sofort ins Haus, und hat das Mädchen gebadet, so melde es mir! *Amme ab.* Ich werde auf meinen Mann inzwischen hier warten.

SYRUS *leise zu Chremes*: Sie möchte dich sprechen. Schau zu, was sie auf dem Herzen hat! Irgendwie niedergeschlagen ist sie. Das hat bestimmt seinen Grund, wie ich fürchte.

CHREMES: Fürchtest du? Ha, beim Herkules, sie macht doch sicherlich wieder ein Riesengetöse um nichts! *Tritt auf seine Frau zu.*

SOSTRATA *gespannt und sorgenvoll, doch nicht ohne Ironie*: Oh, mein Gatte!

CHREMES *ebenso*: Oh, meine Gattin!

SOSTRATA: Ich möchte dich sprechen.

CHREMES: Dann sprich dich nur aus!

SOSTRATA: Zum Anfang will ich dich herzlich bitten: Glaub nicht, ich hätte gewagt, mich gegen deine ausdrückliche Weisung zu stellen!

CHREMES: Das soll ich glauben, obwohl es unglaubhaft ist? Nun gut, ich glaube es!

SYRUS *für sich*: Ihre Entschuldigung läßt ein Vergehen vermuten.

SOSTRATA: Erinnerst du dich? Ich war schwanger, und du erklärtest mit Nachdruck, du wolltest das Kind, wenn ein Mädchen es würde, nicht aufziehen?

CHREMES *grimmig*: Ja – doch ich weiß, was du tatest: Du ließest es aufziehen!

SYRUS *für sich*: Jawohl, so ist es geschehen: für mich der Gewinn einer neuen Herrin, jedoch ein Verlust für den Herrn.

SOSTRATA: Nein. Doch lebte hier eine betagte Frau aus Korinth, eine ehrenwerte Person. Ihr gab ich das Kind, sie sollte es aussetzen.

CHREMES *ausfallend*: Jupiter, soviel Dummheit in einem Schädel!

SOSTRATA: Verloren bin ich! Was habe ich nur getan!

CHREMES: Du fragst noch?

SOSTRATA: Handelte ich, mein Chremes, verkehrt, so tat ich es ohne mein Wissen!

CHREMES: Eben das weiß ich genau, auch wenn du es leugnest: Ohne Verstand und ohne Wissen redest und handelst du ständig. Zahllose Fehler enthüllst du bei diesem einen Versagen! Wenn du, um damit den Anfang zu machen, wirklich meine Weisung ausführen wolltest, dann hättest das Kind du beseitigen müssen, nicht mit Worten so tun, als sei es gestorben, ihm aber tatsächlich die Aussicht eröffnen, zu überleben. Aber den Punkt will ich nicht weiter erörtern, die Einwände „Mitleid“ und „Muttergefühle“ lasse ich gelten. Doch überlege, wie trefflich du Vorsorge trafst für das, was du wolltest: Du überließest die Tochter jenem alten Weibe völlig, zu freier Verfügung, mochte sie auch, dank deinem Verhalten, als Hure sich durchschlagen müssen oder als Sklavin verkauft werden. Deine Erwägung, glaube ich, lief nur auf eines hinaus: „Keinerlei Schicksal ist zu erbärmlich, Hauptsache nur, daß sie lebt!“ Wie kann man mit denen gemein sich machen, die weder Recht noch Tugend noch Billigkeit kennen? Ob besser, ob schlechter, ob hilfreich, ob schädlich, sie haben nichts andres im Auge als ihre Launen!

SOSTRATA: Mein Chremes, ich handelte falsch, ich sehe es ein und gestehe, ich habe versagt. Jetzt bitte ich aber dich herzlich: Je gewichtiger dein Verstand ist als der meine, um so gütiger lasse Verzeihung walten; möge mein Unverstand einen Schutzschild finden in deiner Gerechtigkeit!

CHREMES: Natürlich will ich dein Handeln verzeihen. Doch meine Gefälligkeit, Sostrata, lehrt dich nichts Gutes, in mancherlei Hinsicht! Jetzt aber berichte, welcher Beweggrund zu diesem Handeln dich trieb – was immer er sein mag!

SOSTRATA: Töricht und äußerst abergläubisch sind doch wir Frauen. So zog ich denn, als ich das Kind der alten Frau zum Aussetzen brachte, mir meinen Ring vom Finger und gab ihr die Weisung, ihn mit dem Mädchen zusammen auszusetzen. Auch für den Fall, daß sie stürbe, sollte sie nicht den Anteil an unserem Gute entbehren!

CHREMES: Daran tatest du recht: Du hast dein Gewissen beruhigt und sorgtest zugleich für die Tochter.

SOSTRATA: Hier ist er, der Ring.

CHREMES: Wie kamst du zu ihm?

SOSTRATA: Bacchis brachte das Mädchen mit, ...

SYRUS: Hm, was berichtet sie da?

SOSTRATA: ... und während die Kleine zum Baden ging, gab sie den Ring mir in Obhut. Zuerst gab ich weiter nicht acht, sobald ich ihn aber näher mir ansah, erkannte ich ihn und eilte heraus zu dir.

CHREMES: Hast du noch weitre Vermutungen oder Beweise, die jenes Mädchen betreffen?

SOSTRATA: Nein, doch du kannst sie selber ja fragen, woher sie den Ring hat. So läßt es vielleicht sich ermitteln.

SYRUS *für sich*: Verdamm mich, mehr Hoffnung sehe ich, als mir lieb ist: Verhält es sich so, gehört sie tatsächlich zu uns!

CHREMES: Lebt noch die Alte, der damals du sie übergabst?

SOSTRATA: Das kann ich nicht sagen.

CHREMES: Was hat sie dir damals gemeldet?

SOSTRATA: Ausgeführt hätte sie meinen Befehl.

CHREMES: Nenn mir den Namen der Frau, damit wir sie ausfindig machen!

SOSTRATA: Philtera.

SYRUS *für sich*: Wahrlich, sie ist es! Ein Wunder, wenn nicht das Mädchen gerettet ist, doch ich vor die Hunde gehe!

CHREMES: Komm, Sostrata, mit mir ins Haus!

SOSTRATA: So wendet sich wider Erwarten alles zum Guten: Mich quälte die schreckliche Furcht, du könntest dich heute ebenso hartherzig zeigen wie damals, Chremes, als du das Kindlein nicht aufziehen wolltest!

CHREMES: Oftmals darf der Mensch seinem Wunsche nicht nachgeben, wenn es die Umstände hindern. In meiner heutigen Lage wünsche ich sehnlich mir eine Tochter; damals durchaus nicht. *Geht mit Sostrata in sein Haus.*

SYRUS: Narrt mich kein Irrtum, so steht mir ein Mißgeschick dicht schon bevor. Wirklich: „Auf engstem Raum zusammengedrängt sind meine Truppen" – es sei denn, ich kann vor dem Alten vertuschen, daß sein Sohn in dieses Mädchen verliebt ist. Meine Erwartung, das Geld zu beschaffen oder durch List heraus es zu locken, ist hin. Es wäre für mich ein Triumph schon, könnte ich mich „mit gedeckter Flanke zurückziehen". Es ärgert mich sehr, solch leckeren Bissen urplötzlich meinem Schlunde entrissen zu sehen. Was soll ich jetzt anfangen? Was noch planen? Ich muß mit allem von vorne beginnen. Jegliche schwierige Aufgabe läßt sich durch beharrliches Denken und Nachforschen meistern. *Sinnt nach.* Sollte ich derart es anpacken jetzt? Das geht nicht. Oder auch so? Das fruchtet ebensowenig. Oder auf diesem Wege? Unmöglich. Ganz anders – ha, bestens! Jetzt habe ich einen vortrefflichen Plan! Beim Herkules, wiederergattern werde ich die schon entschwundene Summe, trotz allem!

CLINIA *tritt auf, ohne Syrus zu bemerken*: Gar nichts Schlimmes mehr kann mir heute passieren, das mir die Stimmung verdürbe: Eine so innige Freude beseelt mich! In dieser Stunde gebe ich mich dem Vater zurück: Solider bin ich, als er es verlangt!

SYRUS *für sich*: Ich täuschte mich nicht im geringsten; anerkannt wurde das Mädchen, soweit ich sein Reden verstehe. *Tritt auf Clinia zu.* Es freut mich, Herr, daß alles zu deiner Zufriedenheit ausging.

CLINIA: Mein Syrus, du hörtest davon, um Himmels willen?

SYRUS: Sicher, ich war ja immer zugegen!

CLINIA: Hörtest du jemals, daß irgendein anderer solchen Glücksfall erlebte?

SYRUS: Ich hörte dergleichen von keinem.

CLINIA: Wahrlich, jetzt freue ich weniger mich des eigenen Glücks als des ihren; jegliche Achtung verdient sie, ich bin überzeugt.

SYRUS: Das glaube ich auch. Doch jetzt, mein Clinia, hilf mir auch deinerseits, bitte! Wir müssen uns anstrengen jetzt, auch deines Freundes Ansprüche hilfreich zu sichern; darf doch der Alte keinen Verdacht auf das Mädchen werfen.

CLINIA *hört in seiner freudigen Erregung gar nicht zu*: O Jupiter!

SYRUS: Still doch!

CLINIA: Ich werde Antíphila heiraten!

SYRUS: Rede nicht immer dazwischen!

CLINIA: Was soll ich nur tun? Ganz glücklich bin ich, mein Syrus! Freu dich mit mir!

SYRUS: Das tue ich doch, beim Herkules!

CLINIA: Wir werden leben wie Götter!

SYRUS: Vergeblich, so scheint es, bemühe ich mich!

CLINIA *kommt zur Besinnung*: Sprich nur, ich höre schon zu!

SYRUS: Du bist ja noch nicht bei der Sache!

CLINIA: Ich bin es.

SYRUS: Also, ich sagte, mein Clinia, anstrengen sollten wir uns, auch deines Freundes Ansprüche sichern zu helfen. Verläßt du uns jetzt und Bacchis bleibt hier, dann erfährt doch der Alte sofort, daß sie die Geliebte Clitiphos ist. Sofern du sie mitnimmst, bleibt das Geheimnis gewahrt.

CLINIA: Ja, schon, mein Syrus – doch das widerspricht durchaus meinen Heiratsplänen! Mit welcher Stirne soll ich den Vater begrüßen? Weißt du vielleicht, was ich sagen könnte?

SYRUS: Natürlich!

CLINIA: Was denn? Welchen Grund soll ich angeben?

SYRUS: Keinesfalls sollst du lügen: Erzähle ihm offen die ganze Geschichte!

CLINIA: Wie bitte?

SYRUS: Jawohl, das rate ich dir: Sage ihm, daß du Antíphila liebst und zur Gattin begehrst, daß Bacchis jedoch die Geliebte Clitiphos ist.

CLINIA *empört*: Eine vorzügliche, sachlich begründete Weisung, die du mir erteilst, und leicht zu befolgen dazu! Dann soll ich, natürlich, auch meinen Vater noch inständig bitten, er möge das Ganze vor eurem Alten verhehlen!

SYRUS: Nein, ohne Umschweife ihm die ganze Geschichte von Anfang bis Ende berichten.

CLINIA: Verblödet bist du oder besoffen! Damit reißt du doch Clitipho völlig herein! Wie kann er denn dadurch „Ansprüche sichern", das sage mir, bitte!

SYRUS: Diesem meinen Ratschlag erkenne ich wirklich den Siegespreis zu, stolz kann ich seiner mich rühmen. Meiner List verleiht er solche Gewalt und solches Gewicht, daß ich, indem ich die Wahrheit erzähle, beide Väter hinter das Licht führe: Erzählt dein Alter dem meinen, daß Bacchis die Geliebte Clitiphos ist, so wird er es dennoch nicht glauben.

CLINIA: Ja, schon – doch machst du mir damit jegliche Hoffnung auf Heirat zunichte. Solange er nämlich Bacchis als meine Geliebte betrachtet, wird er mir seine Tochter nicht anvertrauen. Mein Schicksal gilt dir für nichts, sofern du nur Clitipho hilfst!

SYRUS: Glaubst du, verdammt, denn tatsächlich, ich wollte den Schwindel in Ewigkeit aufrechterhalten? Einen einzigen Tag nur benötige ich, ihm das Geld aus der Tasche zu locken, dann herrscht Frieden, jawohl – das ist alles!

CLINIA: Reicht dir ein einziger Tag? Und was geschieht, ich bitte dich, kommt uns der Vater hinter die Schliche?

SYRUS: Ich suche nicht Zuflucht bei denen, die fragen: „Was geschieht, wenn der Himmel jetzt einstürzt?"!

CLINIA: Ich fürchte vor solchem Betrug mich.

SYRUS: Du fürchtest dich? Aber du hast es doch selbst in der Hand, durch Eröffnen der Wahrheit dich frei zu erklären, wann immer du Lust hast!

CLINIA: Na, auf denn, laß Bacchis herauskommen!

SYRUS: Bestens, sie kommt von allein schon!

Bacchis und Phrygia treten auf, ohne Clinia und Syrus zu sehen.

BACCHIS: Ziemlich dreist, beim Pollux, lockte mich Syrus durch seine Versprechungen her, erbot sich, mir tausend Silberdrachmen zu geben! Stellt sich heraus jetzt, daß er mich täuschte, dann wird er mit seinem dauernden Betteln, ich solle doch kommen, vergeblich sich mühen. Andernfalls: Sagte ich zu auch und gab den Termin an und richtete er die Botschaft gehörig ihm aus und wartete Clitipho, fiebernd vor Hoffnung, so will ich doch meinerseits täuschen und ausbleiben, und Syrus soll mit dem Rücken mir büßen!

CLINIA *leise zu Syrus*: Das ist ja ganz allerliebst, was sie dir da in Aussicht stellt!

SYRUS *ebenso zu Clinia*: Du glaubst wohl, sie scherzt? So handelt sie wirklich, wenn ich nicht achtgebe!

BACCHIS *erblickt die beiden; leise zu Phrygia*: Sie pennen. Beim Pollux, ich will sie auf Trab bringen. *Laut:* Hörtest du, liebe Phrygia, welches Haus uns der Mann als das des Charinus bezeichnete?

PHRYGIA: Ja.

BACCHIS: War es nicht, rechter Hand, hinter diesem das nächste?

PHRYGIA: Genau!

BACCHIS: Los, laufe geschwind dorthin! Bei ihm begeht der Soldat die Diónysosfeier.

SYRUS *für sich*: Was hat sie im Sinn?

BACCHIS: Erzähle ihm, daß ich ganz unfreiwillig noch hier bin und streng überwacht werde, aber den Leuten hier irgendwie doch ein Schnippchen schlagen und dann zu ihm hinkommen will!

SYRUS *für sich*: Verdammt, beim Herkules! *Laut:* Bacchis, he, bleibe doch, halt! Sag, bitte, wohin schickst du die Frau? Lasse sie hierbleiben!

BACCHIS *laut zu Phrygia*: So geh schon!

SYRUS: Aber die Summe liegt doch bereit!

BACCHIS *winkt Phrygia zurück*: Dann allerdings bleibe ich.

SYRUS: Du wirst sie sogleich bekommen.

BACCHIS: Bitte, nach deinem Belieben! Du brauchst nicht zu glauben, ich drängte darauf!

SYRUS: Freilich, du müßtest so gut sein ...

BACCHIS: Wie?

SYRUS: ... und hier herüberkommen, zum Hause des Menedemus, und deine Bedienten mitbringen!

BACCHIS: Was führst du im Schilde, du Lump?

SYRUS: Im Schilde? Ich präge die Münzen, um dir sie zu geben!

BACCHIS: Bildest du etwa dir ein, ich ließe von dir mich verhöhnen?

SYRUS: Nicht doch, dein Umzug ist wohl begründet.

BACCHIS: Habe ich denn überhaupt mit dir noch zu tun?
SYRUS: Gar nicht. Ich zahle die Summe dir nur, die dir zusteht.
BACCHIS: Dann wollen wir gehen.
SYRUS *zu Bacchis*: Hier lang! *Geht voraus zum Hause des Menedemus.* He, Dromo!
DROMO *kommt*: Wer ruft mich?
SYRUS: Ich, Syrus.
DROMO: Was gibt es?
SYRUS: Führe die Mägde der Bacchis zu eurem Hause hinüber, sofort!
DROMO: Weswegen denn?
SYRUS: Frage nicht! Laß sie ihr ganzes Gepäck mitbringen! Hoffen wird unser Alter, durch ihren Aufbruch würden ihm weitere Kosten erspart. Er ahnt ja noch gar nicht das Ausmaß des Schadens, den dieser geringe Gewinn ihm verursacht! Wenn du gescheit bist, Dromo, dann wirst du nicht wissen, was du schon weißt!
DROMO: Bestätigen wirst du: Ich bleibe stumm! *Zieht hinter Clinia und Bacchis mit dem Gefolge der Hetäre ab in das Haus des Menedemus.*

CHREMES *tritt auf, ohne Syrus zu bemerken*:
Jetzt tut mir Menedemus, ehrlich, leid, wo solch
ein Unglück über ihn hereinbricht: Dieses Weib
ernähren und den Anhang noch dazu! Ich weiß
jedoch: Er wird für ein paar Tage das nicht spüren,
so innig hat er sich nach seinem Sohn gesehnt.
Sobald er freilich sieht, daß dieser Aufwand Tag
für Tag an seinem Hause nagt und ohne Ende,
wird er bald wünschen, daß sein Sohn ihn wiederum
verläßt. *Erblickt Syrus.* Ach, Syrus, grade recht!
SYRUS *für sich*: Ich rede ihn
gleich an.
CHREMES: He, Syrus!
SYRUS: Hm.
CHREMES: Was ist denn los?
SYRUS: Ich selber,
Herr, wünschte dich schon längst zu sprechen.
CHREMES: Du hast wohl
mit unsrem alten Nachbarn dort bereits verhandelt?

SYRUS:
In der bewußten Sache? Ja, verhandelt und erledigt auch.

CHREMES: Wie, ehrlich?

SYRUS: Ja, beim Herkules!

CHREMES:
Ich kann nicht anders, muß den Kopf dir streicheln, Syrus!
Komm her: Dafür will ich dir etwas Gutes tun, von Herzen!

SYRUS: Wüßtest du, wie mich der Geistesblitz erhellte!

CHREMES: Ha, du rühmst dich, daß es ganz nach Wunsch verlief?

SYRUS: Nein, Herr, ich sage nur die Wahrheit.

CHREMES: Los, berichte!

SYRUS: Clinia erzählte seinem Vater,
es sei die Bacchis die Geliebte deines Sohns;
er hätte sie nur mitgebracht, damit du es nicht merktest.

CHREMES: Gut!

SYRUS: Sag: Ehrlich?

CHREMES: Ja, sehr gut!

SYRUS: Oh, wenn du wüßtest! Höre gleich, was zu dem Trick noch fehlt:
Er, Clinia, er sagt, er hätte deine Tochter
erblickt, und ihre Schönheit hätte ihn sogleich
bezaubert, er begehre sie zur Frau.

CHREMES: Das Mädchen, in dem man meine Tochter grad erkannte?

SYRUS: Ja.
Er will den Vater bitten, um des Mädchens Hand
bei dir zu werben.

CHREMES: Weshalb das, mein Syrus? Ich begreife den Zusammenhang noch nicht.

SYRUS: Ach je, schwer von Begriff!

CHREMES: Vielleicht.

SYRUS: Der Vater soll ihm doch
das Geld zur Hochzeit schaffen, Goldschmuck und Bekleidung
dafür zu – na?
CHREMES: Zu kaufen?
SYRUS: Eben das.
CHREMES: Nein, ich
will weder Geld ihm geben noch die Tochter ihm
verloben.
SYRUS: Nicht? Warum?
CHREMES: Warum? Du fragst noch? Einem –
SYRUS:
Nun, wie du möchtest! Nicht für ewig solltest du
nach meinem Rat die Tochter ihm versprechen, nein,
du solltest es zum Schein nur.
CHREMES: Heucheln liegt mir nicht.
Rühr deine Suppe ein, doch rühr mich nicht dazu!
Ich soll mein Kind mit einem Mann verloben, dem
ich sie doch gar nicht geben will?
SYRUS: Ich glaubte das.
CHREMES:
Niemals!
SYRUS: Es wäre gut gegangen. Auch nahm ich
die Sache nur in Angriff, weil du mir erst kürzlich
mit solchem Nachdruck zugeredet hast.
CHREMES: Jawohl,
das glaube ich.
SYRUS: Im übrigen, Herr, teile ich
dein Urteil über Recht und Gut.
CHREMES: Indessen gib
gefälligst dir die größte Mühe, unser Ziel
noch zu erreichen, nur auf einem andren Wege!
SYRUS:
Jawohl, wir wollen einen suchen. Freilich, das
besagte Geld, das deine Tochter Bacchis schuldet,
ist jetzt zu zahlen. Winkelzüge wirst du ganz
bestimmt vermeiden, etwa: „Was hat das mit mir
zu tun? Ward mir das Geld geborgt? Gab ich den Anstoß?
Hat jene Frau mein Kind entgegen meinem Willen

zum Pfande geben dürfen?" Wahr bleibt, Herr, das Wort:
„Das höchste Recht ist oft die höchste Schurkerei."

CHREMES:
Ich werde mich nicht drücken.

SYRUS: Richtig, Herr, was andern
erlaubt ist, gilt doch nicht für dich. Denn alle Welt
schätzt dich als reich und ansehnlich begütert ein.

CHREMES:
So will ich selbst ihr gleich die Summe zahlen.

SYRUS: Laß
doch lieber deinen Sohn das tun!

CHREMES: Warum?

SYRUS: Er gilt
als Liebhaber der Bacchis.

CHREMES: Und was folgt daraus?

SYRUS:
Es wirkt natürlicher, wenn *er* das Geld ihr gibt;
zugleich kann ich auch leichter meinen Plan verfolgen.
Sieht Clitipho kommen.
Da kommt er eben! Geh und hol das Geld!

CHREMES: Nun gut.
Ab in sein Haus.

CLITIPHO *tritt auf; für sich*:
Selbst etwas Leichtes ist sehr schwer nur auszuführen,
wenn man es wider Willen tut. So strengt jetzt mein
Spaziergang gar nicht an – und macht mich trotzdem fertig.
Ich Ärmster fürchte jetzt vor allem, daß man mich
aufs neue abschiebt, mich von Bacchis fernhält!
Erblickt Syrus. Syrus,
zermalmten dich doch alle Göttinnen und Götter
mit deinem Trick und deinem Plan! Stets wieder heckst
du neue Finten aus, die mich zu Tode martern.

SYRUS:
Geh dorthin, wo du hingehörst! Dein loses Mundwerk
hat mich beinahe umgebracht.

CLITIPHO: Beim Herkules,
das wäre gut, du hättest es verdient!

SYRUS: Verdient?
Wie das? Ich höre, wirklich, gern aus deinem Mund
dies Urteil, ehe du das Geld empfingst, das ich
dir eben jetzt verschaffen will!

CLITIPHO: Was soll ich dir
dazu noch sagen? An der Nase hast du mich
herumgeführt, gebracht mir die Geliebte, die
ich nicht einmal berühren darf!

SYRUS: Ich bin jetzt nicht
mehr wütend. Weißt du, wo sich deine Bacchis jetzt
grad aufhält?

CLITIPHO: Na, in unserm Hause.

SYRUS: Nein!

CLITIPHO Wo dann?

SYRUS:
Bei Clinia.

CLITIPHO: Verdammt!

SYRUS: Kopf hoch! Gleich wirst du ihr
das Geld auszahlen, das du ihr versprachst.

CLITIPHO: Du spinnst!
Woher denn bloß?

SYRUS: Von deinem Vater.

CLITIPHO: Willst mich wohl
noch frotzeln, wie?

SYRUS: Der Vorgang wird dich überzeugen.

CLITIPHO *schweigt eine Weile verdutzt; dann in ausbrechender Freude*:
Oh, bin ich glücklich! Herzlich danke ich dir, Syrus!

SYRUS:
Da kommt dein Vater schon. Zeig ja kein Staunen über
den Anlaß seines Kommens! Richte dich nach ihm,
die Stunde heischt es! Tu, was er befiehlt! Sprich selbst
nur wenig!

CHREMES *tritt wieder auf*:
Wo nur bleibt mein Clitipho?

SYRUS *leise zu Clitipho*: Gib Antwort:
„Hier bin ich!“ Los!

CLITIPHO: Hier bin ich, Vater!

CHREMES *zu Syrus*: Was denn hast du
ihm von dem Fall erzählt?

SYRUS: So ziemlich alles, Herr.

CHREMES *reicht seinem Sohne das Geld*:
Hier, nimm das Geld und zahle es ihr aus!

SYRUS *leise zu Clitipho*: Los, geh
schon auf ihn zu! Was stehst du, wie ein Klotz? Los, nimm!

CLITIPHO *greift zu, noch verdattert*:
Ja, gib es her!

SYRUS *zu Clitipho*: Jetzt folg mir, schnell!
Zu Chremes: Hier warte, bitte,
auf unsre Rückkehr, Herr! Wir haben keine Zeit
mehr zu verlieren. *Ab mit Clitipho.*

CHREMES: Meine Tochter kostet mich
jetzt tausend Silberdrachmen schon. Ich werde sie
für ihren Unterhalt verbuchen. Aufwand für
die Kleidung kommt hinzu. Es braucht auch weiterhin
noch zwei Talente Mitgift. Wieviel Unrecht und
Verkehrtheit fordern doch die Sitten! Eignen Vorteil
muß ich hintansetzen und jetzt mir einen suchen,
dem ich mein schwer erworbenes Vermögen schenke!

MENEDEMUS *erscheint auf der Schwelle seines Hauses, spricht rückwärts in das Innere zu seinem Sohne*:
Ich bin der Glücklichste von allen Menschen wohl,
seit ich erfuhr, daß du, mein Junge, wieder zur
Vernunft gekommen bist!

CHREMES *für sich*: Wie er sich irrt!

MENEDEMUS *erblickt ihn*: Mein Chremes,
dich eben suche ich! Hilf, bitte, doch, soweit
du kannst, zu retten meinen Sohn, mich selber und
den ganzen Hausstand noch!

CHREMES: Was kann ich für dich tun?

MENEDEMUS:
Du fandest heute deine Tochter wieder.

CHREMES: Ja,
was folgt daraus?

MENEDEMUS: Mein Clinia wünscht sie zur Frau.

CHREMES:
Ich bitte dich, was bist du nur für einer!
MENEDEMUS: Wie?
CHREMES:
Vergaßest du den Trick schon, über den wir beide
uns einigten, den Umweg, auf dem du ihm Geld
zuspielen wolltest?
MENEDEMUS: Den vergaß ich nicht.
CHREMES: Gerade
um d e n Trick handelt es sich jetzt.
MENEDEMUS: Was meinst du, Chremes?
Das Mädchen, das in meinem Hause weilt, das ist
die Freundin Clitiphos. Das sagen sie.
CHREMES: Und du
hältst alles das für wahr? Sie sagen dir, er wolle
zur Frau sie nehmen – und sie sagen das nur deshalb,
damit du, habe ich sie ihm verlobt, das Geld
zum Kauf von Goldschmuck, Kleidung und noch anderem
Benötigten herausrückst!
MENEDEMUS: Ja, das stimmt, tatsächlich!
Die Freundin soll das Geld bekommen!
CHREMES: Sie, natürlich!
MENEDEMUS *verzweifelt*:
Ich armer Kerl, ich freute mich umsonst! Ich möchte
doch eben lieber alles andere als ihn
verlieren! Was, mein Chremes, richte ich von dir
ihm aus jetzt? Soll er doch nicht merken, daß ich den
Betrug durchschaute, und es mir nicht übelnehmen!
CHREMES:
Nicht übelnehmen? Du erlaubst ihm allzu viel,
mein Menedemus.
MENEDEMUS: Laß! Ich habe es begonnen,
du hilf mir, bitte, weiter bis zum Ziele, Chremes!
CHREMES:
Sag ihm, du hättest mich getroffen und die Heirat
mit mir besprochen.
MENEDEMUS: Ja. Und dann?
CHREMES: Mit allem wäre

ich einverstanden, mit dem Schwiegersohn zufrieden;
und, schließlich, wenn du möchtest, sprich auch von Verlobung.

MENEDEMUS:
Jawohl, das war mein Wunsch.

CHREMES: Er wird dann um so eher
dich bitten, du, nach deinem Wunsch, sogleich ihm geben.

MENEDEMUS:
Das möchte ich so gerne!

CHREMES: Allerdings wirst du,
aus meiner Sicht, dann seiner sehr bald überdrüssig.
Nein, gib ihm, nach dem Stand der Dinge, bist du klug,
behutsam und in kleinen Mengen!

MENEDEMUS: Ganz genau!

CHREMES:
Dann geh hinein! Sieh zu, wieviel er haben will!
Ich bin im Haus, falls du noch etwas von mir wünschst.

MENEDEMUS:
Das wird bestimmt der Fall sein. Denn ich möchte dich
gleich über alles, was ich tue, unterrichten.
Beide ab, jeder in sein Haus.

MENEDEMUS *tritt nach einer Weile wieder aus seinem Hause*: Zweifellos bin ich nicht sonderlich schlau und durchschaue nicht alles sofort. Aber der Mann, der mir hilft, mich ermahnt, mich anleitet, Chremes, der übertrifft mich darin noch: Denn alle Begriffe, die auf mich zutreffen könnten, wie man sie Dummköpfen beilegt, Holzklotz, Stockfisch, Esel, Stumpfbock – die taugen für ihn nicht: Zu groß ist seine Dußligkeit für sie alle!

CHREMES *tritt ebenfalls wieder aus seinem Hause, spricht rückwärts hinein zu seiner Frau*: He, Weib, höre doch endlich mal auf, den Göttern in Ohren zu liegen mit freudigem Dank für die wiedergefundene Tochter! Vielleicht beurteilst die Himmlischen du nach deinem eigenen Grips und bildest dir ein, sie kapierten etwas nur dann, wenn man es ihnen hundertmal vorplärrt. *Wendet sich vom Hause ab.* Aber warum nur trödelt inzwischen mein Sohn so lange mit Syrus?

MENEDEMUS: Wen meinst du mit „trödeln“, mein Chremes?

CHREMES: Ah, Menedemus, bist du es? Hast du dem Clinia mitgeteilt, was ich dir sagte?

MENEDEMUS: Ja, alles.

CHREMES: Was meint er darauf?

MENEDEMUS: In Entzücken verfiel er, wie einer, der wild auf die Hochzeitsnacht ist.

CHREMES: Hahaha!

MENEDEMUS: Was hast du zu lachen?

CHREMES: Ich muß an die listigen Praktiken meines Syrus grad denken.

MENEDEMUS: Tatsächlich?

CHREMES: Er weiß sogar die Gesichter der Menschen zurechtzubiegen, der Spitzbub!

MENEDEMUS: Du meinst, daß mein Sohn sein Entzücken nur heuchelt?

CHREMES: Genau!

MENEDEMUS: Das ging eben auch mir durch den Kopf.

CHREMES: Der Windhund!

MENEDEMUS: Weißt du Genaueres, wirst den Verdacht du bestätigt sehen.

CHREMES: Das meinst du?

MENEDEMUS: Hör ihn doch selbst!

CHREMES: Einen Augenblick noch! Ich möchte erst wissen, was du an Geld daransetzen mußtest. Sobald du dem Sohn von Verlobung erzähltest, hat dir doch Dromo bestimmt gleich dafür die Augen geöffnet, daß die Verlobte Kleidung und Goldschmuck und Sklavinnen braucht – hat, kurz, um Geld dich gebeten.

MENEDEMUS *erstaunt*: Nein.

CHREMES: Wie, nein?

MENEDEMUS: Ich sagte doch: nein.

CHREMES: Auch dein Sohn verlangte kein Geld?

MENEDEMUS: Nicht im geringsten, mein Chremes. Eines nur wünschte er dringend: noch heute die Hochzeit zu feiern!

CHREMES: Da muß ich mich wundern. Und Syrus, mein Sklave, ließ e r denn nicht etwas verlauten?

MENEDEMUS: Kein Wörtchen.

CHREMES: Ich weiß nicht, weswegen er schwieg.

MENEDEMUS: Jetzt wundere i c h mich über d i c h, wo in anderen

Dingen du so vortrefflich dich auskennst. Wußte doch Syrus auch deinen Sprößling derart erstaunlich zurechtzubiegen, daß einen nicht im geringsten Verdacht beschleicht, das Mädchen könne die Freundin Clinias sein.

CHREMES *harmlos*: Was unternimmt er denn?

MENEDEMUS: Gar nicht erst reden will ich vom Küssen und Knutschen. Das rechne ich nicht.

CHREMES: Was soll er denn weiter noch vortäuschen?

MENEDEMUS: Ha!

CHREMES: Was meinst du?

MENEDEMUS: Hör zu! Ich habe ganz hinten im Hause ein abgelegenes Zimmer. Man trug ein Sofa hinein und breitete Decken darüber.

CHREMES: Und dann?

MENEDEMUS: Verschwand, wie ein Blitz, dein Clitipho drin.

CHREMES: Allein?

MENEDEMUS: Allein!

CHREMES: Mir schwant schon Böses!

MENEDEMUS: Und Bacchis – folgte ihm gleich!

CHREMES: Allein?

MENEDEMUS: Allein.

CHREMES: Verdamm mich!

MENEDEMUS: Kaum waren sie drin, da schlossen sie hinter sich zu.

CHREMES: Ha! Sah denn dein Clinia das?

MENEDEMUS: Na, klar! Zusammen mit mir!

CHREMES *begreift; tonlos*:

Mein Junge ist verliebt in Bacchis! Menedemus,
das ist mein Untergang!

MENEDEMUS: Weshalb?

CHREMES: In knapp zehn Tagen
ist mein Vermögen hin.

MENEDEMUS: Wie, quält dich Furcht, weil er
sich für den Freund so anstrengt?

CHREMES: Für den Freund? Nein, für
die Freundin!

MENEDEMUS: Wenn das stimmen sollte!

CHREMES: Zweifelst du?
Meinst du, es könnte jemand so gefällig und

so ein Gemütsmensch sein, daß er der eigenen
Geliebten glatt erlaubt, vor seinen Augen sich –

MENEDEMUS:
Warum denn nicht? Um leichter mich zu überlisten!
Lacht bitter.

CHREMES:
Du lachst zu Recht. Jetzt bin ich selber auf mich böse.
Es gab für mich doch Möglichkeiten, den Betrug
klar zu durchschauen – wäre ich kein blöder Klotz
gewesen! Was nicht sah ich alles! Oh, ich Ärmster!
In ausbrechender Wut:
Doch schwöre ich: Solange ich noch lebe, kommen
sie mir nicht ungestraft davon! Ich will doch gleich –

MENEDEMUS:
Beherrsche dich! Nimm Rücksicht auf dich selber! Warnt
dich nicht mein Beispiel?

CHREMES: Außer mir bin ich vor Wut,
mein Menedemus!

MENEDEMUS: Du schweig still! Ist es nicht fast
so viel wie ein Skandal, wenn anderen du Rat
erteilst, nach außen hin den Weisen spielst, doch dir
nicht selber helfen kannst?

CHREMES *geschlagen*: Was kann ich tun?

MENEDEMUS: All das,
was ich nach deiner Meinung unterließ! Bewirke,
daß er in dir den Vater spürt; daß er sich traut,
dir alles zu enthüllen; seine Bitten dir
und Wünsche vorträgt – kurz, daß er nicht etwa Hilfe
von andrer Seite sucht und dich im Stiche läßt!

CHREMES:
Nein, nie! Abhauen soll er lieber, sonstwohin,
als hier den Vater schändlich an den Bettelstab
noch bringen! Unterstütze nämlich weiterhin
ich seinen Aufwand, werde selber ich sehr bald
zur Hacke greifen müssen!

MENEDEMUS: Bittrer Kummer wird
dich peinigen, wenn du nicht Vorsicht walten läßt.
Jetzt wirst du hart dich zeigen, später aber doch

Verzeihung üben, freilich, ohne Dank dafür
zu ernten.

CHREMES: Wenn du wüßtest, wie der Ärger an
mir frißt!

MENEDEMUS: Nun, wie du willst! Doch wie erklärst du dich
zu meinem Wunsch, daß deine Tochter jetzt die Ehe
mit meinem Jungen schließt? Möglicherweise schwebt
dir eine Heirat vor, die besser dir gefällt.

CHREMES:
Nein, mit dem Schwiegersohn und seinem Anhang bin
ich sehr zufrieden.

MENEDEMUS: Welche Mitgift deinerseits
soll meinem Sohn ich nennen? Wie, du schweigst?

CHREMES: Was, Mitgift?

MENEDEMUS:
Genau!

CHREMES: Ach!

MENEDEMUS: Chremes, mach dir keine Sorge, wenn
sie nicht so groß ausfällt! Uns schert die Mitgift nicht.

CHREMES:
Ich halte zwei Talente für genug nach meiner
Vermögenslage. Willst du freilich mich und mein
Vermögen, meinen Sohn auch, vor dem Untergang
bewahren, mußt du noch erklären, daß ich mein
gesamtes Gut als Mitgift meiner Tochter gab.

MENEDEMUS:
Und was bezweckst du damit?

CHREMES: Tue so, als ob
du dich darüber wunderst, und frag Clitipho,
weshalb ich das wohl täte!

MENEDEMUS: Aber ich weiß selbst
doch nicht, was du damit erreichen willst!

CHREMES: Erreichen?
Ich möchte ihn, der zügellos dem Luxus und
der Ausschweifung sich hingibt, hemmen, durch Erkenntnis
ihn in die Enge treiben.

MENEDEMUS: Was versprichst du dir
davon?

CHREMES: Schweig, bitte, laß den Fall auf meine Art
mich regeln!
MENEDEMUS: Gut! Du willst es wirklich so?
CHREMES: Jawohl!
MENEDEMUS:
Dann sei es!
CHREMES: Und gleich rüste sich dein Sohn, die Gattin
zu holen! *Menedemus ab in sein Haus.*
Auf die einem Sohne sicherlich
recht angemeßne Weise will ich zur Vernunft
ihn bringen: Durch den Einsatz klug bedachter Worte!

Aber den Syrus, den will ich, so wahr ich noch lebe, derart mit Prügeln eindecken, daß er, solange er atmet, auf ewig an mich sich erinnert! Bildet sich ein, er könne mich auslachen, könne mit mir ein ergötzliches Spielchen sich leisten! Er würde, tatsächlich, es niemals gewagt haben, einer Witwe das anzutun, was er mir antat. *Zieht sich etwas zurück.*

Menedemus, Clitipho, Syrus treten auf.

CLITIPHO: Wirklich, um Himmels willen, ich bitte dich, mein Menedemus! Da hat mein Vater in derart kurzer Zeit all seine Neigung für mich verloren? Weswegen? Was habe ich Ärmster verbrochen, das solche Behandlung verdient? Dergleichen tut man doch überall!

MENEDEMUS: Du, den es trifft, du empfindest es zweifellos schwerer und härter. Aber ich selber auch leide kaum weniger schmerzlich, verstehe das Ganze auch nicht, weiß nicht, wie ihm abhelfen – kann nur von Herzen Gutes dir wünschen!

CLITIPHO: Hier stand mein Vater, so sagtest du.

MENEDEMUS: Ja, dort steht er! *Zieht sich in sein Haus zurück.*

CHREMES *tritt den Kommenden entgegen*: Was hast du mir vorzuwerfen, mein Sohn? Alles, was ich unternahm in dem Falle, tat ich aus Vorbedacht, wollte dir helfen und deiner Torheit zuvorkommen. Mußte ich doch mit ansehen, wie du sorglos dahinlebtest, wie du des Augenblicks Freuden als Wichtigstes ansahst und nicht in die Zukunft vorausdachtest. Da faßte ich einen Plan, um dich vor Not zu bewahren und dich zu hindern, meinen Besitz zu verschwenden. D i r steht alles zwar zu; doch wenn mir dein

Leichtsinn verbietet, es dir zu gewähren, so nehme ich Zuflucht zum Nachbarn und gebe es ihm in treue Verwahrung. Bei ihm wirst Schutz vor der eigenen Dummheit immer du finden, mein Clitipho, Nahrung und Kleidung, ein schützendes Obdach dazu.

CLITIPHO: Wehe mir!

CHREMES: Das wäre dann immer noch besser, als daß es Bacchis bekäme, wenn du es ererbtest.

SYRUS *für sich*: Erledigt bin ich! Was stiftete ich für eine Verwirrung, ich Unheilverfolgter, und ahnte es gar nicht!

CLITIPHO: Jetzt möchte ich sterben!

CHREMES: Lerne erst, bitte, was eigentlich „leben" bedeutet! Lerntest du es und mißfällt dir dein Leben trotzdem noch immer, dann setz ihm ein Ende!

SYRUS *zu Chremes*: Herr, darf ich –

CHREMES: Sprich!

SYRUS: Doch ohne Bestrafung fürchten zu müssen?

CHREMES: Los, rede!

SYRUS: Durch welche Verworfenheit, welche Verrücktheit brachte ich schuldhaft – *auf Clitipho weisend* – ihm Schaden?

CHREMES: Ach geh! Misch dich nicht ein! Dich beschuldigt doch niemand, mein Syrus! Brauchst keinen Altar und keinen Verteidiger!

SYRUS: Was hast du im Sinn?

CHREMES: Ich zürne nicht dir und – *zu Clitipho* – nicht dir. Und ihr beide solltet an meinem Handeln auch Anstoß nicht nehmen. *Ab.*

SYRUS: Er geht! Verdammt, ich hätte ihn fragen wollen, ...

CLITIPHO: Was?

SYRUS: ... woher ich mein tägliches Brot noch bekomme: So streng hat er uns verstoßen! Du findest ja noch, wie ich weiß, eine Zuflucht bei deiner Schwester.

CLITIPHO: So weit ist es gekommen, daß mich auch, mein Syrus, der Hunger bedroht!

SYRUS: Solange man leben darf, lebt auch die Hoffnung ...

CLITIPHO: Worauf?

SYRUS: ... auf einen mächtigen Hunger!

CLITIPHO: Du machst dich noch lustig in solcher Bedrängnis, doch bietest mir keinerlei hilfreichen Rat?

SYRUS: Darüber knoble ich grade, vorhin auch bereits, als dein Vater noch redete. Und soweit ich sehen kann – ...

CLITIPHO: Was?

SYRUS: ... – ich habe es gleich – ...

CLITIPHO: Was also?

SYRUS: ... – so könnte es stimmen: Ich glaube, du bist nicht der Sprößling des Chremes!

CLITIPHO: Syrus, was soll das? Du bist wohl verrückt!

SYRUS: Ich werde dir sagen, was mir in den Sinn kommt. Du urteile selbst! Solange du für die Eltern ihr einziger warst und sie keine größere Freude hatten als dich, übten sie Nachsicht dir gegenüber, beschenkten dich; jetzt aber fanden sie ihre leibliche Tochter wieder, mit ihr den Grund auch, dich zu verstoßen!

CLITIPHO *niedergeschlagen*: Das klingt wahrscheinlich.

SYRUS: Oder glaubst du, dein Vater war wegen deines Benehmens derart erbost?

CLITIPHO: Das glaube ich nicht.

SYRUS: Beachte jetzt einen anderen Punkt: Im allgemeinen leisten sämtliche Mütter Beistand den Söhnen, wenn diese einmal über die Stränge schlagen, unterstützen sie auch, wenn die Väter sie allzu hart strafen. Das traf in unserem Falle nicht zu.

CLITIPHO: Du sagst die Wahrheit. Was soll ich jetzt tun, mein Syrus?

SYRUS: Such von den Eltern sogleich zu erfahren, ob unsre Vermutung stimmt, besprich es offen mit ihnen. Und stimmt die Vermutung nicht, so suche die zwei auf der Stelle zu rühren. Andernfalls such zu erfahren, wer deine Eltern sind.

CLITIPHO: Dein Rat ist nützlich. Ich will ihn befolgen. *Ab in das Haus des Chremes.*

SYRUS: Sehr zustatten kommt mir dieser Gedanke. Je mehr er nämlich diesen Verdacht als grundlos erkennt, um so leichter wird er den Vater aufs neue für seine Absicht gewinnen. Vermutlich wird er noch heiraten wollen – und Syrus wird leer ausgehen! Aber was knarrt dort die Türe? Heraus kommt der Alte: Ich will aus dem Staube mich machen. Nach dem, was geschah, wundre ich mich, daß er mich nicht sofort zur Bestrafung wegschleppen ließ. An Menedemus will ich mich wenden, ihn um Fürsprache bitten. Meinem Alten traue ich nicht. *Ab in das Haus des Menedemus.*

Chremes und Sostrata treten auf.

SOSTRATA: Wahrlich, läßt du nicht Vorsicht walten, mein Lieber, wirst du unseren Jungen ins Unglück noch stürzen. Ich kann nicht begreifen, wie du auf solch einen dummen Gedanken verfallen konntest.

CHREMES: Oh, willst du noch immer das Weib spielen? Niemals in meinem ganzen Leben habe ich etwas gewollt, worin ich dich nicht zur Gegnerin hatte, Sostrata. Aber sofern ich dich fragte, welche Fehler ich machte oder weshalb du mir widersprächest, dann wüßtest du nicht, worin du zur Stunde so dreist mir Widerstand leistest, du Dummkopf!

SOSTRATA: Ich, ich verstünde es nicht?

CHREMES: Gewiß, du verstehst es am besten, ein und dasselbe Thema immer aufs neue durchzukauen!

SOSTRATA: Oh, wie ungerecht bist du, Schweigen von mir zu verlangen in einer so wichtigen Sache!

CHREMES: Ich verlange es gar nicht mehr: Sprich! Doch nichtsdestoweniger werde ich meine Absicht verwirklichen!

SOSTRATA: Verwirklichen?

CHREMES: Sicher.

SOSTRATA: Siehst du nicht ein, welch ein Unglück du damit heraufbeschwörst? Der Junge vermutet bereits, er sei nur untergeschoben!

CHREMES: Untergeschoben, meinst du?

SOSTRATA: Soweit dürfte es kommen, mein Lieber!

CHREMES: Dann sage ihm doch, daß er recht hat!

SOSTRATA: Um Himmels willen, erbitterten Feinden nur wünschte ich das! Bekennen soll ich, er sei nicht mein Sohn, wo er mein Sohn tatsächlich doch ist?

CHREMES: Wie, fürchtest du etwa, du könntest ihn, wenn du es wolltest, n i c h t überzeugen davon, daß er wirklich dein Sohn ist?

SOSTRATA: Etwa, weil wir die Tochter wiederentdeckten?

CHREMES: Nein, aus einem plausibleren Grunde, der Ähnlichkeit eures Charakters, wirst du ihn leicht überzeugen von seiner Echtheit! Er ist dir ja äußerst ähnlich. Hat er doch sämtliche Fehler, die du auch besitzt, lediglich d u kannst solchen Ausbund geboren haben. Aber da kommt er ja selber, wie ernst und gesetzt! *Höhnisch:* Traust du dem Augenschein, fällst du mit Sicherheit darauf herein!

CLITIPHO *tritt auf*: Mutter, hat jemals es Stunden gegeben, in denen ich Freuden dir schenkte, du herzlich und aufrichtig deinen Jungen mich nanntest, dann, bitte, erinnre dich ihrer, hab Mitleid mit mir jetzt, dem Armen, hör auf mein Flehen, auf meinen Wunsch, und sage mir offen: Wer sind meine Eltern?

SOSTRATA: Um Himmels willen, mein Junge, du glaubst doch nicht etwa, du stammtest von anderen Eltern!

CLITIPHO: Ich stamme von anderen!

SOSTRATA: Weh mir, wie konntest du so etwas fragen, ich bitte dich! So wahr du einst mich und den Vater hier weit überleben mögest, bist du ein Kind von uns beiden! Und liebst du mich wirklich, so lasse mich ja nicht noch einmal aus deinem Munde das Häßliche hören!

CHREMES: Um selber zu Wort jetzt zu kommen: Fürchtest du mich, so lasse mich ja nicht noch einmal bei dir die bewußten Unsitten feststellen!

CLITIPHO: Unsitten?

CHREMES: Wünschst du es, will ich sie nennen: Du bist ein Maulaffe, Faultier, Gauner, ein Schwelger und Prasser, ein Vielfraß, ein übler Verschwender! Glaub das – und wag dann zu glauben, du seist unser Sohn.

CLITIPHO: So spricht kein Vater.

CHREMES: Wärest du meinem Schädel entsprungen, wie nach der Sage Minerva dem Haupte des Jupiter, so ließe ich deshalb, Clitipho, ebensowenig den ehrlichen Namen mir schänden durch deine Skandale!

SOSTRATA: Mögen die Götter uns davor behüten!

CHREMES: Ich weiß nicht, was etwa die Götter noch vorhaben. Ich tue nach Kräften mein Möglichstes. *Zu Clitipho:* Du suchst, was du hast, die Eltern. Was dir fehlt, das suchst du nicht: die Bereitschaft, dem Vater gehorsam zu sein und sparsam zu hüten, was er durch Fleiß sich erwarb. Führe mir ja nicht durch Täuschungsmanöver vor Augen die – aus Scham unterdrücke das häßliche Wort ich, weil deine Mutter dabei ist! Du freilich schämtest dich nicht ein bißchen davor!

CLITIPHO *für sich*: Ach, wie ekle ich vor mir selber mich jetzt, wie schäme ich mich! Wie kann ich es anfangen nur, den Vater mit mir zu versöhnen!

MENEDEMUS *tritt, zunächst unbemerkt, auf; für sich*: Wirklich, zu hart quält Chremes den armen Jungen, allzu unmenschlich! Da greife ich ein, um Frieden zu stiften. Wie günstig: Ich sehe sie beide!

CHREMES *tritt auf ihn zu*: Warum, Menedemus, läßt du nicht meine Tochter kommen und bestätigst die Mitgift, die ich dir versprach?

SOSTRATA *zu Chremes*: Mein Lieber, tue es nicht, um Himmels willen!

CLITIPHO: Vater, verzeihe mir, bitte!

MENEDEMUS: Verzeihe ihm, Chremes! Laß dich begütigen!

CHREMES: Wissentlich soll mein Vermögen ich opfern – für Bacchis? Niemals!

MENEDEMUS: Jawohl, dem werden wir vorbeugen!

CLITIPHO: Willst du am Leben mich halten, verzeihe mir, Vater!

SOSTRATA: Tu es, mein Chremes!

MENEDEMUS: Tue es, bitte, mein Chremes, verhärte dich nicht!

CHREMES *nach geraumem Nachdenken*: Nun gut! Wie ich sehe, darf ich nicht durchführen, was ich begann.

MENEDEMUS: Da handelst du anständig.

CHREMES: Unter der Voraussetzung freilich, daß Clitipho ausführt, was ich für ihn als recht und billig erachte!

CLITIPHO: Vater, befiehl! Ich werde in allem gehorchen.

CHREMES: Heirate!

CLITIPHO *zutiefst betroffen*: Vater!

CHREMES: Ich höre nichts.

SOSTRATA: Ich verbürge dafür mich: Er wird dir gehorchen!

CHREMES: Ich höre kein Wort mehr von ihm!

CLITIPHO *für sich*: Verdammt!

SOSTRATA: Du zögerst, mein Junge?

CHREMES: Eines von beiden hat er zu wählen!

SOSTRATA: Er wird in allem gehorchen!

MENEDEMUS *zu Clitipho*: Anfangs nur scheint das Geforderte schwer, solange du es nicht durchschautest; hast du es aber durchschaut, ist es leicht.

CLITIPHO: Ich werde es tun, Vater!

SOSTRATA: Mein Junge, ich will dir, beim Pollux, ein prächtiges Mädchen verschaffen; du wirst sie bestimmt sehr liebgewinnen: die Tochter des Freundes Phanócrates!

CLITIPHO: Was, die? Mit roten Haaren, mit Katzenaugen, mit Sommersprossen und Habichtsnase? Das kann ich nicht, Vater!

CHREMES: Sieh da, wie wählerisch! Hast wohl Geschmack schon an Weibern?

SOSTRATA *begütigend*: Eine andere will ich dir geben.

CLITIPHO: Nein, wenn ich schon heiraten soll, dann eine, die mir doch leidlich gefällt!

CHREMES: Das lobe ich mir, mein Junge!

CLITIPHO: Die Tochter des Nachbarn Archónides!

SOSTRATA *während Chremes zustimmend nickt*: Die gefällt mir recht gut.

CLITIPHO: Jetzt bleibt nur noch eines, Vater!

CHREMES: Und was?

CLITIPHO: Verzeihe doch, bitte, dem Syrus, was er um meinetwillen getan hat!

CHREMES: Es sei ihm verziehen!

DER SÄNGER *zum Publikum*: Gehabt euch wohl – und spendet uns Beifall!

DER EUNUCH

DIDASKALIE

Der Eunuch des Terenz. Das Stück wurde aufgeführt bei den Spielen zu Ehren der Grossen Mutter unter den kurulischen Ädilen Lucius Postumius Albinus und Lucius Cornelius Merula. Die Aufführung leiteten Lucius Ambivius Turpio und Lucius Atilius aus Praeneste. Die Musik komponierte Flaccus, der Sklave des Claudius, für zwei rechte Flöten. Das griechische Original stammt von Menander. Das Stück entstand als drittes unter den Konsuln Marcus Valerius und Gaius Fannius.

DES GAIUS SULPICIUS APOLLINARIS INHALTSANGABE

Der Söldner Thraso hat ein Mädchen, das zu Unrecht als Schwester der Hetäre Thais galt – was er indes nicht wußte –, hingebracht zu der Hetäre und ihr geschenkt. Frei war das Mädchen, Bürgerin Athens. Der Liebhaber der Thais, Phaedria, ließ der Hetäre einen von ihm selbst gekauften Eunuchen bringen und begab sich fort aufs Land, um für zwei Tage, auf die Bitte der Geliebten, dem Söldner seinen Platz zu überlassen. Nun verliebte sich der junge Bruder Phaedrias in jenes Mädchen, das der Söldner Thais schenkte, zog, auf den Rat Parmenos, sich die Kleidung des Eunuchen an, gewann derart den Zugang in das Haus und überrumpelte das Mädchen. Doch ein Bürger Attikas – es stellte sich heraus, daß er ihr Bruder war – vermählte die Verführte mit dem Verführer. Thraso aber durfte sich mit Phaedria noch in die Gunst der Thais teilen.

PERSONEN

Demea, Bürger von Athen
Phaedria, } seine Söhne
Chaerea, }
Parmeno, Sklave des Demea
Antipho, Freund des Chaerea
Thraso, Soldat
Gnatho, sein Parasit
Thais, Hetäre
Pythias, } ihre Sklavinnen
Dorias, }
Chremes, jüngerer
Bürger von Athen
Sophrona, Amme
Dorus, Eunuch
Pamphila, junge Sklavin
Sanga, Sklave des Thraso
Der Sänger
Sklaven, Sklavinnen

Ort der Handlung: Athen

PROLOG

Bei allen denen, die recht vielen guten Menschen
gefallen wollen und nach Möglichkeit gar keinen
zu kränken wünschen, reiht sich unser Dichter ein.
Und sollte jemand sich beschweren über einen
zu scharfen Angriff, möge er bedenken, daß
ihn nur der Rückschlag trifft auf seinen ersten Vorstoß:
Als Übersetzer gut, als Autor schlecht, verhunzt
er schöne Griechenstücke für das Publikum
in Rom, wie neulich das „Gespenst" Menanders, hat
sogar im „Schatz" zuerst den Angeklagten sprechen,
sein Eigentumsrecht an dem Gold behaupten lassen,
statt daß der Kläger erst sein Recht vertrat, den Grund
auch nannte, der den Schatz in das Familiengrab
gelangen ließ! Wer so was hinschreibt, soll sich ja
nicht täuschen oder gar dem eitlen Wahn verfallen:
„Jetzt ist er fertig, wagt nicht mehr den kleinsten Mucks!"
Den Irrtum soll er meiden, soll nicht länger stänkern.
Noch viele andre Pfeile habe ich, doch will
mit ihnen ich für heute ihn verschonen, sie
erst später aus dem Köcher holen, wenn er mich
noch weiter reizen sollte wie bisher.
Beim Stück,
das wir jetzt spielen wollen, dem „Eunuchen" des
Menander, drängte er, sobald es die Ädilen
erworben hatten, als Spion sich ein zur Probe,
zu der Vertreter der Behörden auch erschienen.
Da fing er an zu schreien, daß ein Dieb, kein Dichter
das Stück geschrieben hätte; aus dem alten Stück
des Naevius und Plautus, aus dem „Schmeichler", hätte
die Rollen des Schmarotzers und des Offiziers
er gradeweg gestohlen! Nun, ist das ein Fehler,
so hat der Dichter aus Versehen ihn begangen,
nicht, weil er stehlen wollte. Selber könnt ihr gleich
ein Urteil über diesen Sachverhalt euch bilden.

Menander schuf den „Schmeichler". In dem Stück tritt ein
Schmarotzer auf als Schmeichler, auch ein Offizier
als Prahlhans. Niemals streitet es der Dichter ab,
daß er die Rollen aus dem Griechischen in seinen
„Eunuchen" übernahm. Daß allerdings die beiden
auf einer Römerbühne einmal schon erschienen,
das weiß er wirklich nicht. Nun, sollte er die Rollen
nicht übernehmen dürfen – wer vermag dann künftig
noch flinke Sklaven, ehrwürdige Ehefrauen,
verlogne Huren, ewig hungrige Schmarotzer,
großsprecherische Offiziere darzustellen,
das Unterschieben eines Kindes, Täuschung eines
betagten Herrn durch seinen Sklaven, weiter dann
auch Liebe, Haß und Argwohn? Kurz: Nichts läßt sich sagen,
was nicht schon früher einmal ausgesprochen wurde!
Drum solltet ruhig ihr verstehen und verzeihen,
wenn Dichter heute Stoffe Älterer verwenden.
Gebt Obacht, still und aufmerksam folgt dem Geschehen,
erkennt genau, was der „Eunuch" zu sagen hat!

Straße in Athen. Auf der einen Seite das Haus des Demea, auf der anderen das der Thais. Die Straße führt vom Hafen zum Marktplatz. Phaedria und Parmeno treten auf und bleiben vor dem Hause der Thais stehen.

PHAEDRIA:

Was soll ich tun jetzt? Nicht eintreten, auch wenn sie
von sich aus mich hereinruft? Lieber stolz verzichten
auf den entwürdigenden Umgang mit der Hure?
Sie sperrte aus mich, ruft mich wieder. Soll ich folgen?
Niemals, und wenn sie innig darum flehen sollte!
Redet sich selbst an.
Wenn du, beim Herkules, es wirklich fertigbrächtest,
so wäre das dein erstes großes Meisterstück.
Doch fängst du an und hältst nicht eisern durch und kommst,
ganz unbeherrscht und ohne jemandes Geheiß,
zu ihr aus freien Stücken, ohne daß ihr euch
in aller Form versöhntet, und verrätst dabei,
daß du sie liebst und schwach bist – dann ist alles aus,
du bist erledigt. Merkt sie deine Niederlage,
wird künftig sie mit dir nur spielen: Strenge denn
dein Köpfchen an, solange Zeit ist, immer wieder!

PARMENO:

Was in sich selber, Herr, nicht Einsicht trägt und Maß,
das kannst du auch durch Einsicht nicht beherrschen. Liebe
birgt alle Übel: Unrecht, Schaden, Eifersucht,
Haß, Waffenruhe, Krieg, dann Frieden wieder. Suchst
du Ungewisses durch Vernunft gewiß zu machen,
erreichst du weiter nichts, als strebtest du danach,
vernunftgemäß verrückt zu sein! Und was du jetzt
voll Zorn bei dir erwägst: „Ich sie – die ihn – die mich –
die nicht – laß nur – ich wollte lieber sterben, dann
wird sie begreifen, wer ich bin!“– das sind bloß Worte.
Nur eine falsche Träne, die sie mit Gewalt
sich mühsam aus den Augen quetscht, beim Herkules,

wischt alles weg, und sie als erste klagt dich an,
und du als erster trägst die Strafe.

PHAEDRIA: Schändlich! Jetzt
begreife ich: Sie ist gemein, und ich bin elend.
Sie ekelt mich, doch liebe ich zugleich sie heiß;
bewußt, voll Einsicht, lebend, wach, verzehre ich
mich selber, weiß nicht aus noch ein.

PARMENO: Nicht aus noch ein?
Du solltest möglichst billig von der Knechtschaft frei
dich kaufen. Geht es billig nicht, dann gleich, wie teuer,
und härme dich nicht ab!

PHAEDRIA: Das rätst du?

PARMENO *nickend*: Bist du klug!
Und schaffe dir nicht mehr Verdruß noch außer dem,
den dir die Liebe einträgt; diesen trage mit
Geduld.
Thais tritt aus ihrem Haus.
Da kommt sie selbst, die Wühlmaus unsres Ackers;
denn was w i r ernten sollten, nagt s i e vorher ab!

THAIS *für sich*:
Ich Ärmste, hoffentlich nahm Phaedria mein Tun
nicht allzu schwer und deutete nicht falsch, daß ich
ihn gestern ausschloß.

PHAEDRIA *leise*: Zittern, schaudern muß ich doch
am ganzen Leib, Parmeno, wenn ich sie nur sehe.

PARMENO:
Nur Mut! Geh frisch heran ans Feuer, gleich wirst du
die Wärme spüren, weitaus stärker als genug!

THAIS:
Wer spricht dort? Ach, du warst es, du, mein Phaedria?
Weswegen stehst du hier, kommst nicht sofort herein?

PARMENO *für sich*:
Kein Wort darüber, daß sie ihm die Tür verschloß!

THAIS: Weswegen schweigst du denn?

PHAEDRIA *ironisch*: Natürlich deshalb, weil
mir deine Tür für immer offen steht und ich
bei dir den höchsten Rang einnehme!

THAIS: Laß das doch!

PHAEDRIA:
Was heißt hier „Laß das"? Thais, Thais, könntest du
mit gleicher Innigkeit mich lieben wie ich dich!
Dann sollte gleicher Gram wie mich dich quälen – oder
dein Handeln mir in Zukunft gar nichts mehr bedeuten.

THAIS:
Beim Himmel, quäl dich nicht, mein Herz, mein Phaedria!
Ich tat es wirklich nicht, weil einen andern ich
dir vorgezogen hätte: Es ergab sich aus
der Lage, zwingend!

PARMENO *höhnisch*: Sicherlich, du Ärmste, hast
du ihn aus Liebe ausgesperrt!

THAIS *zu Parmeno*: So kannst du reden,
Parmeno? Geh! *Zu Phaedria:* Du aber höre zu, weshalb
ich dich hierher zu kommen bat.

PHAEDRIA: Von mir aus, bitte!

THAIS:
Sag mir zuerst: *Sie weist auf Parmeno.*
Kann der hier schweigen?

PARMENO: Ich? Na klar!
Hör freilich die Bedingung, die ich daran knüpfe:
Vernehme ich die Wahrheit, schweige ich ganz fest.
Doch Lügen, Unsinn, Märchen plaudre ich gleich aus.
Da bin ich voller Löcher, undicht überall.
Drum sprich die reine Wahrheit, wenn ich schweigen soll!

THAIS:
Von Samos stammte meine Mutter, lebte dann
auf Rhodos.

PARMENO: Das läßt sich verschweigen.

THAIS: Einstmals schenkte
ein Kaufmann meiner Mutter dort ein kleines Mädchen,
das hatte man aus Attika entführt.

PHAEDRIA: Besaß
das Mädchen Bürgerrecht?

THAIS: Vielleicht, wir wissen es
nicht sicher. Selber sagte uns das Kind die Namen
der Eltern, kannte aber nicht sein Heimatland

und weitre Zeichen, dafür war es noch zu klein.
Piraten – so der Kaufmann – hätten es entführt
aus Sunium, er hätte es gekauft von ihnen.
Die Mutter nahm sie auf und gab gewissenhaft
ihr Unterricht in allem, wie der eignen Tochter.
Man hielt sie allgemein für meine Schwester. Dann
kam ich hierher mit einem fremden Mann, mit dem
allein ich damals ging. Der hinterließ mir alles,
was ich besitze.

PARMENO: Beides stimmt nicht. Da, es fließt
schon aus den Löchern.

THAIS: Warum das?

PARMENO: Du warst ja nie
mit einem je zufrieden, nie gab einer nur
Geschenke dir! Beschenkte dich doch auch mein Herr
sehr reichlich.

THAIS: Ja, das stimmt. Doch laß zum Schluß mich kommen.
Der Offizier, der damals mich verehrte, war
nach Karien gegangen. Mittlerweile lernte
ich dich hier kennen. Du weißt selbst, wie innig ich
dich liebgewann, dir all mein Denken anvertraute!

PHAEDRIA:
Das kann Parmeno nicht verschweigen.

PARMENO: Ha, das stimmt
wohl nicht?

THAIS: So hört doch zu, ich bitte euch! In Rhodos
starb unlängst meine Mutter, und ihr Bruder, sehr
aufs Geld erpicht, der Schönheit und Bescheidenheit
des Mädchens sich bewußt – auch daß sie Zither spielte –,
bot voll Gewinngier gleich sie auf dem Markte zum
Verkauf aus. Mein Verehrer war, ein Spiel des Glücks,
zugegen, kaufte sie und wollte sie mir schenken;
er ahnte nichts von den Zusammenhängen. Nun,
er kam hierher, erfuhr von unserem Verhältnis –
und war mit einem Mal um Gründe nicht verlegen,
das Kind mir zu verweigern: wüßte er genau,
daß ich vor dir ihm Vorrang gäbe und er nicht
zu fürchten brauchte, bei mir abzublitzen, wenn

ich erst das Mädchen hätte – dann gedenke er die Kleine mir zu geben; aber meiner Treue sei er sich eben gar nicht sicher. Freilich, fast vermute ich, daß er sich in das Mädchen selbst verguckte.

PHAEDRIA: Etwa mehr noch als „verguckte"?

THAIS: Nein: Ich fragte sie. Nun würde ich, mein Phaedria, aus vielen Gründen gern das Mädchen von ihm haben. Zuerst, weil sie als meine Schwester gilt; zum zweiten, um ihren Lieben sie zurückzugeben. Stehe ich hier allein doch, ohne Freunde und Verwandte. Deswegen möchte, Phaedria, ich Freunde mir gewinnen durch ein dankenswertes Handeln. Bitte, erleichtre mir den Weg durch deine Hilfe! Gib dein Einverständnis, daß der Offizier für ein paar Tage Vorrang hat bei mir!

Da Phaedria schweigt: Antworte doch!

PHAEDRIA *ausfallend*: Du feiles Weib, auf einen solchen Trick soll ich noch Antwort geben!

PARMENO: Bravo, Herr! Jetzt endlich tat es weh: Du bist ein Mann!

PHAEDRIA: Als ob ich nicht dein Ziel erriete: „Fort, entführt das Mädchen – meine Mutter zog sie als Tochter auf – sie gilt als meine Schwester – den Ihren wiedergeben –" Dies Geschwätz bezweckt nur eines: Ich soll draußen bleiben, der hat Zutritt! Ganz klar: Du liebst ihn inniger als mich und hast bloß Angst, die Kleine, die er mit sich führte, könnte dir einen solchen Mann abspenstig machen!

THAIS: Ich – dergleichen fürchten?

PHAEDRIA: Was denn sonst kann derart dich erregen? Sprich! Beschenkt nur er dich? Hast du jemals Großzügigkeit von meiner Seite aus vermißt? Du hast ein Mädchen aus Äthiopien haben wollen – gleich setzte alles andre ich hintan, besorgte sie dir! Dann kamst heraus du mit dem Wunsch nach einem Eunuchen, weil nur Königinnen solche Sklaven besitzen – den auch brachte ich. Für beide zahlte ich gestern zwanzig Minen! Schon verschmäht von dir, vergaß ich dennoch deine Wünsche nicht. Deswegen verachtest du mich wohl?

THAIS: Was soll das, Phaedria? Gern möchte ich das Mädchen haben, halte auch den Weg, den ich dir nannte, für den besten. Doch bevor ich dich verliere, richte ich mich lieber nach deinem Vorschlag!

PHAEDRIA: Sprächst du ehrlich und von Herzen: „Bevor ich dich verliere"! Dürfte ich die Worte für bare Münze nehmen, könnte ich ertragen, was du begehrst!

PARMENO *für sich*: Er schwankt, ein Wort nur macht ihn fertig!

THAIS: Ich Arme spräche nicht von Herzen! Wünschtest du, im Scherz auch, je etwas von mir und hast es nicht bekommen? Aber du willst mir auf meine Bitten zwei Tage nicht einmal gewähren!

PHAEDRIA: Schon, zwei Tage! Wenn nur nicht zwanzig Tage daraus würden!

THAIS: Wirklich, zwei Tage, oder –

PHAEDRIA: „Oder" lasse ich nicht gelten!

THAIS: Dann nicht. Zwei Tage nur erbitte ich.

PHAEDRIA: Nun gut, erfüllt sei deine Bitte!

THAIS: Du verdienst, daß ich dich liebe. Edel handelst du!

PHAEDRIA: Ich werde mich aufs Land begeben, dort zwei Tage lang mich härmen. Das ist beschlossen. Stets geschieht, was Thais wünscht. Bring die Geschenke her, Parmeno, jene Sklavin aus Afrika und den Eunuchen!

PARMENO: Zu Befehl! *Bleibt wartend stehen.*

PHAEDRIA:
Für die zwei Tage, Thais, lebe wohl!

THAIS: Auch du,
mein Phaedria! Hast du noch Wünsche?

PHAEDRIA: Wünsche? Doch:
sei fern dem Offizier, auch wenn du bei ihm bist,
lieb tags wie nachts nur mich, ersehne mich, auch träume
von mir nur, mich erwarte, all dein Denken, Hoffen,
auch deine Freude gelte mir, sei ganz bei mir!
Sei du mein Herz, da ich ja auch das deine bin!
Tritt zu Parmeno.

THAIS *für sich*:
Ich Arme, ach, vielleicht traut er mir wirklich nicht,
schätzt mich nach dem Verhalten andrer Frauen ein!
Beim Pollux, ich, die ich mich kenne, weiß genau:
Ich habe keinen Trug gesponnen, und kein Mann
liegt inniger am Herzen mir als Phaedria!
Was ich in meiner Lage tat, geschah zugunsten
des Mädchens. Fand ich, wie ich hoffe, doch beinahe
schon ihren Bruder, einen edlen jungen Mann!
Mich heute aufzusuchen, hat er zugesagt.
So gehe ich ins Haus und warte, bis er kommt. *Ab.*

PHAEDRIA: Los, bringe die beiden zur Stelle, wie ich dir befohlen!

PARMENO: Jawohl!

PHAEDRIA: Und passe gut auf!

PARMENO: Selbstverständlich!

PHAEDRIA: Und ohne zu trödeln!

PARMENO: Natürlich!

PHAEDRIA: Und ist dir der Auftrag jetzt hinreichend klar?

PARMENO: Du fragst mich, als wäre er schwierig. Ach, könntest du Einkünfte ebenso mühelos ernten, Phaedria, wie jetzt du sie wegwirfst!

PHAEDRIA: Oh, weggeworfen werde mit ihnen auch ich, das kommt mich noch teurer zu stehen. Du brauchst dir doch um das Geld nicht Sorgen zu machen.

PARMENO: Das tue ich gar nicht, ich führe Befehle nur aus. Erhalte ich weitere Aufträge noch?

PHAEDRIA: Den Wert des Geschenkes versuche noch möglichst zu steigern durch passende Worte und scheuche, soweit du es kannst, den Rivalen aus ihrer Nähe!

PARMENO: Ich denke daran, das brauchst du mir gar nicht zu sagen.

PHAEDRIA: Ich gehe aufs Land und werde dort bleiben.

PARMENO: Sehr richtig.

PHAEDRIA: Doch, hallo, du, höre noch!

PARMENO: Was denn?

PHAEDRIA: Was meinst du: Besitze die Kraft ich, standhaft zu bleiben, mit fester Geduld nicht vorzeitig wiederzukommen?

PARMENO: Du? Niemals, beim Herkules! Entweder wirst du sofort auf den Rückweg dich machen, oder der Mangel an Schlaf wird sehr bald, in der Nacht noch, zum Wege hierher dich zwingen.

PHAEDRIA: Körperlich arbeiten will ich, so lange mich abrackern, bis von allein ich einschlafe!

PARMENO: Schlaflos zu bleiben trotz deiner Erschöpfung, das wirst als Erfolg du verbuchen.

PHAEDRIA: Geh, Unsinn schwatzt du, Parmeno! Beim Herkules, loswerden muß ich die leidige Schwäche, allzusehr nachgiebig bin ich! Ich werde doch wohl, wenn es not tut, drei Tage lang ohne sie auskommen!

PARMENO: Ei, volle drei Tage? Bedenke, was du dir da vornimmst!

PHAEDRIA: Fest steht mein Entschluß! *Ab.*

PARMENO *für sich*: Ihr seligen Götter, welch leidige Krankheit! Liebe verwandelt die Menschen, so daß man sie schwerlich wiedererkennt! Denn nicht einer war derart gesetzt, nicht einer so selbstbeherrscht streng wie mein Phaedria! Aber wer kommt da? Ha, des Hauptmanns Schmarotzer, der Gnatho! Das Mädchen bei ihm, das der Thais geschenkt werden soll! Ei ei, manierlich und hübsch! Da nehme ich selber mich heute doch ziemlich schäbig wohl aus mit meinem verlebten Eunuchen! Das Kind übertrifft noch die Thais.

Gnatho tritt auf, begleitet von Pamphila und einer Magd, ohne Parmeno zu bemerken.

GNATHO: Unsterbliche Götter, wie weit überragt doch der eine den andern! Wie stark unterscheiden sich Hohlkopf und Schlaukopf! Dran denken muß ich gerade aus folgendem Anlaß: Da treffe ich heute doch einen von gleichem Stande und Range wie ich, einen ziemlich anständigen Burschen. Der hatte, genauso wie ich, das Erbteil des Vaters verpraßt. Ich sehe ihn, struppig, verdreckt und krank, in Lumpen, gealtert bereits. „Oh!" rufe ich ihn. „Was bedeutet dein Aussehen?" – „Ich Ärmster verlor mein Vermögen, schau her, wie weit ich gesunken bin! Alle Bekannten und Freunde gehen mir weit aus dem Wege!" Da lasse ich meine Verachtung ihn spüren: „Wie denn, du Taugenichts, du ließest so weit es schon kommen, daß du keinerlei Hoffnung mehr setzt auf dich selbst? Verlorst mit dem Gelde auch deinen Verstand? Sieh m i c h doch, mir ging es genauso wie dir, sieh meine Gesichtsfarbe jetzt – wie ich glänze, vernünftig gekleidet bin, straff und stattlich mich halte! Alles besitze ich, gar nichts besitze ich; habe ich nichts, so fehlt mir doch nichts." – „Ich Unglückverfolgter kann weder den Spaßmacher spielen noch Prügel vertragen." – „Wie, wähnst du, auf diesen Wegen zu etwas zu kommen? Völlig verkehrt! Ja, einstmals, in uralten Zeiten, da gab es wohl Leute, die derart Gewinn sich verschafften. Heute fängt man sich Vögel auf andere Art, ich entdeckte als erster die Straße. Da gibt es doch Menschen, die wollen in allem als Beste nur gelten und sind es in Wirklichkeit nicht. Ich hefte mich denen dicht an die Fersen und lasse nicht etwa sie über mich lachen, nein, lache von mir aus sie an und bewundre zugleich die Kraft ihres Geistes. Was immer sie sagen, ich lobe es; nehmen das Lob sie zurück, so lobe ich dies auch; wenn es ‚Nein' heißt, sage ich nein, wenn ‚Ja', so sage ich ja. Kurz, ich habe mich selbst mir verpflichtet, stets Beifall zu spenden. Dieses Gewerbe bringt heute am meisten noch ein."

PARMENO *für sich*: Beim Herkules, pfiffig, gescheit! Der macht aus Idioten kurzweg Verrückte!

GNATHO: Bei diesem Gespräche erreichten sehr bald wir den Fleischmarkt. Hier strömten die Leckerbissenverkäufer mir alle vor Freude entgegen, die Thunfischhändler, die Fleischer, die Köche, Geflügelmäster und Fischer; denn denen bin ich, mit knapper wie reichlicher Kasse, wie einstmals so heute als Kunde willkommen. Sie grüßten, sie luden zu Tische mich, boten mir herzliche Wünsche zur Ankunft. Mein elender Hungerleider sah mich mit solchen Ehren empfangen, er sah, wie leicht ich mein

Brot mir erwarb, und begann mich inständig zu bitten um die Erlaubnis, mein Schüler zu sein. Da gebot ich ihm gleich, mir zu folgen: Nach Möglichkeit sollten, so wie man die Schulen der Philosophen nach ihren Gründern benennt, die Schmarotzer in Zukunft „Gnathoniker“ heißen.

PARMENO *für sich*: Sieh nur, was Faulenzen, was auch das Essen an fremden Tischen bewirkt!

GNATHO: Jetzt will ich doch gleich das Mädchen zu Thais geleiten, sie bitten, zum Essen zu kommen. *Erblickt Parmeno.* Doch sehe ich dort den Parmeno mit düsterer Miene am Eingang zu Thais auch stehen, den Knecht des Rivalen! In Ordnung: Die holen sich zweifellos eiskalte Füße! Hochnehmen will ich ein bißchen den Tagedieb.

PARMENO *für sich*: Die bilden sich ein, durch solch ein Geschenk die Thais auf ihre Seite zu ziehen!

GNATHO *tritt auf Parmeno zu und verneigt sich*: Eurer Durchlaucht Parmeno entbietet Gnatho seinen ergebensten Gruß. Wie geht es?

PARMENO: Man steht.

GNATHO: Das sehe ich. Erblickst du hier etwas, das dir nicht gefällt?

PARMENO: Ja, dich!

GNATHO: Das glaube ich. Aber vielleicht noch was andres?

PARMENO: Warum das?

GNATHO: Na, weil du so unfreundlich bist.

PARMENO: Ich? Keineswegs!

GNATHO: Na dann nicht. *Zeigt auf das Mädchen.* Wie gefällt dir die Ware?

PARMENO: Nicht übel, beim Herkules!

GNATHO *für sich*: Den will ich schon warmkriegen!

PARMENO *für sich*: Schief gewickelt, der Kerl!

GNATHO: Wird Thais nicht dieses Geschenk mit Begeisterung annehmen?

PARMENO: Sagen willst du damit wohl, sie hätte uns ausgesperrt? Alles im Leben, hör zu, bewegt sich in stetigem Wechsel!

GNATHO: Sechs volle Monate lang, Parmeno, will ich dir ungestörte Ruhe bescheren, du brauchst nicht mehr auf und ab zu spazieren und Wache zu schieben bis morgens früh! Nun, mach ich dich glücklich damit?

PARMENO: Mich? Na klar!

GNATHO: So bin ich doch immer zu Freunden.

PARMENO: Famos!

GNATHO: Ich halte dich auf. Du wolltest wahrscheinlich doch eben woandershin aufbrechen?

PARMENO: Nein, gar nicht.

GNATHO: Dann tu mir doch bitte einen kleinen Gefallen: Verschaffe mir Zutritt zu Thais!

PARMENO: Geh nur hinein! Heute steht dir die Haustüre offen, du bringst ja das Mädchen dort mit.

GNATHO *da Parmeno stehenbleibt*: Du möchtest wohl jemanden noch aus dem Hause herausrufen? *Er tritt mit seinen Begleiterinnen in das Haus der Thais.*

PARMENO *für sich*: Laß die zwei Tage vergehen: Heut kriegst du, vor meinen Augen, die Tür auf, brauchst lediglich einen Finger zu rühren. Bald wirst du mit Tritten wieder und wieder gegen sie hämmern, umsonst! Ich werde schon sorgen dafür. *Geht auf und ab.*

GNATHO *tritt allein aus dem Hause*: Du hältst noch die Stellung, Parmeno? Du bliebst wohl als Aufpasser hier, damit nicht inzwischen ein Bote vom Hauptmann sich heimlich hineinschleicht zu Thais? *Geht lachend ab.*

PARMENO: Ein treffender Witz! Dem Hauptmann gefallen wohl solche Blitze des Geistes! Doch sehe ich da den jüngeren Sohn des Herrn – er kommt hierher. Erstaunlich, daß er den Piräus verläßt: Er muß doch heut Posten dort stehen! Er hat es so eilig, da steckt doch etwas dahinter! Warum er nur suchend umherspäht?

CHAEREA *tritt atemlos auf, ohne Parmeno zu bemerken*: Erledigt bin ich! Das Mädchen verschwunden, ich selber verirrt, ich habe sie aus den Augen verloren! Wo kann ich sie suchen? Wo Spuren entdecken? Wo fragen nach ihr? Welche Straße jetzt einschlagen? Ich weiß nicht. Mir winkt eine einzige Hoffnung: Wo immer sie steckt, das läßt sich nicht lange verhehlen. So schön, wie sie ist! Ich tilge ab heute aus meiner Erinnerung sämtliche Frauen: Sie öden mich an mit ihren alltäglichen Reizen!

PARMENO *für sich*: Jetzt packt es den anderen auch! Er schwatzt von Liebe, ich weiß nicht, zu wem. Der unglückgeschlagene Vater!

Wenn es erst den Jungen erwischt hat, dann kann man mit vollem Recht sagen: Was noch bei dem Älteren Spiel und Getändel gewesen, das wird, im Vergleich, bei dem Jüngeren rasende Wut!

CHAEREA: Brächten doch sämtliche Götter den Tattergreis um, der heute mich aufhielt, brächten desgleichen sie mich um: Ich blieb ja stehen und kümmerte mich noch um ihn! Aber da steht ja Parmeno. Ich grüße dich!

PARMENO: Warum so düster gestimmt? Und so aufgeregt? Woher kommst du?

CHAEREA: Ich? Weiß nicht, beim Herkules, weiß nicht, woher und wohin. Ich bin durcheinander, vollkommen!

PARMENO: Warum denn?

CHAEREA: Ich liebe.

PARMENO: Ha!

CHAEREA: Jetzt zeige, Parmeno, was in dir steckt! Du weißt, du hast mir oftmals versprochen: „Chaerea, suche dir etwas zum Lieben – dann sollst du erkennen, welch nützliche Dienste ich dabei dir leiste" – das sagtest du damals, wenn heimlich und leise ich dir die Leckerbissen vom Vater ins Kämmerchen brachte.

PARMENO: Ach, laß doch die Dummheiten!

CHAEREA: Ebenso war es, beim Herkules! Halte jetzt deine Versprechen, die Stunde erfordert dein kräftiges Eingreifen! Das Mädchen hat gar nichts gemein mit den Mädchen von hier, bei denen die Mütter um hängende Schultern sich mühen, die Brüste auch schnüren, damit sie recht schlank erscheinen! Ist eine ein bißchen bepackt, dann schilt man sie „Boxerin", läßt sie gleich fasten. Wie stattlich sie immer auch ist, man macht sie durch Abmagern dünn wie die Binse. Das sind dann die Frauen zum Lieben!

PARMENO: Und deine?

CHAEREA: Ganz anders!

PARMENO: Ei ei!

CHAEREA: Das Gesicht von natürlicher Frische, kraftvoll und strotzend der Körper!

PARMENO: Wie alt?

CHAEREA: Wie alt? An die sechzehn.

PARMENO: Die Blüte der Jugend!

CHAEREA: Verschaff sie mir heimlich oder gewaltsam oder durch Bitten – mir gleichgültig, Hauptsache ist: Ich bekomme sie!
PARMENO: Zu wem gehört denn das Mädchen?
CHAEREA: Ich weiß nicht, beim Herkules.
PARMENO: Und woher stammt sie?
CHAEREA: Auch das weiß ich nicht.
PARMENO: Wo wohnt sie?
CHAEREA: Das ebenfalls nicht.
PARMENO: Wo sahst du sie denn?
CHAEREA: Auf der Straße.
PARMENO: Und wie verlorst du die Spur?
CHAEREA: Grad darüber habe ich mich ja so furchtbar geärgert, als ich hierherkam! Es gibt wohl nicht einen einzigen Menschen, dem Glück, wie mir, so schlimm in das Gegenteil umschlägt!
PARMENO: Wie konnte die Panne passieren?
CHAEREA: Erledigt bin ich.
PARMENO: Wodurch denn?
CHAEREA: Du fragst noch? Du kennst doch des Vaters Vetter und Altersgenossen Archidemídes?
PARMENO: Natürlich.
CHAEREA: Der kam in die Quere mir, als ich das Mädchen verfolgte.
PARMENO:
Beim Herkules, zur Unzeit!
CHAEREA: Schlimmer noch: Zum Unglück!
Der Ausdruck „Unzeit" paßt hier gar nicht, mein Parmeno.
Ich kann beschwören, in den letzten Monaten,
sechs oder sieben, sah ich diesen Kerl nicht mehr,
erst heute, wo ich ihn durchaus nicht brauchen konnte,
durchaus nicht wünschte. So was grenzt an Wunder, nicht?
PARMENO:
Jawohl.
CHAEREA: Der stürzte gleich von weitem auf mich zu,
schon krumm und zittrig, ließ die Lippen hängen, krächzte:
„Chaerea, he, dich meine ich!" Da blieb ich stehen.
„Du kennst doch meinen Wunsch?" – „Sprich!" –
„Mein Prozeß beginnt
ja morgen früh." – „Na, und?" – „Erinnre, bitte, doch
den Vater, daß er mir als Anwalt helfen wollte!"

Bei dem Geschwätz verrann die Zeit. Ich fragte: „Noch was?“ – „In Ordnung“, er. Da ging ich. Als ich aber nach dem Mädchen Ausschau hielt, da war sie eben hier in unsre Straße abgebogen.

PARMENO *für sich*: Sicher meint er jenes Mädchen, das man eben als Geschenk zu Thais brachte.

CHAEREA: Als ich eintraf, war sie schon verschwunden.

PARMENO: Gingen nicht Begleiter ihr zur Seite?

CHAEREA:
Ja, ein Schmarotzer, eine Sklavin auch.

PARMENO *für sich*: Das ist sie!
Zu Chaerea:
Gib auf! Die Sache ist verloren schon.

CHAEREA: Du spinnst.

PARMENO:
Ich spinne gar nicht.

CHAEREA: Sag, du kennst sie? Sahest sie?

PARMENO:
Ich sah sie, kenne sie und weiß, zu wem sie kam.

CHAEREA:
Du kennst sie, mein Parmeno? Weißt, wo sie sich aufhält?

PARMENO:
Zu Thais, der Hetäre, brachte man sie als Geschenk.

CHAEREA: Wer ist so reich, sich solch Geschenk zu leisten?

PARMENO:
Der Hauptmann Thraso, der Rivale Phaedrias.

CHAEREA:
Das ist für meinen Bruder ein sehr harter Schlag!

PARMENO: Wenn du erst wüßtest, was e r als Gegengeschenk der Thais verehrt, dann klagtest du bitterer noch!

CHAEREA: Was denn, beim Herkules?

PARMENO: Einen Eunuchen!

CHAEREA: Etwa den alten, den häßlichen Kerl, den gestern er kaufte, die Memme?

PARMENO: Ja, den!

CHAEREA: Dann fliegt er mitsamt dem Geschenk aus dem Hause! Aber ich wußte noch gar nicht, daß Thais in unserer Nachbarschaft wohnt!

PARMENO: Sie wohnt noch nicht lange dort.

CHAEREA: Verdamm mich, ich habe sie niemals zu sehen bekommen. Doch sage mir, ist sie tatsächlich sehr schön?

PARMENO: Zweifellos.

CHAEREA: Doch wohl nicht vergleichbar mit unsrer?

PARMENO: Das steht auf einem ganz anderen Blatt.

CHAEREA: Ich flehe dich an, mein Parmeno, beim Herkules: Sorge dafür, daß sie mein wird!

PARMENO: Ich will es nach Kräften versuchen, Mühe mir geben, Hilfe dir leisten. Was möchtest du außerdem noch?

CHAEREA: Wo gehst du jetzt hin?

PARMENO: Ins Haus, will unsere Sklaven, wie mir es dein Bruder befahl, zu Thais führen.

CHAEREA: Wie glücklich zu preisen ist jener Eunuch, der in diese Wohnung geführt wird!

PARMENO: Weswegen denn glücklich?

CHAEREA: Du fragst noch? Das hübscheste Mädchen hat stets er vor Augen als Sklavengenossin, kann reden mit ihr, weilt unter dem gleichen Dache, wird oft mir ihr speisen, zuweilen auch schlafen bei ihr!

PARMENO: Was wäre, wenn du jetzt der Glückliche würdest?

CHAEREA: Wieso das, Parmeno? Nun sprich doch!

PARMENO: Du brauchst nur in seine Kleidung zu schlüpfen.

CHAEREA: In seine Kleidung – und dann?

PARMENO: An seiner Stelle geleite ich dich …

CHAEREA: Jetzt höre ich!

PARMENO: … und sage, du seist der Eunuch!

CHAEREA: Ich verstehe!

PARMENO: Dann wirst du die Freuden genießen, die eben für ihn du voraussahst: Du wirst mit ihr essen, ganz nahe ihr weilen, berühren sie, scherzen mit ihr, bei ihr schlafen! Dich kennt ja auch keine der Frauen im Hause, und keine weiß, wer du wirklich bist. Man könnte zudem, nach Gestalt und nach Alter, einen Eunuchen durchaus vermuten in dir.

CHAEREA: Ganz großartig hast du gesprochen, noch niemals wurde ein besserer Rat mir erteilt. Los, gehen wir gleich ins Haus, du mußt mich nur umziehen, abführen, hinbringen, schleunigst!

PARMENO: Was willst du? Ich scherzte doch nur!

CHAEREA: Jetzt redest du Unsinn!

PARMENO: Verloren, ich Armer! Was tat ich denn bloß? Du stößt mich – wohin? Du wirst mich zugrunde noch richten. Ich sage dir, lasse die Finger davon!

CHAEREA *Feuer und Flamme*: Los, gehen wir!

PARMENO: Wie, du beharrst?

CHAEREA: Das ist jetzt beschlossene Sache!

PARMENO: Gib Obacht, du stürzt dich zu feurig hinein in das Spiel!

CHAEREA: Bestimmt nicht! Laß mich!

PARMENO: Und ich? Ich werde es ausbaden müssen!

CHAEREA: Ach was!

PARMENO: Was wir tun, das ist ein Verbrechen!

CHAEREA: Verbrechen? Wenn ich in ein Hurenhaus mich hineinschleusen lasse und jenen Quälgeistern jetzt, die uns und unsere Jugend verachten und ständig uns martern auf jede erdenkliche Weise, gebührenden Dank abstatte und sie genauso betrüge, wie sie uns betrügen? Sollte ich eher den eigenen Vater in listigem Spiel an der Nase herumführen? Wer das in Erfahrung brächte, der machte mir Vorwürfe völlig zu Recht. Doch unseren Streich wird jeder als wohlverdienten Ausgleich betrachten.

PARMENO: Was kann ich hier ausrichten noch? Bist fest du entschlossen, so schreite zur Tat! Doch wälze die Schuld hinterdrein nicht auf mich!

CHAEREA: Das tue ich niemals!

PARMENO: So gibst du Befehl mir?

CHAEREA: Befehl? Ich werde gewaltsam dich zwingen, doch nie die Verantwortung scheuen. So folge mir!

PARMENO: Mögen die Götter zum Guten es wenden!

Beide ab in das Haus des Demea.

Thraso und Gnatho treten auf.

THRASO:

Du sollst von Thais mir tatsächlich heißen Dank
ausrichten?

GNATHO: Sehr, sehr heißen!

THRASO: Also freut sie sich?

GNATHO:
Ja, über das Geschenk, doch ganz besonders auch
darüber, daß gerade du der Spender bist!
Im Ernst: Sie triumphiert!

PARMENO *tritt aus dem Haus des Demea, ohne die beiden zu bemerken und ohne selbst gesehen zu werden*:
Genau zum rechten Zeitpunkt
will ich die beiden bringen.
Sieht Thraso und Gnatho. Ha, der Hauptmann!

THRASO: Das
ist angeboren mir: Ich ernte Dank für alles!

GNATHO:
Das merke ich, beim Herkules!

THRASO: Stets dankte mir
der Fürst für meine Taten herzlich, weniger
den andern.

GNATHO: Ruhm, den andre äußerst mühsam sich
gewannen, heimst oft der mit Geist Begabte durch
ein Wort nur ein – wie du!

THRASO: Jawohl!

GNATHO: Für dich nur hatte …

THRASO: Ganz klar!

GNATHO: … der König Augen.

THRASO: Freilich: Mir vertraute
er Heerführung und Politik vollständig an.

GNATHO:
Bewundernswert!

THRASO: Und weiter: Ekelten die Menschen
ihn an und packte Abscheu ihn vor den Geschäften
und wünschte er Entspannung, um – du weißt Bescheid – …

GNATHO:
Jawohl: Sein Herz von Kummerbürden zu befreien!

THRASO:
Genau: … dann lud er mich allein zur Mahlzeit ein!

GNATHO:
Oha! Dein Fürst beweist Geschmack und Anstand!

THRASO: Ja,
so ist er, liebt die Masse nicht.

GNATHO: Wohl keinen Menschen,
sofern er dich hat!

THRASO: Alle sind sie auf mich neidisch,
und heimlich hetzt man gegen mich – das läßt mich kalt.
Ja, furchtbar neidisch – einer ganz besonders, der
das Elefantenkorps aus Indien befehligt.
Als der mir einmal zu sehr auf die Nerven fiel,
da sagte ich: „Sprich, Strato, bitte, bist du deshalb
so wild, weil auch die Tiere wild sind, die du führst?"

GNATHO:
Beim Herkules, wie witzig und wie treffend! Bravo!
Den hast du matt gesetzt! Und er?

THRASO: Verstummte gleich!

GNATHO:
Wie zu erwarten!

PARMENO *für sich*: Gute Götter, solch ein Lump
und Schuft! Und der da erst, der Schurke!

THRASO: Gnatho, habe
ich dir erzählt schon, wie bei Tisch den Rhodier
ich fertigmachte?

GNATHO: Nie, erzähl doch, bitte! *Für sich:* Mehr
als tausendmal schon hörte ich den Quatsch!

THRASO: Bei Tisch
lag neben mir besagter junger Kerl von Rhodos.
Ich nahm mir eben schon ein Mädchen vor; da fing
er an, mit ihr zu schäkern und mich anzugrinsen.
Da rief ich: „Wie, du geiler Stengel, bist ein Hase
und gehst auf Jagd nach Fleisch?"

GNATHO *schallend*: Haha!

THRASO: Da lachst du, was?

GNATHO:
Nett! Witzig! Köstlich! Gar nicht zu vergleichen! Bitte,
sag, stammt der Witz von dir? Ich glaubte, er sei alt.

THRASO:
Du hörtest ihn bereits?

GNATHO: Ja, oft, er gilt als Treffer.

THRASO:
Er stammt von mir!

GNATHO: Der macht so einem dummen „Jungen aus gutem Hause“ schon zu schaffen!

PARMENO *für sich*: Sollen doch die Götter dich krepieren lassen!

GNATHO: Und was tat der Junge daraufhin?

THRASO: Der war erledigt. Alle, die dort zugegen waren, lachten sich halbtot. Kurz: Jedermann bewies mir künftighin Respekt!

GNATHO:
Zu Recht!

THRASO: Nun höre: Muß ich mich bei Thais etwa entschuldigen, sofern sie argwöhnt, daß ich in das Mädchen mich verliebte?

GNATHO: Nie! Im Gegenteil, du solltest nähren den Verdacht!

THRASO: Warum?

GNATHO: Du fragst noch? Erwähnt sie einmal – stell dir vor – den Phaedria und lobt ihn, nur um dich zu ärgern?

THRASO: Ich verstehe.

GNATHO:
Dagegen wirkt e i n Mittel: Nennt sie Phaedria, dann nenne du gleich Pámphila. Und sagt sie: „Laden wir Phaedria zur Mahlzeit ein“, dann du: „Zum Singen laßt Pamphila uns rufen“; lobt sie seine Schönheit, dann du die Schönheit Pamphilas. Mit einem Wort: Bleib keinen Hieb ihr schuldig, weh tun muß es ihr!

THRASO:
Wenn sie mich wirklich liebte, könnte das wohl wirken.

GNATHO:
Sie hofft auf deine Gaben, liebt sie auch: Damit beweist sie, daß sie längst dich liebt und daß du ihr längst ohne Mühe weh tun kannst. Stets fürchtet sie, du könntest das, was jetzt noch s i e gewinnt, im Zorn auf eine andre übertragen.

THRASO: Gut gesagt!
Das ist mir noch nicht eingefallen.

GNATHO: Schäker, du!
Du dachtest nicht darüber nach. Sonst wärest du
viel leichter noch auf diesen Plan verfallen, Thraso!

THAIS *tritt aus ihrem Hause*:
Ich höre wohl des Hauptmanns Stimme – ja, da ist er!
Sei mir willkommen, Thraso!

THRASO: Meine liebe Thais,
mein Schmatz, wie geht es dir? Du schenkst mir deine Gunst
doch für die Zitherspielerin, die ich dir schenkte?

PARMENO *für sich*:
Wie liebenswert! Und wie er taktvoll gleich sich einführt!

THAIS:
Die höchste Gunst, ganz wie du sie verdienst.

GNATHO: Dann los,
zum Essen! Warum stehst du noch?

PARMENO *für sich*: Der zweite Lump!
Kann man den überhaupt noch einen Menschen nennen?

THAIS:
Sobald du willst. Ich bin bereit.

PARMENO *für sich*: Jetzt trete ich
hervor und tue so, als käme ich soeben. *Zu Thais:*
Du brichst wohl, Thais, grad zu einem Ausgang auf?

THAIS:
Ha, du, Parmeno! Trefflich, daß du grade kommst,
beim Pollux! Eben gehe ich –

PARMENO: Wohin?

THAIS *auf Thraso weisend, mit gedämpfter Stimme:* Siehst du
nicht ihn?

PARMENO: Ja, und er ekelt mich. – Zur Stelle sind
die Gaben Phaedrias für dich, sobald du möchtest!

THRASO:
Weswegen stehen wir und treten nicht ins Haus?

PARMENO:
Beim Herkules, ich bitte dich um die Erlaubnis,
ihr unsre Gaben, unsre Wünsche darzubringen.

THRASO:

Vorzügliche Geschenke wohl, den unsern gleich!

PARMENO:

Das wird sich zeigen.

Ruft ins Haus: He, führt vor die Sklaven, wie ich anwies, schnell!

Die äthiopische Sklavin erscheint.

Tritt vor, hierher! Geradenwegs aus Äthiopien!

THRASO *verächtlich*: Drei Minen, höchstens!

GNATHO: Kaum.

PARMENO:

Wo bist du, Dorus? Komm hierher!

Zu Thais: Sieh, dein Eunuch!

Chaerea erscheint, als Eunuch verkleidet, in einem orientalischen Kleid.

Er macht den Eindruck eines Freien. Blühend, jung!

THAIS:

Hilfreiche Götter, stattlich, hübsch!

PARMENO: Was sagst du, Gnatho?

Hast du was zu bemängeln? Thraso, du? Sie schweigen,
das reicht als Lob. Man prüfe ihn in Wissenschaft,
in Sport, Musik und Poesie! Ich garantiere:
Er kann, was man von einem freien Jungen fordert!

THRASO *mit einer entsprechenden Gebärde*:

Ich würde den Eunuchen notfalls sogar nüchtern –

PARMENO *zu Thais*:

Der Spender dieser Gaben fordert nicht, daß du
für ihn nur lebst und seinetwegen andre aussperrst,
erzählt von Schlachten nicht, zeigt auch nicht seine Narben,
steht dir im Wege nicht wie mancher andere.
Wenn es dir nicht beschwerlich ist, du Lust und Zeit hast,
wird er sich freuen, findet er bei dir Willkommen.

THRASO:

Der Kerl ist offenbar der Sklave eines armen,
elenden Schluckers.

GNATHO: Klar, beim Herkules, kein Mensch,
der einen andern kaufen kann, quält sich mit d e m.

PARMENO *zu Gnatho*:
Du schweig, ich rechne dich zum Abschaum aller Menschen!
Wenn du es nämlich fertigbringst, dem beizupflichten,
dann wühlst du wohl dein Fressen aus dem Abfall auch!

THRASO:
Los, gehen wir nicht endlich?

THAIS: Diese Leute möchte
zuvor ins Haus ich führen und befehlen, was
geschehen soll. Dann komme ich sofort heraus.
Tritt mit Chaerea und der Sklavin in ihr Haus.

THRASO *zu Gnatho*:
Ich gehe jetzt. Du warte auf die Frau!

PARMENO: Ein Feldherr
läßt mit der Freundin sich nicht auf der Straße sehen!

THRASO *zu Parmeno*:
Wozu noch viele Worte zwischen dir und mir?
Du ähnelst ja doch deinem Herrn.
Parmeno ab.

GNATHO: Haha!

THRASO: Du lachst?

GNATHO: Ja, über das, was du soeben sagtest – und
dabei fiel mir dein Witz auf jenen Rhodier ein.
Doch Thais kommt heraus.

THRASO: Los, geh voran! Zu Hause
soll alles vorbereitet sein!

GNATHO: Jawohl! *Ab.*
Thais tritt aus ihrem Hause, begleitet von Pythias und zwei anderen Sklavinnen.

THAIS: Gib, bitte,
gut Obacht, Pythias: Kommt Chremes, sage ihm,
er möge wiederkommen; wenn ihm das nicht paßt,
er möge warten; kann er nicht, dann bringe ihn
zu mir!

PYTHIAS: Das will ich tun.

THAIS: Was wollte ich noch sagen?
Ach so: Behütet mir das Mädchen gut! Seht zu,
daß ihr zu Hause bleibt!
Pythias nickt und begibt sich wieder in das Haus.

THRASO: Nun los!

THAIS *zu ihren beiden Sklavinnen:* Begleitet mich!

Alle ab.

CHREMES *tritt auf:*

Je mehr ich überlege, um so klarer wird mir,
daß Thais einen bösen Streich mir spielen will.
Sie möchte sicher listig mich zugrunde richten,
seitdem sie mich zum ersten Male bitten ließ.
Man kann mich fragen: „Was hast du mit der zu schaffen?"
Ich kannte sie doch überhaupt nicht. Als ich kam,
gebrauchte sie als Vorwand, mich zurückzuhalten,
sie hätte eben schon das Opfer dargebracht
und wolle einen ernsten Fall mit mir besprechen.
Schon damals schöpfte ich Verdacht, daß ihr Gehabe
die Tücke tarnen solle. Neben mir ließ sie
sich nieder, gab sich recht vertraulich, suchte ein
Gespräch in Gang zu bringen. Zwischen seichte Themen
schob sie die Frage ein, wann meine Eltern denn
gestorben seien. „Schon vor langer Zeit", gab ich
zur Antwort. Dann: ob ich in Sunium, am Meer,
ein Grundstück hätte. Das gefiel ihr wohl, sie hofft
vielleicht, mich irgendwie um den Besitz zu prellen.
Zum Schluß noch: ob ich eine kleine Schwester einst
verloren hätte, ob sie damals irgend jemand
begleitete, was sie zum Zeitpunkt des Verschwindens
auf ihrem Leibe trug, ob jemand lebe noch,
der sie erkennen dürfte! Solche Fragen stellt
sie doch nur deshalb, weil sie selbst die Absicht hegt,
die Rolle der Verschollenen zu übernehmen,
dreist, wie sie ist! Dabei zählt meine Schwester, lebt
sie noch, erst sechzehn Jahre, während Thais doch
noch etwas älter ist als ich! Nun hat sie mich
noch einmal ernstlich bitten lassen – jetzt soll sie
mir ihre Absicht klar enthüllen oder mich
in Ruhe lassen! Nie, beim Herkules, gedenke
ich noch ein drittes Mal zu kommen.
Klopft an die Tür des Hauses der Thais. He! Wer da?
Ich bin es, Chremes!

PYTHIAS *öffnet*: Oh, ein liebenswerter Gast!

CHREMES *für sich*:
Ich wußte ja, nur eine Falle!

PYTHIAS: Thais bittet
dich herzlich, morgen nochmals vorzusprechen!

CHREMES: Nein,
ich muß hinaus aufs Landgut.

PYTHIAS: Bitte, sei so gut
und tue es.

CHREMES: Ich kann nicht, habe ich gesagt.

PYTHIAS:
Dann warte, bitte, doch ein Weilchen hier bei uns
auf ihre Rückkehr!

CHREMES: Keinesfalls!

PYTHIAS: Warum, mein Chremes?

CHREMES *wendet sich zum Gehen*:
Scher dich zum Henker!

PYTHIAS: Bist du derart fest entschlossen,
dann such sie, bitte, dort auf, wo sie ist!

CHREMES: Na also!

PYTHIAS *ruft in das Haus*:
He, Dorias, begleite schnell den Herrn zum Hauptmann!
Dorias tritt aus dem Haus und entfernt sich mit Chremes. Pythias zieht sich ins Haus zurück.

ANTIPHO *tritt auf*:
Wir, ein paar Jungen, einigten uns gestern im
Piräus, heut ein Essen auf verteilte Kosten
gemeinsam zu veranstalten. Chaerea sollte
das Ganze vorbereiten. Seinen Beitrag zahlte
ein jeder, Zeit und Ort ward festgesetzt. Jetzt ist
die Stunde da, doch an besagter Stelle gar
nichts vorbereitet und Chaerea selbst verschwunden.
Ich weiß nicht, was ich sagen, was vermuten soll.
Die andern gaben mir den Auftrag, ihn zu suchen,
zu schauen, ob er wohl daheim ist.
Chaerea erscheint in der Tür des Hauses der Thais, noch im Eunuchengewand.

Wer verläßt
das Haus der Thais dort? Chaerea – oder nicht?
Jawohl, er ist es! Er – so einer? So gekleidet?
Da ist doch etwas vorgefallen! Staunen muß ich
und Rätsel raten. Doch in jedem Falle will
ich mich beiseite drücken und von hier versuchen,
den Grund des Mummenschanzes ausfindig zu machen.

CHAEREA *strahlend*: Ist hier jemand? Wohl keiner. Verfolgt mich einer? Kein Mensch! Kann ich dann endlich mein Glück laut herausschreien? Jupiter, oh! Umbringen könnte ich mich tatsächlich jetzt lassen, nur um das Leben zu hindern, mit kleinlichem Ärger mein Glück zu entweihen! Aber will niemand, von Neugier geplagt, mir über den Weg hier laufen, mir an die Fersen sich heften, mit Fragen mir zusetzen, mehr, fast zu Tode mich quälen: „Was bist du so fröhlich, so ungehemmt heiter, wohin führt dich dein Weg, woher tauchst plötzlich du auf, wie kommst du zu deinem Eunuchengewand, was möchtest du haben, bist du bei Sinnen noch oder verrückt?“

ANTIPHO *für sich*: Anreden möchte ich ihn und den Wunsch ihm erfüllen, den, wie ich höre, so sehnlich er ausspricht! *Laut:* Chaerea, weswegen so heiter? Wozu soll der Mummenschanz dienen? Warum nur so fröhlich? Was willst du? Hast du noch deine Sinne beisammen? Was starrst du mich an und sagst nicht e i n Wörtchen?

CHAEREA: Herrlicher Tag der Freude! Mein lieber Junge, willkommen! Niemanden gibt es zur Stunde, den inniger ich zu erblikken wünschte als dich!

ANTIPHO: Bitte, erzähl doch: Was ist denn geschehen?

CHAEREA: Beim Herkules, höre mir zu, ich beschwöre dich! Du kennst doch meines Bruders Geliebte?

ANTIPHO: Ja – doch wohl Thais?

CHAEREA: Jawohl.

ANTIPHO: So habe ich richtig vermutet.

CHAEREA: Der wurde heute ein Mädchen gebracht, als Geschenk. Soll ich dir ihre Schönheit gleich preisen, Antipho? Du kennst den Geschmack doch, den ich als Kenner reizvoller Frauen bewähre. Das Mädchen verdrehte den Kopf mir.

ANTIPHO: Ja, wirklich?

CHAEREA: Sähest du sie, ich weiß, du erteiltest den Kranz ihr der Schönheit! Wozu noch viel Worte? Ich stand gleich in Flammen. Dank einem glücklichen Zufall weilte im Haus ein Eunuch, den hatte mein Bruder für Thais gekauft. Aber man hatte ihn noch nicht zur Herrin geführt. Da ließ Parmeno, mein Sklave, beiläufig fallen ein Wort, das schleunig ich aufgriff.

ANTIPHO: Was sagte er denn?

CHAEREA: Schweig – um so schneller erfährst du es: Austauschen sollte ich mit dem Eunuchen die Kleidung, darauf an seiner Statt mich hineinführen lassen!

ANTIPHO: Anstatt des Eunuchen?

CHAEREA: Genau!

ANTIPHO: Was hattest du dir von dem Tausche versprochen?

CHAEREA: Du fragst noch? Ich wollte das Mädchen doch sehen und hören, Antipho, zusammensein auch mit ihr, die ich liebe! Ist das kein wichtiger Anlaß, kein triftiger Grund? Man brachte darauf mich zur Herrin. Die nahm mich sogleich in Empfang und führte erfreut mich ins Haus, gab mir das Mädchen in Obhut.

ANTIPHO: Wem? Dir?

CHAEREA: Ja, mir!

ANTIPHO: Als hinreichend zuverlässigem Wächter!

CHAEREA: Streng untersagte mir Thais, ein männliches Wesen zu ihr zu lassen, befahl mir, nicht von der Seite des Mädchens zu weichen, ganz allein bei ihr im Schlafgemache zu bleiben. Ich nickte und guckte bescheiden zu Boden.

ANTIPHO: Du Ärmster!

CHAEREA: „Ich gehe zum Essen jetzt fort", so sagte die Herrin, ging dann hinaus mit den Sklavinnen. Einige Mägde nur blieben, bestimmt zur Bedienung der Schönen, neu von der Herrin gekauft. Die bereiteten gleich das Bad für sie, ich mahnte zur Eile. Inzwischen saß das Mädchen im Zimmer und schaute zu einem Wandgemälde hinauf. Dort war die Szene zu sehen, wie Jupiter einst den goldenen Regen in Danaës Schoß herabträufeln ließ. Auch ich betrachtete nunmehr das Bild, und weil der Gott schon damals ein ähnliches Spiel sich erlaubte, hatte ich einen weit größeren Spaß daran, daß er, als Gottheit, zu einem Menschen sich wandelte und durch ein offenes Dach ganz heimlich in fremde

Häuser sich schlich, um eine Frau durch List zu bezwingen. Und was für ein Gott: „Der durch seinen Donner des Himmels hochheilige Hallen erzittern läßt!“ Ich sollte, als Menschlein, nicht ebenso handeln? Tatsächlich, ich tat es, und zwar mit dem größten Vergnügen! Während ich solches erwog noch, holten die Mägde das Mädchen zum Bad. Sie ging, sie badete, kehrte zurück und ward auf den Diwan gebettet. Ich stand dabei, der Befehle gewärtig. Da wandte sich eine der Mägde an mich: „He, Dorus, hier, greife zum Fächer und fächle ihr – so! – Erfrischung zu, während wir baden! Du kannst, wenn du Lust hast, nach uns noch baden.“ Ich griff zu dem Fächer mit finsterer Miene.

ANTIPHO: Da hätte ich gern noch dein scheinheilig „finsteres“ Antlitz mit ansehen mögen, wie du so dastandst, du mächtiger Esel mit deinem winzigen Wedel!

CHAEREA: So sprach sie, und ohne zu säumen, drängten sie allesamt eilig zum Zimmer hinaus, mit lautem Geschrei und Geschwätz, in das Bad, wie üblich, wenn einmal die Herrschaft nicht da ist. Inzwischen war meine Erkorene eingenickt. Ich blinzelte seitwärts, verstohlen, scharf durch die Ritzen des Fächers, musterte ringsumher alles, mich hinreichend zu vergewissern. Die Luft war rein. Da schob vor die Tür ich den Riegel.

ANTIPHO: Was dann?

CHAEREA: Was meinst du: „Was dann“? Bist wohl blöde.

ANTIPHO: Hast recht.

CHAEREA: Ich sollte die günstige Stunde, die sich so herrlich, so flüchtig, so heiß ersehnt, so wider Erwarten mir darbot – die sollte ich ungenutzt lassen? Beim Pollux, dann wäre ich wirklich der Kerl, den ich spielte!

ANTIPHO: Da sprachst du die Wahrheit, beim Herkules! Aber was wird nun aus unsrem gemeinsamen Essen?

CHAEREA: Ist alles fertig.

ANTIPHO: Du bist doch tüchtig. Und wo? Bei euch zu Hause?

CHAEREA: Nein, bei dem Freigelassenen Discus.

ANTIPHO: Ziemlich weit! Um so weniger dürfen wir bummeln. Du mußt dich noch umziehen.

CHAEREA: Umziehen – wo nur? Verdamm mich! Ich darf nicht ins Haus: Schon könnte mein Bruder, fürchte ich, drin sein; oder mein Vater gar kehrte zurück schon vom Landgut.

Antipho: Dann komme zu mir! Dort kannst du am ehsten dich umziehen.

Chaerea: Richtig! Los denn! Doch wie ich mit meinem Mädchen weiter Verbindung noch halte, darüber möchte ich gern mit dir mich besprechen.

Antipho: In Ordnung! *Beide ab.*

Dorias *tritt in heller Erregung auf*: So wahr die Götter mir helfen – nach allem, was ich bei dem Kerl schon gesehen, muß ich befürchten, ich Arme, daß er noch heute wie rasend zu streiten anfängt oder gar Thais verprügelt! Da ist doch der junge Chremes gekommen, der Bruder des Mädchens, und Thais hat den Hauptmann gebeten, er möge ihm Eintritt gewähren. Der brauste vor Wut gleich auf, doch wagte er nicht, die Bitte ihr kurzerhand abzuschlagen. Und weiter drängte die Herrin, er möge ihn höflich zu Gast doch noch bitten. Sie tat es, um Chremes zum Bleiben zu nötigen; bot sich im Augenblick ihr ja keine Gelegenheit, Chremes, wie sie es wünschte, über das Schicksal seiner verschollenen Schwester Klarheit zu geben. Mürrisch rief ihn der Hauptmann herein. Und Chremes blieb, und sogleich fing Thais mit ihm das Gespräch an. Aber der Hauptmann schöpfte Verdacht, man hätte ihm einen Rivalen vor Augen geführt, und holte sofort zum Gegenschlag aus: „He, Sklave", schrie er, „bring Pamphila her, sie soll Unterhaltung uns bieten!" Und Thais dagegen: „Niemals! Das Mädchen hierher, zu Tische? Nein, niemals!" Der Hauptmann beharrte, der Streit begann. Verstohlen legte die Herrin den Goldschmuck schon ab und reichte ihn mir, damit ich ihn wegbringe – das beweist: Sie möchte, so früh wie nur möglich, das Weite suchen – ich weiß es genau!

Phaedria *tritt auf, ohne Dorias zu bemerken; für sich*:

Zum Grundstück bin ich unterwegs und fange an
zu grübeln, wie so üblich, wenn man Kummer hat,
erwäge dies und das und sehe alles nur
in düstren Farben. Kurz: Beim Spinnen schußle ich
vorbei an meinem Landhaus! Spät erst merke ich
den Irrtum, kehre um und bin mir selbst nicht gut.
Dort, wo der Seitenpfad vom Hauptweg abgeht, bleibe

ich stehen: „Hier zwei Tage bleiben, ohne sie?
Ich, ganz allein? Und dann? Das lohnt nicht. Kann ich sie
schon nicht berühren, darf ich sie vielleicht doch sehen?
Ist jenes mir versagt, bleibt dies doch wenigstens
gestattet. Mit den Augen lieben ist doch mehr
als gar nichts!" Und ich gehe diesmal ganz bewußt
vorbei am Landhaus. – Aber warum stürmt so plötzlich
dort Pythias, voll Furcht, so scheint es, aus dem Haus?

PYTHIAS *stürzt aufgeregt aus dem Hause der Thais*: Der Schuft! Der Verbrecher! Ich Ärmste, wo kann ich ihn finden, wo soll ich ihn suchen? Die Dreistigkeit, solch ein Gaunerstück schamlos zu wagen!

PHAEDRIA *für sich*: Verdamm mich, das jagt mir schon Furcht ein!

PYTHIAS *für sich*: Erst schänden das Mädchen und dann, nicht zufrieden damit, der Ärmsten noch sämtliche Kleider zerreißen, die Haare zerzausen!

PHAEDRIA: Nanu!

PYTHIAS: Ja, käme der Schurke mir nur in die Quere, ich wollte mit meinen Nägeln die Augen ihm auskratzen, diesem Banditen!

PHAEDRIA *für sich*: Da muß doch in meiner Abwesenheit in dem Hause was Schlimmes sich abgespielt haben! Ich spreche sie an. *Laut:* Was gibt es denn, Pythias? Weswegen so hastig? Wen suchst du?

PYTHIAS: Oh, Phaedria – wen ich suche? Verschwinde doch schleunigst mit deinen hochfeinen Geschenken, dorthin, wo du es verdienst!

PHAEDRIA: Was ist denn geschehen?

PYTHIAS: Da fragst du mich noch? Jener Eunuch, den du uns geschenkt hast, der hat den Skandal auf seinem Gewissen! Das Mädchen, das eben der Hauptmann der Herrin als Gabe verehrte, hat er vergewaltigt!

PHAEDRIA: Was behauptest du da? Verdamm mich, du bist wohl besoffen!

PYTHIAS: Das sollen diejenigen sein, die Unheil mir wünschen!

DORIAS: Aber ich bitte dich, Pythias: Worum bloß handelt es sich, um welchen unglaublichen Greuel?

PHAEDRIA *zu Pythias*: Du bist nicht bei Troste: Wie wäre denn ein Eunuch zu solchem Handeln imstande!

PYTHIAS: Ich kenne den Täter durchaus nicht. Doch was er getan, liegt offen vor Augen. In Tränen schwimmt das Mädchen, und wird sie gefragt, was geschah, dann wagt sie kein Wörtchen zu sagen. Doch er, der vortreffliche Wächter, der läßt sich nicht sehen. Ich Ärmste vermute, daß er, obendrein, auch manches vom Hause noch weggeschleppt hat!

PHAEDRIA: Es sollte mich höchlichst verwundern, wenn solch ein Schlappschwanz wie jener Eunuch eine weitere Strecke zurücklegen könnte. Er kehrte vielleicht nur wieder zu uns nach Hause zurück.

PYTHIAS: Ich bitte dich herzlich: Sieh nach, wo er steckt!

PHAEDRIA: Du sollst es erfahren, sofort! *Ab in das Haus des Demea.*

DORIAS: Erledigt bin ich, beim Himmel, du Liebe, ich habe noch niemals gehört nur von solch abscheulicher Schandtat!

PYTHIAS: Beim Pollux, es kam mir zu Ohren, daß diese Eunuchen besonders erpicht sind auf Frauen, daß ihnen die Manneskraft allerdings fehlt. Doch habe ich Ärmste an so etwas gar nicht gedacht. Ich hätte ihn irgendwo eingesperrt sonst, ihm niemals das Mädchen in Obhut gegeben!

PHAEDRIA *stößt Dorus vor sich her aus dem Haus*:
Los, raus, du Schurke! Sträubst dich noch, du Ausreißer?
Komm raus jetzt, du gemeines Stück!

DORUS *ein älterer, verschüchterter Mann in der Kleidung des Chaerea*:
Um Himmels willen!

PHAEDRIA:
Schau, was der Schinderknecht für eine Fratze zieht!
Was soll das heißen, daß du wiederkommst zu uns?
Warum hast du dich anders angezogen? Was
hast du zu sagen? Wäre ich ein wenig später
gekommen, Pythias, so hätte ich ihn nicht
mehr angetroffen: Er war schon zur Flucht bereit!

PYTHIAS:
Hast du den Kerl tatsächlich?

PHAEDRIA: Klar!

PYTHIAS: Sehr gut!

DORIAS: Beim Pollux,
sehr gut!

PYTHIAS: Wo ist er?
PHAEDRIA: Wie, du fragst? Kannst du nicht sehen?
PYTHIAS:
Ich, sehen? Bitte, wen?
PHAEDRIA: Den Schurken hier!
PYTHIAS: Wer ist das?
PHAEDRIA:
Na, der Eunuch, den man euch heute brachte.
PYTHIAS: Den
hat von uns keine je gesehen, Phaedria.
PHAEDRIA:
Wie, nicht gesehen?
PYTHIAS: Hast du etwa denn geglaubt,
man hätte diesen Kerl zu uns gebracht?
PHAEDRIA: Ich hatte
doch keinen andern.
PYTHIAS: Oh! Der andre ließ' sich nicht
mit diesem hier vergleichen: Er sah ehrbar aus,
fast wie ein freier Mann.
PHAEDRIA: Das glaubtest du vorhin,
weil er buntscheckig angezogen war. Jetzt sieht
er häßlich aus, weil er sich umgezogen hat.
PYTHIAS:
Schweig, bitte, still! Als wenn der Unterschied gering
nur wäre! Heute wurde uns ein junger Mann
gebracht, der dir gefallen hätte, Phaedria!
Doch der hier ist verwelkt und schlapp, ein alter Mann,
mit Flecken im Gesicht.
PHAEDRIA: Nanu! Was soll das heißen?
Du willst mich so weit bringen, daß ich den Eunuchen,
den ich mir kaufte, gar nicht mehr erkenne? *Zu Dorus:* Du,
gestehe: Kaufte ich dich heute?
DORUS: Ja.
PYTHIAS *zu Phaedria*: Laß, bitte,
ihn mir jetzt Antwort geben!
PHAEDRIA: Frage ihn!
PYTHIAS *zu Dorus*: He, sprich:
Bist heute du zu uns gekommen?

Dorus schüttelt verneinend den Kopf. Er meint: Nein!
Doch der bewußte andre kam, wohl sechzehnjährig;
Parmeno brachte ihn.

PHAEDRIA *zu Dorus*: Los, jetzt erkläre mir
zuerst, woher du diese Kleidung hast! Du schweigst?
Willst du nicht reden, mieses Stück?

DORUS: Chaerea kam –

PHAEDRIA:
Mein Bruder?

DORUS: Ja.

PHAEDRIA: Wann?

DORUS: Heute.

PHAEDRIA: Zeitig?

DORUS: Nein, vor kurzem.

PHAEDRIA:
Mit wem?

DORUS: Parmeno.

PHAEDRIA: Kanntest du Chaerea schon?

DORUS:
Nein, vorher hatte niemals ich von ihm gehört.

PHAEDRIA: Woher erfuhrst du dann, er wäre mein Bruder?

DORUS: Parmeno nannte ihn so. Er hat mir diese Kleider gegeben.

PHAEDRIA: Verdamm mich!

DORUS: Er selber schlüpfte in meine. Dann gingen sie fort, die beiden, gemeinsam.

PYTHIAS *zu Phaedria*: Bist du nun endlich fest überzeugt, daß ich nüchtern bin und dich niemals belog? Weißt du nun endlich genau, daß jener Junge dem Mädchen Gewalt antat?

PHAEDRIA *in gleicher Weise betroffen wie wütend*: Glaubst du Kamel denn tatsächlich, was der hier zusammenschwatzt?

PYTHIAS: Dem glauben – wozu? Die Tat liegt offen zutage!

PHAEDRIA *leise zu Dorus*: Komm doch ein bißchen näher zu mir! Du hörst doch? Noch näher ein bißchen! Jetzt reicht es. Sag mir noch einmal: Chaerea war es, der selber dich auszog?

DORUS: Jawohl!

PHAEDRIA: Und deine Gewänder sich umhing?

DORUS: Jawohl!

PHAEDRIA: Und an deiner Stelle sich wegführen ließ?

DORUS: Ganz genau!

PHAEDRIA *laut*: Mächtiger Jupiter! Dieser Verbrecher! Der schamlose Kerl!

PYTHIAS: Wehe mir! Willst du noch immer nicht glauben, daß man uns Frauen empörend verhöhnte?

PHAEDRIA: Es sollte mich wundern, wenn du ihm nicht glaubtest. *Für sich:* Was kann ich bloß tun? *Leise zu Dorus:* He, antworte jetzt mal mit Nein! *Laut:* Ich muß dir wohl heute die Wahrheit buchstäblich stückweise rauskratzen: Hast du tatsächlich meinen Bruder Chaerea gesehen?

DORUS: Nein.

PHAEDRIA *den Triumphierenden und zugleich Verärgerten spielend*: Nachhelfen muß man mit Druck, wie ich sehe, soll er die Wahrheit gestehen. *Leise zu Dorus:* Komm mit! *Achselzuckend zu Pythias:* Er faselt, bald ja und bald nein! *Leise zu Dorus:* Jetzt flehe mich an!

DORUS: Ich flehe dich, Phaedria, inständig an!

PHAEDRIA *versetzt ihm einen Stoß*: Jetzt scher dich hinein!

DORUS: Au!

PHAEDRIA *für sich*: Anderswie finde ich schwerlich noch einen anständigen Abgang! *Drohend zu Dorus:* Erledigt bist du, sofern du noch einmal, du Schurke, mich derartig frech an der Nase herumführst! *Stößt ihn vor sich her; beide ab in das Haus des Demea.*

PYTHIAS: Parmeno heckte den Trick aus, das weiß ich so sicher, wie daß ich am Leben noch bin!

DORIAS: Das stimmt.

PYTHIAS: Doch will ich noch heute, beim Pollux, ihm Gleiches mit Gleichem vergelten! Aber was sollen wir, Dorias, jetzt unternehmen?

DORIAS: Du zielst mit der Frage doch wohl auf das Mädchen?

PYTHIAS: Jawohl: Soll ich schweigen davon? Soll ich reden?

DORIAS: Beim Pollux, bist du vernünftig, verhehlst du das Ganze, weißt vom Eunuchen so wenig wie von der Gewalttat! So hältst du dich völlig heraus aus dem Lärm und wirst dir das Mädchen zu Dank noch verpflichten. Sag eines nur: Auf und davon sei Dorus!

PYTHIAS: So will ich verfahren.

DORIAS: Sehe ich da nicht Chremes herankommen? Klar: Dann wird auch Thais gleich dasein!

PYTHIAS: Warum das?

DORIAS: Vorhin, als ich fortging, da hatte der Streit schon begonnen unter den Gästen. *Zeigt Pythias den Schmuck der Thais.*

PYTHIAS: Du bringe den Goldschmuck in Sicherheit! *Weist auf Chremes.* Ich möchte ihn fragen, was los ist.

Dorias ab in das Haus der Thais.

CHREMES *tritt leicht schwankend auf*: Tata, tata! Beim Herkules, da hat man mir doch ein Schnippchen geschlagen! Der Wein, den ich schlürfte, der wirkt! Doch als ich bei Tische noch lag, da hielt ich mich herrlich für nüchtern. Sobald ich dann aufstand, streikten die Füße und streikte der Kopf!

PYTHIAS: Du, Chremes!

CHREMES: Wer ruft? Ah, Pythias, wirklich, siehst wesentlich hübscher jetzt aus als vorhin!

PYTHIAS: Und du, beim Pollux, wesentlich freundlicher!

CHREMES: Beim Herkules, wahr ist der Ausspruch: Ohne Ceres und Bacchus muß Venus frieren! Doch kam nicht Thais viel früher als ich?

PYTHIAS: Wie, hat sie den Hauptmann verlassen bereits?

CHREMES: Schon lange, schon eine Epoche beinahe! Sie haben sich beide ganz furchtbar gestritten.

PYTHIAS: Sagte sie dir nicht, du möchtest ihr folgen?

CHREMES: Sie sagte kein Wort, sie gab nur ein Zeichen mir, als sie hinausging.

PYTHIAS: Na und, das reichte dir nicht?

CHREMES: Ich kapierte doch nicht, was sie meinte. Der Hauptmann freilich kam meinem schwachen Verstand zu Hilfe: Er warf mich kurzerhand raus aus dem Zimmer! Aber da kommt ja Thais! Erstaunlich: Wie kam ich bloß v o r ihr ins Freie?

THAIS *tritt auf; für sich*: Gleich wird er wohl dasein, das Mädchen mir zu entreißen. Doch soll er es wagen! Rührt er mit einem Finger bloß an mir die Kleine, so kratze ich gleich die Augen ihm aus. Ertragen kann ich schon eine Zeitlang sein albernes Schwatzen und Prahlen, solange es Worte nur sind. Doch wird er gar handgreiflich, soll er es büßen!

CHREMES: Thais, hier bin ich, schon lange!

THAIS: Mein Chremes, ich wartete grade auf dich! Weißt du, daß deinetwegen der Sturm sich erhob, daß die ganze Aufregung dir gilt?

CHREMES: Mir? Weswegen! Als ob das –

THAIS: Deswegen, weil ich dir deine Schwester zurückgeben möchte, mußte ich diese und vielerlei andere Mißhelligkeiten ertragen.

CHREMES: Die Schwester – wo ist sie?

THAIS: Bei mir in der Wohnung.

CHREMES: Nanu!

THAIS: Wie meinst du das? Sie wurde erzogen, wie du es verdienst und sie selber.

CHREMES: Was sagst du?

THAIS: Nur Tatsachen. Dir übergebe ich sie als Geschenk und verlange keine Bezahlung für sie.

CHREMES *ziemlich ernüchtert*: Ich danke dir herzlich, Thais, und will dir vergelten, wie du es verdient hast.

THAIS: Doch Vorsicht, mein Chremes: Sonst kannst du das Mädchen verlieren, noch ehe du es in Empfang nimmst! Der Hauptmann will sie mir nämlich entführen sogleich, mit roher Gewalt. Gehe doch, Pythias, bitte, ins Haus und bring mir das Kästchen mit ihren Erkennungszeichen!

CHREMES *erblickt den Hauptmann in der Ferne*: Siehst du den Hauptmann, Thais, ...

PYTHIAS: Wo liegt es?

THAIS: Im Koffer. Mich ärgert dein Bummeln! *Pythias ab.*

CHREMES: ... und was für Haufen von Streitern er anführt? Verflucht!

THAIS: Bist du ein Angsthase etwa, mein Guter! Na, hör mal!

CHREMES: Nicht doch! Ein Angsthase, ich? Kein Mensch ist weniger ängstlich!

THAIS: Ja, Tapferkeit brauchen wir jetzt.

CHREMES: Ich fürchte, du schätzt mich falsch ein.

THAIS: Du solltest an eines nur denken: Der Kerl, der mit dir sich anlegt, ist Ausländer, hat weniger Einfluß als du, kennt weniger Leute, hat weniger Freunde hier!

CHREMES: Das weiß ich. Doch was man verhüten kann, das beschwört nur ein Dummkopf herauf. Lieber jetzt Vorsicht als später ein Schaden mit harter Bestrafung des Täters. Gehe ins Haus und verriegle den Eingang, ich laufe inzwischen zum Marktplatz: Zu unserer Hilfe in dieser Verwirrung werde ich Männer herbeirufen.

THAIS: Bleib!

CHREMES: Nein, mein Vorschlag ist besser!

THAIS: Bleib, sage ich!

CHREMES: Laß mich, ich komme gleich wieder!

THAIS: Wir haben doch Helfer nicht nötig, mein Chremes: Du brauchst nur zu sagen, sie sei deine Schwester, du hättest als kleines Kind sie verloren und heute grad wiedererkannt. Dann zeig die Beweise!

PYTHIAS *tritt aus dem Hause und hebt ein Kästchen hoch*: Hier sind sie schon!

THAIS *zu Chremes*: Nimm sie! Und greift der Kerl zu Gewalt, dann laß vor den Richter ihn führen! Begreifst du?

CHREMES: Vollkommen!

THAIS: Bemüh dich, entschlossen und unerschrocken mit ihm zu verhandeln!

CHREMES: Ich werde es tun.

THAIS: Jetzt schürze den Mantel zum Kampf! *Für sich:* Ich bin verloren! Mein Verteidiger braucht für sich selber noch einen Beschützer! *Sie begibt sich mit Chremes und Pythias in ihr Haus und verriegelt von innen die Tür.*

Thraso, Gnatho, Sanga sowie weitere Sklaven rücken kampfbereit heran.

THRASO: Ich soll mir eine derart schmachvolle Kränkung gefallen lassen, mein Gnatho? Nein, eher den Tod! Simalio, Donax, Syriscus, los, folgt mir! Ich werde zuerst das Gebäude erstürmen.

GNATHO: Sehr richtig!

THRASO: Danach das Mädchen entführen!

GNATHO: Sehr wacker!

THRASO: Zum Schluß die Thais, das Weibsstück, vertrimmen!

GNATHO: Vorzüglich!

THRASO: Hierher mit der Brechstange, Donax, ins Zentrum! Zum linken Flügel hinüber, Simalio! Dorthin, zum rechten, Syriscus! Hierher, ihr andern! Wo steckt mein Zugführer Sanga und seine Abteilung von Spitzbuben?

SANGA *gefolgt von einem Schwarm Küchenjungen*: Hier!

THRASO: Memme, du! Willst mit dem Schwamm wohl, den du da schwingst, im Kampf dich bewähren?

SANGA: Was, ich? Der Feldherr ein Held, das weiß ich genau, die Soldaten kraftvolle Draufgänger – das kann nicht ohne Blut abgehen, wie soll ich die Wunden dann auswaschen?

THRASO: Wo sind die anderen?

SANGA: Welche andern, verdammt? Zu Hause verrichtet nur Sannio Dienst noch.

THRASO: Du stellst hier den Angriffstrupp auf! Ich werde die Nachhut führen und gebe von dort aus allen das Zeichen zum Sturm!

GNATHO: Ein äußerst vernünftiger Plan. *Für sich:* Er stellt die Mannschaft zur Schlacht auf, besorgt für sich selber ein sicheres Plätzchen!

THRASO: Schon Pyrrhus bewährte die nämliche Kriegskunst.

An einem offenen Fenster des Hauses erscheinen Chremes und Thais.

CHREMES: Siehst du jetzt, Thais, was Thraso in Gang setzt? Zweifellos ist mein Vorschlag der richtige: Fest verrammeln den Zugang zum Hause!

THAIS: Du bildest tatsächlich dir ein, der Kerl dort wäre ein Mann! Der ist doch ein Geck nur, ein Blender! Den brauchst du niemals zu fürchten.

THRASO *zu Gnatho*: Dein Urteil zur Lage?

GNATHO: Ich wünschte dir aufrichtig jetzt eine Schußwaffe: Dann könntest von fern du, aus sicherer Stellung, die Feinde erlegen. Sie würden bald Fersengeld geben!

THRASO: Aber da sehe ich Thais ja selber!

GNATHO: Wollen wir vorstürmen gleich?

THRASO: Nein, warte! Ein Weiser soll erst alles andre versuchen, bevor die Waffen sprechen! Weißt du denn, ob ich nicht gewaltlos die Ausführung meiner Befehle erreiche?

GNATHO: Ihr Götter, gewähret mir treuliche Hilfe! Wie herrlich, ein Weiser zu sein! Ich besuche dich nie, ohne reicher an Einsicht von dir mich zu trennen!

THRASO: Thais, zuerst steh Rede und Antwort mir darauf: Als ich das Mädchen dir schenkte, hast du mir da nicht versprochen, die nächsten Tage nur m i r zu gehören?

THAIS: Na und?

THRASO: „Na und?“ Hast offen mir deinen Geliebten vor Augen geführt, …

THAIS *für sich*: Was läßt mit dem Kerl sich bloß anfangen!

THRASO: … dann heimlich vor mir dich mit ihm aus dem Staube gemacht!

THAIS: Ich hatte halt Lust dazu.

THRASO: So gib auf der Stelle mir Pamphila wieder – es sei denn, ich soll sie dir lieber gewaltsam entreißen!

CHREMES *mischt sich wütend ein*: Das Mädchen zurückgeben dir – oder du sie nur anrühren, aller –

GNATHO: Was hast du dazwischenzureden, he? Schnauze!

THRASO: Was unterstehst du dich? Ich, meine Sklavin nicht anrühren?

CHREMES: Deine, du Schurke?

GNATHO: Vorsichtig, du! Hast keine Ahnung, auf wen du da schimpfst!

CHREMES *zu Gnatho*: Verschwinde, sofort! *Zu Thraso:* Weißt du denn eigentlich, was hier gespielt wird? Machst du mir heute und hier Scherereien, sollst du dich ewig an diesen Ort, an den Tag und meine Worte erinnern!

GNATHO: Du kannst mir leid tun – dich anzulegen mit solch einem Helden!

CHREMES: Ich will dir den Schädel zerschmettern, wenn du nicht abhaust!

GNATHO: Tatsächlich, du Hund? Das bietest du mir?

THRASO: Wer bist du? Was willst du? Was hast du mit meiner Sklavin zu schaffen?

CHREMES: Du sollst es erfahren. Vor allem: Das Mädchen ist frei!

THRASO: Ha!

CHREMES: Attische Bürgerin!

THRASO: Oh!

CHREMES: Meine Schwester!

THRASO: Schamlose Frechheit!

CHREMES: Ich sage dir, Hauptmann, ausdrücklich: Lasse die Finger von ihr! – Ich werde jetzt, Thais, zu Sóphrona gehen, der Amme, sie herführen und die Beweisstücke vorzeigen.

THRASO: Hindre mich ja nicht, mein Eigentum anzurühren!

CHREMES: Ich werde dich hindern, jawohl! *Zieht sich zurück.*

GNATHO *zu Thraso*: Du hörst es? Er macht sich schuldig des Diebstahls! Das reicht!

THRASO: Unterstützt du das etwa, Thais?

THAIS: Suche dir einen, der Antwort dir gibt! *Zieht sich ebenfalls zurück und schließt das Fenster.*

THRASO: Was sollen wir tun jetzt?

GNATHO: Zurück uns ziehen! Sie dürfte dich bald schon mit flehenden Bitten bestürmen.

THRASO: So, meinst du?

GNATHO: Gewiß! Ich kenne die Weiber: Sie wollen nicht, wenn du Lust hast, und hast du keine, dann wollen sie selber!

THRASO: Sehr richtig!

GNATHO: Kann ich das Heer entlassen?

THRASO: Von mir aus, bitte!

GNATHO: He, Sanga! Wie tapfren Soldaten es zusteht, denke jetzt wieder an Heimstatt und Herd!

SANGA: Lange schon weilen meine Gedanken im Reiche der Pfannen.

GNATHO: Vernünftig!

THRASO: Los, folgt mir! *Ab mit seinen Leuten.*

Thais und Pythias treten aus dem Haus.

THAIS: Wie lange noch, du Luder, redest du zu mir
so unklar? „Weiß nicht – weiß – er ging – ich hörte – war
nicht selbst dabei!" Willst du nicht offen mir erklären,
was vor sich ging? Sie schweigt, sie weint, das Kleid zerrissen,
verschwunden der Eunuch: Weswegen? Was geschah?
Los, sprich!

PYTHIAS: Was soll ich Arme dir berichten? Man
behauptet, der Eunuch sei kein Eunuch gewesen.

THAIS:
Was denn?

PYTHIAS: Nun, der Chaerea.

THAIS: Wer ist das, Chaerea?

PYTHIAS:
Der jüngre Bruder Phaedrias.

THAIS: Was sagst du da,
du Hexe?

PYTHIAS: Das erfuhr aus sichrer Quelle ich!

THAIS:
Und was, ich bitte dich, geht uns das an? Weshalb
ward er ins Spiel gebracht?

PYTHIAS: Das weiß ich nicht, jedoch
ich glaube fast, er war in Pámphila verliebt.

THAIS:
Ich Ärmste, ach, in meiner Not bin ich verloren,
wenn das, was du behauptest, wahr ist! Ob das Mädchen
deswegen weint?

PYTHIAS: Vermutlich.

THAIS: Wie, du Nichtsnutz? Als
ich fortging, schärfte ich dir d a s gerade ein!

PYTHIAS:
Wie konnte ich es hindern? Wie du mir befahlst,
ließ ich das Kind vertrauensvoll mit ihm allein.

THAIS:
Du Elende, du gabst das Schaf dem Wolfe preis!
Mich frißt die Scham, daß man mich derart täuschen konnte.
Sieht Chaerea sich nähern.
Was ist denn das für einer, der da kommt?

PYTHIAS: Still, Herrin,
sei still, ich bitte dich, wir sind gerettet: Den
Bewußten haben wir!

THAIS: Wo ist er?

PYTHIAS: Dort, zur Linken!
Du siehst ihn?

THAIS: Ja.

PYTHIAS: Laß ihn verhaften, möglichst schnell!

THAIS:
Was sollen wir mit dem, du Dussel?

PYTHIAS: Fragst du noch?
Sieh doch die dreiste Miene, guckst genau du hin!
Nicht wahr? Wie unverschämt zeigt sich der Bursche noch!

CHAEREA *tritt auf; für sich*:
Da waren doch bei Antipho, wie abgepaßt,
der Vater und die Mutter grad zu Haus. Ich konnte

nicht in die Wohnung, ohne ihnen aufzufallen.
Noch während vor der Tür ich stand, kam ein Bekannter.
Gleich schoß ich los, so schnell mich meine Füße trugen,
in eine stille Gasse, eine zweite dann
und weiter fort. So suchte ich, vom Pech verfolgt,
nur in der Flucht mein Heil, um nicht erkannt zu werden.
Doch sehe ich nicht Thais dort? Jawohl! Was soll
ich machen? Ach, was schert sie mich? Sie kann mir gar
nichts antun!

THAIS *für sich*: Reden wir ihn an!
Zu Chaerea: Mein wackrer Dorus,
sei mir gegrüßt! Sag ehrlich: Bist du weggelaufen?

CHAEREA:
Ja, Herrin.

THAIS: Hältst du das für pflichtgemäß?

CHAEREA: Nein, Herrin.

THAIS:
Und wähnst du, ungestraft davonzukommen?

CHAEREA: Herrin,
verzeih mir, bitte, diese eine Schuld! Wenn ich
je eine zweite auf mich lade, töte mich!

THAIS:
Du hattest wirklich keine Angst vor meiner Strenge?

CHAEREA:
Ich hatte davor keine Angst.

THAIS: Wovor denn dann?

CHAEREA *auf Pythias weisend*:
Ich fürchtete, die Frau hier würde mich bei dir
verklagen.

THAIS: Was verbrachst du?

CHAEREA: Eine Winzigkeit.

THAIS:
Wie, Winzigkeit, du dreister Kerl? Dir gilt es wohl
als winzig, eine junge freie Bürgerin
zu vergewaltigen?

CHAEREA: Ich glaubte, sie sei Sklavin,
wie ich ein Sklave.

PYTHIAS: „Sklavin“! Kaum noch halte ich

zurück mich, dir die Haare auszureißen, Lump, du!
Will uns noch obendrein zum besten haben!

THAIS: Reg
dich doch nicht auf, du Dummkopf!

PYTHIAS: Selbst auch wenn ich ihm
das Haar ausrisse, bliebe ich dem Galgenstrick
noch manches schuldig! Wo er selbst sich als dein Sklave
bekennt!

THAIS: Wir wollen dieses Lügenspiel beenden.
Du hast dich deiner nicht sehr würdig hier benommen,
Chaerea! Denn wenn *ich* auch eine solche Schmach
durchaus verdiene: Deine Tat war bittres Unrecht!
Ich weiß jetzt nicht, beim Pollux, was ich für das Mädchen
beschließen soll. Du brachtest alle meine Pläne
vollkommen durcheinander: Denn ich kann nunmehr
das Kind, dem Rechte nach und wie ich selber wollte,
nicht seinen Lieben wiedergeben, um dadurch
die Leute mir, Chaerea, sicher zu verpflichten!

CHAEREA:
Ich freilich hoffe jetzt, daß uns ein Freundschaftsband
umschlingt für immer, Thais! Zog ein solcher Streit,
wie arg er auch begann, doch oft schon innige
Vertrautheit nach sich. Ob ein Gott die Bande knüpfte?

THAIS:
Gern lasse ich, beim Pollux, diese Bindung gelten.

CHAEREA:
Ich bitte darum. Eines aber sollst du wissen:
Ich wollte durch mein Handeln keinen Menschen kränken,
mich trieb die Liebe nur.

THAIS: Das sehe ich und will
deshalb, beim Pollux, um so eher dir verzeihen.
Ich bin, Chaerea, nicht so stur und unerfahren,
um zu vergessen, was die Liebe so vermag.

CHAEREA:
So wahr die Seligen mir wohlgesonnen sind:
Ich liebe *dich* auch, Thais!

PYTHIAS: Soviel merke ich:
Du mußt dich, Herrin, auch vor ihm in Zukunft hüten!

CHAEREA:
Ich würde es nicht wagen.

PYTHIAS: Dir kann ich doch nichts mehr glauben.

THAIS: Laß!

CHAEREA: In dieser Lage bitte ich
dich jetzt um Hilfe, will mich voll dir anvertrauen,
erwähle dich zu meinem Anwalt, Thais: Um
des Himmels willen, glaube mir, ich müßte sterben,
wenn ich das Mädchen nicht zur Frau mir nehmen dürfte!

THAIS:
Doch falls dein Vater –

CHAEREA: Wie? Der pflichtet sicher bei,
sofern mein Mädchen nur das Bürgerrecht besitzt!

THAIS:
Wenn du ein Weilchen dich gedulden willst: gleich wird
des Mädchens Bruder hier erscheinen. Er ging fort,
die Amme herzuholen, die das Kind einst nährte.
Du wirst, Chaerea, Zeuge des Erkennens sein.

CHAEREA:
Ich bleibe.

THAIS: Wollen wir auf seine Ankunft nicht
im Hause lieber warten als hier vor der Tür?

CHAEREA:
Sehr gern.

PYTHIAS: Was, Herrin, willst du tun, ich bitte dich!

THAIS:
Was denn?

PYTHIAS: Du fragst noch? Den in deine Wohnung lassen
nach alledem?

THAIS: Warum nicht?

PYTHIAS: Glaube mir: Er wird
aufs neue dort Verwirrung stiften!

THAIS: Schweig doch, bitte!

PYTHIAS:
Ich glaube, du hast seine Frechheit noch nicht ganz
durchschaut.

CHAEREA: Ich will an gar nichts rühren, Pythias.

PYTHIAS:
Jawohl, das glaube ich, Chaerea – ausgenommen,
es wird dir etwas anvertraut!

CHAEREA: Dann, Pythias,
bewache du mich doch!

PYTHIAS: Ich will dir weder zum
Bewachen etwas anvertrauen noch dich selbst
bewachen. Geh mir weg!

THAIS: Da kommt, zum rechten Zeitpunkt,
ihr Bruder!

CHAEREA: Ha, beim Herkules, ich bin erledigt!
Schnell, Thais, bitte, in dein Haus! Er soll mich in
der Kleidung hier nicht auf der Straße sehen!

THAIS: Ja,
warum denn? Etwa gar aus Scham?

CHAEREA: Deswegen, ja!

PYTHIAS: „Deswegen, ja!" Du bist die reinste Jungfrau, wirklich!

THAIS *zu Chaerea*:
Geh mir voraus, ich komme mit! Du, Pythias,
bleib hier, um Chremes in die Wohnung zu geleiten!
Chaerea und Thais ab in das Haus.

PYTHIAS *für sich*:
Wie kann ich bloß auf einen guten Einfall kommen,
den Einfall, der mir hilft, den Schurken zu bestrafen,
der den „Eunuchen" dreist uns unterschob!
Chremes und Sophrona treten auf.

CHREMES: Los, schneller,
beweg dich, gute Amme!

SOPHRONA: Ich bewege mich
doch schon!

CHREMES: Ja, wie ich sehe – doch du kommst nicht von
der Stelle.

PYTHIAS *zu Chremes*: Hast du die Beweise schon der Amme
gezeigt?

CHREMES: Ja, alle!

PYTHIAS: Bitte, was hat sie gesagt?
Erkennt sie diese Zeichen?

CHREMES: Einwandfrei!

PYTHIAS: Wie schön,
beim Pollux! Habe ich das Mädchen doch sehr gern.
Geht in das Haus! Längst wartet dort auf euch die Herrin.
Chremes und Sophrona ab.

Da sehe ich den Ehrenmann Parmeno kommen.
Wie langsam er voranschleicht! Wenn die Götter helfen,
so hoffe ich auf meine Weise ihn zu zwiebeln.
Ich gehe jetzt hinein und will mich vergewissern,
ob man das Mädchen zweifelsfrei erkennt. Dann komme
ich wieder und versetze diesen Schuft in Schrecken! *Ab.*

PARMENO:
Ich will doch sehen, wie es um Chaerea steht.
Wenn er das Spiel mit Schlauheit durchhielt, gute Götter,
welch hohen, wahren Ruhm wird dann Parmeno ernten!
Das Schwierigste und Teuerste in Liebesdingen
verschaffte ich ihm leicht: von einer auf das Geld
versessenen Hetäre das von ihm so hoch
geschätzte Mädchen, ohne Aufwand, ohne Kosten.
Pythias kehrt, von ihm unbemerkt, aus dem Hause zurück.
Als Meisterstück indessen rechne ich mir an
ein zweites: Ich entdeckte, wie man einen Jungen
einführen kann in den Charakter und die Tricks
der Huren, mit dem Ziel, daß er zur rechten Zeit
sie noch durchschaut und dann mit stetem Haß verfolgt.
Solange sie vor aller Augen sich bewegen,
erwecken sie den Eindruck höchster Vornehmheit,
von Sauberkeit und Eleganz. Doch wenn sie mit
dem Kunden speisen, zeigen sie die blanke Gier.
Die Einsicht in ihr Elend, ihren Schmutz und ihre
Gemeinheit, in das Leben, das sie, stets geplagt
von Hunger, einsam, voller Schmach, zu Hause führen,
wo Schwarzbrot sie in alte Brühe stippen und
verschlingen: Das bringt einem jungen Mann nur Vorteil!

PYTHIAS *für sich*:
Beim Pollux, Schuft, für deine Worte und dein Handeln
sollst du mir büßen, sollst nicht straflos uns verhöhnen!

Laut: Ihr gütigen Götter, welch schimpfliche Tat, welch unglückgepeinigter Junge! Der Lump, der Parmeno, der ihn hier hineingelockt hat!

PARMENO *für sich*: Was soll das?

PYTHIAS: Er tut mir so leid! Um es nicht mit ansehen zu müssen, rannte ich hierher ins Freie: Sie wollen, zu warnendem Beispiel, ihn schrecklich bestrafen!

PARMENO *für sich*: Beim Jupiter! Was soll die Aufregung? Mich gar hineinreißen? Ich werde sie ansprechen. *Laut zu Pythias:* Pythias, bitte, was soll das? Was meinst du? Wer soll da zu warnendem Beispiele dienen?

PYTHIAS: Du fragst noch, du Ausbund von Frechheit? Zugrunde gerichtet hast du den Jüngling, den du als Eunuchen uns brachtest, nur in der Absicht, uns dreist ein Schnippchen zu schlagen!

PARMENO: Wie das? Erzähle doch, bitte, was ist denn geschehen?

PYTHIAS: Hör zu: Das Mädchen, das heut als Geschenk zu Thais gebracht ward, hat Bürgerrecht, und ihr Bruder gehört zu den vornehmsten Kreisen. Das weißt du wohl nicht?

PARMENO: Ich weiß nichts davon.

PYTHIAS: Es wurde entdeckt. Und dieses Mädchen hat der elende Kerl vergewaltigt! Aber der Bruder erfuhr es sehr bald, und von rasendem Jähzorn ergriffen, ...

PARMENO: Was hat er getan?

PYTHIAS: ... ließ er ihn gleich aufs grausamste krummschließen!

PARMENO: Krummschließen?

PYTHIAS: Ja, obwohl ihn Thais flehentlich bat, ihn zu schonen!

PARMENO: Dein Ernst?

PYTHIAS: Jetzt droht er, er wolle ihm abschneiden auch, was man Lüstlingen abschneidet, Brechern der Ehe! So etwas habe ich noch niemals mit ansehen müssen und will es auch niemals mit ansehen!

PARMENO: Wie schamlos! Er wagt ein solches Verbrechen?

PYTHIAS: Was heißt hier „Verbrechen"?

PARMENO: Hältst du es nicht für ein solches? Wer hat jemals erlebt, daß im Haus einer Hure der Kunde als Lüstling und Brecher der Ehe gefaßt wird!

PYTHIAS: Ich weiß nicht.

PARMENO: Du sollst aber wissen, Pythias, ich will es dir ausdrücklich sagen: Der Jüngling, von dem du da redest, ist Sohn unsres Herrn, …

PYTHIAS: Ich bitte dich, wirklich?

PARMENO: … und Thais muß ihn vor jeder Gewalttat bewahren! Aber ich sollte doch selbst gleich hineingehen.

PYTHIAS: Wäge, Parmeno, vorsichtig ab, was du tust! Du wirst dem Jungen nicht helfen, doch selber ins Unglück nur tappen. Man hält doch dich für den Urheber dessen, was hier sich abspielte!

PARMENO: Weh mir, was kann ich nur tun? Was soll ich beginnen? Da sehe ich meinen greisen Gebieter vom Landgut zurückkommen! Soll ich ihm alles enthüllen? Besser verschweigen? Nein, offen erklären, beim Herkules, wenn ich auch weiß, daß harte Bestrafung mir droht. Ich muß dem Jungen doch helfen!

PYTHIAS: Vernünftig! Ich gehe ins Haus. Du aber erzähle ihm alles der Reihe nach, wie es geschah! *Ab.*

DEMEA *tritt auf*:

Mein nah gelegnes Landgut bietet Vorteil mir:
Nicht Land noch Stadt bekomme je ich über. Regt
sich Widerwillen, brauche ich den Aufenthalt
zu wechseln nur. Ist das Parmeno nicht? Doch, ja!
Auf wen, Parmeno, wartest du hier vor der Tür?

PARMENO:

Wer da? Ach, Herr, du kommst – gesund, zu meiner Freude!

DEMEA:

Sprich, wen erwartest du?

PARMENO *für sich*: Erledigt! Furcht hemmt mir
die Zunge.

DEMEA: He, was ist? Du zitterst? Bist du krank?

PARMENO:

Vor allem, Herr, glaub mir die reine Wahrheit, bitte:
Was hier geschehen ist, das war nicht meine Schuld!

DEMEA:

Was denn?

PARMENO: Du fragst mit vollem Recht. Von Anfang an
muß ich berichten. Kaufte Phaedria sich einen
Eunuchen doch. Er wollte ihn ihr schenken.

DEMEA: Wem?

PARMENO:
Der Thais.

DEMEA: Kaufte! Aus! Beim Herkules! Und für wieviel?

PARMENO: Für zwanzig Minen.

DEMEA: Aus, vorbei!

PARMENO: Und weiter:
Chaerea ist verliebt in eine Musikantin.

DEMEA:
Ha! Was! Verliebt! Er weiß bereits, was „Hure“ heißt?
Kam in die Stadt wohl? Ein Verderben heckt das andre!

PARMENO:
Herr, blicke mich nicht an: Ich gab ihm nicht den Anstoß!

DEMEA:
Du sollst von dir nicht immer reden! Dich, du Schurke,
so wahr ich lebe, will – doch sprich erst: Was geschah?

PARMENO:
Zu Thais wurde er geführt anstelle des
Eunuchen.

DEMEA: Wie? Anstelle –

PARMENO: Ja. Dann hat man ihn
im Haus ertappt als Ehebrecher und gefesselt.

DEMEA:
Mein Tod!

PARMENO: Da siehst du mal die Dreistigkeit der Huren!

DEMEA:
Hast du noch mehr an Schmach und Schande zu berichten?

PARMENO:
Das wäre alles.

DEMEA: Gleich muß ich ins Haus hinein!
Eilig ab in das Haus der Thais.

PARMENO:
Bestimmt erwächst mir daraus eine harte Strafe.
Trotzdem, ich tat es gern, weil es notwendig war,
daß ich den Weibern auch mal eine Abreibung
verpasse. Längst schon suchte einen Grund der Alte,
es ihnen einzutränken. Nunmehr fand er ihn.

PYTHIAS *tritt aus dem Hause; für sich*: Niemals, seit langem, beim Pollux, erlebte ich etwas, das ich mir inniger wünschte als den Anblick des Alten, der eben, befangen in seinem Wahn, in unsere Wohnung sich stürzte. Ich nur vermochte zu lachen dabei; denn ich wußte, wovor er sich fürchtete!

PARMENO *für sich*: Was soll das bloß heißen?

PYTHIAS: Jetzt will ich Parmeno erwischen. Aber, um Himmels willen, wo steckt er?

PARMENO *für sich*: Mich sucht sie!

PYTHIAS *lachend*: Ha, da ist er ja! Nichts wie ran!

PARMENO: Was willst du, Kamel? Was gibt es? Was lachst du? Und lachst auch noch weiter!

PYTHIAS: Erledigt bin ich, ich Ärmste, ich habe beinahe halbtot mich gelacht über dich.

PARMENO: Warum denn?

PYTHIAS: Du fragst noch? Einen größeren Trottel als dich, beim Pollux, sah ich noch nie und werde ich niemals erblicken! Man kann es in Worte kaum fassen, was du uns im Hause an Grund zum Lachen geboten! Da hielt ich dich früher für einen pfiffigen Burschen mit kluger und munterer Zunge. Wie: Mußtest du reinfallen gleich auf meine Erzählung? Hast du bereut den Skandal, den der Junge auf deinen Rat hin hervorrief – wenn du den Ärmsten nicht noch obendrein an den Vater verrietest? Wie war nur dem Jungen, nach deiner Meinung, zumute, als ihn, im Eunuchenkostüm!, der Vater erblickte? Dämmert dir endlich, daß du in der Schlinge schon zappelst?

PARMENO: Was schwatztest du da, du erbärmliches Weibsstück? Schwindelst und lachst noch dazu? Du findest wohl Freude daran, du Schurkin, mich schamlos zum besten zu haben?

PYTHIAS: Jawohl, und von Herzen!

PARMENO: Sofern du nur ungeschoren davonkommst ...!

PYTHIAS: Tatsächlich?

PARMENO: Ich werde, beim Herkules, sorgen dafür.

PYTHIAS: Das glaube ich gern. Aber ein Weilchen noch dürfte es dauern, Parmeno, bis du die Drohungen wahrmachst. Aufhängen wird man dich gleich, weil du einen unreifen Jungen durch diesen Skandal in Verruf bringst und dann noch verrätst: Dich werden Vater wie Sohn schon gehörig, zur Abschreckung, strafen!

PARMENO *erschüttert*: Verloren bin ich.

PYTHIAS: Der richtige Lohn für den Streich, den du spieltest! Ich gehe. *Ab.*

PARMENO: Ich Ärmster, so gehe ich heute zugrunde, verriet, wie die Maus durch ihr Pfeifen, mich selber!

Thraso und Gnatho treten auf.

GNATHO: Was nun? In welcher Erwartung, in welcher Absicht kommen wir her? Was willst du beginnen, mein Thraso?

THRASO: Ich? Thais mich ausliefern, ihre Befehle auch ausführen!

GNATHO: Wie, bitte?

THRASO: Herkules auch bediente Omphále als Sklave!

GNATHO: Ein treffendes Beispiel! *Für sich:* Könnte ich Zeuge doch sein, wie dein Schädel zermürbt wird unter den Tritten ihrer Sandalen! *Laut:* Aber da knarrt ja die Türe bei ihr!

THRASO: Verdamm mich, was kommt jetzt schon wieder dazwischen! *Chaerea kommt strahlend aus dem Hause.* Noch niemals habe den Kerl ich gesehen. Weswegen springt er und stürzt er heraus?

CHAEREA: Ihr Mitbürger, keinen Sterblichen gibt es am heutigen Tage, der glücklicher wäre als ich, nicht einen, beim Herkules! Wollten die Götter an mir doch all ihre Macht offensichtlich erweisen, mit solchem Glück überhäuften sie mich, so ganz unerwartet!

PARMENO *für sich*: Worüber nur freut er sich so?

CHAEREA *erblickt ihn*: Mein lieber Parmeno, du hast doch all meine Wonnen geplant, in Angriff genommen, vollendet! Weißt du, worüber ich derart mich freue? Kennst du schon die große Entdeckung: Meine Pámphila attische Bürgerin?

PARMENO: Ich hörte davon.

CHAEREA: Und du weißt auch, daß ich mit ihr schon verlobt bin?

PARMENO: So wahr die Götter mir helfen: Vorzüglich!

GNATHO *zu Thraso*: Hörst du, was der da erzählt?

CHAEREA: Ein weiterer Grund noch zur Freude: Phaedria hat, mein Bruder, seine Geliebte im sicheren Hafen. Zwei Häuser vereinigten sich: Dem Vater vertraute Thais sich an, begab sich in unseren Schutz!

PARMENO: So gehört, uneingeschränkt, Thais dem Bruder?

CHAEREA: Natürlich.

PARMENO: Dann können wir noch aus anderem Grunde uns freuen: Dem Hauptmann wird die Türe gewiesen!

CHAEREA: Laß meinen Bruder, wo immer er ist, so schnell wie möglich die Neuigkeit wissen!

PARMENO: Ich werde zu Hause ihn suchen. *Ab.*

THRASO: Kannst du, mein Gnatho, noch zweifeln, daß ich für immer erledigt jetzt bin?

GNATHO: Da kann ich bestimmt nicht zweifeln.

CHAEREA: Was soll ich als erstes nur rühmen, was preisen am höchsten? Ihn, der den Rat mir gegeben, mich selbst, der die Tat ich gewagt? Fortuna, die glücklich das Schiff durch die Klippen gelenkt, die so viel Erfreuliches gnädig an e i n e m Tage sich abspielen ließ? Oder auch meines Vaters heitres Gemüt, sein versöhnliches Wesen? O Jupiter, bitte, bewahre uns all unser Glück!

PHAEDRIA *tritt auf*: Ihr gütigen Götter! Unglaublich, was eben Parmeno erzählt hat! Aber wo ist mein Bruder?

CHAEREA: Hier steckt er.

PHAEDRIA: Ich freue mich sehr.

CHAEREA: Das glaube ich gern. Kein weibliches Wesen verdient so innige Liebe wie deine Thais. Glücksbringerin ist sie für unsere ganze Familie.

PHAEDRIA: Mir brauchst du ihr Loblied doch gar nicht zu singen!

THRASO *leise zu Gnatho*: Verdamm mich! Je ärger die Hoffnung mich narrt, um so grausamer quält mich die Liebe. Mein Gnatho, beim Himmel, auf dir beruht jetzt mein Hoffen!

GNATHO: Was soll ich denn tun?

THRASO: Versuch zu erreichen, durch Bitten, durch Geld auch, daß irgendwie in Verbindung ich bleibe mit Thais!

GNATHO: Recht schwierig!

THRASO: Du kannst es, sofern du nur willst! Ich kenne dich. Erreichst du es, wünsche dir, was als Belohnung du einstecken möchtest – du sollst es bekommen!

GNATHO: Tatsächlich?

THRASO: Jawohl.

GNATHO: Nun, wenn ich es schaffe, so lasse mir, bitte, dein Haus stets offen, magst du zugegen sein oder auch nicht, laß immer darin ein Plätzchen mich finden, auch ohne Einladung!

THRASO: Das schwöre ich dir!

GNATHO: Dann gehe ans Werk ich sogleich.

PHAEDRIA: Wen höre ich da? Ha, Thraso!

THRASO: Gruß dir!

PHAEDRIA: Du weißt wohl noch gar nicht, was hier sich inzwischen ereignet hat?

THRASO: Das weiß ich genau.

PHAEDRIA: Warum dann erblicke ich dich noch hier in der Gegend?

THRASO *unsicher*: Gestützt auf euch –

PHAEDRIA: Weißt du, worauf? Ich sage dir, Hauptmann: Sollte ich nochmals in dieser Straße dich treffen und sagtest du auch: „Einen andern wollte ich aufsuchen, zufällig gehe ich hier nur vorüber“ – dann bist du erledigt!

GNATHO: Ha, was für ein schamloser Ton!

PHAEDRIA: Ich habe gesprochen.

GNATHO: So anmaßend kenne ich dich ja noch gar nicht.

PHAEDRIA: Ich stehe zum Wort.

GNATHO *zu Phaedria und Chaerea, mit gedämpfter Stimme und in vertraulichem Ton*: Hört, bitte, vorher ein paar Worte noch, und bin ich fertig, so handelt nach eurem Belieben!

CHAEREA: Wir hören schon!

GNATHO *zu Thraso*: Geh doch, bitte, ein wenig beiseite, mein Thraso! *Dieser folgt dem Geheiß.* Ich möchte euch gleich zu Beginn sehr herzlich bitten, mir Glauben zu schenken: Was ich zur Stunde auch immer in diesem Fall unternehme, ich tue es vorzugsweise für mich. Doch nützte mein Handeln auch euch, dann wäre es töricht, abseits zu stehen.

PHAEDRIA: Was willst du?

GNATHO: Ich rate euch: Nehmet den Hauptmann auf als Rivalen!

PHAEDRIA: Wie? Aufnehmen als –

GNATHO: Überlege doch, Phaedria: Heiter, beim Herkules, lebst du mit Thais – das stimmt, du führst ein heiteres Leben. Aber du hast ja nur wenig zu bieten, und eine Thais stellt ziemliche Ansprüche. Deine Liebe zu nähren, ohne daß es dich Unsummen kostet, ist niemand in höherem Grade geeignet und nützlich für dich – *weist mit einem kurzen Kopfnicken auf Thraso* – als er! Denn, erstens, er hat genügend zum Geben und teilt auch aufs reichlichste aus; zweitens ist er ein Dummkopf, geschmacklos, schwer von Begriff, und schnarcht bei Nacht wie bei Tage: Du brauchst nicht zu fürchten, daß jemals ein Weib ganz ernstlich in den sich verliebt, und kannst ihn verscheuchen mit Leichtigkeit, falls du es möchtest.

PHAEDRIA: Was sollen wir tun?

GNATHO: Und außerdem noch, was ich sogar für das Wichtigste halte: Niemanden gibt es, der jemals mit größerer Freude und blinderem Eifer Gäste empfängt!

CHAEREA: Es sollte mich wundern, könnten wir den nicht zu vielerlei Nützlichem brauchen.

PHAEDRIA: Genauso denke auch ich.

GNATHO: So handelt ihr richtig. Um eines nur bitte ich euch noch: Gewähret mir Zugang zu eurer Gesellschaft; zu lange schon quäle ich mich mit dem Felsblock herum!

PHAEDRIA: Wir nehmen dich auf.

CHAEREA: Sehr gern.

GNATHO: Und ich übergebe euch dafür, Phaedria, dir, und dir, Chaerea, den Hauptmann: Ausnehmen könnt ihr und auslachen ihn!

CHAEREA: Sehr gut.

PHAEDRIA: Er verdient es.

GNATHO: Tritt näher, mein Thraso, ich bitte!

THRASO *folgt der Aufforderung; hastig und leise zu Gnatho*: Um Himmels willen, wie steht es für uns?

GNATHO: Wie es steht? Die Leute hier haben dich bloß nicht gekannt. Nur deinen Charakter brauchte ich ihnen zu schildern und, was du getan und geleistet, gebührend zu preisen – schon gewann ich mein Spiel!

THRASO: Vortrefflich! Ich sage von Herzen dir Dank. Stets, wo ich immer auch war, hat innig ein jeder ins Herz mich geschlossen.

GNATHO *zu Phaedria und Chaerea*: Ich habe es gleich euch gesagt: In seiner Person überströmt euch Athens Eleganz!

PHAEDRIA: Du hast dein Versprechen gehalten. *Mit einladender Gebärde:* So tretet denn ein in das Haus!

DER SÄNGER *zum Publikum*: Gehabt euch wohl und spendet uns Beifall!

PHORMIO

DIDASKALIE

Der Phormio des Terenz. Das Stück wurde aufgeführt bei den Römischen Spielen unter den kurulischen Ädilen Lucius Postumius Albinus und Lucius Cornelius Merula. Die Aufführung leiteten Lucius Ambivius Turpio und Lucius Atilius aus Praeneste. Die Musik komponierte Flaccus, der Sklave des Claudius, durchgehend in ungleichen Flöten. Das griechische Original ist der „Epidikazomenos“ des Apollodoros. Das Stück entstand als viertes unter den Konsuln Gaius Fannius und Marcus Valerius.

DES GAIUS SULPICIUS APOLLINARIS INHALTSANGABE

Verreist war Démipho, des Chremes Bruder; sein
Sohn Ántipho war in Athen zu Haus geblieben.
Auf Lemnos hatte Chremes heimlich Frau und Tochter,
doch in Athen die rechte Ehefrau nebst Sohn,
der heiß in eine Harfenspielerin verliebt war.
Nun kam die Frau aus Lemnos nach Athen; dort starb sie,
und ihre Tochter mußte ganz allein – denn Chremes
war auch verreist – für die Bestattung Sorge tragen.
Dabei bekam der junge Antipho das Mädchen
vor Augen und gewann sie lieb, darauf sogar
durch die Vermittlung eines Tischgasts zur Gemahlin.
Da kehrten Demipho und Chremes heim, und beide
gerieten außer sich vor Zorn. Dem Tischgast gaben
sie dreißig Minen: selber sollte er das Mädchen
zur Frau sich nehmen. Der indessen kaufte für
das Geld die Musikantin für den Sohn des Chremes,
und Antipho behielt die Gattin, war sie doch
des Chremes Kind als seine anerkannte Tochter.

PERSONEN

Demipho, Bürger von Athen
Chremes, sein Bruder, gleichen Standes
Antipho, Sohn des Demipho
Phaedria, Sohn des Chremes
Phormio, Parasit
Nausistrata, Gattin des Chremes
Dorio, Kuppler und Sklavenhändler
Sophrona, Amme der Phanium, der Tochter des Chremes
Hegio, Cratinus, Crito, } Freunde des Demipho
Davos, Geta, } Sklaven des Demipho
Der Sänger
Sklaven, Sklavinnen

Ort der Handlung: Athen

PROLOG

Den Autor dieses Stückes konnte nicht der alte
Poet im Arbeitseifer hemmen oder gar
zum Nichtstun zwingen. Zur Verleumdung greift er jetzt,
behauptet, Stücke, die der junge früher schrieb,
die seien schwach im Ausdruck und stilistisch dürftig.
Warum? Der Autor unsres Stückes hat noch nie
verrückte Knaben auf der Bühne vorgeführt,
die eine Hirschkuh vor der Meute fliehen sahen
und ihr verzweifeltes Geschrei um Hilfe hörten!
Wenn nur der alte Dichter klar begriffe, daß
sein kürzlicher Erfolg mit einem neuen Stück
dem Spieldirektor mehr zu danken war als ihm:
dann schmähte er so dreist nicht, wie er heute schmäht.
Falls jemand nunmehr dächte und auch sagte: „Hätte
der alte Dichter nicht zu mäkeln angefangen,
so brächte doch der junge keinerlei Prolog
zustande, könnte er ja niemanden beschimpfen",
sei ihm entgegnet: „Jeder kann den Siegespreis
erringen, der die Dichtkunst ausübt." Doch der alte
Poet sucht ja den jüngeren zum Hungerleider
zu machen. Dieser schlägt zurück nur, greift nicht an.
Wenn jener seinen Streit mit guten Worten führte,
bekäme er gleichgute Worte auch zu hören.
Jetzt soll er spüren, daß sein Hieb ihn selber trifft!
Nun will ich über ihn mich nicht mehr äußern, mag
er seinerseits auch immer weiter lästern. Bitte,
vernehmt, was ich euch bieten will: Ich führe ein
ganz neues Lustspiel auf! „Der einen Anspruch stellt"
heißt es auf griechisch, auf lateinisch „Phormio".
Denn der Schmarotzer Phormio ist Hauptdarsteller.

Er wird am kräftigsten die Handlung vorwärtstreiben,
sofern ihr eure Gunst dem Autor schenken wollt.
  Gebt Obacht, leiht uns still und freundlich euer Ohr,
damit es uns nicht so ergeht wie neulich erst,
als Störenfriede unsre Truppe jäh verscheuchten.
Die Leistung des Direktors, hilfreich eure Güte
und eure Zuneigung vergönnten uns die Rückkehr.

Straße in Athen. An ihr steht das Haus des Demipho zwischen denen des Dorio und des Chremes.

DAVOS *tritt auf*:

Mein bester Freund und Landsmann Geta suchte gestern
mich auf. Er hatte bei mir etwas einzufordern,
von früher noch, ein bißchen nur, ein paar Sesterzen.
Ich sollte sie zusammenbringen, tat das, bringe
sie ihm: Der Sprößling seines Herrn hat, wie ich höre,
geheiratet. Wohl ihm zuliebe kratzt man das
zusammen. Ungerecht die Welt: Wer wenig hat,
der spendet immer etwas noch dem Reicheren!
Was jener Arme sich mit Mühe unzenweise
von seiner Monatsration, selbst hungernd, sparte,
das hat die Frau geschluckt und nicht daran gedacht,
wie mühsam es errungen ward. So wird denn Geta
auch später um Geschenke noch geprellt: sobald
die Herrin niederkommt – das Kind Geburtstag hat –
dann noch beim Fest zur Weihe. Alles schluckt die Mutter,
das Kind gibt nur den Vorwand. Doch ich sehe Geta!

GETA *tritt aus dem Hause Demiphos, spricht rückwärts hinein*:

Sofern ein Rotkopf nach mir fragt –

DAVOS: Sei still, hier ist er!

GETA *wendet sich ihm zu*:

Oh, Davos – wollte dir entgegengehen!

DAVOS *reicht ihm einen Geldbeutel*: Nimm,

ich habe es zusammen, so viel, wie es sein soll.

GETA:

Wie lieb von dir! Du hast es nicht versäumt, ich danke!

DAVOS:

Zumal beim Geiste unsrer Zeit. Es läuft doch darauf
hinaus: Man muß schon danken, wenn man was zurückkriegt!
Doch weshalb bist du so bedrückt?

GETA: Ja, weißt du nicht,
was drohend uns bevorsteht?
DAVOS: Was?
GETA: Du darfst es wissen –
wenn du nur schweigen könntest!
DAVOS: Geh, du Trottel: Dem,
den du in puncto Geld als ehrlich anerkanntest,
dem wagst du nichts zu sagen! Ich dich hintergehen,
wo mein Gewinn auch zählt!
GETA: Dann hör!
DAVOS: Ich bin ganz Ohr.
GETA: Du kennst den ältren Bruder unsres greisen Herrn,
den Chremes –
DAVOS: Ja.
GETA: Auch seinen Sprößling Phaedria –
DAVOS:
So gut wie dich.
GETA: Gleichzeitig sind die beiden Alten
verreist, nach Lemnos Chremes, nach Kilikien unser
Herr, Demipho, zu einem alten Gastfreund. Brieflich
hat der gelockt ihn, durch Versprechen goldner Berge.
DAVOS:
Wo er so viel schon hat und mehr noch!
GETA: Höre auf:
Das ist doch sein Charakter.
DAVOS: Wäre ich ein König!
GETA:
Beim Aufbruch setzten mich die beiden Alten zum
Betreuer ihrer Söhne ein.
DAVOS: Du übernahmst
ein hartes Amt.
GETA: Ich kostete es gründlich aus!
Mein Schutzgott zürnte mir, als sie mir das befahlen.
Ich wollte streng erst sein. Doch wozu Worte: Folge
ich pflichtbewußt dem Alten, sind mir Prügel sicher.
DAVOS:
Mir fiel das Wort gleich ein: Ein Dummkopf nur wird wider
den Stachel löcken.

GETA: So begann ich, was sie wünschten, brav auszuführen.
DAVOS: Kannst dich nach der Decke strecken.
GETA:
Zuerst tat unser junger Herr nichts Böses; dort
hat Phaedria alsbald ein Mädchen aufgegabelt,
das Harfe spielt, und restlos sich in sie verknallt.
Sie diente einem Schuft von Kuppler; Phaedria
besaß kein Geld für sie; die beiden Alten hatten
dafür gesorgt. Er konnte nur die Augen an
ihr weiden, folgen ihr, zur Schule und zurück
begleiten sie. Wir wollten, gab es nichts zu tun,
ihm helfen. Ein Friseurgeschäft lag ihrer Schule
gleich gegenüber. Meistens warteten wir dort
auf sie, den Zeitpunkt ihrer Rückkehr abzupassen.
Als wir dort einmal saßen, kam ein junger Mann,
die Augen tränenfeucht. Wir staunten, fragten ihn,
warum er weine. Antwort gab er: „Nie empfand
ich Armut so wie jetzt als schwere Elendsbürde.
Soeben sah ich, hier, ganz nah, ein Mädchen um
den Tod der Mutter weinen, bitterlich. Sie saß
mir gegenüber, keiner nahm sich ihrer an,
nicht eine mitleidvolle Seele, kein Verwandter,
kein Freund, nur eine alte Frau, die ihr bei der
Bestattung half. Ein Elend! Schön das Mädchen!" Kurz,
er rührte tief uns alle. Antipho rief gleich:
„Auf, gehen, sehen wir!" Noch einer sprach: „Jawohl,
wir wollen gehen, führ uns, bitte!" Und wir gingen
und sahen. Wirklich, schön das Kind, und um so mehr,
als jedes Schönheitsmittel fehlte: Aufgelöst
die Haare – nackt die Füße – schmucklos – überströmt
von Tränen – dürftig angezogen. All das hätte
die Reize der Natur getilgt fast, doch die waren
zu stark! Da sprach der Liebhaber der Musikantin:
„Recht nett!" Und Antipho darauf –
DAVOS: Ich weiß schon: Er verliebte sich!
GETA: Und wie! Hör, was dabei herauskam!

Tags drauf ging er zu jener Alten und beschwor sie,
das Mädchen ihm zu lassen. Doch sie wies ihn ab,
zieh ihn des Unrechts; unbescholten sei das Kind,
aus gutem Haus und Bürgerin Athens; begehre
er sie zur Frau, dann nur nach dem Gesetz, sonst nicht!
Er wußte nicht, was tun. Er wollte gern zur Frau
sie nehmen, bangte aber vor dem fernen Vater.

DAVOS:
Der hätte, nach der Rückkehr, ihm den Wunsch verweigert?

GETA:
Der – ihm ein Mädchen niedren Standes, ohne Mitgift,
als Frau gewähren? Nie!

DAVOS: Was kam dabei heraus?

GETA: Nun, was? Da ist der Phormio, ein Parasit,
ein dreister Kerl. Die Götter sollen ihn zerschmettern!

DAVOS:
Was hat er angestellt?

GETA: Er riet: „Es ist Gesetz,
daß eine Erbin, die verwaist ist, ihren nächsten
Verwandten heiratet und dieser sie auch nimmt.
Ich werde gegen dich als den Verwandten klagen,
dabei mich selbst als ihres Vaters Freund ausgeben.
Wir gehen vor Gericht. Den Nachweis über Vater
und Mutter wie auch, daß sie dir verwandt ist, den
erbringe ich. So will ich Glück und Vorteil einen:
Wenn du mir alles zugibst, setze ich mich durch.
Dein Vater kommt, er schimpft auf mich. Was schert mich das?
Das Mädchen wird doch unser!“

DAVOS: Dreister Scherz!

GETA: Den Jungen
gewann er. Wie gesagt, getan. Ich bin geschlagen:
Sie ward sein Weib!

DAVOS: Was sagst du?

GETA: Das, genau!

DAVOS: Mein Geta,
was wird aus dir!

GETA: Weiß nicht, beim Herkules – nur das:
Ich werde mein Geschick mit Gleichmut tragen.

DAVOS: Gut!
Das ist des Mannes Pflicht.
GETA: Ich baue nur auf mich.
DAVOS: Sehr recht!
GETA: Zum Bittmann will ich gehen, der für mich
so flehen wird: „Laß diesmal ihn noch laufen, bitte!
Es soll das letzte Mal gewesen sein." Bloß fügt
er nicht hinzu: „Sobald ich weg bin, schlag ihn tot!"
DAVOS:
Und jener „Mädchenführer" mit der Musikantin?
Wie geht es ihm?
GETA: Recht dürftig!
DAVOS: Hat zum Einsatz wohl
nicht viel?
GETA: Rein gar nichts, außer leerer Hoffnung.
DAVOS: Kehrte
sein Vater schon zurück?
GETA: Noch nicht.
DAVOS: Bis wann erwartest
du euren Alten?
GETA: Nichts Genaues weiß ich, hörte
nur eben, eingetroffen sei ein Brief von ihm
und schon zum Hafenzoll gebracht; den will ich holen.
DAVOS:
Kann ich noch etwas für dich tun?
GETA: Nein, danke sehr!
Davos ab.
He, Bursche! Kommt denn keiner?
Ein jüngerer Sklave tritt aus dem Hause Demiphos. Geta reicht ihm den Geldbeutel. Nimm, für Dorcium!
Der jüngere Sklave kehrt in das Haus zurück, Geta begibt sich auf den Weg zum Hafen.

Antipho und Phaedria treten auf.

ANTIPHO: So weit schon ist es gekommen mit mir, daß ich den, der mein Bestes im Sinn hat, meinen Vater, fürchten muß, Phaedria, sobald ich an seine Rückkehr nur denke! Wäre ich nicht so töricht gewesen, ich hätte gewartet auf ihn, wie es sich gehörte.

PHAEDRIA: Worauf beziehst du dich?

ANTIPHO: Fragen noch kannst du – und weißt doch, was tolldreist ich angestellt habe! Niemals hätte es Phormio einfallen sollen, mir einen solchen Rat zu erteilen, niemals auch hätte er mich, den rasend Verliebten, anspornen dürfen; so hat ja mein Unglück begonnen. Hätte ich nicht das Mädchen bekommen, so wären einige Tage vergällt mir gewesen, aber ich brauchte nicht Tag für Tag mich zu quälen, …

PHAEDRIA *in bitterer Ironie*: Ich höre!

ANTIPHO: … während ich warte aufs baldige Kommen des Vaters, der mir das Mädchen doch wegreißen wird!

PHAEDRIA: Andere leiden, weil ihnen fehlt, was sie lieben; dich überwältigt der Kummer, weil du es besitzt. Glück in der Liebe lächelt dir, Antipho! Wahrlich, beim Herkules, zeigt sich dein Leben erstrebenswert doch und wünschenswert. Wären die Götter mir derart gewogen, daß ich so lange wie du mein Liebstes genießen dürfte, dann möchte den Pakt mit dem Tode ich schließen! Du aber versuch zu ermitteln, was wir noch gutmachen können, ich aus dem Mangel und du aus dem Überfluß – gar nicht zu rechnen, daß du recht billig ein freies, anständiges Mädchen erwischtest, alles besitzt nach Wunsch: eine Frau, der keinerlei häßliche Nachrede droht. Glücklicher du – dir fehlt ja nur eines, die Festigkeit nämlich, dein Los besonnen zu tragen. Hättest du mit dem gleichen Kuppler zu tun wie ich, dann würdest du ähnlich empfinden. Solcherlei Sinnesart hegen wir beinahe alle: Niemals zufrieden sind wir mit unserem Schicksal!

ANTIPHO: Nicht doch, in meinen Augen begünstigt dich jetzt das Glück, mein Phaedria: Offensteht dir die Möglichkeit, frei zu entscheiden nach deinem Willen; dein Mädchen kannst du behalten und lieben oder auch laufenlassen – ich Unglückverfolgter verstrickte mich so weit, daß ich mein Mädchen weder fortschicken kann noch behalten. Doch was bedeutet das? Geta sehe ich eilig herankommen! Er ist es, jawohl! Ich fürchte, ich Armer, die Nachricht, die er mir bringt!

GETA *tritt auf; für sich*: Verloren bist du, Geta, findest du nicht auf die Schnelle einen gescheiten Ratschlag für dich: Derart unvorbereitet bedroht dich nunmehr ein furchtbares Unheil. Keineswegs kann ich ihm ausweichen, weiß auch keinerlei Wege, mich ihm zu entziehen. Läßt sich doch unser Streich nicht länger verheimlichen.

ANTIPHO *leise zu Phaedria*: Warum kommt er so aufgeregt an?

GETA *für sich*: Der für den Ausgang entscheidende Augenblick steht jetzt bevor: Der Herr ist zur Stelle!

ANTIPHO *zu Phaedria*: Was droht als entscheidender Zeitpunkt?

GETA *für sich*: Wenn er erst alles erfuhr – was für ein Mittel finde ich gegen seine Empörung? Rede ich, setze in Flammen ich ihn; wenn ich schweige, reize ich ihn; rechtfertige ich mich, wasche ich Ziegel. Wehe mir Armem! Hege ich Furcht schon um meinetwillen, dann muß ich um Antipho schrecklich mich ängstigen. Er tut mir aufrichtig leid, ich bange um ihn, er nur hält mich zurück noch; denn wäre er nicht gewesen, hätte mit Recht ich gesorgt für mich selber, bestraft den Jähzorn des Alten: hätte mein Bündel geschnürt und mich ohne weiteres gleich in die Büsche geschlagen.

ANTIPHO: Fortlaufen will er, sinnt auf eine Gaunerei?

GETA: Aber wo könnte ich Antipho finden? Wo ihn beharrlich suchen?

PHAEDRIA *leise zu Antipho*: Dich nennt er bei Namen!

ANTIPHO: Ich weiß nicht, was für ein gräßliches Unheil mir dieser Bote eröffnet.

PHAEDRIA: Bist du noch richtig im Kopf?

GETA: Nach Hause werde ich gehen, dort hält er sich meistenteils auf.

PHAEDRIA: Rufen wir gleich ihn zurück!

ANTIPHO *laut*: Bleib stehen, sofort!

GETA *gehorcht der Aufforderung*: Ja! Das reicht als Kommando, wer immer du bist!

ANTIPHO: Geta!

GETA: Er selbst, den ich treffen wollte!

ANTIPHO: Sag mir, was bringst du, ich flehe dich an! Erkläre es mir so deutlich wie möglich!

GETA: Ich werde es tun.

ANTIPHO: So rede doch!

GETA: Eben im Hafen –

ANTIPHO: Etwa mein –

GETA: Du hast es begriffen.

Antipho: Ich bin erledigt!

Phaedria: Hm!

Antipho: Was soll ich nur tun?

Phaedria *zu Geta*: Was sagst du?

Geta *zu Phaedria*: Ich habe seinen Vater gesehen, deinen Onkel!

Antipho: Was für ein Mittel vermag ich jetzt gegen dieses so jähe Verderben zu finden, ich Armer? Läuft jetzt mein Schicksal darauf hinaus, von deiner Seite gerissen zu werden, Phanium, gilt mir das Leben nicht lebenswert mehr.

Geta: So, wie die Dinge nun einmal liegen, mein Antipho, solltest du um so mehr auf der Hut sein: Dem Tapferen hilft das Glück!

Antipho: Ich bin ja noch gar nicht recht bei Verstand.

Geta: Doch müßtest du jetzt in höchstem Grade es sein, Antipho! Spürt dein Vater nämlich, wie ängstlich du bist, wird er für schuldig dich halten.

Phaedria: Ja, wirklich!

Antipho: Ich kann nicht heraus aus meiner Haut!

Geta: Was würdest du tun, wenn man dich jetzt zu etwas viel Schlimmerem nötigen wollte?

Antipho: Da ich jenes nicht kann, so könnte ich dieses noch weniger.

Geta: Nichts kommt dabei heraus; wir können gehen, Phaedria. Umsonst vergeuden wir unsere Mühe. Ich ziehe zurück mich.

Phaedria: Und ich?

Antipho *flehend*: Ich bitte euch herzlich: wenn ich mich nun verstelle? *Bemüht sich, eine mutige Miene aufzusetzen.* So: Reicht das?

Geta: Du plapperst nur Unsinn!

Antipho: Guckt mein Gesicht an! So: Reicht das?

Geta: Nein.

Antipho: Doch so vielleicht?

Geta: So ziemlich.

Antipho: Und so?

Geta: Das reicht! Ja, diese Miene halte fest! Und bleib dem Alten Wort um Wort ja keine Antwort schuldig, damit er in seiner Wut dich nicht durch sein Schimpfen noch fortjagt.

Antipho: Ich weiß.

Geta: Sag, du seist gezwungen worden, wider Willen!

Phaedria: Durch Gesetz, durch Urteilsspruch!

GETA: Kapiert? *Stutzt, blickt in die Ferne.* Doch wer ist der Graukopf dort, den ich sehe am Ende der Gasse? Er selber!

ANTIPHO:
Ich kann nicht bleiben.
Wendet sich zur Flucht.

GETA: He, was tust du? Wohin willst du?
Bleib stehen doch!

ANTIPHO: Ich kenne mich und meine Schuld,
vertraue Phanium euch an, dazu mein Leben! *Ab.*

PHAEDRIA:
Was soll jetzt werden?

GETA: Du wirst Schelte hören, ich
am Strick geprügelt werden, wenn ich mich nicht irre.
Doch nach dem Rat, den wir hier eben Antipho
erteilten, sollten selbst wir handeln, Phaedria.

PHAEDRIA:
Geh mir mit „sollten" – sag mir, was ich machen muß!

GETA:
Erinnerst du dich noch an deine Worte – beim
Bemühen, das Verschulden zu verteidigen –
vom besten Weg: gerecht, bequem, erfolgversprechend?

PHAEDRIA:
Jawohl.

GETA: Den müssen wir jetzt gehen oder einen
noch beßren, klügeren.

PHAEDRIA: Ja, den, mit allem Nachdruck!

GETA:
Sprich denn zuerst ihn an, ich will mich hier verstecken,
dir zur Reserve, kommst du in die Klemme.

PHAEDRIA: Gut!
Er und Geta ziehen sich etwas zurück.

DEMIPHO *tritt auf; für sich*: So nahm Antipho ein Weib sich, Himmel, ohne mein Geheiß! Scheute nicht vor meiner Weisung – ach was, Weisung! –, scheute nicht einmal vor meinem Groll zurück! Kein Schamgefühl! Solch dreister Streich, und Geta als Einpeitscher!

GETA *für sich*: Na endlich noch ich!

DEMIPHO *für sich*: Was werden sie mir sagen, welchen Vorwand sich austüfteln? Es soll mich doch sehr wundern!

GETA *für sich*: Tüfteln, ja! Nicht deine Sache.

DEMIPHO *für sich*: Er wird mir erzählen: „Ich tat es unfreiwillig, das Gesetz zwang mich!“ Ich höre, muß es einräumen.

GETA: Na also!

DEMIPHO *für sich*: Daß der Kenner der Wahrheit durch Schweigen die eigene Sache der Gegenseite preisgibt – zwingt das Gesetz auch dazu?

PHAEDRIA *leise zu Geta*: Eine mißliche Frage!

GETA *leise zu Phaedria*: Ich will es schon einrenken – laß!

DEMIPHO *für sich*: Unsicher bin ich, was tun. Denn wider Erwarten, kaum glaubhaft, trifft mich der Schlag. Derart erregt mich der Zorn, daß ich mich zu vernünftigem Denken nicht durchringen kann. Deswegen sollte ein jeder, wenn Glück in besonderem Maße ihm lächelt, vor allem daran noch denken, wie er leidiges Unheil zu tragen vermag, Prozesse, Einbußen, zwangsweisen Aufenthalt in der Fremde: Ein Vater, der heimkehrt vom Ausland, der rechne stets mit dem Fehltritt des Sohnes, dem Tode der Gattin, mit Krankheit der Tochter, damit, daß derlei jedem zustoßen könne – nur um Überraschung zu meiden; bedenke zugleich, daß alles, was wider Erwarten geschieht, als Vorteil anzusehen sei.

GETA *leise zu Phaedria*: Phaedria, wirklich, kaum glaublich, wie sehr ich an Weisheit den Herrn übertreffe! Jegliches Unglück bedachte ich, was mir im Falle der Rückkehr des Herren zustoßen könnte: Schuften im Innern der Stampfmühle, Prügel, Schleppen von Fußfesseln, Feldarbeit – nur um Überraschung zu meiden; alles, was wider Erwarten geschieht, das werde als Vorteil ich ansehn! Aber nun geh ihm doch endlich entgegen, begrüß ihn mit freundlichen Worten! *Phaedria tritt vor.*

DEMIPHO:

Da kommt mir ja mein Neffe Phaedria entgegen!

PHAEDRIA:

Gruß, Onkel, dir!

DEMIPHO: Gruß! Aber wo steckt Antipho?

PHAEDRIA:

Dein Kommen, wohlbehalten –

DEMIPHO: Ja doch! Gib mir Antwort!

PHAEDRIA:
Er weilt zu Haus, gesund. Dir geht es wunschgemäß?

DEMIPHO:
Das wäre schön!

PHAEDRIA: Was ist?

DEMIPHO: Du fragst noch, Phaedria?
Ich weilte fern, und ihr begingt hier fröhlich Hochzeit!

PHAEDRIA *mit gespieltem Erstaunen*:
Ha, deshalb zürnst du ihm?

GETA *für sich*: Ein wahrer Schauspielstar!

DEMIPHO:
Ich ihm nicht zürnen? Dringend wünsche ich, daß er
mir vor die Augen kommt: Durch seine Schuld, das soll
er wissen, wird sein milder Vater streng und hart!

PHAEDRIA:
Er tat doch, Onkel, nichts, was deinen Zorn verdiente.

DEMIPHO:
Eins wie das andre. Alle unter einer Decke:
Kennst du erst einen, kennst du alle!

PHAEDRIA: Das stimmt nicht.

DEMIPHO: Der trägt die Schuld, und jener will in Schutz ihn nehmen.
Der sündigt, jener geht zur Hand: verteilte Rollen!

GETA *für sich*:
Genau beschreibt er, was sie tun, und weiß es nicht!

DEMIPHO:
Du stündest sonst ihm nicht zur Seite, Phaedria.

PHAEDRIA:
Wenn Antipho sich wirklich schuldig machte, Onkel,
zum Schaden des Vermögens und des guten Rufs,
dann schützte ich ihn nicht vor der gerechten Strafe.
Wenn freilich jemand, der auf seine Bosheit baut,
uns Jungen Schlingen legte und uns wirklich einfing,
dann liegt die Schuld bei uns nicht, sondern bei den Richtern,
die oft aus Neid dem Reichen etwas nehmen oder,
aus Mitleid, einem Armen Vorteile verschaffen.

GETA *für sich*:
Wenn ich Bescheid nicht wüßte, würde ich ihm glauben.

DEMIPHO:
Gibt es wohl einen Richter, der begreift, daß du
im Recht bist, wenn du klare Auskunft nicht erteilst,
wie er es tat?

PHAEDRIA: Er hat die Pflicht, die einem jungen
vornehmen Manne ziemt, erfüllt: Er konnte vor
Gericht das, was er dachte, frei heraus nicht sagen;
so ließ ihn, schüchtern wie er ist, die Scham dort schweigen.

GETA *für sich*:
Er spricht recht gut. Doch grüße selbst ich gleich den Alten!
Tritt Demipho entgegen.
Herr, Glück dir! Daß du wohlbehalten eintrafst, freut mich.

DEMIPHO:
Oh, edler Wächter, Glück dir, Säule der Familie,
dem meinen Sohn ich anvertraute, als ich wegfuhr!

GETA:
Uns alle tadelst du, wie ich soeben höre,
ganz ohne Grund – und mich im höchsten Grade grundlos!
Wie hätte ich in diesem Fall denn handeln sollen?
Ein Sklave, laut Gesetz, darf vor Gericht nicht sprechen,
auch niemals Zeugnis geben.

DEMIPHO: Zweierlei nur lasse
ich gelten: „Angst ergriff den dummen Jungen“ und
„Du bist ein Sklave“. Ist das Mädchen wirklich uns
verwandt, so brauchte er sie nicht zur Frau zu nehmen:
Ihr hättet nur, sofern sie einen andern nahm,
ihr eine Mitgift zahlen müssen, dem Gesetz
entsprechend. Warum freite er ein armes Kind?

GETA:
Nicht Einsicht fehlte, Geld nur!

DEMIPHO: Irgendwie schon hätte
er Geld besorgen können.

GETA: Irgendwie? Das sagt
sich leicht.

DEMIPHO: Wenn gar nicht anders, dann auf Pump.

GETA: Das klingt
aus deinem Mund vortrefflich! Wenn man wagt zu borgen,
solange du noch lebst!

DEMIPHO: Das darf nicht sein, unmöglich.
Nicht einen Tag kann ich mit ihm vermählt sie lassen!
Dafür gibt es kein liebes Lächeln! Ich befehle:
Zeigt mir den Schurken oder nennt mir seine Wohnung!

GETA:
Den Phormio?

DEMIPHO: Den Kerl, der ihre Rechte wahrnimmt!

GETA:
Ich will ihn holen!

DEMIPHO: Wo steckt aber Antipho?

GETA:
Zu Hause nicht.

DEMIPHO: Los, such und bring ihn her zu mir!

PHAEDRIA:
Ja, gradenwegs dorthin!

GETA *beiseite, ironisch*: Doch wohl zu Pamphila!
Phaedria und Geta ab.

DEMIPHO *für sich*:
Ich will mein Haus betreten, die Penaten drin
zu grüßen, werde dann den Markt aufsuchen und
dort Freunde bitten, mir in diesem Fall zu helfen.
Ich will gewappnet sein, wenn Phormio erscheint.
Ab in sein Haus.

Nach kurzer Pause treten Phormio und Geta auf.

PHORMIO: Aus Angst vorm Kommen seines Vaters, sagst du, ging er weg?

GETA: Ja, eben.

PHORMIO: Allein blieb Phanium zurück?

GETA: Jawohl.

PHORMIO: Und wütend ist der Alte?

GETA: Ja, mächtig!

PHORMIO *zu sich selbst*: Jetzt fällt dir die Hauptlast zu, mein Phormio. Du hast es eingebrockt, jetzt mußt du alles löffeln. Rüste dich!

GETA: Ich beschwöre dich –

PHORMIO *nachsinnend*: Sollte er bitten –

GETA: Auf dir beruht unsre Hoffnung!

PHORMIO: Tatsächlich, sollte er etwas erstatten –

Geta: Du gabst den Anstoß!

Phormio: So, denke ich, geht es!

Geta: Dann hilf uns!

Phormio: Hole den Alten! Jetzt habe ich sämtliche Maßnahmen fertig im Kopfe.

Geta: Was unternimmst du?

Phormio: Folgendes möchtest du doch: Phanium bleibe – Antipho soll aus der Patsche ich helfen – aber des Alten Erbitterung ganz auf die Schultern mir laden.

Geta: Ha, du erweist dich als tapfer, als wahrhafter Freund! Doch oftmals befürchte ich, Phormio, derlei Tapferkeit müsse im Kerker noch enden.

Phormio: Nicht doch: Wo ich ein Risiko einging, erspähte ich auch schon den Pfad zum Entschlüpfen. Wie viele Menschen, meinst du, habe bereits halbtot ich geprügelt, Ausländer, Bürger sodann? Mit der Erfahrung wuchs auch die Zahl meiner Streiche. Sag mir doch: Hörtest du jemals, man hätte mich eines Verbrechens beschuldigt?

Geta: Nein – doch weswegen?

Phormio: Weil man kein Netz spannt für Falken und Habichte, die uns Schaden verursachen, sondern allein für die Harmlosen. Diese versprechen Gewinn uns nämlich, während wir unsere Mühe bei jenen vergeuden. Anderen wieder erwachsen Gefahren daraus, daß man ihnen was abzwacken kann. Aber bei mir ist gar nichts zu holen, das weiß man. Einwenden wirst du: Man schleppt dich ins Haus, dich dort büßen zu lassen. Nicht doch – füttern wollen sie keinen Vielfraß, erweisen als klug sich, so meine ich, wenn sie sich weigern, auf Böses mit Wohltat zu antworten.

Geta: Niemals vermag mein Herr dir deine Verdienste gebührend zu lohnen!

Phormio: Im Gegenteil, schau: Der Brotherr ist es, dem niemand gebührenden Dank für Verdienste erstattet! Während du, ohne Verpflichtung, gesalbt und sauber dem Bade entsteigst, jeglicher Sorge enthoben, nagen an ihm die Pflichten für Aufwand und Pflege. Du genießt das Gebotene, er verbeißt sich den Ärger. Du kannst lachen, trinken als erster, als erster dich niederlassen. Ein Mahl wird geboten, das Rätsel dir aufgibt, …

GETA: Rätsel, was heißt das?

PHORMIO: ... ein Mahl, wo du schwankst, was am liebsten du nimmst. Und überschlägst du, wie köstlich das Angebot ist und wie teuer, wertest den Spender so hoch du, als sei er ein Gott in Person!

GETA: Da, der Alte! Schau, was tun! Der erste Aufeinanderprall ist doch der härteste. Wenn du ihn gut überstehst, kannst nach Belieben du nachher plänkeln und foppen!

Demipho tritt auf, begleitet von Hegio, Cratinus und Crito.

DEMIPHO: Habt ihr schon je gehört, daß jemand schmählicher
ein Unrecht leiden mußte als ich heute? Steht
mir, bitte, bei!

GETA *leise zu Phormio*: Wild ist er!

PHORMIO *leise zu Geta*: Passe scharf jetzt auf –
den will auf Schwung ich bringen!
Laut, als ob er die Ankommenden nicht sähe:
Bei den Göttern, streitet
es Demipho denn ab, mit Phanium verwandt
zu sein? Er leugnet die Verwandtschaft?

GETA *geht auf das Spiel ein*: Leugnet, ja!

PHORMIO:
Behauptet, ihren Vater nicht zu kennen?

GETA: Ja!

DEMIPHO *zu seinen Begleitern*:
Vermutlich der, von dem ich vorhin sprach! Kommt, folgt mir!

PHORMIO *wie oben*:
Behauptet frei, er kenne Stilpo nicht?

GETA: Jawohl!

PHORMIO:
Weil sie allein steht, arm, bedürftig, kennt man nicht
den Vater und verachtet sie: Die Frucht der Habgier!

GETA *in gespielter Entrüstung*:
Schwärzt meinen Herrn du an, dann wirst du Schelte ernten!

DEMIPHO *zu seinen Begleitern*:
Schamlosigkeit: Er klagt mich obendrein noch an!

PHORMIO:
Ich kann dem j u n g e n Mann nicht übelnehmen, daß

er ihn nicht näher kennt: Er war betagt schon, arm,
aus Arbeit nur bestand sein Leben, auf dem Lande
befand er sich fast stets, er hatte dort zur Pacht
von meinem Vater ein Stück Boden. Oft erzählte
der Greis mir, daß ihn sein Verwandter grob mißachte.
Was für ein Mann! O sähe ich ihn glücklich leben!

GETA *mit gespieltem Hohn*:
Sähst du dich selbst so glücklich!

PHORMIO: Schere dich zum Henker!
Wenn ich ihn nicht so hoch geachtet hätte, würde
ich euere Familie nicht so bitter hassen
des Mädchens wegen, das er jetzt so roh verschmäht!

GETA *mit gespielter Wut*:
Du Schuft schmähst weiter meinen Herrn, der ferne weilt?

PHORMIO:
Er ist es wert!

GETA: Auch das noch, Schurke!

DEMIPHO *laut*: Geta!

GETA *steigert seine künstliche Wut, ohne den Anruf zu beachten*:
Du,
der Reichtümer erpreßt, Gesetze zustutzt!

DEMIPHO *lauter*: Geta!

PHORMIO *flüsternd zu Geta*:
Gib Antwort!

GETA *als erspähe er seinen Herrn erst jetzt*:
Ha! Wer da?

DEMIPHO: Halt deinen Mund!

GETA *zu Demipho*: Der Kerl
beschimpft dich hinter deinem Rücken, pausenlos,
so schlimm, wie er es selbst verdient, nicht du!

DEMIPHO *zu Geta*: Schweig still!
Zu Phormio:
Du, junger Mann, gib, bitte, gütigst Auskunft mir,
wenn die Gefälligkeit dir möglich ist: Erklär mir,
wer jener ist, den du als deinen Freund ausgibst,
und wie er sagen kann, er sei mit mir verwandt!

PHORMIO:
Du fragst, als kenntest du ihn nicht.

DEMIPHO: Ihn kennen, ich?

PHORMIO:
Jawohl!

DEMIPHO: Ich kenne ihn bestimmt nicht. Aber da
du es behauptest, frische mein Gedächtnis auf!

PHORMIO:
Wie, kennst du deinen Vetter nicht?

DEMIPHO: Du bringst mich um!
Wie heißt er?

PHORMIO: Heißt – na klar!

DEMIPHO: Warum verstummst du?

PHORMIO *flüsternd zu Geta*: Ich
vergaß, verdammt, den Namen!

DEMIPHO: Wie?

PHORMIO *leise zu Geta*: Du, Geta, hilf
mir, wenn du dich des Worts erinnerst!
Laut zu Demipho: Nein, ich nenne
ihn nicht: Du spielst den Ahnungslosen, willst mich prüfen!

DEMIPHO:
Ich – prüfen?

GETA *leise zu Phormio*:
Stilpo.

PHORMIO *laut*: Es berührt mich gar nicht: Stilpo!

DEMIPHO:
Wen nennst du?

PHORMIO: Stilpo sagte ich, du kennst ihn gut!

DEMIPHO:
Ich kenne diesen Mann nicht, bin auch nicht verwandt
mit einem dieses Namens.

PHORMIO: So? Du schämst dich nicht
– *weist auf die drei Freunde Demiphos* –
vor ihnen? Hätte zehn Talente er vererbt, …

DEMIPHO:
Erschlügen dich die Götter!

PHORMIO: … zähltest du als erster
genau den Stammbaum auf vom Opa und den Ahnen!

DEMIPHO:
Jawohl! Ich würde, stünde ich vor Richtern, sagen,

wie sie mit mir verwandt sei. Tu das, sag mir: Wie
ist sie mit mir verwandt?

GETA: Ja, richtig, Herr!
Leise zu Phormio: Paß auf!

PHORMIO:
Ich habe es den Richtern pflichtgemäß genau
erklärt. Wenn es nicht stimmte – warum hat dein Sohn
es dann nicht widerlegt?

DEMIPHO: Du sprichst von meinem Sohn?
Man darf ihn, töricht wie er ist, für voll nicht nehmen.

PHORMIO:
Such doch, in deiner Klugheit, die Behörden auf,
sie mögen noch einmal für dich den Fall verhandeln!
Du herrschst allein ja und vermagst auch ganz allein
die Wiederholung des Verfahrens durchzusetzen.

DEMIPHO:
Zwar tat man Unrecht mir. Doch ehe ich in einen
Prozeß mich stürze und dich hören muß, erstatte
ich lieber, laut Gesetz, dem Mädchen gleich die Mitgift,
als sei sie mir verwandt: Bring fort sie, hier fünf Minen!

PHORMIO:
Haha, der Mann ist gut!

DEMIPHO: Wie? Fordre ich denn gegen
das Recht? Soll nicht erlangen, was mir rechtlich zusteht?

PHORMIO:
Ich bitte dich – etwa genauso, wie die Gunst
der Hure du nach Recht bezahlst, die Frau dann fortschickst?
Genauso, wie die Bürgerin, um nicht aus Armut
in Schande zu verfallen, einen ihrer nächsten
Verwandten ehelichen, dann mit ihm gemeinsam
ihr Leben weiterführen muß – was du verwehrst!

DEMIPHO:
Mit dem Verwandten schon! Doch wir? Woher? Wieso?

PHORMIO:
Oho! „Rühr nicht am Urteil!“ heißt es.

DEMIPHO: Wie, nicht rühren?
Niemals, ich setze durch mein Recht.

PHORMIO: Du faselst.

DEMIPHO: Laß nur!

PHORMIO:
Und überhaupt: Du gehst uns, Demipho, nichts an.
Der Urteilsspruch galt deinem Sohn, nicht dir. Denn du
bist aus dem Heiratsalter schon heraus.

DEMIPHO: Du brauchst
zu zweifeln nicht: Er sagt genau, was ich jetzt sage.
Sonst lasse ich ihn mit der Frau nicht in mein Haus!

GETA *leise für sich*:
Er kocht vor Wut.

PHORMIO *zu Demipho*: Sperr dich doch lieber selber aus!

DEMIPHO:
Du bist entschlossen, mir in allem Trotz zu bieten,
du Plagegeist?

PHORMIO *leise zu Geta*: Er fürchtet uns, obwohl er wacker
sich tarnt.

GETA *leise zu Phormio*: Erfolgreich wirkt dein Grundsatz.

PHORMIO *laut zu Demipho*: Warum trägst
du nicht, was unausweichlich ist? Mach deinem Handeln
doch Ehre, laßt uns Freunde sein!

DEMIPHO: Ich d i c h um Freundschaft
ersuchen? Hätte ich dich nie gehört, gesehen!

PHORMIO:
Verträgst du dich mit ihr, gewinnst du Freude für
dein Alter. Denk an deine Jahre!

DEMIPHO: Freude bringt
sie d i r, behalte sie!

PHORMIO: Sei friedlich!

DEMIPHO: D u sei friedlich!
Genug der Worte. Bringst du nicht die Frau gleich weg,
so werfe ich sie raus. Mein Wille, Phormio!

PHORMIO:
Behandelst du sie nicht als freie Frau, so zerre
ich gleich dich vor Gericht. Mein Wille, Demipho!
Zu Geta:
He du, wenn nötig, triffst du mich zu Haus!

GETA: Verstehe!
Phormio ab.

DEMIPHO:

Was macht mein Sohn für Sorge mir und was für Kummer, verwickelt mich und sich in eine solche Hochzeit! Kommt mir auch nicht vor Augen, um mich wenigstens zu unterrichten, wie er selbst darüber denkt und spricht.

Zu Geta: Sieh nach, los, ob er schon zu Hause ist!

GETA:

Jawohl. *Ab.*

DEMIPHO *zu seinen Freunden*:

Ihr seht jetzt, wie die Lage ist. Was soll ich tun? Sprich, Hegio!

HEGIO: Ich? Besser wohl Cratinus!

DEMIPHO:

Dann du, Cratinus!

CRATINUS: Meinst du wirklich, ich?

DEMIPHO: Ja, du!

CRATINUS:

Zu deinem Vorteil solltest du verfahren. Ich entscheide so: Was hier dein Sohn trieb, während du verreist warst, werde gütlich beigelegt – du wirst das schon erreichen. Dies mein Rat.

DEMIPHO: Du, Hegio?

HEGIO:

Ich halte seinen Rat für klug. Es ist doch so: Viel Menschen, viele Sinne. Jedem seinen Willen! Ich würde nicht, was man gesetzlich regelte, rückgängig machen – schändliches Beginnen!

DEMIPHO: Du,

mein Crito?

CRITO: Weiter sollte man es untersuchen:

Der Fall ist wichtig!

CRATINUS: Wünschst du mehr von uns?

DEMIPHO: Ihr hieltet

euch wacker: Mehr noch schwanke ich als je.

Freunde ab.

GETA *tritt auf*: Man sagt,

er sei noch nicht zurück.

DEMIPHO: Auf meinen Bruder muß
ich warten. Seinen Ratschlag werde ich befolgen.
Im Hafen will ich fragen, wann er wiederkommt.
Ab.

GETA:
Ich suche Antipho, um ihn zu unterrichten.
Da sehe ich ihn schon, er kommt zur rechten Zeit!

ANTIPHO *tritt von der anderen Seite her auf, ohne Geta zu bemerken; für sich*: Vielfältig bist du, mein Antipho, wirklich zu tadeln bei deiner Gesinnung: Hast dich verdrückt, überließest es andern, das Glück deines Lebens zu schützen! Andere, wähntest du, würden sich besser als du um das Deinige kümmern. Hättest dich, ohne Rücksicht auf anderes, wenigstens sorgen sollen für sie, die im Hause sich aufhält: soll sie doch niemals, getäuscht in der Treue zu dir, in ein Unglück geraten! Hoffnung und Rettung des armen Mädchens beruhen allein jetzt auf dir!

GETA *tritt auf ihn zu*: Freilich, auch wir, Herr, werfen dir lange schon vor, daß du fortgingst!

ANTIPHO: Eben dich suchte ich.

GETA: Aber deswegen verloren wir niemals das Ziel aus den Augen.

ANTIPHO: Sag doch, ich bitte dich dringend, wie steht es um mich und mein Glück? Schwant meinem Vater schon etwas?

GETA: Noch immer nicht.

ANTIPHO: Bleibt uns noch Hoffnung?

GETA: Ich weiß es nicht.

ANTIPHO: Ach!

GETA: Weiß nur, daß Phaedria unermüdlich sich einsetzt für dich.

ANTIPHO: Wie er immer es tut.

GETA: Weiter, daß Phormio hier sich wie sonst als tüchtiger Anwalt bewährte.

ANTIPHO: Was hat er geleistet?

GETA: Er brachte mit Worten den tobenden Alten völlig zum Schweigen.

ANTIPHO: Gut, Phormio!

GETA: Ich auch, soweit ich es konnte.

ANTIPHO: Mein Geta, ich liebe euch alle!

GETA: Genau wie ich sagte, begann es. Noch zeigt sich die Lage ganz ruhig. Dein Vater will abwarten, bis sein Bruder zurückkommt.

ANTIPHO: Was will er mit ihm?

GETA: Wie er sagte, will er in diesem Fall nach seinem Ratschlag sich richten.

ANTIPHO: Wie sehr fürchte ich, jetzt den Onkel wohlbehalten zu sehen, mein Geta, bedeutet sein Urteil allein doch für mich, wie ich höre, Leben oder Tod!

GETA: Da kommt Phaedria zu dir!

ANTIPHO: Wo denn?

GETA: Sieh dort, er verläßt gerade seine Palästra.

Phaedria und Dorio treten aus dem Hause Dorios, ohne die Anwesenden zu bemerken.

PHAEDRIA: Dorio, hör doch, ich bitte dich!

DORIO: Nein!

PHAEDRIA: Nur ein Weilchen!

DORIO: Laß mich in Ruhe!

PHAEDRIA: Höre doch, was ich dir sage!

DORIO: Aber ich habe es wirklich jetzt satt, zum tausendsten Male dasselbe zu hören!

PHAEDRIA: Aber jetzt werde ich etwas dir sagen, was mit Vergnügen du hörst!

DORIO: Dann sprich nur, ich höre!

PHAEDRIA: Darf ich dich bitten, noch drei Tage darauf zu warten? *Dorio wendet sich ostentativ zum Gehen.* Wohin begibst du dich jetzt?

DORIO *höhnisch*: Es hätte mich gewundert, bötest du mir etwas Neues!

ANTIPHO *leise zu Geta*: Ha, ich fürchte, der Kuppler führt Böses im Schilde!

GETA *ebenso*: Das fürchte ich auch!

PHAEDRIA: Traust du mir nicht?

DORIO: Du spinnst!

PHAEDRIA: Doch wenn ich dir Sicherheit gebe?

DORIO: Nur leeres Geschwätz!

PHAEDRIA: Preisen noch wirst du den Liebesdienst mir als vortreffliche Anlage!

DORIO: Windige Worte!

PHAEDRIA: Glaub mir, du wirst dich des Aufschubs noch freuen, beim Herkules, ja doch!

DORIO: Träume und Schäume!

PHAEDRIA: Versuche es doch! Es dauert nicht lange.

DORIO: Du leierst nur immer dasselbe Geplärr!

PHAEDRIA: Du giltst mir als teurer Verwandter, als Vater, als Freund, als –

DORIO: Plappre nur weiter!

PHAEDRIA: Derart hartherzig zeigst du dich mir und so unerbittlich, daß dich kein Mitleid und keinerlei Bitten erweichen!

DORIO: Derart unbedacht zeigst du dich mir und so schamlos, Phaedria, daß du mit schillernden Worten mich täuschst und mein Mädchen genießt ganz ohne Bezahlung!

ANTIPHO *für sich*: Was für ein Jammer!

PHAEDRIA *niedergeschlagen*: Die Wirklichkeit schlägt mich in Fesseln!

GETA *für sich*: Wie ähneln die beiden einander!

PHAEDRIA *für sich*: Ach, während Sorgen und Nöte kaum leichterer Art den Antipho quälen, muß über mich selber dies Unglück hereinbrechen!

ANTIPHO *tritt auf ihn zu*: Ha, was für ein Unglück denn, Phaedria?

PHAEDRIA: Antipho, Glücklichster!

ANTIPHO: Ich?

PHAEDRIA: Das Mädchen, in das du verliebt bist, hast du zu Hause! Brauchst dich niemals herumzuschlagen mit einem derartigen Übel!

ANTIPHO: Ich – zu Hause? Ich halte vielmehr, nach dem Sprichwort, den Wolf bei den Ohren, weiß nicht, wie ich ihn loslassen, weiß nicht, wie ich ihn festhalten soll!

DORIO: Ebenso geht es auch mir mit dem Kerl!

ANTIPHO *ironisch zu Dorio*: He, halte dich wacker als Kuppler! *Zu Phaedria:* Was stellte er an?

PHAEDRIA: Der Kerl? Was ein Ausbund von Grausamkeit anstellt: Meine Phamphila hat er verkauft!

ANTIPHO: Wie, verkauft?

GETA: Tatsächlich, verkauft?

PHAEDRIA: Ja doch, verkauft!

Dorio *höhnisch*: Wie abscheulich: ein Sklavenmädchen, das selber ich kaufte!

Phaedria: Ich kann ihn durch Bitten durchaus nicht bewegen, auf mich noch zu warten und die drei Tage noch zu gewähren, in denen das Geld ich beibringe, das mir die Freunde versprachen! *Zu Dorio:* Wenn ich die Frist überziehe, so brauchst du nicht eine Stunde länger zu warten.

Dorio: Ohrengeklingel!

Antipho *zu Dorio*: Nicht lang ist die Frist, um die er dich bittet: Dorio, laß dich erweichen! Doppelt wird er, was du an Gutem ihm zuschanzt, dir wiedererstatten!

Dorio: Geflunker!

Antipho: Soll Pamphila etwa durch dich aus der Stadt hier verschwinden? Kannst, außerdem, du so grausam dich zeigen, dies liebende Paar auseinanderzureißen?

Dorio *höhnisch*: Weder ich noch du!

Phaedria: Verschafften die Götter dir allesamt, was du verdienst!

Dorio: Wider meine Natur und mein besseres Wissen ertrage ich mehrere Monate schon dein Gebaren: leere Versprechungen, keinerlei Geld, nur Tränen. Alldem gegenüber fand ich jetzt einen, der zahlt und nicht heult: So räume den Platz für bessere Kunden!

Antipho: Fest, beim Herkules, wenn ich mich richtig erinnere, ist der Termin doch bestimmt, bis zu dem du die Zahlung ihm leistest.

Phaedria: Jawohl.

Dorio: Das streite ich keineswegs ab.

Antipho: Ist der Termin überzogen?

Dorio: Nein, morgen erst.

Antipho: Schämst du des Wortbruchs dich nicht?

Dorio: Niemals, sofern nur mein Geld stimmt!

Geta: Du Miststück!

Phaedria: Dorio, darf man, um Himmels willen, so handeln?

Dorio: So bin ich. Gefalle ich dir, so bediene dich meiner!

Antipho: Derart betrügst du ihn?

Dorio: Nicht doch, Antipho, im Gegenteil: Er hintergeht mich! Zweifellos kannte er meinen Charakter. Ich aber habe in ihm mich getäuscht. Er betrog mich. Ich verhalte zu ihm mich wie immer. Dennoch will ich trotz der Lage der Dinge folgendermaßen verfahren: Für morgen früh hat der Soldat mir die Summe versprochen. Kommst du zuvor ihm, Phaedria, handle ich wie gewohnt: Der gewinnt, wer als erster bezahlt! Leb wohl! *Ab.*

PHAEDRIA: Was soll ich tun? Woher soll ich Armer jetzt, so auf die Schnelle, das Geld für den Kerl mir verschaffen? Ich, der ich weniger habe als nichts? Für den Fall, ich hätte drei Tage herausschlagen können, war mir die Summe versprochen.

ANTIPHO: Sollen wir zulassen, Geta, daß er so unglücklich wird – er, der doch eben erst, wie du erzähltest, freundlich mir beistand? Sollten wir vielmehr uns anstrengen nicht, in der Not ihm zurückzuerstatten, was er an Gutem uns tat?

GETA: Sicher, ich bin mir bewußt, das wäre gerecht.

ANTIPHO: Wohlan denn, nur du vermagst ihm zu helfen!

GETA: Aber was tun?

ANTIPHO: Das Geld beibringen.

GETA: Das möchte ich gern. Doch sage mir, bitte: woher?

ANTIPHO: Anwesend ist der Vater.

GETA: Ich weiß. Doch was dann?

ANTIPHO: Ha, der Hinweis reicht dem Gewitzten!

GETA *mit einer Gebärde des Fortraffens*: So etwa?

ANTIPHO: Ja!

GETA: Beim Herkules, wahrhaft ein prächtiger Ratschlag: Verschone mich damit! Glänzend erfolgreich schon bin ich, wenn ich aus deiner Verheiratung nicht noch ein Unheil mir zuziehe – mußt du mir jetzt noch befehlen, im Unglück – *auf Phaedria weisend* – zu seinem Nutzen ans Kreuz mich zu drängen?

ANTIPHO *zu Phaedria*: Was er sagt, ist wahr.

PHAEDRIA: Wie, Geta, ich gelte als fremd euch?

GETA: Durchaus nicht. Aber genügt es denn nicht, daß der Alte uns alle verfolgt mit wütendem Groll, ohne daß wir darüber hinaus ihn noch reizen, so daß wir die Möglichkeit, ihn zu bitten, verscherzen?

PHAEDRIA: Ein anderer soll mir also das Mädchen irgendwohin entführen, mir aus den Augen – hm, darüber, bitte, besprecht euch mit mir, Antipho, solang ich noch hier bin und möglich es ist, überdenkt meine Lage!

ANTIPHO: Weswegen? Was willst du denn tun? Erklär dich!

PHAEDRIA: Wohin sie auf Erden auch immer entführt wird, ich werde bestimmt ihr folgen oder zugrunde gehen!

GETA: Segneten Götter dein Tun! Doch tue es Schrittchen für Schrittchen!

ANTIPHO *zu Geta*: Kümmre dich doch, ob du etwas Geld ihm zuschanzen kannst!

GETA: Was bedeutet „ob etwas“?

ANTIPHO: Bemüh dich doch, bitte! Sonst unternimmt er vielleicht noch, was später uns reut, mein Geta.

GETA: Gut, ich bemühe mich. *Denkt nach.* Ja, gerettet ist er, vermutlich – doch fürchte ich Unheil zugleich!

ANTIPHO: Fürchte dich nicht. Wir werden mit dir gemeinsam Gutes wie Schlimmes ertragen.

GETA *zu Phaedria*: Sag mir die Summe, die du benötigst!

PHAEDRIA: Lediglich dreißig Minen.

GETA: Dreißig? Hui, recht kostspielig, Phaedria!

PHAEDRIA: Nicht doch, das Mädchen ist preiswert.

GETA: Gut, gut, ich werde die Summe schon ausfindig machen.

PHAEDRIA *aufatmend*: Oh, tüchtig! *Will Geta umarmen.*

GETA *wehrt ihn ärgerlich ab*: Verschwinde!

PHAEDRIA: Ich brauche es gleich!

GETA: Du sollst es gleich haben. Freilich benötige ich für die Durchführung Phormio noch als Gehilfen.

PHAEDRIA: Steht zur Verfügung. Du kannst ihn getrost beliebig belasten, er wird es schon tragen. Er nur bewährt sich als wahrhafter Freund stets. Wenden wir deshalb sofort uns an ihn!

ANTIPHO: Braucht ihr nicht irgendwie meine Mithilfe?

GETA: Gar nicht, nein, gehe ins Haus, tröste das arme Mädchen. Sie wartet, ich weiß es, jetzt drinnen, halbtot schon vor Angst. Zögerst du etwa?

ANTIPHO: Nichts tue ich doch mit größrem Vergnügen! *Ab.*

PHAEDRIA: Sag mir, wie willst das Ziel du erreichen?

GETA: Das werde ich dir unterwegs noch erklären. Für jetzt verschwinde von hier! *Beide ab.*

Nach kurzer Pause treten Demipho und Chremes auf.

DEMIPHO: Nanu? Was reistest du von hier nach Lemnos, Chremes? Hast du die Tochter mitgebracht?

CHREMES: Nein.

DEMIPHO: Warum nicht?

CHREMES:

Als ihre Mutter mich hier länger zögern sah,
verbot des Mädchens Alter, weitre Rücksicht noch
zu nehmen auf mein Säumen. Wie ich hörte, reiste
mit ihrem Anhang sie zu mir.

DEMIPHO: Sag, warum bist
du auf die Nachricht hin so lange noch geblieben?

CHREMES:

Beim Pollux, ich war krank.

DEMIPHO: Warum? Woran?

CHREMES: Du fragst?

Das Alter selbst ist Krankheit. – Wohlbehalten trafen
sie ein; das ließ der Schiffer, der sie fuhr, verlauten.

DEMIPHO:

Weißt du, was meinem Sohne zustieß, während ich
verreist war?

CHREMES *nickt bestätigend*:

Dazu kann ich mich nicht schlüssig äußern.
Verlobte ich das Kind mit einem Fremden, müßte
ich Punkt für Punkt das Wie und Wo zur Sprache bringen.
Ich weiß, daß ich auf d i c h so bauen kann wie auf
mich selbst. Doch will ein Fremder sich mit mir verschwägern,
so wird er schweigen, bis ich völlig ihm vertraut bin.
Verschmäht er mich, so wird er mehr als nötig wissen.
Ich fürchte, meine Frau kommt irgendwie dahinter.
Geschieht das, bleibt mir eins nur: Aus dem Hause mich
zu stehlen; bin ich doch auf mich allein gestellt.

DEMIPHO:

Ich weiß, daß sich das so verhält. Es macht mir Sorge,
und unermüdlich werde ich so lange bohren,
bis ich dir das Versprechen, das ich gab, erfüllte.

GETA *tritt auf, ohne die Anwesenden zu bemerken*:

Noch keinen Menschen sah ich, der den Phormio
an Schlauheit überträfe. Kam zu ihm und sagte,
es werde Geld gebraucht, und fragte: Woher nehmen?

Ich war halb fertig kaum, da hatte er begriffen,
war fröhlich, lobte mich, verlangte nach dem Alten,
sprach Dank den Göttern aus für die Gelegenheit,
dem Phaedria nicht minder sich als guter Freund
zu zeigen als dem Antipho. Ich hieß ihn auf
dem Marktplatz warten, würde selber dann den Alten
dorthin geleiten.
Erblickt die beiden. Doch da ist er – wer daneben?
Der Vater Phaedrias! Doch wozu mache ich
mir ängstlich Sorgen, wie ein Dummkopf? Etwa weil
zwei Opfer meiner List, nicht lediglich das eine,
ins Netz mir gehen? Doppelt, meine ich, hält besser!
Vom ersten will, nach Plan, ich nehmen; gibt er – gut.
Wenn nicht, dann werde ich mich an den Bruder halten.

ANTIPHO *tritt auf, ohne sich vor dem Vater und dem Onkel sehen zu lassen*:
Ich warte drauf, daß Geta möglichst schnell zurückkommt.
Doch stehen Onkel dort und Vater beieinander.
Daß bloß nicht seine Ankunft noch den Vater reizt!

GETA *nähert sich den beiden Brüdern*:
Ich trete näher. Glück, mein Chremes!

CHREMES: Glück dir, Geta!

GETA:
Die gute Ankunft freut mich.

CHREMES: Sicher.

GETA: Nun, was gibt es?
Wie üblich, manches Neue bei der Ankunft?

CHREMES: Vieles.

GETA:
Ja – was mit Antipho geschah, das weißt du?

CHREMES: Alles.

GETA *zu Demipho*:
Du hast es ihm erzählt?
Zu Chremes: Empörend solche Täuschung,
mein Chremes!

CHREMES: Grad besprach ich mich mit ihm darüber.

GETA: Ja, ich auch habe eifrig diesen Fall bedacht
und fand wohl einen Ausweg.

CHREMES: Wie, mein Geta?

DEMIPHO: Was
für einen Ausweg?

GETA: Von dir kommend, traf durch Zufall
ich Phormio.

CHREMES: Wen, Phormio?

DEMIPHO: Den, der das Mädchen –

CHREMES:
Ich weiß davon.

GETA: Ich wollte hören, was er meint,
und nahm beiseite ihn: „Du siehst, mein Phormio,
doch einen Weg wohl, diesen unsern Kummer eher
auf gute Weise als auf schlechte beizulegen?
Großzügig ist der Herr und scheut vor Zank und Streit.
Es wollten freilich seine andern Freunde eben
einstimmig schon das Mädchen rücksichtslos verstoßen."

ANTIPHO *für sich*:
Was plant er und worauf will er hinaus?

GETA: „Erklärst du,
daß er, verstößt er sie, nach dem Gesetz bestraft wird?
Eins ist schon sicher: Du wirst schön ins Schwitzen kommen,
wenn du mit ihm dich einläßt. Trefflich kann er reden,
und zöge er den kürzeren, so geht es schließlich
doch nicht um seinen Kopf, es geht nur um das Geld."
Durch meine Worte ward er weich, ich spürte es.
„Allein sind wir jetzt hier", fuhr ich gleich fort, „sag, bitte,
wieviel du haben willst, damit mein Herr auf den
Prozeß verzichtet, sie verschwindet, du auch stillhältst."

ANTIPHO *für sich*:
Ist er noch völlig bei Verstand?

GETA: „Ich weiß genau:
Nennst eine Summe du, die billig und gerecht ist,
wirst du mit meinem Herrn, gutmütig wie er ist,
kaum noch drei Worte wechseln."

DEMIPHO *grimmig*: Wer hieß so dich sprechen?

CHREMES:
Nicht doch, er konnte gar nicht besser an das Ziel
gelangen, das uns vorschwebt!

ANTIPHO *für sich*: Ich bin fertig!
DEMIPHO *ungeduldig*: Weiter!
GETA:
Zuerst benahm er sich verrückt.
CHREMES: Sag, was verlangt er?
GETA: Was? Viel zuviel!
CHREMES: Wieviel denn? Sprich!
GETA: Er wollte ein
Talent von Silber.
DEMIPHO: Nie, beim Herkules! Wie schamlos!
GETA:
Da sagte ich ihm: „Wenn er nun die eigne Tochter,
die einzige, vermählte? Wenig nützte ihm,
daß er sie seinerzeit als Kind verstoßen ließ:
Es fand ein andres Mädchen sich, das eine Mitgift
ihn kostet!" Kurz – ich übergehe sein Geschwätz –,
am Ende ließ er als sein letztes Wort verlauten:
„Ursprünglich wollte ich die Tochter meines Freundes
selbst heiraten. Das wäre nur gerecht gewesen.
Ich mußte ja an ihre üble Lage denken,
wird sie, bei ihrer Armut, Sklavin eines Reichen.
Indessen brauchte – offen will ich zu dir sprechen –
ich eine Braut, die etwas Geld mir bieten kann,
zur Tilgung meiner Schulden. Gibt mir Demipho,
sogar noch jetzt, was ich von meiner Braut empfange,
so nähme ich am liebsten die von dir gemeinte."
ANTIPHO *für sich*:
Was soll ich sagen: Tat er dies aus Dummheit oder
aus Bosheit, wissend oder ahnungslos? Ich weiß nicht.
DEMIPHO:
Steht er in solcher Not?
GETA: „Der Acker ist verpfändet
für nur zehn Minen ..."
DEMIPHO: Gut. Er nehme sie. Ich zahle.
GETA:
„... und ebenfalls für zehn das Häuschen."
DEMIPHO: Eh, das ist
zu viel!

CHREMES: Schrei nicht: Verlang die zehn von mir zurück!

GETA:
„Für die Gemahlin ist noch eine Magd zu kaufen;
gebraucht wird etwas Hausrat, Aufwand auch zur Hochzeit:
Dafür", schloß er, „setz nochmals nur zehn Minen an."

DEMIPHO *in ausbrechender Wut*:
Sechshundert soll er gleich verlangen, sag es ihm!
Nichts gebe ich. Der Schuft will mich wohl noch verhöhnen?

CHREMES:
Ich will es geben, bitte, schweig! Laß nur den Sohn
das Mädchen nehmen, das w i r wünschen.

ANTIPHO *für sich*: Wehe mir!
Du bringst mich, Geta, durch dein Truggespinst fast um!

CHREMES:
Um meinetwillen wird das Mädchen jetzt verstoßen;
da ist es nur gerecht, wenn ich das Geld bezahle.

GETA:
Fort fuhr er: „Ganz genau berichte mir, wieviel
er zahlen kann, damit ich dieses Mädchen frei
entließe, falls man mir das andre gibt; denn ihre
Verwandten sicherten mir schon die Mitgift zu."

CHREMES:
Er nehme es, erkläre jenen seinen Rücktritt,
heirate sie!

DEMIPHO: Ihn stürze das Geschäft ins Elend!

CHREMES:
Glücklicherweise brachte ich grad Geld jetzt mit,
Einkünfte aus den Gütern meiner Frau auf Lemnos.
Ich nehme davon die erforderliche Summe
und sage meiner Frau, du hättest sie gebraucht.
Demipho und Chremes ab in das Haus des Chremes.

ANTIPHO *tritt auf Geta zu*:
Du, Geta!

GETA: Ha!

ANTIPHO: Was tatest du?

GETA: Entlockte Geld
den Alten.

ANTIPHO: Reicht das?

GETA: Weiß nicht: Soviel, wie ich sollte.

ANTIPHO:
He, Schurke, du, gib Antwort mir auf meine Frage!

GETA
Was sagst du?

ANTIPHO: Was ich sagte? Nun, dank deiner Mühe
bleibt mir nichts weiter übrig als der Strick! Dich sollen
die Götter und die Göttinnen des Himmels und
des Orcus grausam töten! *Bitter:* Willst du etwas, ha,
beauftrag d e n, wünschst du es leidlich ausgeführt!
Nichts schädlicher, als dies Geschwür berühren oder
die Gattin nennen! Hoffnung wecktest du dem Vater,
sie zu verstoßen. Sag, was nun: Nimmt Phormio
die Mitgift an, muß er das Mädchen heiraten!
Was dann?

GETA: Er nimmt sie ja gar nicht.

ANTIPHO *ironisch*: Ich weiß. Doch fordern
das Geld zurück sie, geht er unsertwegen wohl
ins Schuldgefängnis lieber!

GETA: Alles, Antipho,
kann man durch eine falsche Darstellung verzerren.
Das Gute läßt du aus, erwähnst das Schlechte nur.
Hör jetzt das Gegenteil: Nahm er das Geld, so ist
die Gattin heimzuführen, ja – jedoch durch dich!
Ein knapper Zeitraum schließlich wird vergönnt zum Rüsten
der Hochzeit, für die Einladungen, für die Opfer.
Inzwischen gibt die Freundesschar, was sie versprach:
Davon zahlt er zurück.

ANTIPHO: Weshalb? Was sagt er?

GETA: Fragst du?
„Wie viele Unheilszeichen habe ich hernach
erblickt: Mir drang ins Haus ein fremder schwarzer Köter,
vom Dach fiel eine Schlange in den Hof, laut hatte
gegackert eine Henne; Opferschauer und
Wahrsager rieten ab; vor Wintersanfang soll
man kein Geschäft beginnen – Grund genug zum Aufschub!"
So kommt es!

ANTIPHO: Käme es!

GETA: Es kommt: Sieh mich nur an!

Demipho und Chremes treten aus dem Hause.

Dein Vater! Fort, sag Phaedria, das Geld sei da!

Antipho ab.

DEMIPHO: Sei ruhig, sagte ich. Sorgen will ich dafür, daß er keinerlei Flausen noch vorbringt. Niemals werde ich das hier – *hebt seinen Geldbeutel* – leichtsinnig fortgeben, ohne mir Zeugen zu holen. Festhalten will den Empfänger ich wie auch den Grund für die Zahlung.

GETA *für sich*: Wie vorsichtig, wo es doch unnötig ist!

CHREMES: So mußt du verfahren. Und eile, solange dieselbe Leidenschaft immer noch glüht! Denn wenn erst die andere stärker ihm zusetzt, wird er vielleicht uns zurückweisen.

GETA *ironisch*: Da hast du den Kernpunkt erfaßt!

DEMIPHO *zu Geta*: So führe mich zu ihm!

GETA: Ich zögere nicht.

CHREMES: Und bist du dort fertig, begib dich zu meiner Frau: Sie möge doch Phanium aufsuchen, ehe das Mädchen hinweggeht, ihr mitteilen auch, wir gäben dem Phormio sie zur Gattin, sie möge nicht böse sein; er passe doch besser zu ihr und sei ihr auch länger vertraut; wir hätten uns nicht gedrückt vor unseren Pflichten: So groß, wie es Phormio wünschte, sei ihre Mitgift ausgefallen.

DEMIPHO: Was geht das, zum Kuckuck, dich an?

CHREMES: Viel, Demipho! Reicht es doch nicht, die Pflicht allein zu erfüllen, sofern das Urteil der Welt es nicht billigt; ich möchte, daß dies auch geschieht mit Willen des Mädchens; sie soll nicht behaupten, verstoßen worden zu sein.

DEMIPHO: Ich kann das genauso erwirken.

CHREMES: Frauen verstehen sich besser mit Frauen.

DEMIPHO: Ich werde sie fragen. *Ab mit Geta.*

CHREMES *für sich*: Wo kann ich die Frau und die Tochter nur finden?

SOPHRONA *tritt aus dem Hause Demiphos; für sich*: Was soll ich tun? Wen mir verschaffen als Freund, ich Arme? An wen mich wenden mit meinen Problemen? Woher Hilfe erflehen? Muß ich doch fürchten, daß meine Herrin aufgrund meines Rates unverdient Nachteil erleidet: Derart gewaltig nimmt, wie ich höre, der Vater das Handeln des jungen Bräutigams übel!

CHREMES *für sich*: Wer ist die alte Frau, die in höchster Erregung aus dem Haus meines Bruders hervorkommt?

SOPHRONA: Armut verleitete mich zu der Tat, obwohl ich die schwachen Punkte der Hochzeit wohl kannte – wollte nur sorgen dafür, daß Phanium erst einmal sicher ihr Auskommen hätte!

CHREMES *für sich*: Ganz ohne Zweifel, beim Pollux, wenn ich nicht irre, wenn mich die Augen im Stiche nicht lassen, sehe ich vor mir die Amme meiner Tochter.

SOPHRONA: Und keinerlei Spuren ...

CHREMES *für sich*: Was tue ich bloß?

SOPHRONA: ... hat man von ihrem Vater.

CHREMES *für sich*: Wende ich gleich mich an sie oder warte ich, bis ich ihr Jammern genauer durchschaue?

SOPHRONA: Könnte ich jetzt ihn finden jedoch, so brauchte ich gar nichts zu fürchten.

CHREMES: Sie ist es! Anreden möchte ich sie.

SOPHRONA *wird auf ihn aufmerksam*: Wer spricht hier?

CHREMES: Sophrona!

SOPHRONA: Und nennt sogar mich bei Namen?

CHREMES: Schau mich doch an!

SOPHRONA: Ich beschwöre euch, Götter – ist das nicht Stilpo?

CHREMES: Nein!

SOPHRONA: Du streitest es ab?

CHREMES *blickt scheu um sich; mit gedämpfter Stimme*: Komm doch gefälligst ein bißchen hierher, Sophrona, weg von der Türe! *Sie gehorcht.* Nenne mich nie mehr mit diesem Namen!

SOPHRONA: Wie, um Himmels willen, du bist nicht der Mann, als den du dich immer ausgabst?

CHREMES *zeigt auf sein Haus*: Sst!

SOPHRONA: Weswegen fürchtest du dieses Haus?

CHREMES: Da drinnen wohnt meine grimmige Gattin. Den Namen gab ich mir einstmals fälschlich: Ihr solltet nicht unbedacht etwa manches herausschwatzen, nicht meine Frau das Geheimnis noch ausspüren lassen!

SOPHRONA: Beim Pollux, wir Elenden hätten dich deshalb hier niemals auffinden können!

CHREMES: Los, sag mir, was hast du zu tun mit den Leuten, aus deren Haus du herauskommst? Wo weilen die Frau und die Tochter?

SOPHRONA: Ich Arme!

CHREMES: Nanu, was gibt es? Sie leben doch, nicht?

SOPHRONA: Es lebt deine Tochter. Die Mutter, die unglückgepeinigte, wurde von ihrem Kummer erlöst durch den Tod.

CHREMES: Wie bitter!

SOPHRONA: Ich aber, die Greisin, verlassen und arm und von niedrigem Stande, ich tat das mir Mögliche, um das Mädchen mit dem jungen Mann zu vermählen, der hier in dem Hause der Herr ist.

CHREMES: Mit Antipho?

SOPHRONA: Ja, eben mit diesem.

CHREMES: Was meinst du? Er hat zwei Frauen?

SOPHRONA: Bewahre, um Himmels willen, er hat nur die eine!

CHREMES: Was ist mit der anderen, die man „verwandt" nennt?

SOPHRONA: Das ist sie doch eben!

CHREMES: Wie meinst du?

SOPHRONA: Verabredet wurde das Ganze, damit er, der innig sie liebte, sie heiraten durfte, ganz ohne Mitgift.

CHREMES: Götter, bei eurer Treue, wie oft läßt blindlings ein Zufall geschehen, was man nicht wagt zu erflehen! Ich komme zurück und finde mein Kind vermählt mit jenem, den ich ihr wünschte, geliebt, wie ich wünschte. Und was mein Bruder und ich mit größter Anstrengung durchsetzen wollten, vollbrachte jetzt Antipho, ohne unser Bemühen, allein, als Folge heißester Liebe!

SOPHRONA: Aufs Nötige richte den Blick jetzt: Da kommt der Vater des jungen Mannes! Er nehme die Heirat äußerst ungnädig auf, so erzählt man.

CHREMES: Keine Gefahr mehr! Bei Göttern und Menschen jedoch nimm ja dich in acht, daß niemand erfährt, sie ist meine Tochter.

SOPHRONA: Von mir soll es niemand erfahren.

CHREMES: Folg mir! Im Hause sollt ihr das Weitere hören.

Er und Sophrona treten in das Haus Demiphos.

Demipho und Geta treten auf.

DEMIPHO: Durch eigene Schuld bewirken wir Vorteil für Bösewichter, indes wir uns allzu eifrig bemühen, als gut und gnädig zu gelten. Wenn du schon wegläufst, so nicht, wie es heißt, an der Hütte vorbei! Es hat nicht gereicht, von dem Kerl sich betrügen zu lassen! Geld obendrein ward ihm noch geboten, damit er zu leben hat – bis er weitere Schandtaten ausführt!

GETA: Ganz eindeutig!

DEMIPHO: Heute erhält Belohnung, wer Recht zum Unrecht verkehrt.

GETA: Sehr wahr!

DEMIPHO: Wie töricht haben in unserem Fall wir gehandelt!

GETA: Kämen wir mit dem Bescheid nur davon, daß er das Mädchen als seine Gemahlin heimführt!

DEMIPHO: Ist das denn zweifelhaft?

GETA: Ich weiß nicht recht, beim Herkules, ob er, nach seinem Wesen, etwa noch die Meinung ändert.

DEMIPHO: Ha, wirklich? Ändert, doch?

GETA: Ich weiß es nicht. Ich habe recht – vielleicht.

DEMIPHO: So will ich nach des Bruders Vorschlag handeln, will seine Gattin holen, damit sie mit dem Mädchen spricht. Geh schon voraus, mein Geta, melde, daß sie kommen wird! *Ab in das Haus des Chremes.*

GETA *für sich*: Das Geld für Phaedria ist aufgebracht. Von Vorwurf ist nicht mehr die Rede. Gesorgt ward dafür, daß sie nicht sogleich verschwindet. Was nun weiter? Was wird geschehn? Du steckst im selben Schlamm; du kommst vom Regen in die Traufe, mein Geta. Kurz nur wich das erste Übel. Dein Prügelkonto wächst, gibst du nicht acht. Jetzt will ins Haus ich gehen, Phanium belehren, daß sie in keiner Weise Phormio zu fürchten braucht, auch nicht das Wort Nausistratas. *Er tritt in das Haus Demiphos.*

Nach einer kurzen Pause kommen Demipho und Nausistrata aus dem Hause des Chremes.

DEMIPHO: Versöhne denn, wie du es ja so gut verstehst, Nausistrata, mit uns das Mädchen: Aus freiem Willen tue sie, was jetzt zu tun ist!

NAUSISTRATA: Ja.

DEMIPHO: Genauso, bitte, leiste mir jetzt Beistand, wie du mir kürzlich mit dem Gelde aushalfst!

NAUSISTRATA: Ich will es tun. Durch meines Mannes Schuld jedoch kann ich nicht angemessen Geld ausgeben.

DEMIPHO: Warum denn bloß?

NAUSISTRATA: Weil er die wohlerworbnen Güter meines Vaters, beim Pollux, nachlässig verwaltet! Zog mein Vater aus den Gütern stets doch zwei Talente Silbers! Wie ein Mann den andern übertrifft!

DEMIPHO: Tatsächlich, zwei?

NAUSISTRATA: Ja, zwei, und damals war das Leben weitaus billiger!

DEMIPHO: Oha!

NAUSISTRATA: Das ist doch deine Meinung auch?

DEMIPHO: Natürlich.

NAUSISTRATA: Wäre ich als Mann geboren! Ich würde zeigen, …

DEMIPHO: Sicher!

NAUSISTRATA: … wie –

DEMIPHO *unterbricht sie*: So schone dich doch, bitte, damit du mit ihr sprechen kannst, die Jüngere dich nicht in Grund und Boden schwatzt!

NAUSISTRATA: Ich will nach deinem Wunsch verfahren. Doch wie ich sehe, kommt mein Mann aus deinem Haus!

CHREMES *tritt aus dem Hause Demiphos, ohne Nausistrata gleich zu sehen*: Ha, Demipho! Hast du ihm schon das Geld gegeben?

DEMIPHO: Ist gleich erledigt worden.

CHREMES: Verkehrt! *Erblickt Nausistrata.* Ha, meine Frau! Beinahe schon zu viel gesagt!

DEMIPHO: Wieso verkehrt, mein Chremes?

CHREMES: Schon gut!

DEMIPHO: Was meinst du? Sagtest wohl grad Phanium Bescheid, weshalb wir sie – *weist auf Nausistrata* – herbeiholen?

CHREMES: Ich tat es.

DEMIPHO: Und sie meint?

CHREMES: Sie ist nicht fortzubringen.

DEMIPHO: Und warum nicht?

CHREMES: Weil sie verliebt in einen andern ist und der in sie.

DEMIPHO: Was schert das uns?

CHREMES: Sehr viel. Im übrigen erfuhr ich: Sie ist uns verwandt!

DEMIPHO: Was? Du schwatzt da irres Zeug!

CHREMES: Sie ist und bleibt es. Ich rede nicht von ungefähr, o nein, erinnerte mich selbst.

DEMIPHO: Du bist verrückt!

CHREMES: Oh, höre mal, versündige dich nicht an der Verwandten!

DEMIPHO: Unsinn!

CHREMES: Streite es nicht ab: Des Vaters Name ward geändert. Deshalb irrtest du.

DEMIPHO: Sie kennt den Vater?

CHREMES: Ja.

DEMIPHO: Weshalb änderte er seinen Namen?

CHREMES *halblaut, mit lebhaften, verzweifelten Gebärden*: Tust du mir heute keinerlei Gefallen und willst nichts merken?

DEMIPHO *versteht das Gebaren des Bruders nicht*: Wenn du nichts erklärst?

CHREMES: Du bringst mich um!

NAUSISTRATA *für sich*: Erstaunlich das Geschwafel!

DEMIPHO: Beim Herkules, ich weiß nichts!

CHREMES *leise und eindringlich*: Willst du wissen? Schütze Jupiter mich so, wie niemand diesem Mädchen nähersteht als du und ich!

DEMIPHO: Getreue Götter, befragen wir sie selbst! Wir sollten allesamt Bescheid gleich wissen – oder nicht!

CHREMES: Ha!

DEMIPHO: Was ist?

CHREMES: So wenig Glauben schenkst du mir?

DEMIPHO: Soll ich dir trauen? Du meinst, ich soll nicht weiter fragen? Nun, es sei! Was soll geschehen mit jener Tochter unsres Freundes?

CHREMES *aufatmend*: Richtig!

DEMIPHO: Lassen wir sie also gehen?

CHREMES: Natürlich.

DEMIPHO: Doch die andere soll bleiben?

CHREMES: Ja.

DEMIPHO: So kannst du gehen denn, Nausistrata.

NAUSISTRATA: Beim Pollux, ja, ich meine, es ist günstiger für alle, wenn – wie du begannst – sie bleibt. Das Mädchen nämlich, das ich sah, scheint mir sehr gut erzogen. *Ab in das Haus des Chremes.*

DEMIPHO: Was wird hier eigentlich gespielt?

CHREMES *blickt ängstlich hinter seiner Frau her*: Hat sie die Tür geschlossen?

DEMIPHO: Eben, ja.

CHREMES: O Jupiter, die Götter blicken freundlich auf uns: Ich entdeckte, daß meine Tochter Gattin deines Sohnes ist!

DEMIPHO: Ei, wie konnte das geschehen?

CHREMES: Dieser Platz hier bietet zum Erzählen nicht genügend Sicherheit.

DEMIPHO: So komm doch in mein Haus!

CHREMES *auf der Schwelle zu Demiphos Haus, zu dem ihm folgenden Bruder, leise und eindringlich*: Du, höre, unsre Söhne sollen nichts davon erfahren!

Beide ab in das Haus.

ANTIPHO *tritt auf*: In meiner Lage bin ich froh, daß meinem Vetter sich sein Wunsch erfüllte. Wie allerliebst doch, einer Leidenschaft zu frönen, die, nach ihrer Art, im Falle eines Unglücks sich mit wenig Aufwand heilen läßt! Kaum hatte Phaedria sein Geld erhalten, war er seiner Sorge ledig. Ich meinerseits kann durch kein Mittel mich aus der Bedrängnis lösen: Bleibt es verheimlicht, muß ich Furcht empfinden, doch wird es aufgedeckt, in Schande leben. Und so begäbe ich mich jetzt auch nicht nach Hause, böte sich mir nicht die Hoffnung, mein Mädchen zu behalten. Doch wo kann ich Geta finden? Ich will um Rat ihn fragen: Wann soll mit dem Vater ich zusammentreffen?

PHORMIO *tritt auf; für sich*: Ich nahm das Geld, gab es dem Kuppler, führte fort die Frau, erreichte so, daß Phaedria zu eigen sie bekam; sie ward ja freigelassen. Jetzt bleibt mir nur noch eines durchzusetzen: von den Alten zum Zechen Muße zu gewinnen! Ein paar Tage will ich das genießen.

ANTIPHO: Da ist mein Phormio! Was sagst du?

PHORMIO: Wie?

ANTIPHO: Was wird denn Phaedria jetzt unternehmen? Wie will den Liebesdrang er stillen? Hat er das gesagt?

PHORMIO: Er wird jetzt seinerseits die Rolle spielen, die du spielst.

ANTIPHO: Das heißt?

PHORMIO: Dem Vater aus dem Wege gehen. Er bat dich, dafür seine jetzt zu übernehmen, für ihn dich einzusetzen. Denn zechen wird er jetzt, bei mir. Den Alten will ich sagen, ich ginge auf den Markt nach Sunium, die junge Magd zu kaufen, von der Geta vorhin sprach; sie sollen, wenn sie mich nicht sehen, ja nicht glauben, daß ich ihr Geld verschwende! Doch deine Haustür knarrt!

ANTIPHO *tritt schnell zurück*: Schau hin, wer da herauskommt!

PHORMIO: Geta!

GETA *tritt aus dem Hause Demiphos; für sich*: Glück du, glückumstrahltes Zufallsspiel, mit welchem Schwall an Freuden habt, dank eurer Macht, ihr heute unvermutet meinen Herren Antipho begnadet, …

ANTIPHO *für sich*: Was bedeuten seine Worte?

GETA: … uns, die wir ihn lieben, von der Furcht befreit! Aber jetzt will ich nicht säumen, will den Mantel hoch zur Schulter ziehen, schleunigst ihn zu treffen suchen: Wissen soll er, was so günstig sich gefügt!

ANTIPHO *zu Phormio*: Du, begreifst du, was er sagt?

PHORMIO: Du etwa?

ANTIPHO: Nein.

PHORMIO: Genausowenig ich.

GETA *für sich*: Gleich von hier will ich zum Kuppler gehen. Bei ihm sind sie jetzt.

ANTIPHO: He, Geta!

GETA *in eiligem Abgehen; für sich*: Das gilt dir! Gar kein Wunder, gar nichts Neues: Machst dich auf den Weg – und wirst zurückgepfiffen!

ANTIPHO: Geta!

GETA: Läßt, beim Herkules, nicht locker! *Zu dem immer noch nicht Erkannten:* Wirst durch deine Sturheit nicht zum Folgen mich bewegen!

ANTIPHO: Bleibe stehen!

GETA: Kriegst gleich Senge!

ANTIPHO: Du kriegst Senge: Bleibst du nicht gleich stehen, prügle ich dich durch!

GETA: Ganz genau muß der mich kennen: So entschlossen droht er mir mit Schlägen! Ist er etwa jener, den ich suche – oder nicht? Er ist es! Los, zu ihm! Sofort!

ANTIPHO: Was gibt es?

GETA *kehrt zurück*: Du, der unter allen Lebewesen höchstgeehrte Mensch! Lieben doch die Götter zweifellos nur dich, mein Antipho.

ANTIPHO: Trefflich wäre das, doch wie ich daran glauben soll, das müßte man mir sagen.

GETA: Reicht es, wenn ich dich in einen Freudenrausch versetze?

ANTIPHO: Du bringst mich noch um!

PHORMIO *zu Geta*: Laß jetzt deine Andeutungen, rück heraus mit deiner Botschaft!

GETA: Oh, du auch bist zur Stelle, Phormio?

PHORMIO: Ich bin es. Los, erzähle!

GETA: Höre denn: Als wir auf dem Marktplatz – *zu Phormio* – dir das Geld gegeben, gingen wir sogleich gradenwegs nach Haus. Indessen schickte mich der Herr – *zu Antipho* – zu deiner Gattin.

ANTIPHO: Und weshalb?

GETA: Das lasse ich beiseite, Antipho, es tut nichts mehr zur Sache. Eben wollte ich die Frauenwohnungen betreten: Da lief mir der Sklave Mida nach, zupfte mich am Mantel, hielt mich fest. Ich sah mich um und fragte, weshalb er mich nicht weiterließe. Streng verboten, sprach er, sei der Zutritt zu der Herrin, fuhr dann fort: „Soeben ließ Sophrona Chremes ein, den Bruder Demiphos. Der weilt jetzt noch bei den Frauen drin." Sobald ich das vernommen hatte, huschte ich gespannt, mit leisen Schritten, weiter bis zur Tür, blieb stehen, hielt den Atem an und legte an den Spalt das Ohr. So fing ich an zu lauschen, konnte derart das Gespräch erhaschen.

PHORMIO: Gut, mein Geta!

GETA: Da bekam die schönste Nachricht ich zu hören. Fast, beim Herkules, hätte ich vor Freude aufgeschrien.

ANTIPHO: Was?

GETA: Nun, was vermutest du?

ANTIPHO: Ich weiß nicht.

GETA: Höchst Erstaunliches ergab sich: Ist dein Onkel doch der Vater deiner Gattin Phanium!

ANTIPHO: Was behauptest du?

GETA: Er hatte einst auf Lemnos heimlich ein Verhältnis mit der Mutter.

PHORMIO: Unsinn! Ihren Vater sollte Phanium nicht kennen?

GETA: Einen Grund wird es schon geben, glaub es mir, mein Phormio! Doch meinst du, alles hätte ich genau vor der Tür verstehen können, was sie miteinander drin besprachen?

ANTIPHO: Ich auch habe davon munkeln hören.

GETA: Ja, ich kann sogar noch mehr Beweise bringen, dich zu überzeugen: Mittlerweile tritt der Onkel aus dem Haus ins Freie; nicht viel später zieht er sich mit deinem Vater wiederum ins Innere zurück. Beide geben die Erlaubnis dir, das Mädchen heimzuführen. Schließlich ward ich ausgeschickt, um dich zu suchen und herbeizuholen.

ANTIPHO: Los denn, führe mich! Was hält dich noch?

GETA: An mir soll es nicht fehlen.

ANTIPHO: Lieber Phormio, lebe wohl!

PHORMIO: Leb wohl, mein Antipho! Gelungen ist es, bei den Göttern, mir zur Freude!

Antipho und Geta treten in das Haus Demiphos.

Welch hohes Glück, das ihnen unverhofft beschert ward!
Jetzt winkt mir doch die günstigste Gelegenheit,
den beiden Alten einen Streich zu spielen und
dem Phaedria die Sorge um das Geld zu nehmen:
Er soll nicht einen seiner Freunde bitten müssen!
Wie ihm die Alten, ungern zwar, das Geld doch gaben,
so möge es ihm bleiben. Einen Weg, dies zu
erzwingen, lehrte mich der Gang der Dinge selbst.
Gleich brauche ich ein anderes Gebärdenspiel
und einen andren Ausdruck im Gesicht: Doch will
zurück ich in das nahe Gäßchen dort mich ziehen,
mich ihnen zeigen dann, wenn sie das Haus verließen.
Den Weg zum Markt, den ich vortäuschte, meide ich.
Verbirgt sich in der Gasse.

Demipho und Chremes treten aus dem Hause des ersteren.

DEMIPHO:
Mit Recht erweise ich den Göttern herzlich Dank,
weil dies für uns so glücklich ausging, lieber Bruder.
Es gilt jetzt schnellstens Phormio zu treffen, ehe
er unsre dreißig Minen um die Ecke bringt.
Wir wollen sie zurück uns holen.

PHORMIO *tritt vor, ohne erkennen zu lassen, daß er die beiden gesehen hat; für sich*: Sehen will
ich doch, ob Demipho zu Hause weilt, um etwas –

DEMIPHO:
Dich eben, Phormio, dich eben suchten wir!

PHORMIO:
Wohl in derselben Sache wie ich euch?

DEMIPHO: Jawohl,
beim Herkules!

PHORMIO: Ich habe euch vertraut. Weswegen
sucht ihr mich auf?

DEMIPHO: Zum Lachen!

PHORMIO: Fürchtetet ihr etwa,
ich würde übernommne Pflichten nicht erfüllen?
Wie sehr mich, leider, Armut auch bedrückt, so war
ich stets doch auf Vertrauenswürdigkeit bedacht.

CHREMES *leise zu Demipho*:
Ist er nicht anständig, wie ich gesagt?

DEMIPHO *ebenso*: Ja, sehr!

PHORMIO:
Gerade deshalb komme ich jetzt her, zu melden,
mein Demipho, daß ich bereit bin: Gebt das Mädchen
zur Gattin mir, sobald ihr wollt! Die eigenen
Belange stellte ich zurück, mit Fug und Recht,
sobald ich merkte, daß ihr dies so dringend wünschtet!

DEMIPHO:
Er hat doch abgeraten mir, sie dir zu geben:
„Was werden bloß, wenn du es tust, die Leute sagen?
Als seinerzeit es sich vollziehen ließ in Ehren,
da ward es nicht vollzogen. Doch sie heute zu

verstoßen wäre schändlich!" Dies ist ziemlich alles,
was du vor kurzem erst mir offen vorgeworfen.

PHORMIO:
Grausam genug verhöhnt ihr mich!

DEMIPHO: Wieso?

PHORMIO: Du fragst noch?
Weil ich ja doch die andere nicht nehmen kann!
Mit welcher Stirn soll ich zu jener wieder kommen,
die ich verachtet habe?

CHREMES *leise zu dem schockierten Demipho*:
Sprich: Dann freilich sehe
ich Antipho doch wider Willen auf die Frau
verzichten!

DEMIPHO: Dann indessen sehe ich den Sohn
auf seine Gattin wider Willen doch verzichten.
Doch geh gefälligst gleich zum Marktplatz jetzt und laß
die ganze Summe wieder auf mein Konto schreiben!

PHORMIO:
Die Summe Geldes meinst du, die ich weiter gleich
an die verteilte, denen ich sie schuldig war?

DEMIPHO *ratlos*:
Was soll nun werden?

PHORMIO: Möchtest du das Mädchen mir
zur Gattin geben, das du mir versprachst, so will
ich nehmen sie. Doch wünschst du wirklich ihr Verbleiben
bei dir, so bleibe, Demipho, die Mitgift mir.
Zu Unrecht nämlich würde ich um euretwillen
betrogen. Habe ich doch eurer Ehre wegen
der anderen, die ebensoviel Mitgift brachte,
den Scheidebrief geschickt!

DEMIPHO *in ausbrechendem Zorn*: Scher dich zum Henker gleich
mit deiner Wichtigtuerei, entlaufner Sklave!
Wähnst etwa du noch jetzt, daß ich dich selber und
dein Handeln nicht durchschaue?

PHORMIO: Reizen wollt ihr mich!

DEMIPHO:
Du nähmest sie zur Gattin, wenn man sie dir ließe?

PHORMIO:
Mach doch die Probe!

DEMIPHO: Mit dem Mädchen soll mein Sohn
in deiner Wohnung hausen. Das war euer Plan.

PHORMIO:
Wie, bitte – was erzählst du da?

DEMIPHO: Gib mir sofort
mein Geld!

PHORMIO: Nein, du gib mir die Gattin!

DEMIPHO *in höchster Wut*: Vor Gericht!

PHORMIO:
Wollt ihr mir jetzt noch weiter auf die Nerven fallen –

DEMIPHO *beunruhigt*:
Was hast du vor?

PHORMIO: Wie, ich? Ihr glaubt vielleicht, ich nähme
nur Mädchen ohne Mitgift unter meinen Schutz.
Ich schätze auch wohlausgestattete.

CHREMES: Was schert
das uns?

PHORMIO: Gar nichts. Ich lernte eine Ehefrau
hier kennen, deren Mann noch eine andre …

CHREMES: Ha!

DEMIPHO:
Was ist?

PHORMIO: … auf Lemnos hatte.

CHREMES: Aus!

PHORMIO: Von dieser hatte
er eine Tochter, die er heimlich aufzog.

CHREMES: Fertig!

PHORMIO:
Das werde ich der Frau genau erzählen.

CHREMES *flehend*: Bitte,
das nicht!

PHORMIO: Oh, bist du etwa der?

DEMIPHO: Wie spaßt der Kerl!

CHREMES:
Wir lassen dich links liegen.

PHORMIO: Wunschtraum nur!

CHREMES: Was willst du?

Wir schenken dir das Geld, das du schon hast.

PHORMIO: Ich nehme

das Wort zur Kenntnis. Warum haltet ihr, verflucht,
mich so zum Narren, albern, kindlich unentschlossen?
Ich will nicht – will; ich will – und will dann wieder nicht;
nimm – gib; ja – nein; jetzt gültig – ungültig darauf!

CHREMES *zu Demipho*:

Woher und wie hat das der Kerl erfahren?

DEMIPHO: Weiß nicht,

weiß nur genau, daß ich es niemandem verriet.

CHREMES:

Ein Wunder, bei den Göttern!

PHORMIO *für sich*: Denen habe ich

jetzt ganz gehörig eingeheizt!

DEMIPHO: Ha, soll der Kerl

um eine solche Summe Geldes prellen uns,
mit derart offnem Hohn? Da will ich lieber sterben,
beim Herkules! Gefaßt und männlich halte dich,
mein Chremes: Weitbekannt, du siehst es, ist dein Fehltritt,
nicht mehr verheimlichen kannst du ihn vor der Gattin.
Gestehen wir, was sie von andern hören kann,
jetzt selber, wird sie leichter sich versöhnen lassen.
Dann können wir auf unsre Art an diesem Schurken
uns rächen.

PHORMIO *für sich*:

Ha, wenn ich nicht Vorsicht walten lasse,
gerate ich in eine Klemme. Mit dem Mut
des Gladiators wollen sie auf mich sich stürzen.

CHREMES:

Sie wird sich nicht versöhnen lassen, fürchte ich.

DEMIPHO:

Sei guten Muts: Ich werde euch versöhnen, darauf
gestützt, daß Phaniums Mutter schon verstorben ist.

PHORMIO:

So wollt tatsächlich ihr mit mir verfahren? Ihr
geht ziemlich schlau ans Werk! Beim Herkules, du reiztest
mich nicht zum Vorteil deines Bruders, Demipho!

Zu Chremes:

Wie denn: Wo deiner Lust du auswärts fröntest und
dabei nicht Rücksicht nahmst auf deine erste Frau,
nein, sie ganz unerhört beleidigt hast – da möchtest
durch Bitten du dich jetzt von deiner Schuld befreien?
Dank meiner Darstellung des Sachverhalts soll sie
derart in flammend wilde Wut auf dich geraten,
daß du sie selbst mit Tränen nicht mehr löschen könntest!

DEMIPHO:

Ins Unglück sollen alle Göttinnen und Götter
dich stürzen! Daß ein Mensch so frech sein kann! Man sollte
von Staates wegen diesen Schurken fort von hier
in ferne Wüsten schicken!

CHREMES: Weit bin ich gesunken,
weiß überhaupt nicht mehr, wie ich mit diesem Kerl
verfahren soll.

DEMIPHO: Ich weiß es: vor Gericht mit ihm!

PHORMIO:

Wie, vor Gericht?

Geht auf das Haus des Chremes zu.

Ja, in das Haus hier, bitteschön!

CHREMES *zu Demipho*:

Du folg ihm, halt ihn! Sklaven will derweil ich rufen!

DEMIPHO *sucht Phormio vergeblich aufzuhalten*:

Ich schaff es nicht allein! Hilf mir!

PHORMIO *widersetzt sich kräftig*: Das ist Gewalt,
du brichst Gesetz und Recht!

DEMIPHO: So führ doch Klage!

PHORMIO: Eine
ganz andre habe ich dir anzuhängen, Chremes!

CHREMES:

Los, pack ihn!

PHORMIO: So verfahrt ihr? Dann gilt es zu schreien:

Laut:

Nausistrata, heraus!

CHREMES: Stopf ihm das Maul! Sieh nur,
wie stark der Schurke ist!

PHORMIO: Nausistrata!

DEMIPHO: Du schweigst nicht?

PHORMIO:
Ich – schweigen?

DEMIPHO: Sträubt er sich, so box ihn in den Bauch!

PHORMIO:
Dann kratz mir gleich ein Auge aus! Das ist die Höhe:
Ich will gehörig euch die Roheit büßen lassen!

NAUSISTRATA *tritt aus dem Hause*:
Wer ruft mich? Ha, was für ein Lärm, ich bitte dich,
mein Chremes!

PHORMIO: Ha, verstummst du jetzt?

NAUSISTRATA *zu Chremes*: Wer ist der Mann?
Antwortest du mir nicht?

PHORMIO *zu Nausistrata*: Dir Antwort geben, der?
Der weiß doch nicht, wie ihm geschieht!

CHREMES *zu Nausistrata*: Du, glaub ihm ja nicht!

PHORMIO *zu Nausistrata*:
Geh, faß ihn an: Wenn er nicht ganz zu Eis erstarrt ist,
so kannst du mich in Stücke hauen!

CHREMES *kläglich*: Stimmt ja gar nicht!

NAUSISTRATA:
Was also? Was erzählt er?

PHORMIO: Gleich wirst du es wissen.
Hör zu!

CHREMES: Du glaubst ihm noch?

NAUSISTRATA: Beim Himmel, wie soll ich
dem glauben, der nichts sagt?

PHORMIO: Der Arme redet irr
vor Angst.

NAUSISTRATA *zu Chremes*:
Nicht ohne Grund verrätst du solche Furcht.

CHREMES:
Ich – Furcht?

PHORMIO: Vollkommen richtig: Weil du gar nichts fürchtest
und meine Worte nichtig sind, erzähl doch!

DEMIPHO *zu Phormio*: Schurke,
er soll auf dein Geheiß erzählen?

PHORMIO: Oh, du tratest nach Kräften immer für den Bruder ein!

NAUSISTRATA: Mein Chremes, erzähl mir jetzt!

CHREMES: Ja, doch, …

NAUSISTRATA: Was „doch"?

CHREMES: … man braucht das nicht zu sagen.

PHORMIO: Das meinst du. Sie soll es aber wissen: Auf Lemnos …

NAUSISTRATA: Ha, was sagst du?

CHREMES *in verzweifelter Wut, zu Phormio*: Schweig!

PHORMIO: … hat, ohne daß du etwas wußtest, er …

CHREMES: Weh mir!

PHORMIO: … ein zweites Weib genommen sich.

NAUSISTRATA *schreit*: Mann! Götter, schenkt mir euren Segen!

PHORMIO: So war es.

NAUSISTRATA: Aus, ich Ärmste!

PHORMIO: Und von dieser Frau erzog er eine Tochter, während du nichts ahntest!

CHREMES *zu Demipho*: Was können wir nur tun?

NAUSISTRATA: Bei den Unsterblichen, ein schlimmes, ein bejammernswürdiges Vergehen!

PHORMIO: Das ist getan, jawohl!

NAUSISTRATA: Kann eine Handlungsweise denn heut mehr Abscheu und Empörung wecken? Männer, die, weh mir, vor der eignen Frau die Alten spielen!

Demipho, ich wende mich an dich; es ekelt mich, mit Chremes selbst zu sprechen. Reiste Chremes oft nach Lemnos, hielt er dort sich länger auf? War das der „geringe Preis", der unsre Einkünfte verminderte?

DEMIPHO: Daß er sich mit seinem Handeln schuldig machte, das,

Nausistrata, will ich nicht leugnen. Aber warum sollte man es nicht verzeihen?

PHORMIO *für sich*: Eine Leichenrede.

DEMIPHO: Tat er es doch nicht, weil er gering dich schätzte oder gar mit Haß verfolgte. Ziemlich fünfzehn Jahre ist es her, daß er im Weinrausch diese kleine Frau, die Mutter Phaniums, geschwängert hat. Nie mehr hat er sie seitdem berührt. Die Frau, der Stein solchen Anstoßes, erlitt den Tod, sie schied aus unsrer Mitte. Deshalb bitte ich dich: Trage es mit Gleichmut, deinem sonstigen Verhalten angemessen!

NAUSISTRATA: Ich mit Gleichmut es tragen? Ich wünsche, ich Ärmste, völlig zum Ende zu kommen in dieser traurigen Sache! Aber was bleibt mir an Hoffnung? Kann ich erwarten, daß mit fortschreitendem Alter mein Gatte zu Fehltritten weniger neige? Damals schon war er ein alternder Mann – wenn tatsächlich das Alter ein Schamgefühl zeugt. Machen mich Schönheit und Alter heute in höherem Grade begehrenswert, Demipho? Womit kannst du Erwartung und Hoffnung mir nähren, das Traurige werde sich nicht wiederholen?

PHORMIO *für sich*: Sieh, der richtige Zeitpunkt für jene, die gerne dem Leichenbegängnis des Chremes sich anschließen! Ebenso werde ich's jedem besorgen! Mag jetzt den Phormio reizen, wer Lust hat: Grade wie dieser sei er zur Strafe vom Unheil getroffen! Immerhin finde jetzt Chremes den Weg zur Versöhnung; ich lasse mit diesem Schlag es bewenden. *Weist auf Nausistrata.* Sie hat Anlaß genug, ihm, solange er lebt, in den Ohren zu liegen!

NAUSISTRATA: Aber ich habe es, glaube ich, selber verschuldet. Was soll ich im einzelnen jetzt noch erwähnen, Demipho, wie ich zu ihm mich verhielt?

DEMIPHO: Ich weiß doch um alles genauso wie du.

NAUSISTRATA: Meinst du, ich hätte es selber verschuldet?

DEMIPHO: Niemals, in keiner Beziehung! Doch was geschah, das läßt sich durch Vorwürfe kaum je noch rückgängig machen. Deshalb verzeih ihm: Er bittet, gesteht und entschuldigt sich auch. Was kannst du noch weiter verlangen?

PHORMIO *für sich*: Aber jetzt möchte ich, ehe sie ihm noch verzeiht, für mich und für Phaedria Vorsorge treffen. *Laut:* Bitte, Nausistrata, ehe du ihm noch voreilig antwortest, höre mich an!

NAUSISTRATA: Was gibt es?

PHORMIO: Dreißig Minen habe ich ihm durch List aus der Tasche gezogen. Deinem Sohn übergab ich sie. Er kaufte mit ihnen seine Geliebte frei von dem Kuppler.

CHREMES *empört*: Ha, was behauptest du da?

NAUSISTRATA: Solch ein Unrecht erblickst du darin, daß dein Sohn, jung wie er ist, ein Mädchen sich anlacht, indes du selber zwei Frauen gleichzeitig nimmst? Schämst du dich gar nicht? Mit welcher Dreistigkeit willst du ihm Vorwürfe machen? Gib Antwort!

DEMIPHO *anstelle des betreten schweigenden Chremes*: Sicher, er handelt nach deinem Wunsch!

NAUSISTRATA: Allerdings – um meine Ansicht deutlich zu äußern –: Weder verzeihe ich ihm, noch verspreche ich etwas und warte auch noch mit der Antwort, bis ich den Sohn vor Augen bekomme. Seiner Entscheidung stelle ich alles anheim, wie er es wünscht, so werde ich handeln.

PHORMIO: Klugheit bewährst du, Nausistrata!

NAUSISTRATA: Bist du zufrieden?

PHORMIO: Nein, mehr noch: Gut und gehörig erreichte mein Ziel ich, besser, als je ich erhoffte.

NAUSISTRATA: Sage, wie heißt du?

PHORMIO: Ich? Phormio, eurer Familie, beim Herkules, innig verbunden, am engsten dem Phaedria.

NAUSISTRATA: Phormio, meinerseits will ich, beim Kastor, nach Kräften in deinem Sinne reden wie handeln.

PHORMIO: Sehr gütig!

NAUSISTRATA: Beim Pollux, du hast es verdient!

PHORMIO: Möchtest du heute mir Freude gleich gönnen, Nausistrata, deinem Manne jedoch einen peinlichen Anblick bereiten?

NAUSISTRATA: Jawohl!

PHORMIO: So lade zum Essen mich ein!

NAUSISTRATA: Speise mit uns, beim Pollux!

PHORMIO: So treten ins Haus wir!

NAUSISTRATA: Ja, gut! Doch wo bleibt denn mein Phaedria, unser Richter?

PHORMIO *geht schnell zum Marktplatz hin ab*: Ich will ihn gleich holen!

DER SÄNGER *zum Publikum*: Gehabt euch wohl – und spendet uns Beifall!

DIE SCHWIEGERMUTTER

DIDASKALIE

Die Hecyra des Terenz. Sie wurde aufgeführt bei den Spielen zu Ehren der Grossen Mutter unter den kurulischen Ädilen Sextus Iulius Caesar und Gnaeus Cornelius Dolabella. Das Stück wurde nicht bis zum Ende durchgespielt. Die Aufführung leitete Lucius Ambivius Turpio. Die Musik komponierte Flaccus, der Sklave des Claudius, durchgehend in gleichen Flöten. Das griechische Original stammt von Menander (Apollodoros?). Es handelt sich um das fünfte Stück des Terenz.

Die erste Aufführung fand statt unter den Konsuln Gnaeus Octavius und Titus Manlius, ohne Prolog; eine zweite bei den anlässlich der Beisetzungsfeierlichkeiten für Lucius Aemilius Paullus durchgeführten Spielen; dabei erhielt das Stück keinen Beifall; eine dritte unter den kurulischen Ädilen Quintus Fulvius und Lucius Marcius; da wurde es mit Beifall bedacht.

DES GAIUS SULPICIUS APOLLINARIS INHALTSANGABE

Zur Frau nahm Pamphilus sich die Philúmena.
Er hatte mit dem Mädchen, ohne sie zu kennen,
geschlafen, ihren Ring gewaltsam ihr entrissen
und der Hetäre Bacchis, seiner Freundin, dann
geschenkt. Nach Imbros war er dann gereist. Er hatte
die Ehefrau die ganze Zeit nicht angerührt.
Als sie nun schwanger war, nahm ihre Mutter sie
zu sich und täuschte Krankheit vor, um ihren Zustand
der Schwiegermutter zu verhehlen. Nach der Rückkehr
erfuhr, zu seiner Überraschung, Pamphilus
von der Entbindung, schwieg zwar, aber wollte nicht
die Mutter zu sich nehmen. Nunmehr warf sein Vater
ihm den Verkehr mit Bacchis vor. Doch während diese
sich gegen jede Schuld verwahrte noch, erkannte
Myrrhina, Mutter der Philumena, zufällig
den Ring. Daraufhin übernahm gleich Pamphilus
uneingeschränkt die Gatten- wie die Vaterpflichten.

PERSONEN

Laches, Phidippus,	Bürger von Athen
Phamphilus, Sohn des Laches	
Myrrhina, Gattin des Phidippus	
Sostrata, Gattin des Laches	
Bacchis, Philotis,	Hetären
Syra, Kupplerin	
Parmeno, Sosia,	Sklaven des Laches
Der Sänger	
Sklaven, Sklavinnen	

Ort der Handlung: Athen

PROLOG

Das Stück hier heißt „Die Schwiegermutter". Die Premiere
war seinerzeit zum Unglück abgebrochen worden:
Das Stück fand weder Publikum noch Anerkennung,
weil alle Leute, abgelenkt, die Augen nur
auf einen Seiltänzer gerichtet hielten. Heute
stellt völlig neu das Stück sich dar. Und sein Verfasser
will es nicht deshalb wieder auf die Bühne bringen,
um dafür schlechthin Honorar herauszuschlagen,

– –

Ihr kennt von ihm ja auch noch andere Komödien.
Jetzt nehmt dies Stück doch bitte aufmerksam zur Kenntnis!

Als Anwalt spreche ich vor euch jetzt den Prolog.
Räumt, bitte, mir als altem Mann das gleiche Recht
heut ein, das ich als jüngerer genießen durfte;
ich ließ ja Stücke, die bei ihrer Erstaufführung
durchfielen, weiterleben: Der Verfasser sollte
mit seinem Werk nicht in Vergessenheit geraten.
Mit den Komödien des Caecilius, die ich
so spielen ließ, bin ich zum Teil gescheitert, setzte
mit anderen nur knapp mich durch. Mir wohl bewußt
der Launen jedes Bühnenglücks, nahm ich auch trotz
der schwachen Hoffnung unbeirrt die Arbeit auf,
begann die Stücke nochmals vorzuführen, wollte
vom gleichen Autor neue Werke einstudieren,
bestrebt, dem Dichter nicht sein Mühen zu verleiden.
Ich brachte sie aufs neue vor das Publikum,
sie fanden Beifall. So erschloß ich wiederum
die Bühne dem Poeten, den beinahe schon
die Tücke seiner Gegner der geliebten Arbeit,
der Poesie, entriß. Wenn ich sein Stück sogleich
verworfen und dem Dichter angeraten hätte,
das Schreiben lieber aufzugeben, würde ich
ihn leicht von seiner Mühe abgehalten haben.

Hört jetzt um meinetwillen freundlich meine Bitte
euch an: „Die Schwiegermutter“ stelle ich erneut
euch vor. Ich konnte sie noch nie in Ruhe spielen,
so arg ward sie vom Mißgeschick verfolgt. Doch jetzt
kann euer Kunstverständnis diese Not beenden,
sofern es unsre Mühe unterstützt. Bei der
Premiere zwangen mich der Beifall für die Boxer,
[dazu der Auftritt eines Tänzers auf dem Seil,]
der Auflauf ihrer Fans, der Krach, das Weiberkreischen,
das Spiel vorzeitig abzubrechen. Ich verfuhr,
wie ich es schon gewohnt, ich setzte dieses Stück
zum andern Male an, zur Probe aufs Exempel.
Die ersten Szenen fanden Beifall. Plötzlich hieß es:
es treten Gladiatoren auf! Die Massen strömten
zusammen, lärmten, schrien, prügelten sich um
die Plätze; weiterspielen konnte ich da nicht.
Heut tobt kein Lärm, nein, Ruhe herrscht und tiefe Stille.
Mir bietet sich Gelegenheit, das Stück zu geben,
euch, eure Sinne ganz dem Bühnenspiel zu widmen.
Laßt nicht, soweit auf euch es ankommt, Poesie
zu einem Zeitvertreib für wenige verkümmern!
Durch euren Einfluß stärkt und unterstützt den meinen!
Ich machte niemals aus Gewinngier meine Kunst
zur Ware, stets galt mir als herrlichster Gewinn,
so weit wie möglich eurem Vorteil nur zu dienen.
So helft mir denn, den Dichter, der, von mir betreut,
sich Mühe gab und eurer Gunst sich anvertraut,
vor ungerechtem Hohn der Gegner zu bewahren!
Um meinetwillen nehmt ihn freundlich auf und wahrt
jetzt Schweigen: sollen andere Autoren dann
doch Lust zum Schreiben spüren, ich für mein Teil auch
auf meine Kosten kommen, wenn ich neue Stücke
erwerben und gleich auf die Bühne bringen kann!

Straße in Athen. An ihr nebeneinander das Haus des Laches und das des Phidippus. Philotis und Syra treten auf.

PHILOTIS:

Beim Pollux, es gibt wenige Hetären, denen
die Kunden sich als treu erweisen, liebe Syra!
Wie oft hat Pámphilus der Bacchis doch geschworen –
so feierlich, daß jeder leicht darauf hereinfiel –,
er werde niemals sich, solange sie noch lebe,
verheiraten! Und jetzt hat er es doch getan!

SYRA:

Gerade deshalb lege ich mit Nachdruck dir
ans Herz und rate dir: Nicht e i n e m schenk Erbarmen,
nein, wen du einfingst auch, den plündre, stutze, reiß
in Stücke!

PHILOTIS: Keinen soll ich schonen?

SYRA: Keinen. Denn,
sei überzeugt, ein jeder dieser Leute kommt
zu dir aus e i n e m Grund nur: durch sein Schmeicheln sich
mit dir zu amüsieren – möglichst billig! Dafür,
ich bitte dich, mußt du auch ihnen Schlingen legen!

PHILOTIS:

Doch alle über einen Kamm zu scheren wäre,
beim Pollux, Unrecht!

SYRA: Unrecht, Feinde zu bestrafen?
Sie in dem Netz, das sie dir legen, selbst zu fangen?
Ich Ärmste! Warum bin ich nicht so jung und schön
wie du – und du nicht so gewitzt und schlau wie ich?

PARMENO *tritt aus dem Haus des Laches und spricht rückwärts in das Innere*:

Sofern der Alte nach mir fragt, sag ihm, zum Hafen
sei ich gegangen, um mich zu erkundigen,
ob Pamphilus schon eintraf. Hörst du, was ich sage,

he, Scirtus? Sag es ihm, sofern er nach mir fragt –
sofern er nicht fragt, schweig! Dann kann ich diesen Grund
ein andermal noch nutzen!
Wendet sich um. Doch da sehe ich
Philotis! Woher kam sie? Herzlich sei gegrüßt,
Philotis!

PHILOTIS: Gruß auch dir, Parmeno!

SYRA: Und desgleichen
von mir, beim Kastor!

PARMENO: Und von mir, beim Pollux, Syra!
Sag mir, Philotis, wo hast du dich amüsiert
so lange?

PHILOTIS: Amüsiert auf keinen Fall. Mit einem
Soldaten, einem fiesen, rohen Kerl, bin ich
gesegelt nach Korinth. Zu meinem Unglück hielt
ich es zwei volle Jahre bei ihm aus.

PARMENO: Beim Pollux,
da sehntest du dich nach Athen bestimmt sehr oft
zurück, Philotis, und verwünschtest deinen Vorsatz!

PHILOTIS:
Ich kann es nicht in Worte fassen, wie mich dort
das Heimweh drängte, fort von dem Soldaten, hin
zu euch; in eurem Kreise wollte ich, wie einst
gewohnt, freizügige Geselligkeit genießen.
Denn bei dem Kerl dort durfte ich nur mit Erlaubnis
und stets in seinem Sinne sprechen!

PARMENO: Sicher nicht
sehr leicht für den Soldaten, deinen Redefluß
zu hemmen!

PHILOTIS: Aber was bedeutet das, was Bacchis
soeben drinnen mir erzählte? Niemals hätte
ich glauben können, daß ein Pamphilus, solange
sie lebte, daran denkt, sich zu verheiraten!

PARMENO:
Zu heiraten?

PHILOTIS: Ja – oder hat er keine Frau?

PARMENO:
Hat schon, doch ist die Ehe, fürchte ich, nicht fest.

PHILOTIS:
Ach, wollten alle Götter doch, es wäre so,
wenn es nur Bacchis nützt! Doch nenne mir, Parmeno,
doch, bitte, Gründe, die mich überzeugen können!

PARMENO:
Die Sache duldet kein Erzählen. Frage mich
nicht länger!

PHILOTIS: Etwa deshalb, weil der Vorgang streng
vertraulich ist? So wahr mir Götter helfen: Nicht
deswegen frage ich, die Sache auszuplaudern,
nein, um mich still darüber aufrichtig zu freuen!

PARMENO:
Nie wirst du mich verlocken, im Vertrauen auf
dein Wort mich Prügeln auszusetzen.

PHILOTIS: Nicht doch das,
Parmeno! Deine Lust, mir alles zu erzählen,
ist doch viel stärker als die meine, davon zu
erfahren!

PARMENO *für sich*:
Was sie sagt, das stimmt. Und darin liegt
mein größter Fehler.
Zu Philotis: Gibst du mir dein Wort, zu schweigen,
erzähle ich dir alles.

PHILOTIS: Endlich kommst du wieder
zu dir. Ich gebe dir mein Wort. Erzähl jetzt, bitte!

PARMENO:
Hör zu!

PHILOTIS: Das tue ich.

PARMENO: Schon hatte Pamphilus
in deine Freundin Bacchis heiß und innig sich
verliebt. Da fing sein Vater an, zur Heirat ihn
zu drängen, mit den üblichen Begründungen,
die Väter dafür haben: Er sei selber schon
betagt und Pamphilus sein Einziger – er wolle
sich für sein Greisenalter eine Stütze schaffen.
Der Sohn hat anfangs sich geweigert. Als jedoch
der Vater stärker drängte, quälte ihn der Zwiespalt,
ob er der Pflicht des Sohnes oder mehr der Liebe

gehorchen sollte. Schließlich setzte sich der Alte
mit seinem unausstehlichen Gequängel durch,
erreichte, daß der Sohn
– *auf das Haus des Phidippus weisend* –
sich mit der Nachbarstochter
verlobte. Pamphilus nahm dies zunächst noch auf
die leichte Schulter – bis zur eigentlichen Hochzeit,
da er die Zurüstungen sah und klar erkannte,
daß ihm ein Aufschub nicht vergönnt war. Jetzt erst nahm
er seine Lage sich zu Herzen, derart ernst,
daß Bacchis selber, hätte sie bei ihm geweilt,
Mitleid für ihn empfunden haben würde. Stets,
wenn er sich, ohne Zeugen, mir erklären durfte,
brach er in Klagen aus: „Was habe ich getan?
In welches Unglück stürzte ich? Verloren! Ach,
das werde ich, Parmeno, nicht ertragen können!
Ich bin am Ende!"

PHILOTIS *droht zum Hause des Laches hinüber*:
Alle Götter sollten dich
vernichten, Laches, dich mit deiner Quängelei!

PARMENO:
Kurz: Die Verlobte nahm er regelrecht zur Frau.
Doch rührte er das Mädchen in der ersten Nacht
nicht an, genauso in der zweiten.

PHILOTIS: Wie? Ein Junge,
berauscht noch, ging mit einem Mädchen schlafen und
bekam es fertig, sie nicht anzurühren? Das
ist unwahrscheinlich, das kann nie und nimmer stimmen!

PARMENO:
So urteilst du aus deiner Sicht: Zu dir kommt nur,
wer dich begehrt. Doch hatte Pamphilus das Mädchen
bloß unter Zwang zur Frau genommen.

PHILOTIS: Was geschah
darauf?

PARMENO: Nach ein paar Tagen nur hat Pamphilus
mir außer Haus und wiederum ganz ohne Zeugen
erklärt, das Mädchen sei von ihm noch unberührt;
er hätte vor der Heirat zwar gehofft, er werde

sich in die Ehe schicken können; „aber", fuhr
er fort, „ich kam zur Einsicht, daß ich nicht mit ihr
so länger leben kann. Doch gleichsam sie als Spielzeug
zu nutzen, statt sie unberührt, so wie ich sie
bekam, den Ihren gleich zurückzugeben, wäre
von mir nicht ehrenhaft gehandelt und für sie
nicht nützlich."

PHILOTIS: Ehrbar und verantwortungsbewußt
ist Pamphilus nach deinen Worten.

PARMENO: Weiter sprach er:
„Dies offen auszusprechen wäre sicher mißlich.
Dem Vater gleich zurückzugeben eine Tochter,
der man doch keine Schuld beimessen kann, das wäre
beleidigend und rücksichtslos. Doch wie ich hoffe,
wird sie, sobald sie einsieht, daß sie nie mit mir
ihr Leben führen kann, zum Schluß von selber gehen."

PHILOTIS:
Besuchte er inzwischen Bacchis weiter?

PARMENO: Täglich.
Und als, natürlich, Bacchis jetzt begriff, daß er
sich ihr entfremdete, da ward sie plötzlich böse,
benahm sich immer garstiger.

PHILOTIS: Kein Wunder, freilich!

PARMENO:
Und dieser Umstand trennte ihn von ihr noch stärker.
Er hatte über sich und Bacchis und die Braut
hinreichend Klarheit bald gewonnen, konnte ja
im Alltag ihre Charaktere voll vergleichen.
Die Braut, als Frau von freiem Stande, ehrbar und
bescheiden, nahm die schwachen Seiten ihres Mannes,
auch manches Unrecht hin, versuchte still zu tarnen,
was er an Kränkendem ihr antat. Derart wurde
er stark von Mitgefühl für seine Braut ergriffen,
zugleich vom rüden Ton der Bacchis abgestoßen,
entglitt der letzteren allmählich, übertrug
die Liebe auf die Gattin; hatte er in ihr
doch eine ihm gemäße Partnerin gefunden.
Inzwischen starb auf Imbros ein Verwandter der

Familie, hochbetagt, und meiner Herrschaft fiel
sein Erbe zu. Der Vater schickte seinen Sohn –
der, heiß verliebt, den Auftrag ungern übernahm –
nach jener Insel. Pamphilus ließ seine Frau
bei seiner Mutter. Denn sein Vater zog sich auf
das Land zurück, er kommt nur selten in die Stadt.

PHILOTIS:
Und was gefährdet nun die Festigkeit der Ehe?

PARMENO:
Hör zu! Nur in den ersten Tagen herrschte zwischen
den beiden Frauen Eintracht; dann begann die Junge,
sehr seltsam, gegen ihre Schwiegermutter Haß
zu spüren. Dabei gab es keinen Streit bei ihnen,
auch keinen Vorwurf.

PHILOTIS: Was dann sonst?

PARMENO: Kam Sostrata
zu ihrer Schwiegertochter, um zu plaudern, suchte
Philúmena sich ihren Augen zu entziehen,
mied ihren Anblick. Schließlich konnte sie das Spiel
nicht mehr ertragen; sie gab vor, von ihrer Mutter
zur Teilnahme am Gottesdienst bestellt zu sein,
und zog von dannen. Ein paar Tage später lud
die Schwiegermutter sie zu sich. Philúmena
blieb aus, entschuldigte, ich weiß nicht wie, ihr Fehlen.
Nochmals bat Sostrata, sie möge kommen – ohne
Erfolg. Auf wiederholte Einladungen gab
den Vorwand es zu hören, daß die junge Frau
erkrankt sei. Meine Herrin machte gleich sich auf,
sie zu besuchen. Doch sie ward nicht eingelassen.
Sobald der Alte das erfuhr, begab er, gestern,
sich gleich vom Land hierher um dieses Vorfalls willen
und traf sich ohne Säumen mit dem Vater der
Philúmena. Was bei dem Treffen sich ergab,
weiß ich noch nicht. Nur möchte ich sehr gern erfahren,
worauf der Fall hinausläuft. – So, nun weißt du alles.
Fortsetzen will ich meinen Weg.

PHILOTIS: Ich auch. Ich habe
mit einem Freund ein Treffen ausgemacht.

PARMENO: So mögen die Götter dein Beginnen segnen!

PHILOTIS: Lebe wohl!

PARMENO:
Leb wohl auch du, Philotis, meine liebe Kleine!
Alle ab.

Laches und seine Frau Sostrata treten aus ihrem Hause.

LACHES: So wahr die Götter und Menschen noch Treue bewähren, was ist das für eine Mischpoke, ja, eine Verschwörung! Wünschen und scheuen doch sämtliche Weiber unterschiedslos stets wieder das Gleiche! Man findet nicht eine, die irgendwie abweicht vom Sinnen und Trachten der andern.
Die Schwiegermütter und die Schwiegertöchter dürfen
als Beispiel gelten: Beide können sich nicht riechen!
Ihrerseits zeigen die Männer im Eifer sich gleich, im Starrsinn sich ähnlich, sie lernten wahrscheinlich alle die Bosheit auf ein und derselben Schule. Und gibt es tatsächlich solch eine Schule, dann arbeitet dort, ganz bestimmt, meine Frau als Lehrerin!

SOSTRATA: Ich Ärmste, ich weiß überhaupt nicht, was man zur Stunde mir vorwirft!

LACHES: Du weißt es nicht? Ha!

SOSTRATA: Ich weiß es wahrhaftig doch nicht, mein Laches! Möge es trotzdem vergönnt uns bleiben, weiter in Eintracht zusammen zu leben!

LACHES *für sich*: Götter, verhütet dies Unglück!

SOSTRATA: Sicher noch wirst du später erkennen, daß du zu Unrecht mich angeklagt hast.

LACHES: Zu Unrecht? Dich? Findet man passende Worte für das, was du angestellt hast? Beflecktest mit Schande mich und dich und die ganze Familie, brachtest dem Sohne nur Kummer, machst außerdem Leute, die uns verschwägert sind, aus Freunden zu bitteren Feinden, sie, die unseren Sohn für würdig erachteten, ihm ihre Tochter anzuvertrauen! Du allein entpuppst dich als Schuldige an der Verwirrung, die du durch dein schamloses Handeln hervorriefst!

SOSTRATA: Ich?

LACHES: Du, jawohl, du Weibsstück, da du als vernunftlosen Klotz mich einschätzt und nicht als denkenden Menschen! Wähnt ihr vielleicht, weil oft auf dem Lande ich weile, ich hätte nicht Ahnung davon, wie jede von euch in der Stadt hier die Tage verbringt? Viel besser erfahre ich doch, was hier sich abspielt, als was dort sich vollzieht, wo ich eben mich aufhalte, weil eurem Verhalten in meinem Hause mein eigener Ruf in der Öffentlichkeit voll entspricht! Schon lange mußte ich hören, Philúmena hätte mit dir sich verfeindet. Da braucht man sich gar nicht zu wundern – das müßte man eher, hätte sie nicht sich verfeindet! Allerdings glaubte ich nicht, daß ihr Abscheu so weit ging, unsere ganze Familie mit zu umfassen. Hätte ich das erfahren, so wäre mir lieber gewesen, Philúmena bliebe im Hause, du suchtest das Weite! *In ruhigerem Tone:* Sieh doch, wie wenig ich Anlaß dir gab, mich in solchen Kummer zu stürzen, Sostrata! Ich ging, auf dem Landgut zu wohnen, räumte den Platz euch und widmete ganz mich der Wirtschaft; sollten doch unsere Einkünfte euren Aufwand und euren Müßiggang tragen. Keinesfalls schonte ich mich bei der Arbeit, schuftete mehr als nötig und über mein Alter hinaus. Und dafür zum Lohn hast du dich nicht einmal bemüht, mir Ärger vom Leibe zu halten!

SOSTRATA *verzweifelt*: Beim Pollux, dies alles geschah ganz ohne mein Zutun, ganz ohne Verschulden!

LACHES: Im Gegenteil! Du weiltest allein hier, dich trifft, Sostrata, dich nur, an allem die Schuld! Du hattest dich um die hiesigen Pflichten zu kümmern, weil ich euch aller sonstigen Sorgen enthob. Du schämtest dich nicht, als ältere Frau, dich mit einem Mädchen erbittert zu streiten. Willst du behaupten vielleicht, sie trüge die Schuld?

SOSTRATA: Das behaupte ich gar nicht, mein Laches!

LACHES: Ich freue mich herzlich darüber, so wahr die Götter mir helfen – dem Sohne zuliebe! Denn an dir, das weiß ich genau, ist durch „Sündigen“ nichts zu verderben!

SOSTRATA: Woher weißt du, mein Laches, ob sie den Abscheu vor mir nicht nur als Vorwand benutzte, um länger mit ihrer Mutter zusammenzusein?

LACHES: Wie? Ist es denn nicht bezeichnend genug, daß gestern dich niemand einließ zu ihr, als du sie aufsuchen wolltest?

SOSTRATA: Man sagte doch gestern, sie sei vollkommen erschöpft: Deswegen nur ward ich von ihr nicht empfangen.

LACHES: Ihre Erkrankung beruht wohl eher auf deinem Benehmen als auf ganz anderen Gründen, und das erscheint sehr natürlich: Denn unter euch gibt es nicht eine, die ihrem Sohne die Heirat wünschte, und wurde die Heirat nach eurem Geschmacke vollzogen, dann jagen die Söhne das Weib, das auf euer Drängen sie nahmen, auf euer Drängen auch wieder davon!

PHIDIPPUS *tritt aus seinem Hause, spricht von der Schwelle zurück*: Ich habe das Recht, dich zur Ausführung meiner Befehle zu zwingen, Philúmena! Ich bin mir dessen bewußt. Doch möchte ich meinem Vaterherzen gehorchen und dir jetzt nachgeben, deinem Verlangen mich nicht widersetzen.

LACHES *für sich*: Da habe ich ja Phidippus vor Augen, zum richtigen Zeitpunkt: Ich werde von ihm die Wahrheit erfahren! *Zu Phidippus:* Phidippus, ich bin mir bewußt, gegenüber den Meinen besondres Entgegenkommen zu zeigen; trotzdem hat meine Gutmütigkeit ihre Grenzen: Sie darf nie und nimmer die Charaktere der Meinen verderben! Wenn du den gleichen Grundsatz befolgtest, dann wäre das eher eurem wie unserem Vorteile dienlich. Aber jetzt muß ich erkennen, daß du vollkommen unter die Macht der Frauen dich duckst.

PHIDIPPUS: Ha, wirklich?

LACHES: Ich habe dich gestern besucht, ich wollte erkundigen mich nach Philúmena. Du ließest mich gehen genauso unwissend, wie ich gekommen. Wünschst du, daß unsre Verwandtschaft Bestand hat, dann darfst du vor uns nicht deine Gefühle verhehlen. Haben wir falsch gehandelt, sprich offen darüber: Ob wir den Vorwurf zurückweisen, ob wir vor euch ihn entkräften, wir werden den Fall schon bereinigen, deinem Urteil uns stellen. Haltet die Tochter zurück ihr in eurem Hause, weil sie tatsächlich erkrankt ist, so tust du mir, meine ich, Unrecht, Phidippus, wenn du befürchtest, sie werde bei uns nicht mit gebührender Sorgfalt gepflegt. Niemals, so wahr die Götter mir helfen, werde ich zugeben dir, daß du, obwohl ihr leiblicher Vater, stärker als ich ihr gute Gesundheit wünschst! Dies tue ich meinem Sohne zuliebe; denn ich habe erkannt, daß er sie hochschätzt genauso wie sich.

Ich bin mir durchaus im klaren darüber, wie schwer es ihn ankommen wird, sobald er die Kunde erhält. So bitte ich herzlich darum, sie nach Hause zu lassen, bevor er zurückkehrt!

PHIDIPPUS: Mein Laches, ich weiß, wie gründlich-genau und gütig du bist, und glaube aufs Wort dir, was immer du sprichst, und bitte dich dringend, mir eines zu glauben: Ich wünsche Philúmenas Rückkehr zu euch, sofern ich es irgendwie durchsetzen könnte.

LACHES: Was hindert dich daran? Richtet sie Vorwürfe etwa gegen den Gatten?

PHIDIPPUS: Durchaus nicht. Denn als ich ihr kräftiger zusetzte, mich anschickte gar, sie zur Rückkehr zu zwingen, da schwor sie mir hoch und heilig den Eid, sie könne, solange noch Pamphilus abwesend sei, das Leben bei euch nicht ertragen. Jeder besitzt wohl ihm eigene Schwächen. Ich selber bin gutmütig von Natur, ich kann mich doch gegen meine Familie nicht stemmen!

LACHES: He, Sostrata, hörst du?

SOSTRATA: Ich Ärmste!

LACHES *zu Phidippus*: Ist das für dich beschlossene Sache?

PHIDIPPUS: Sicher, im Augenblick wenigstens. Hast du noch andere Wünsche? Ich nämlich muß auf den Marktplatz jetzt gehen.

LACHES: Ich schließe mich an. *Beide ab.*

SOSTRATA: Beim Pollux, wir Frauen, wir sind zu Unrecht ganz unterschiedslos den Männern verhaßt, nur deshalb, weil einige wenige Weiber so schlimm sich benehmen, daß man uns alle für strafwürdig hält. So wahr die Götter mir helfen: An dem, was mein Gatte mir vorwirft, trifft mich doch keinerlei Schuld! Aber es wird mir nicht leicht, die Anschuldigung zu entkräften, da allzu fest in den Köpfen die Meinung noch haftet, die Schwiegermütter seien durchweg gehässig. Ich doch bestimmt nicht! Ich hegte Philúmena immer, als sei sie mein eigenes Kind. Ich weiß nicht, warum mir dies zustoßen muß, warte nur dringend darauf, daß mein Junge bald heimkehrt! *Ab.*

Nach kurzer Pause treten Pamphilus und Parmeno auf.

PAMPHILUS: Keinem Menschen erwuchs wohl aus inniger Liebe größerer Kummer als mir! Ach, ich vom Unglück Verfolgter! Solch ein Leben suchte ich mir zu erhalten! Dafür bemühte ich mich um eine beschleunigte Rückkehr! Wesentlich besser, tatsächlich, wäre für mich es gewesen, irgendwo fern in der Welt mein Leben zu fristen, als nach Hause zu kommen und hier zu erfahren, daß mich solch ein Elend erwartet! Denn jedem von uns, den irgendwoher ein Schicksalsschlag trifft, gelten die Stunden vor dem Erkennen der Not als Gewinn!

PARMENO: Doch um so schneller wirst Mittel du finden, dich zu befreien von dieser leidigen Drangsal. Wärest du nicht schon zurückgekehrt jetzt, würde der wütende Groll sich gesteigert noch haben. Aber jetzt, Pamphilus, werden die beiden Frauen bestimmt dich achtungsvoll aufnehmen. Du wirst die Lage erkennen, dämpfen den Groll und sie wieder versöhnen. Wenig bedeutet doch das, was du als so schwerwiegend ansahst!

PAMPHILUS: Warum mich trösten? War jemals ein Mensch auf der Welt so grausam geschlagen wie ich? Bevor ich Philúmena heimführte, war ich innig verliebt in ein anderes Mädchen. Trotzdem wagte ich nicht, mich zu sträuben, als mir mein Vater Philúmena aufdrängte. Selbst wenn ich nicht davon spräche, könnte mit Leichtigkeit jeder sich vorstellen, wie ich darunter litt. Kaum hatte ich mich von der einen getrennt, mich freigemacht von der Bindung an sie und alle Gefühle auf meine Frau übertragen, da soll mich ein Streit ihr entreißen. Sicherlich werde nach Prüfung des Zwistes ich entweder die Mutter oder die Gattin als Schuldige finden, und tue ich das, so bleibt mir in jedem Falle nur eins: mich im Unglück zu sehen! Denn Fehler der Mutter geduldig zu tragen, Parmeno, gebietet die Sohnespflicht mir. Andrerseits bin ich der Gattin zum Danke verpflichtet, die doch vor kurzem mir Nachsicht bewies, meine so zahlreichen Fehler großzügig hinnahm, sie nirgendwo jemals vor fremden Ohren enthüllte. Etwas sehr Ernstes, Parmeno, muß doch sich abgespielt haben, daß ein so lange währender Groll die beiden entzweite!

PARMENO: Gar nichts „sehr Ernstes“, beim Herkules, Kleinliches nur! Willst du den Sachverhalt nüchtern betrachten, so wirst du herausfinden, daß zuweilen durchaus nicht das bitterste Unrecht auch bittersten Groll gebiert. Geschieht es doch oftmals, daß einer bei einem bestimmten Vorfall sich keineswegs aufregt, während ein andrer aus nämlichem Anlaß wütend zum furchtbarsten Feind sich entwickelt. Wie können, zum Beispiel, sich

Kinder bei winzigen Vorwürfen schrecklich erhitzen! Weswegen? Weil Denken und Wollen, denen sie folgen, schwächlich noch sind. Ebenso handeln die Frauen beinahe wie Kinder: unbeherrscht, schwankend. Vielleicht beschwor ein einziges Wörtchen den wechselseitigen Groll schon herauf!

PAMPHILUS: Gehe ins Haus jetzt, Parmeno, und melde mein Kommen!

Aus dem Hause des Phidippus erschallt Lärm.

PARMENO: Nanu, was gibt es dort?

PAMPHILUS: Sei still! Ich höre, da herrscht Verwirrung, man rennt hin und her.

PARMENO: Los, näher ans Tor will ich treten. Ha, hörst du?

PAMPHILUS: Erzähl mir kein Märchen – *Erschrickt:* Beim Jupiter, schreit da doch jemand!

PARMENO: Du redest, doch mir verbietest du es!

MYRRHINA *im Hause des Phidippus*: Still doch, um Himmels willen, mein Kind!

PAMPHILUS: Da spricht, nach der Stimme, Philúmenas Mutter. Da bin ich doch fertig!

PARMENO: Warum denn?

PAMPHILUS: Erledigt!

PARMENO: Weswegen?

PAMPHILUS: Parmeno, bestimmt, du verheimlichst mir irgendein schreckliches Unheil!

PARMENO: Dein Weib Philúmena, heißt es, leide an Fieberanfällen. Ob das jetzt eben eintritt? Ich weiß nicht.

PAMPHILUS: Ich gehe zugrunde noch! Warum hast du mir das nicht gesagt?

PARMENO: Ich konnte nicht alles auf einmal enthüllen.

PAMPHILUS: An welcher Krankheit leidet sie denn?

PARMENO: Ich weiß nicht.

PAMPHILUS: Nahm niemand ärztliche Hilfe in Anspruch?

PARMENO: Ich weiß nicht.

PAMPHILUS: Jetzt aber sofort in das Haus, ich muß auf der Stelle genau erfahren, was drinnen sich abspielt! In welchem Zustand, liebe Philúmena, soll ich dich antreffen heute? Schwebst in Gefahr du tatsächlich, dann gehe ich sicher mit dir gemeinsam zugrunde! *Eilt in das Haus des Phidippus.*

PARMENO:

Ich brauche ihm jetzt nicht ins Haus zu folgen, denn
wir sind doch denen allesamt bestimmt verhaßt;
kein Mensch hat gestern Sostrata empfangen wollen!
Und sollte sich die Krankheit etwa noch verschlimmern –
geschähe es doch nicht, vor allem meinem Herrn
zuliebe! –, sagt man gleich, der Sklave Sostratas
sei eingetreten, und behauptet, daß er der
Familie Unheil mitgebracht für Leib und Leben,
Verschlimmerung der Krankheit! Meine Herrin trifft
der Vorwurf, aber mich die grausame Bestrafung.

SOSTRATA *tritt aus ihrem Hause; für sich*: Schon eine Zeitlang bemerke ich Ärmste hier eine geräuschvolle Unruhe. Mich peinigt die Sorge, es könne Philúmenas Krankheit sich weiter verschärfen. Dich flehe ich an, Aesculap, und dich ebenfalls, Salus, laßt es nicht eintreten! Jetzt will ich sie aufsuchen.

PARMENO *in der Absicht, sie zurückzuhalten*: Bitte dich, Sostrata!

SOSTRATA: Ha?

PARMENO: Man wird dich auch heute nicht einlassen!

SOSTRATA: Ach du, Parmeno, du warst es? Verloren bin ich, was kann ich Arme noch tun? Nicht sehen darf ich die Gattin des Pamphilus, obwohl sie erkrankt ist, so ganz in der Nähe?

PARMENO: „Nicht sehen darfst du“? Du darfst noch nicht einmal jemanden schicken zum Sehen! Der nämlich, der einen liebt, dem er selber verhaßt ist, der handelt, meine ich, doppelt verkehrt: Er selbst unterzieht sich sinnloser Mühe, dem anderen fällt er nur lästig. Dann trat ja dein Sohn auch, sogleich nach der Ankunft, ein in das Haus, um zu sehen, wie es Philúmena geht.

SOSTRATA: Was sagst du? Mein Pamphilus kehrte zurück?

PARMENO: Jawohl.

SOSTRATA: Ich danke von Herzen den Göttern! Ach! Dein Wort ermutigt mich gleich, verbannt aus dem Herz mir die Sorge!

PARMENO: Darin erblicke ich eben den Hauptgrund für meinen Vorschlag, nicht jetzt das Haus zu betreten. Denn sollten Philúmenas Schmerzen ein wenig nur nachlassen, wird sie ihm, unter vier Augen, sicher ausführlich erzählen, wie es zu jener Erbitterung kam, die euch furchtbar entzweite. *Pamphilus erscheint in der Tür.* Aber da kommt er ja selber heraus! Was hat er für eine traurige Miene!

SOSTRATA: Mein lieber Junge!

PAMPHILUS: Ich grüße dich, Mutter!

SOSTRATA: Wie glücklich bin ich, dich wohlbehalten wiederzusehen! Geht es Philúmena gut?

PAMPHILUS: Ein wenig besser.

SOSTRATA: Vergönnten es gnädig die Götter! Aber weswegen weinst du? Warum so traurig?

PAMPHILUS: Alles in Ordnung, Mutter!

SOSTRATA: Worüber gab es die Aufregung? Traten die Schmerzen sehr plötzlich auf?

PAMPHILUS: Jawohl.

SOSTRATA: Und was für ein Leiden ist es?

PAMPHILUS: Fieber.

SOSTRATA: Gewöhnliches?

PAMPHILUS: Sagt man. Doch, bitte, gehe zurück! Ich komme gleich nach, liebe Mutter.

SOSTRATA: Ich gehe. *Begibt sich in ihr Haus zurück.*

PAMPHILUS: Gehe den Sklaven entgegen, Parmeno, hilf ihnen, die Packen zu tragen!

PARMENO: Wie, kennen sie nicht den Weg nach Hause?

PAMPHILUS: Los, geh schon! *Parmeno ab.*

Ich weiß nicht: Wo könnte ich passend beginnen, wenn ich erzähle, was wider Erwarten mir zustieß, was ich erblickte mit eigenen Augen, auch teilweise hörte, was schier mich betäubte und Hals über Kopf aus dem Hause mich scheuchte! Sorgenvoll stürzte ich in das Haus, ich wähnte, meine Gemahlin von einer ganz anderen Krankheit befallen zu sehen, als ich sie wirklich entdeckte, wehe mir! Sobald mich die Mägde eintreten sahen, brachen sofort sie alle gemeinsam aus in den Ruf: „Da ist er gekommen!“, heiter zunächst bei meiner plötzlichen Ankunft. Aber schon mußte ich sehen, wie alle Mienen sich wandelten, weil doch der Zufall mich hatte zur Unzeit eintreffen lassen. Auch eilte mir eine der Mägde voraus gleich, um Meldung von meiner Rückkehr zu bringen. Ich folgte ihr auf dem Fuße, voll Spannung, die Gattin zu sehen. Schon beim Eintreten wurde ich mir, ich vom Unglück Geschlagener, klar über ihre Erkrankung. Denn weder erlaubten die Umstände einen Versuch zum Verheimlichen, noch konnte Philúmena anders klagen, als ihr Zustand es zwingend erheischte. Ich sah, was vorging – ich rief: „Abscheulich der Fall!“ – und ergriff in Tränen, ohne zu säumen, die Flucht, aufs tiefste erschüttert von dem, was furchtbar, unglaublich, sich abspielte. Mir folgte Philúmenas Mutter, und beim Überschreiten der Schwelle fiel sie mir weinend zu Füßen, die Ärmste. Sie dauerte mich, tatsächlich, es stimmt schon, ich bin überzeugt: Je nach den Umständen sind wir doch alle hochfahrend stolz und kriecherisch demütig wieder! So richtete sie an mich die folgenden Worte: „Pamphilus, Lieber, du siehst, weswegen die Gattin vor dir sich zurückzog: hat ihr doch einmal irgendein Schurke, ich kenne ihn nicht, Gewalt angetan. Jetzt suchte sie Zuflucht bei mir, sie wollte die Niederkunft dir und andern verheimlichen.“ Noch bei der Erinnerung an ihr Geständnis kann ich Armer die Tränen zurückhalten nicht! Fort fuhr sie: „Was für ein Geschick auch dich heute ins Haus uns führte, wir bitten bei ihm dich beide recht herzlich – erlaubt es die Pflicht der Menschen und Götter –, das Unglück, das über sie kam, vor jeglichem Auge und Ohr zu verbergen. Spürtest du bei Philúmena jemals, mein Pamphilus, ehrlich ein Herz, das innig dich liebte, so fleht sie dich heute um diese Gefälligkeit an, die dir doch keinerlei Mühe bereitet. Ob du sie wieder als Gattin aufnimmst, entscheide nach deinem Ermessen; weißt du allein doch, daß sie gebiert, ohne von dir auch schwanger zu sein. Erst zwei Monate nachher, behauptet man, hat sie geschlafen mit dir; vom Zeitpunkt, zu dem sie dich aufsuchte, flossen nur sieben Monate hin. Die Tatsachen selber bezeugen dein Wissen. Jetzt, Pamphilus, möchte im Rahmen des Möglichen alles ich tun, um die Niederkunft vor ihrem Vater, ja, vor jedermann geheimzuhalten. Doch läßt sich der Vorfall nicht totschweigen, möchte ich ihn als Frühgeburt ausgeben. Dürfte doch dann kaum jemand an der Wahrscheinlichkeit zweifeln, daß du der richtige Vater des Kindes bist. Aussetzen wird man es gleich. Dir wird daraus kein Nachteil entstehen, du wirst auch verbergen das Unrecht, das man schamlos dem armen Mädchen angetan hat!“

Ich gab mein Versprechen und werde entschlossen auch halten

mein Wort. Sie wieder als Gattin ins Haus mir zu nehmen, das kann ich als Mann von Ehre mir keineswegs leisten, ich werde es niemals tun, wie fest mich zärtliche Liebe auch bindet an sie. Weinen muß ich, denke ich an mein künftiges Leben, an meine Verlassenheit. Göttin des Glücks, wie hältst du doch niemals auf ewig die Treue! Schon meine frühere Liebe hat diesen Kummer mich auskosten lassen, ich mußte mich zum Verzicht entschließen; jetzt muß ich das Gleiche bei meiner zweiten versuchen!

Da kommt Parmeno mit den Sklaven. Keineswegs
braucht dieses Unglücks Zeuge er zu sein. Erst kürzlich
vertraute ihm allein ich an, daß ich gleich nach
der Hochzeit meine junge Gattin nicht berührte.
Hört er jetzt ihre wiederholten Schreie, dann,
befürchte ich, wird ihre Niederkunft ihm klar.
Ich muß durch irgendeinen Auftrag ihn entfernen,
solange noch Philúmena in Wehen liegt.
Tritt etwas beiseite.

Parmeno, Sosia und noch zwei Gepäck tragende Sklaven treten auf.

PARMENO:
Du hattest, sagst du, eine unbequeme Reise?

SOSIA:
Beim Herkules, man kann es kaum in Worte fassen,
Parmeno, wie beschwerlich solche Seefahrt ist.

PARMENO:
Tatsächlich?

SOSIA: Glückskind, ahnst nicht, welchem Unheil du
entgingst, weil du noch nie zur See gefahren bist!
Bedenk nur eins – von andrem Elend ganz zu schweigen –:
Wohl dreißig Tage oder mehr war ich an Bord
und hatte dabei, furchtbar, stets den Tod vor Augen;
so schrecklich setzte uns durchweg das Wetter zu!

PARMENO:
Abscheulich!

SOSIA: Ja, das spürte ich! Mit einem Wort:
Wenn ich noch einmal dorthin fahren müßte, zöge,
beim Herkules, ich eine Flucht der Seefahrt vor!

PARMENO:
Einst konnten schon geringe Gründe dich zu dem
bewegen, was du heute androhst, Sosia!
Erblickt Pamphilus.
Da steht ja Pamphilus gerade vor der Tür!
Zu seinen Begleitern:
Los, tretet ein!
Sosia und die beiden anderen Sklaven treten in das Haus des Laches.
Ansprechen will ich ihn. Vielleicht
hat einen Auftrag er für mich. – Du stehst noch hier,
mein Herr?

PAMPHILUS: Ja, ich erwarte dich.

PARMENO: Was gibt es denn?

PAMPHILUS:
Ein Bote muß sofort zur Oberstadt.

PARMENO: Wer?

PAMPHILUS: Du!

PARMENO: Zur Oberstadt – warum dorthin?

PAMPHILUS: Such meinen Freund
dort auf, den Callidémides von Myconus,
der auf der Fahrt mit mir zusammen war.

PARMENO *für sich*: Verdammt!
Er hat geschworen wohl, sofern er glücklich wieder
nach Hause käme, gleich zu Tode mich zu hetzen!

PAMPHILUS:
Was säumst du noch?

PARMENO: Was soll ich sagen? Ihn nur treffen?

PAMPHILUS:
Nein! Weil ich heute ihn besuchen wollte, richt
ihm aus, ich sei verhindert und er möge dort
nicht grundlos auf mich warten. So, nun ab geschwind!

PARMENO:
Ich kenne ihn doch nicht!

PAMPHILUS: Ich will ihn dir genau
beschreiben: Groß, rot im Gesicht, die Haare kraus,
beleibt, blaugraue Augen, blaß wie eine Leiche.

PARMENO *für sich*:
Die Götter sollen ihn verrecken lassen!

Zu Pamphilus: Und wenn er nicht kommt? Soll ich dort bis zum Abend auf ihn warten?

PAMPHILUS: Ja! Jetzt renne los!

PARMENO: Das kann ich nicht, bin zu erschöpft!

Langsam ab.

PAMPHILUS: Weg ist er, endlich! Doch was soll ich Unglücklicher tun? Ich weiß ja überhaupt nicht, wie, nach Myrrhinas Bitte, ich die Niederkunft Philúmenas verhehlen kann! Die Frau tut mir so leid! Ich will das Mögliche gern tun, soweit die Sohnespflicht es mir erlaubt. Ich habe ja dem Vater mehr als meiner Liebe zu gehorchen. – Ha, dort, Phidippus und mein Vater! Ja, sie kommen hierher! Ich weiß nicht, was ich ihnen sagen soll.

Zieht sich etwas zurück.

Laches und Phidippus treten auf.

LACHES: Du sagtest soeben, sie warte, nach ihren eigenen Worten, auf meinen Sohn?

PHIDIPPUS: Jawohl.

LACHES: Er soll grad zurückgekehrt sein. Dann möge doch sie auch wiederum kommen!

PAMPHILUS *für sich*: Was kann ich dem Vater als Grund nur angeben dafür, daß ich Philúmena niemals mehr aufnehme? Ratlos bin ich.

LACHES: Wen höre ich reden hier?

PAMPHILUS *für sich*: Unbeirrt gehe ich weiter den Weg, den ich einschlug.

PHIDIPPUS: Da ist ja der Junge, von dem wir gerade jetzt reden!

PAMPHILUS *tritt näher*: Grüße dich, Vater!

LACHES: Mein Junge, willkommen!

PHIDIPPUS: Zum richtigen Zeitpunkt erscheinst du, mein Pamphilus, und, was das Wichtigste ist, in voller Gesundheit und Stärke!

PAMPHILUS: Das stimmt schon.

LACHES: Soeben bist du gekommen?

PAMPHILUS: Soeben.

LACHES: Dann rücke heraus mit der Sprache: Was hinterließ unser Vetter Phania?

PAMPHILUS: Ehrlich, beim Herkules: Seinem Vergnügen nur hat er gefrönt, solange er lebte. Und Leute von solchem Schlage nützen den Erben nicht viel. Sie lassen, sich selber zum Ruhme, den Spruch nur zurück: „Er lebte, solange er lebte, recht gut!"

LACHES: Dann brachtest du weiter nichts mit als eine Sentenz?

PAMPHILUS: Was er uns auch hinterließ, es stiftete Nutzen.

LACHES: Nein, Schaden. Ich wollte ihn lieber vor Augen noch haben, leibhaftig, gesund!

PAMPHILUS: Ein Wunsch, den du ungestraft aussprechen kannst. Er wird nie wieder zum Leben erwachen. *Für sich:* Ich weiß ja genau, was von beidem du eher dir wünschst!

LACHES: Gestern bestellte Phidippus Philúmena zu sich. *Stößt Phidippus an; leise:* Nun sag schon, du hättest bestellt sie!

PHIDIPPUS *leise*: Hau nicht so derb! *Laut:* Ich bestellte sie, ja.

LACHES: Aber zurückschicken wird er sie jetzt.

PHIDIPPUS: Natürlich.

PAMPHILUS: Ich bin über das, was geschah, vollkommen im Bilde. Ich habe es eben, bei meiner Ankunft, erfahren. *Die beiden Väter schweigen eine Weile, zutiefst betroffen.*

LACHES *ausbrechend*: Sollen die Götter die Neidhammel umbringen doch, die mit Freuden so etwas weitererzählen!

PAMPHILUS: Ich habe mit Sorgfalt geachtet darauf, daß keiner von euch mir mit Recht etwas vorwerfen kann. Und wünschte ich heute und hier daran zu erinnern, mit welcher Treue und Güte und Milde ich meine Gemahlin behandelte, ich dürfte es wahrheitsgemäß. Doch wünschte ich eher, daß du es erfährst aus ihrem eigenen Munde. Denn derart wirst du am sichersten meinem Charakter vertrauen, wenn sie, die heute ein Unrecht mir antut, in Worten Gerechtigkeit mir widerfahren läßt. Nicht durch mein Verschulden kam es zu unserer Trennung, ich schwöre es bei den Unsterblichen! Weil sie es aber für unter ihrer Würde erachtet, sich meiner Mutter zu fügen und deren Benehmen mit allem geschuldeten Anstand zu tragen, und weil sich auf keinem Wege noch sonst ein gutes Verhältnis zwischen den beiden herstellen läßt, muß ich entweder von meiner Mutter mich trennen, Phidippus, oder von meiner Gemahlin. Nun rät mir aber die Sohnespflicht an, dem Glück der Mutter den Vorrang zu geben.

LACHES: Nicht unwillkommen, mein Pamphilus, klingt mir dein Wort in den Ohren, da ich erkenne, daß du gegenüber der Mutter alles andre hintansetzt. Aber gib acht, daß der Jähzorn dich nicht zu verkehrtem Eifer noch hinreißt!

PAMPHILUS:

Wie könnte Zorn zum Unrecht an Philúmena
mich drängen? Nie hat gegen meinen Willen sie
verstoßen, oft jedoch in meinem Sinn gehandelt;
das weiß ich ganz genau. Ich liebe und ich lobe
Philúmena und sehne innig mich nach ihr,
erfuhr die wunderbare Sinnesart, mit der
sie an mir hing, und wünsche ihr von Herzen für
die Zukunft einen Mann, den mehr als mich das Glück
begünstigt. Ich muß notgedrungen von ihr scheiden.

PHIDIPPUS:

Es liegt in deiner Hand, dich nicht von ihr zu trennen.

LACHES:

Bist du vernünftig, fordre sie zur Rückkehr auf!

PAMPHILUS:

Ich denke, Vater, nicht daran: Ich muß im Sinne
der Mutter handeln.
Wendet sich zum Gehen.

LACHES: Wohin gehst du? Bleibe doch!
Bleib, sage ich! *Pamphilus ab.* Wohin denn?

PHIDIPPUS: Was für eine Sturheit!

LACHES:

Ich sagte dir, Phidippus, daß er diesen Fall
sich sehr zu Herzen nehmen würde. Deshalb bat
ich dich, Philúmena zurückzuschicken.

PHIDIPPUS: Nie,
beim Pollux, hielt ich ihn für derart unbeugsam!
Hofft er vielleicht sogar, durch sein Verhalten mich
zu einem Kniefall noch zu zwingen? Will er wieder
die Gattin zu sich nehmen, bitte sehr! Wenn nicht,
soll er die Mitgift mir sogleich zurückerstatten
und seiner Wege gehen!

LACHES: Schau nur, jetzt gerätst
auch du ganz ungestüm in Hitze!

PHIDIPPUS *als wenn Pamphilus noch zugegen wäre*:
Pamphilus,
du kehrtest trotzig wie ein Stein zurück zu uns!

LACHES:
Bald wird der Zorn verfliegen – freilich war er nicht
ganz unberechtigt!

PHIDIPPUS: Weil ihr jetzt ein bißchen Geld
erhieltet, schwoll der Kamm euch!

LACHES: Suchst du auch mit mir
noch Streit?

PHIDIPPUS: Dein Sohn soll sich die Sache überlegen
und mir Bescheid noch heute geben, ob, ob nicht:
Soll ihm Philúmena nicht mehr gehören, mag
sie eines andren Gattin sein!
Wendet sich zum Gehen.

LACHES: Phidippus, bleib!
Hör, ein paar Worte nur!
Phidippus ab. Schon fort! Was kann ich tun?
Nach allem sollten sie sich selber einigen,
wie sie es wünschen! Weder Pamphilus noch gar
Phidippus lassen sich auch im geringsten nur
von mir noch leiten, schätzen meinen Rat gering.
Ich werde diesen Streitfall meiner Frau vortragen,
nach deren Rat sich alles hier vollzieht, und das,
was mich bedrückt, im vollen Umfang ihr enthüllen.
Tritt in sein Haus.

MYRRHINA *tritt aus ihrem Hause*: Verloren bin ich! Was tun? Wohin mich noch wenden? Was soll ich nur antworten meinem Gemahl, ich Ärmste? Er hörte doch wohl die Stimme des schreienden Kindes – so plötzlich stürzte er wortlos hinein in das Zimmer der Tochter! Wenn er erfährt, daß Philúmena niederkam, weiß ich, beim Pollux, nicht zu begründen, daß ich die Schwangerschaft ihm so lange verheimlichte! Aber da knarrt schon die Tür! Da kommt er wohl selber heraus zu mir. Ich bin doch erledigt!

PHIDIPPUS *tritt wieder aus seinem Hause; für sich*: Myrrhina bemerkte, daß ich Philúmena aufsuchen wollte – und gleich verschwand sie nach draußen! Aber da ist sie! Was sagst du, Myrrhina? He, ja, ich rede mit dir!

MYRRHINA: Mit mir, mein Lieber?

PHIDIPPUS: Ich etwa, ich dein „Lieber“? Hältst du mich wirklich für deinen Mann oder wenigstens einen denkenden Menschen? War ich in deinen Augen jemals das eine oder das andre, Myrrhina, durfte ich niemals durch deine Intrigen genarrt sein!

MYRRHINA: Durch welche Intrigen?

PHIDIPPUS: Du fragst noch? Philúmena kriegt ein Kind! He, du schweigst? Von wem?

MYRRHINA: Hat ein Vater das Recht, die Frage zu stellen? Wen hältst du, beim Himmel, verdammt, für den Vater, wenn nicht den Mann, der zur Frau sie bekam?

PHIDIPPUS: Das will ich schon glauben, und keineswegs darf ein Vater an etwas anderes denken. Aber ich wundere mich, weshalb du die Niederkunft derart beharrlich uns allen verheimlichen wolltest, zumal doch Philúmena ordnungsgemäß und zum richtigen Zeitpunkt gebar! Kann man so starrköpfig sein, lieber ein Kind dem Tode zu weihen – das, wie du weißt, die Freundschaft zwischen unsern Familien künftig noch festigen würde –, als eine Ehe zu dulden, die deinem Geschmack nicht entspricht? Da habe ich jenen die Schuld beigemessen, die dich doch als einzige trifft!

MYRRHINA: Ich werde vom Unglück verfolgt.

PHIDIPPUS: Ach, wüßte ich, daß es sich derart verhält! Aber da fällt mir doch ein, was damals du sagtest, als Pamphilus wir zum Schwiegersohn nahmen: Du sträubtest dich gegen die Hochzeit der Tochter mit einem, der innig in eine Hetäre verliebt war und auswärts die Nächte verbrachte!

MYRRHINA *für sich*: Besser, er argwöhnt, was immer er mag, nur nicht den tatsächlichen Grund!

PHIDIPPUS: Ich wußte viel früher als du, Myrrhina, daß er in ein Mädchen verliebt war. Aber ich rechnete derlei immer der Jugend zugute, es ist doch der Ruf der Natur. Er selber, beim Pollux, wird später noch einmal sich ekeln davor! Du freilich, du bleibst, wie du damals dich zeigtest, beharrlich bis auf den heutigen Tag; du willst Philúmena trennen von ihm und meine Absicht durchkreuzen! Das, was heute geschieht, enthüllt, was du plantest.

MYRRHINA: Wähnst du, ich wäre, als ihre Mutter, so starrsinnig, daß ich die Heirat einschätzte lediglich nach dem Maßstab unsres eigenen Vorteils?

PHIDIPPUS: Unfähig bist du, Vorsorge zu treffen oder ein Urteil zu fällen im Hinblick auf unseren Vorteil! Hörtest vielleicht von jemandem, der es gesehen zu haben behauptete, Pamphilus sei aus und ein noch gegangen bei seiner Geliebten. Na und? Tat er es mit der gebotenen Vorsicht und selten, so wäre es doch weit menschlicher, darüber hinwegzusehen, als hartnäckig alles wissen zu wollen – was uns nur dem Jungen verhaßt macht! Hätte er nämlich ganz plötzlich sich losreißen können von einem Mädchen, mit dem er so viele Jahre verbunden sich fühlte, würde ich ihn als Unmenschen einschätzen, gar nicht vertrauenswürdig genug als Mann meiner Tochter!

MYRRHINA: Nun laß doch, um Himmels willen, den Jungen, lasse auch alles, was du mir vorwirfst! Geh, frage ihn unter vier Augen, ob er Philúmena wünscht noch als Gattin! Bejaht er die Frage, so gib sie ihm wieder; verneint er sie aber, so habe ich richtig gehandelt im Sinne Philúmenas!

PHIDIPPUS: Lehnt er tatsächlich sie ab und sahest, Myrrhina, du selber auf seiner Seite die Schuld, so gab es doch mich noch, mich, der in dieser Frage beratend vorausschauen sollte. Deswegen bin ich vor Wut erbittert auf dich, weil du zu handeln wagtest ohne die Weisung von mir! Trage mir ja nicht das Kind aus dem Hause, wohin es auch sei! *Für sich:* Aber ich bin ja ein ziemlicher Dummkopf, von ihr Gehorsam für meine Befehle zu fordern. Eintreten will ich, die Sklaven beauftragen, nirgendwohin das Kleine tragen zu lassen! *Ab in sein Haus.*

MYRRHINA: Beim Pollux, ich glaube, es lebt kein Weib in tieferem Unglück als ich. Wie wird er es aufnehmen erst, erfährt er den wirklichen Hergang? Ich brauche daran nicht zu zweifeln, wenn er in dem leichteren Fall schon derart sich aufregt! Ich weiß nicht, durch welcherlei Mittel er sich noch umstimmen ließe. Eines noch bleibt aus der Fülle des Unheils als Übel mir aufgespart: daß er mich zwingt, ein Kind aufzunehmen, von dem wir den Vater nicht kennen. Als dieser Philúmena nachts überrumpelte, war er im Dunkel nicht deutlich zu sehen, ließ sich auch nichts, rein gar nichts entreißen, woran man ihn nachträglich feststellen könnte. Er seinerseits zog nur beim Fliehen dem Mädchen den Ring, den sie trug, von dem Finger. Gleichzeitig fürchte ich, Pamphilus wird wohl unser Geheimnis nicht länger bewahren, sobald er erfährt, daß ein fremdes Kind als das seine anerkannt wird. *Ab.*

Sostrata und Pamphilus treten auf; ihnen folgt, unbemerkt, Laches.

SOSTRATA: Es ist mir durchaus nicht entgangen, mein Junge, daß du mich verdächtigst, durch mein Benehmen deine Gattin vertrieben zu haben – obwohl du es streng zu verheimlichen suchst! Aber so wahr die Götter mir helfen, so wahr mir zuteil werden möge, was ich von dir so innig mir wünsche: Niemals habe ich wissentlich etwas getan, was Philúmenas Haß mir zuziehen dürfte! Und glaubte bis jetzt ich an deine Liebe zu mir, so hast du den Glauben durch dein Verhalten bestärkt. Denn drinnen erzählte dein Vater mir eben, wie sehr du mich deiner Geliebten vorziehst. Jetzt bin ich entschlossen, den Dank zu erstatten dafür; sollst du doch wissen, daß ich die Liebe des Sohnes entsprechend zu lohnen verstehe. Folgendes, Pamphilus, schätze als günstig ich ein für dich und dein Weib und für meinen Ruf: Ich ziehe, mein fester Entschluß, mit deinem Vater aufs Land mich zurück; weder meine Anwesenheit noch ein anderer Grund vermag dann zu hindern, daß deine Philúmena wieder zu dir kommt!

PAMPHILUS: Was soll denn, ich bitte dich, diese Entscheidung? Du läßt dich von ihrer Torheit bestimmen und räumst die Stadt, um draußen zu wohnen? Keinesfalls tu das, und niemals werde ich dulden, daß irgend jemand, der Schlechtes uns anhängen will, behauptet, dies sei durch meinen Starrsinn geschehen, nicht Folge deiner Besonnenheit! Auch sollst du um meinetwillen niemals verzichten auf deine Verwandten, Freundinnen, festliche Tage!

SOSTRATA: Keinerlei Freuden mehr bieten mir diese, beim Pollux! Solange die Jahre es mir vergönnten, hatte genug ich davon.

Heut habe ich alle diese Zerstreuungen satt. Nur eine Hauptsorge quält mich: Es könnte mein langes Leben jemandem hinderlich sein, er könnte meinen Tod gar erwarten! Hier kann man, ich sehe es klar, mich nicht leiden, obwohl ich es gar nicht verdiene. Es wird für mich Zeit, zurück mich zu ziehen. So werde ich sicher vor aller Augen jeglichen Anlaß zu Vorwürfen meiden, werde mich reinigen von dem bösen Verdacht und – *mit einer Gebärde zum Hause des Phidippus* – denen dort einen Gefallen erweisen. Lasse mich, bitte, entgehen den bösen Zungen, die über die Frauen nur herziehen!

PAMPHILUS: Wie bin ich doch glücklich in allem – mit einer einzigen Ausnahme: mit einer Mutter wie dir und einer Frau wie Philúmena!

SOSTRATA: Bitte, mein Pamphilus, kannst du dich wirklich nicht mit dem Gedanken befreunden, etwas Verdrießliches so, wie es ist, zu ertragen? Wenn alles andre nach deinem Wunsche sich fügt und Philúmena meine Einschätzung rechtfertigt, dann, mein Junge, erweise den Liebesdienst mir: Nimm sie doch wieder!

PAMPHILUS: Weh mir, ich Armer!

SOSTRATA: Wehe auch mir! Mich quält ja der Vorfall genauso wie dich, mein Pamphilus!

LACHES *tritt offen auf die beiden zu*: Mit anhören konnte ich, meine Liebe, das ganze Gespräch, das du eben mit Pamphilus führtest. Ein Zeichen von klarem Verstand ist die Fähigkeit, nach den jeweiligen zwingenden Umständen einmal die Meinung zu ändern, heute freiwillig zu tun, was man später vielleicht gezwungen vollzieht!

SOSTRATA: Ließe Fortuna es Wirklichkeit werden!

LACHES: So gehe aufs Land! Dort werden wir beide uns schon miteinander vertragen.

SOSTRATA: Beim Kastor, das hoffe ich!

LACHES: Gehe ins Haus und packe sogleich, was du mitnehmen möchtest! So lautet mein Wunsch.

SOSTRATA: Nach deiner Weisung werde ich handeln. *Ab.*

PAMPHILUS: Vater!

LACHES: Was möchtest du, Pamphilus?

PAMPHILUS: Die Mutter, und fortgehen? Nicht doch!

LACHES: Bist du dagegen? Warum?

PAMPHILUS: Weil ich mich immer noch nicht zu entscheiden vermochte, was ich mit Philúmena anfangen soll.

LACHES: Was könntest du Besseres tun, als sie aufnehmen wieder?

PAMPHILUS *für sich*: Eben das wünsche ich ja und kann mich kaum noch beherrschen. Aber ich darf, was ich reiflich erwog, nicht verwässern; ich muß das Nützliche folgerecht tun. *Laut:* Soll ich denn glauben, sofern ich aufs neue sie aufnähme, ließe sich leichter die Eintracht erzielen?

LACHES: Das kannst du nicht wissen. Doch wie sich die Frauen verhalten, wenn deine Mutter aufs Land ging, das braucht nicht deine Sorge zu sein. Von Leuten unseres Alters wollen die Jungen nichts wissen; da ist es schon billig und recht, die Stellung zu räumen. Sind wir doch schließlich nichts mehr als Schattengestalten, mein Pamphilus, heißen nur noch „der Alte", „die Alte". Aber da kommt ja Phidippus, gerade im richtigen Augenblick! Wenden wir uns doch an ihn!

PHIDIPPUS *tritt aus seinem Hause, spricht von der Schwelle zurück*:
Ich bin auch dir, Philúmena, beim Pollux, böse,
sehr böse! Denn du hast, beim Herkules, dich schlecht
benommen. Freilich, du kannst dich entschuldigen:
Die Mutter hat dich angestiftet! Doch für diese
besteht nicht die geringste Ausflucht mehr.

LACHES: Gelegen,
Phidippus, kommst du mir vor Augen, grade recht!

PHIDIPPUS *wendet sich Laches zu*:
Was gibt es?

PAMPHILUS *für sich*: Welche Auskunft gebe ich den beiden?
Wie lege jetzt ich meine Gründe dar?

LACHES: Sag, bitte,
Philúmena, daß meine Frau sich fort aufs Land
begibt und sie die Rückkehr nicht zu fürchten braucht!

PHIDIPPUS:
Ha – deine Frau hat keine Schuld an dem Geschehen.
Von meiner Frau, Myrrhina, kommt das ganze Unheil, …

PAMPHILUS *für sich*:
Das Blatt scheint sich zu wenden.

PHIDIPPUS: ... sie bringt die Verwirrung,
mein Laches, über uns.

PAMPHILUS *für sich*: Wenn ich Philúmena
nicht wieder zu mir nehme, werden sie noch mehr
Verwirrung stiften, als sie möchten!

PHIDIPPUS: Pamphilus,
ich wünschte sehnlich, die Verbindung zwischen uns
bestünde, wenn es irgend möglich ist, auf ewig.
Entscheidest du dich freilich anders, nimm das Kind
doch, bitte, an!

PAMPHILUS *für sich*: Er hat von ihrer Niederkunft
erfahren: Aus!

LACHES: Das Kind? Was für ein Kind?

PHIDIPPUS: Ein Enkel
ist uns geboren worden! War doch meine Tochter,
als man sie euch entführte, schwanger! Und ich wußte
bis heute nichts von ihrem Zustand.

LACHES: Bei den Göttern,
da bringst du gute Nachricht! Die Geburt des Jungen
erfreut mich wie das Wohlbefinden deiner Tochter.
Doch was hast du für eine Frau: Welch ein Benehmen!
So lange uns im dunkeln tappen lassen! Das
gehört sich schwerlich, dafür fehlen mir die Worte!

PHIDIPPUS:
Nicht weniger als dir mißfällt mir ihr Verhalten.

PAMPHILUS *für sich*:
War ich auch lange unentschlossen, jetzt nicht mehr:
Sie brächte mir ein fremdes Kind ins Haus!

LACHES: Jetzt brauchst
du länger nicht zu überlegen, Pamphilus!

PAMPHILUS *für sich*: Ich bin erledigt!

LACHES: Oft schon wünschten wir den Tag
noch zu erleben, da ein Kind, von dir gezeugt,
dich Vater nennt. Der Tag ist da! Den Göttern Dank!

PAMPHILUS *für sich*:
Ich bin erledigt, ganz verloren!

LACHES: Deine Frau
nimm wieder auf, sträub dich nicht länger!

PAMPHILUS: Lieber Vater,
wenn sie von mir sich Kinder wünschte oder mir
als Gattin folgen wollte, würde sie – des bin
ich sicher – niemals mir verheimlicht haben, was
sie mir, wie heute ich erkennen muß, verbarg.
Ich spüre auch, daß sie mir ihre Gunst entzog,
und glaube nicht an eine Einigung danach –
aus welchem Grunde sollte ich sie folglich jetzt
als Gattin wieder zu mir nehmen?

LACHES: Sie befolgte,
als junge Frau, den Ratschlag ihrer Mutter: Ist
das zu verwundern? Wähnst du eine Frau zu finden,
die frei von Schuld ist? Etwa weil sich Männer nichts
zuschulden kommen lassen?

PHIDIPPUS: Seht jetzt selber zu,
mein Pamphilus und Laches, du, ob ihr euch von
der jungen Mutter trennen oder sie als Gattin
erneut in eurem Haus empfangen sollt. Für das
Benehmen meiner Frau kann ich nicht gradestehen;
von mir braucht ihr in keinem Fall mit Widerspruch
zu rechnen. Doch was fangen mit dem Kind wir an?

LACHES *entrüstet*:
Ein Witz! Natürlich, was auch immer kommt, wirst du
es seinem Vater geben, und wir werden es
ernähren, da es uns gehört!

PAMPHILUS *für sich*: Ein Kind, um das
der eigne Vater sich nicht kümmert, das soll ich
ernähren?

LACHES *hat nur die letzten Worte verstanden*:
Wie? Wir sollen nicht das Kind ernähren,
mein Pamphilus, es etwa lieber sterben lassen?
Welch Irrsinn! Dazu kann ich ganz und gar nicht schweigen.
Du zwingst mich, vor den Ohren deines Schwiegervaters,
von dem zu sprechen, was ich gern verschwiegen hätte.
Du wähnst, ich sähe deine Tränen nicht und wüßte
nichts von dem Kummer, der sie dir entpreßt? Zuerst
hast du behauptet, deiner Mutter wegen könntest
du deine Gattin nicht im Hause haben; da

erbot sich deine Mutter, ihr das Haus zu räumen.
Als du den ersten Vorwand dir entzogen sahst,
fiel dir ein zweiter ein: Verheimlicht worden sei
dir die Geburt des Jungen. Gründlich irrst du dich,
sofern du glaubst, daß ich dein Trachten nicht durchschaue!
Sehr lange ließ ich dich mit deiner Liebsten spielen,
zum Zweck nur, daß du endlich einmal fest dich bindest,
trug mit Geduld den Aufwand, den das Mädchen dich
gekostet. Ernsthaft mahnte ich dich wiederholt
zum Eheschluß, wies darauf hin, die Zeit sei reif
dafür. Und schließlich gabst du meinem Drängen nach,
erfülltest, wie es sich gehörte, meinen Wunsch.
Doch jetzt zieht dich dein Herz erneut zur Liebsten hin!
Dein Spiel mit ihr kränkt deine Frau: Ich muß erkennen,
daß du zurückfällst in den alten Trott!

PAMPHILUS: Ich?

LACHES: Ja!
Und damit tust du Unrecht, brichst du Streit vom Zaun
und willst mit der Hetäre leben, wenn du sie,
die durch das Spiel gekränkte Gattin, losgeworden.
Und sie hat dich durchschaut: Kein andrer Grund bewog
sie, sich von dir zu trennen.

PHIDIPPUS: Die Vermutung stimmt.
So liegt der Fall.

PAMPHILUS: Ich kann beschwören, daß ich nichts
dergleichen plane.

LACHES: So? Dann nimm dich deiner Frau
doch wieder an – es sei denn, du erklärst, warum
dies nicht geschehen soll!

PAMPHILUS: Der Zeitpunkt paßt nicht recht.

LACHES:
Dann übernimm das Kind; es kann doch nichts dafür.
Ich werde mit der Mutter später mich befassen.

PAMPHILUS *für sich*:
Ich stehe allseits unter Druck, weiß keinen Ausweg;
so treibt mein Vater jetzt mich Armen in die Enge.
Verschwinden will ich, Bleiben bringt mir keinen Nutzen.
Sie nehmen schwerlich gegen meinen Willen sich

des Kindes an, zumal die Schwiegermutter mich
in dieser Hinsicht unterstützt. *Ab.*

LACHES: Du läufst davon,
he, ohne klare Antwort?
Zu Phidippus, achselzuckend: Hältst du ihn noch für
normal? Doch laß! Gib mir das Kind, Phidippus! Ich
will es behalten.

PHIDIPPUS: Sehr vernünftig! Daß die Gattin
darüber böse ist, was Wunder! Frauen sind
empfindlich, derlei nehmen sie nicht leicht. Daraus
erwächst ihr Groll. Myrrhina hat es mir erzählt.
Ich wollte in der Gegenwart des Jungen dies
gar nicht erwähnen, glaubte es zuerst auch nicht.
Doch jetzt liegt es vor Augen. Ich erkenne klar,
daß er sich heftig gegen diese Ehe sträubt.

LACHES:
Was kann ich dennoch tun? Was rätst du mir, Phidippus?

PHIDIPPUS:
Was tun? Vor allem uns an die Hetäre wenden,
sie bitten, uns beschweren, dann, zum Schluß, mit Nachdruck
ihr drohen für den Fall, daß sie die Bindung mit
dem Jungen aufrechthält.

LACHES: Ich werde deinen Rat
befolgen.
Ruft einen Sklaven im Innern des Hauses an.
He, du, Bursche, lauf ins Nachbarhaus
zu Bacchis und bestelle ihr, sie möge kommen!
Zu Phidippus:
Du aber, bitte, hilf mir in dem Fall auch weiter!

PHIDIPPUS:
Ach! Längst schon sage ich dir immer wieder, Laches:
Daß wir verschwägert bleiben, wünsche ich von Herzen,
wenn es nur irgend möglich ist; das hoffe ich.
Doch soll ich, wenn du dich mit der Hetäre triffst,
zugegen sein?

LACHES: Nicht nötig, geh! Und hole für
das Neugeborene gleich eine Amme her!
Phidippus ab.

BACCHIS *tritt auf, von zwei Dienerinnen begleitet; für sich*: Sicher nicht ohne Grund wünscht Laches heute ein Treffen mit mir, und ich täusche, beim Pollux, bestimmt mich nicht, wenn ich seine Absicht vermute.

LACHES *für sich*: Aufpassen muß ich, in plötzlichem Zorn nicht weniger noch zu erreichen, als möglich wäre, und etwas zu tun, was ich später bereue. Doch anreden will ich sie. *Zu Bacchis:* Grüße dich, Bacchis!

BACCHIS: Grüße dich, Laches!

LACHES: Ich glaube, beim Pollux, du möchtest gern wissen, Bacchis, weshalb ich durch einen Sklaven dich herbitten ließ.

BACCHIS: Ich meinerseits fürchte, beim Pollux, mir völlig bewußt meines Standes, der Name meines Gewerbes könnte mir schaden; dabei verantworte gern ich mein Handeln.

LACHES: Sprichst du die Wahrheit, Bacchis, so hast du von meiner Seite nichts zu befürchten. Ich stehe ja heute in einem Alter, wo man mir Fehltritte nicht mehr verzeihen darf. Mit um so größerer Vorsicht habe ich mich vor unüberlegten Schritten zu hüten. Handelst tatsächlich du jetzt und wirst du noch handeln, wie man es billigerweise von ehrbaren Frauen erwartet, dann sollte man dir nicht aus Torheit Kränkungen antun, die du nicht verdienst.

BACCHIS: Ich habe, beim Kastor, dir herzlich für dein Verständnis zu danken. Denn wer mir erst Unrecht zufügt und dann sich entschuldigt, der kann mir nur wenig noch nützen. Doch sag mir, worum es sich handelt!

LACHES: Aufnahme bietest du meinem Sohn Pamphilus –

BACCHIS: Ha!

LACHES: Lasse mich ausreden, bitte! Bevor er das Mädchen Philúmena heimführte, habe ich euer Verhältnis geduldet. *Bacchis fährt auf.* Ruhig! Ich sagte noch nicht, was ich ausführen wollte. Also: Er ist heut verheiratet. Suche dir deshalb einen, der fester zu dir hält – bevor es zu spät ist! Denn e r bleibt keineswegs ewig dir treu, und d u bleibst keineswegs ewig so frisch wie noch heute.

BACCHIS: Wer behauptet denn das?

LACHES: Die Schwiegermutter.

BACCHIS: Ich hätte –

LACHES: Ja, du! Und sie nahm die Tochter zurück und wollte eures Verhältnisses wegen den Jungen sogar, den die Tochter geboren, ganz heimlich beseitigen!

BACCHIS: Könnte ich stärker bekräftigen, daß ich die Wahrheit dir sage, als durch verbindlichen Schwur, so würde ich derart dir, Laches, beteuern, daß ich die Verbindung mit Pamphilus löste, sobald er die Ehe geschlossen.

LACHES: Anständig handelst du. Aber du weißt ja noch gar nicht, worum ich viel lieber dich bäte.

BACCHIS: Worum denn?

LACHES: Tritt in das Haus zu den Frauen hier, ihnen persönlich bekräftige ebenso fest durch den Eidschwur dein Handeln! Beruhige sie und entlaste dich selbst von dem Vorwurf!

BACCHIS: So werde ich tun, was, beim Pollux, ein anderes Weib meines Standes schwerlich je täte: in einer entsprechenden Lage vor einer rechtmäßigen Gattin sich sehen zu lassen. Doch möchte ich nicht, daß dein Sohn durch leeres Gerede zu Unrecht verdächtigt wird, daß er, ganz grundlos, für leichtfertig gilt in den Augen der Eltern, denen solch Leid doch erspart bleiben sollte; mir gegenüber benahm er so einwandfrei sich, daß ich nach Kräften für ihn mich einsetzen will.

LACHES: Deine Erklärung sichert dir meinerseits Nachsicht und Wohlwollen. Nicht nur die Frauen im Hause glaubten an deine Schuld; ich selber auch hielt sie für sicher. Jetzt, da ich weiß, daß wir in deiner Gesinnung uns täuschten, bitte ich dich: Bewähre dich weiterhin so! Dann kannst nach Belieben du unsere Freundschaft in Anspruch auch nehmen. Andernfalls – aber ich will mich zurückhalten, Kränkendes sollst du von mir nicht zu hören bekommen. Eines nur rate ich dir: Lern lieber als Freund – und nicht als Gegner mich kennen!

PHIDIPPUS *tritt auf im Gespräch mit der ihn begleitenden Amme*: Dir soll nichts fehlen bei mir; was du brauchst, sollst reichlich du haben, und bist du gesättigt an Speise und Trank, dann sättige auch recht gründlich den Jungen! *Amme ab in das Haus des Phidippus.*

LACHES *für sich*: Da kommt, wie ich sehe, Phidippus! Er bringt eine Amme herbei für den Jungen. *Laut:* Phidippus, hier Bacchis verpflichtet durch Eidschwur sich feierlich –

PHIDIPPUS *unterbricht ihn*: Ist sie das etwa?

LACHES: Jawohl.

PHIDIPPUS: Beim Pollux, die Sorte von Weibern hat keinen Respekt vor den Göttern, und sicher beachten die Götter sie ihrerseits nicht!

BACCHIS: Ich stelle dir meine Sklavinnen zur Verfügung; befrage sie über mich unter jeder beliebigen Folter! Es handelt sich darum: Ich soll darauf hinwirken, daß die Gattin des Pamphilus wieder zu ihrem Manne zurückkehrt. Erreiche ich das, so genügt mir der Ruhm, als einzige etwas getan zu haben, wovor sich andre Hetären wohl hüten.

LACHES: Phidippus, wir sind zu der Einsicht gekommen, daß wir zu Unrecht unsere Frauen verdächtigt haben. Stellen wir Bacchis jetzt auf die Probe! Wenn deine Gattin erfährt, daß sie nur auf eine Verleumdung hereinfiel, so wird sie nicht länger mehr grollen. Und regte mein Sohn sich darüber auf, daß seine Gemahlin heimlich gebar, so wiegt das leicht; schnell dürfte sein Zorn sich legen. Tatsächlich, nichts Schlimmes liegt vor, das eine Scheidung rechtfertigen könnte!

PHIDIPPUS: Das wünschte ich, ehrlich, beim Herkules!

LACHES: Frag sie doch selber, da steht sie! Gehörig wird sie dich aufklären über ihr Handeln.

PHIDIPPUS: Weswegen erzählst du mir das? Du weißt doch schon lange von mir, mein Laches, wie über die Sache ich denke. Stellt lediglich noch die beiden Frauen zufrieden!
Ab.

LACHES: Ich bitte dich, Bacchis, beim Pollux, bleib mir bei deinem Versprechen!

BACCHIS: Ins Haus soll ich treten deswegen?

LACHES: Jawohl, beruhige und überzeuge die Frauen!

BACCHIS: Ich gehe, obwohl ich, beim Pollux, nicht zweifle, daß jetzt sie bei meinem Anblick Abscheu empfinden. Denn feindlich gesinnt ist die Ehefrau einer Hetäre, sobald sie sich von der Seite des Gatten verdrängt sieht.

LACHES: Im Gegenteil, freundlich werden die Frauen hier sein, sobald sie den Grund deines Kommens erfahren. Gleich zweierlei wirst du erreichen: die Frauen vom Irrtum, dich selbst vom Verdachte befreien.

BACCHIS *für sich*: O weh, vor Philúmena schäme ich mich! *Zu ihren Sklavinnen:* Los, folgt mir beide ins Haus!

Ab mit ihren Sklavinnen.

LACHES: Kein andres Ergebnis könnte ich inniger wünschen, als daß sich Bacchis, ohne eigenen Schaden, beliebt macht und gleichzeitig Nutzen mir stiftet! Löste sie jetzt ihr Verhältnis mit Pamphilus wirklich, so werden daraus, das weiß sie bestimmt, ihr Ansehen, Vorteil, ja Ehre erwachsen. Dankbarkeit wird sie ernten, zugleich auch unsere Freundschaft gewinnen. *Ab.*

PARMENO *tritt auf; für sich*: Beim Pollux, mein Herr schätzt sicherlich meine Dienste gering ein, wenn er, um nichts, den ganzen Tag lang mich nutzlos herumtrödeln läßt, zu warten auf Cállidemídes, den Freund aus Myconus, dort in der Oberstadt! Und während ich derart, bis jetzt noch, ohne richtige Einweisung sinnlos dort rumstand, wandte ich mich an jeden Passanten: „Sag mir doch, junger Mann, bitte: Kommst du von Myconus?" – „Nein." – „Bist aber Cállidemídes?" – „Nein!" – „Hast du hier einen Gastfreund, der Pamphilus heißt?" Alle verneinten die Fragen. Ich glaube bald, daß es den Kerl überhaupt nicht gibt. Schließlich, beim Herkules, ward es zu blöd mir; ich türmte.

Bacchis tritt wieder aus dem Haus des Phidippus.

Aber was sehe ich? Bacchis? Und aus dem Hause unseres Nachbarn? Was hat sie dort vor?

BACCHIS: Parmeno, du kommst im richtigen Augenblick! Lauf schnell zu Pamphilus!

PARMENO: Weswegen zu ihm?

BACCHIS: Ich lasse ihn bitten, zu kommen, das richte ihm aus!

PARMENO: Zu dir?

BACCHIS: Zu Philúmena.

PARMENO: Was ist geschehen?

BACCHIS: Frage nicht länger nach Dingen, die dich nichts angehen!

PARMENO: Soll ich noch mehr ausrichten?

BACCHIS *strahlend*: Jawohl: Myrrhina erkannte den Ring, den Pamphilus einstmals mir schenkte, als Eigentum ihrer Philúmena!

PARMENO: Ha, ich verstehe! Ist das alles?

BACCHIS: Ja! Pamphilus wird gleich kommen, sobald er die Nachricht vernahm. Doch du säumst –

PARMENO: Gar nicht! Dazu fehlt jetzt mir die Muße: Den ganzen Tag schon war ich auf Trab, bald hin und bald her!
Ab.

BACCHIS: Welche Freude bereitete jetzt ich dem Pamphilus durch mein Kommen, welchen Segen konnte ich stiften und welche Sorgen zerstreuen! Ich gebe den Sohn ihm zurück, der beinahe zugrunde ging durch die Schuld der Frauen und durch des Vaters Verhalten, ich gebe die Gattin ihm wieder, die er zu gewinnen schon aufgab; den Grund zum Verdacht, den sein Vater, Phidippus auch gegen ihn faßten, den räumte ich aus. Und diese so glücklichen Wendungen werden dem Ring nur verdankt! Deutlich erinnre ich mich: Vor etwa zehn Monaten, kurz nach dem Einbruch der Dunkelheit, suchte mein Pamphilus Zuflucht bei mir, schwer atmend, vom Weinrausch umnebelt, mit diesem Ring. Mich packte die Furcht. „Mein Pamphilus", rief ich, „sag mir doch, bitte, beim Himmel, warum du so außer dir bist? Und wo fandest du diesen Ring?" Er tat, als verstünde er nicht, und schwatzte von anderen Dingen. Doch ich durchschaute sein Spiel und faßte noch einen ganz unbestimmten Verdacht, begann ihn darauf mit stärkerem Nachdruck zum Reden zu nötigen. Endlich gestand er, irgendein Mädchen gewaltsam auf der Straße genommen zu haben, und fügte hinzu, er hätte ihr, während sie heftig sich sträubte, den Ring entrissen. Eben den Ring erkannte Myrrhina jetzt an meinem Finger und fragte, woher er stamme. Da erzählte ich ihr die ganze Geschichte. So kam es heraus: Pamphilus war es, der damals Philúmena schwängerte; deswegen wurde ihm heute ein Sohn auch geboren! Glücklich bin ich, ihm durch mein Verhalten all diese Freuden erschlossen zu haben. Freilich, andre Hetären denken nicht so; es bringt uns ja keinerlei Vorteil, sollte ein Kunde von uns sich glücklich verheiraten. Aber, beim Kastor, niemals werde ich eignem Gewinne zuliebe auf schlimmes Handeln mich einlassen. Solange die Umstände mir es erlaubten, freute ich mich seiner Güte, Anmut und Heiterkeit. Seine Heirat verursacht mir Kummer, das sage ich offen. Aber, beim Pollux, ich handelte, glaube ich, derart, daß ich den Kummer gar nicht verdiene. Was innige Freuden uns spendet, verursacht auch Leiden – das sollte geduldig man tragen!
Zieht sich etwas zurück.

Pamphilus und Parmeno treten auf.

PAMPHILUS: Prüf nur, mein lieber Parmeno, bitte, ob deine Nachrichten wirklich auch stimmen! Sonst gaukeltest du nur für kurze Zeit mir trügerisch Freuden vor.

PARMENO: Sie stimmen.

PAMPHILUS: Sicher?

PARMENO: Ganz sicher.

PAMPHILUS: Ich fühle mich wie ein Gott, wenn es stimmt.

PARMENO: Du wirst es selber bestätigen.

PAMPHILUS: Warte doch, bitte, ein bißchen! In Sorge bin ich: was ich glaube und was du meldest, sind zweierlei Dinge.

PARMENO: Ich warte.

PAMPHILUS: Ich habe dich so verstanden: Myrrhina entdeckte, daß Bacchis den Ring Philúmenas trug.

PARMENO: Sehr richtig.

PAMPHILUS: Denselben Ring, den ich damals ihr gab? Und Bacchis beauftragte dich, mir dies zu melden, nicht wahr?

PARMENO: Genau, das meldete ich.

PAMPHILUS: Kein Mensch kann glücklicher sein, kann größere Freude genießen als ich! Was soll ich dir schenken für diese Nachricht? Was nur? Ich weiß nicht.

PARMENO: Ich aber, ich weiß es.

PAMPHILUS: Was denn?

PARMENO: Ganz einfach: Nichts! Denn weder in meiner Nachricht noch gar in mir selber kann derart Verdienstliches ich, zu deinen Gunsten, entdecken.

PAMPHILUS: Vom Orcus brachtest du mich, gleich einem Toten, zurück an das Licht, und ohne Erkenntlichkeit dafür soll ich dich ausgehen lassen? Für allzu undankbar hältst du mich doch! *Sein Blick fällt auf Bacchis.*

Dort vor der Haustür sehe ich ja Bacchis stehen.
Sie wartet wohl auf mich. Ich spreche gleich sie an.

BACCHIS *geht auf ihn zu*: Gruß dir, mein Pamphilus!

PAMPHILUS: O Bacchis! Meine Bacchis!
Du meine Retterin!

BACCHIS: Zum Guten wandte sich
das Blatt, und ich bin froh darüber.

PAMPHILUS: Dein Verhalten
bestätigt das Vertrauen, das ich zu dir hege.
Du bleibst so liebenswert, wie du schon immer warst,
Freuden bereitet doch immer ein Treffen mit dir, Freuden bereitet dein Wort, dein Erscheinen, wohin du auch kommst!

BACCHIS *schelmisch*: Auch du, beim Kastor, du bleibst dir gleich im Charakter, im Wesen: Nirgendwo lebt auf der Welt ein Mann, der liebenswürdiger wäre als du!

PAMPHILUS *muß wider Willen lachen*: Hahaha! Du, ausgerechnet du mußt mir das sagen!

BACCHIS: Mit völligem Recht, mein Pamphilus, gewannst du deine Gemahlin lieb. Heute erst habe ich sie mit eigenen Augen gesehen. Mein Urteil: Sie ist ein vortrefflicher Mensch.

PAMPHILUS: Im Ernst?

BACCHIS: So wahr die Götter mir helfen, mein Pamphilus!

PAMPHILUS *leise*: Sag mir, enthülltest du meinem Vater schon etwas davon?

BACCHIS: Kein Wörtchen.

PAMPHILUS: Es ist auch nicht nötig. Laß also auch künftig gar nichts verlauten. Es sollen hier nicht, wie in den Komödien sonst, alle auch alles genau erfahren. Diejenigen, die ein Recht darauf haben, die wissen es. Die kein Recht haben, die brauchen es auch nicht zu wissen.

BACCHIS: Sehr richtig – und stärker noch kann ich bekräftigen dir die Gewißheit, daß unser Geheimnis gewahrt bleibt: Myrrhina erklärte ihrem Phidippus, sie baue auf meinen Schwur und betrachte dich deshalb als völlig gerechtfertigt.

PAMPHILUS: Bestens: So werden denn hoffentlich unsere Wünsche sich sämtlich erfüllen.

PARMENO *hat eine Weile abseits gestanden und nähert sich jetzt*: Herr, darf ich dich fragen, was ich dir heute an Gutem getan und worüber ihr beide verhandelt?

PAMPHILUS: Nein!

PARMENO: Ich vermute es doch. *Überlegend:* „Vom Orcus brachte ich dich gleich einem Toten" – wie das?

PAMPHILUS: Du weißt nicht, Parmeno, welch wichtigen Dienst du mir heute erwiesest, aus welcher Klemme du mich befreitest?

PARMENO: Im Gegenteil, Herr, ich weiß es sehr wohl, und ich habe bewußt es getan.

PAMPHILUS *ironisch*: Ich bin davon überzeugt.

PARMENO: Ist etwa Parmeno ein Kerl, der unüberlegt den Zeitpunkt zum richtigen Handeln verpaßt?

PAMPHILUS *winkt ab*: Folge ins Haus mir, Parmeno!

PARMENO *laut*: Ich komme. *Für sich:* Heut habe ich unbewußt mehr an Gutem gestiftet als jemals zuvor mit vollem Bewußtsein!

DER SÄNGER *zum Publikum*: Ihr, bitte, spendet uns Beifall!

DIE BRÜDER

DIDASKALIE

Die Adelphoe des Terenz. Das Stück wurde aufgeführt bei den Bestattungsfeierlichkeiten zu Ehren des Lucius Aemilius Paullus, deren Leitung in den Händen des Quintus Fabius Maxumus und des Publius Cornelius Africanus lag. Die Aufführung leiteten Lucius Ambivius Turpio und Lucius Atilius aus Praeneste. Die Musik komponierte Flaccus, der Sklave des Claudius, durchgehend in sarranischen Flöten. Das griechische Original stammt von Menander. Das Stück entstand als sechstes unter den Konsuln Marcus Cornelius Cethegus und Lucius Anicius Gallus.

DES GAIUS SULPICIUS APOLLINARIS INHALTSANGABE

Deméa, Vater zweier Söhne, gab den einen,
den Aeschinus, an Sohnes Statt dem Bruder Micio,
behielt jedoch den Ctesipho. Und dieser, unter
der Zucht des harten, strengen Vaters, sah sich von
den Reizen einer Zitherspielerin gefangen.
Sein Bruder Aeschinus bewahrte das Geheimnis,
nahm auf sich das Gerede, das der Bindung folgte,
und tat, als ob er selbst in sie verliebt sei. Schließlich
entführte er die Musikantin ihrem Kuppler.
Doch hatte Aeschinus nun selbst ein armes Mädchen
aus Attika geschwängert und die Ehe ihr
versprochen. Das nahm ihm Deméa übel und
schalt grob ihn aus. Als freilich dann die Wahrheit an
das Licht kam, führte Aeschinus die Schwangre heim,
und Ctesipho behielt die Zitherspielerin.

PERSONEN

Micio, Demea,	Bürger von Athen, Brüder
Aeschinus, Ctesipho,	Söhne des Demea, ersterer von Micio adoptiert

Sannio, Kuppler und Sklavenhändler
Sostrata, Bürgerin von Athen
Hegio, ihr Verwandter
Pamphila, ihre Tochter
Geta, ihr Sklave
Canthara, ihre Amme
Bacchis, Hetäre und Musikantin

Parmeno, Syrus, Dromo, Stephanio,	Sklaven des Micio

Der Sänger
Sklaven, Sklavinnen

Ort der Handlung: Athen

PROLOG

Der Dichter weiß, daß Widersacher seine Arbeit
voll Haß belauern und das Stück, das wir jetzt bieten,
voraus in schlechtes Licht zu setzen suchen. Deshalb
will er den Sachverhalt selbst offenbaren. Urteilt,
ob sein Bemühen Tadel oder Lob verdient!
Ein Stück des Diphilus heißt „Sýnapóthnescóntes“.
Danach schrieb Plautus „Die gemeinsam Sterbenden“.
Bei Diphilus entriß zum Anfang gleich ein Jüngling
sein Mädchen ihrem Kuppler. Ungenutzt ließ Plautus
die Szene. Unser Dichter aber übernahm
sie Wort für Wort in seine „Brüder“. Wir gedenken
dies neue Stück jetzt aufzuführen. Prüft genau,
ob ihr des Dichters Handeln als ein Plagiat
bewertet oder als die Übernahme einer
zunächst gleichgültig ausgelaßnen Szene. Was
nun jene Widersacher sagen: hochgestellte
Persönlichkeiten unterstützten unsern Dichter,
ja, schrieben ohne Unterlaß mit ihm gemeinsam
die Stücke – so schätzt *er*, was seinen Gegnern als
ein schlimmer Vorwurf gilt, als höchste Anerkennung;
gefällt er denen doch, die insgesamt auch euch
sowie dem Volk gefallen, deren Mühe nach
Bedarf ein jeder nutzt, im Krieg, bei Amtsgeschäften,
zur Freizeit, ungetrübt von Überheblichkeit!
Erwartet jetzt nicht eine Inhaltsübersicht:
Die Alten, die gleich kommen, werden teils sie geben,
teils in der Handlung dann entfalten. Möge euer
geneigtes Ohr des Dichters Fleiß beim Schreiben fördern!

Straße in Athen. An ihr liegen nebeneinander das Haus des Micio und das der Sostrata.

MICIO *tritt aus seinem Hause und ruft rückwärts hinein:*
Storax!
Nach einer Weile:
Heut nacht kam Aeschinus nicht heim vom Gastmahl,
auch keiner von den Sklaven, die ihn holen sollten.
Man sagt mit vollem Recht: Gehst du wohin und hältst
dich länger auf dort, tragen sich die Worte und
Gedanken einer wutentbrannten Gattin leichter
als jene wohlgesinnter Eltern. Bleibst du aus,
glaubt deine Frau, du seist verliebt, vielleicht auch selbst
geliebt, wähnt, daß du trinkst, dich dem Vergnügen hingibst
und es dir wohlsein läßt, indes sie darben muß.
Doch welche Sorgen quälen mich, was muß ich fürchten,
weil heut mein Sohn noch nicht zurückkam: daß er sich
erkältet hat, gestürzt ist, gar sich etwas brach!
So hängt ein Mensch sein Herz an einen andern, bindet
sich an ein Wesen, das er mehr liebt als sich selbst!
Dabei ist er nicht m e i n Sohn, nein, von meinem Bruder!
Der hegt von Kindheit an ganz andre Neigungen
als ich. Ich überließ mich Großstadtfreuden, pflegte
der Muße, habe auch, was manche glücklich schätzen,
niemals geheiratet. Er ist in allem anders:
lebt auf dem Lande, spart, verzichtet auf Genüsse,
hat eine Ehefrau und mit ihr Söhne: zwei.
Ich adoptierte nun den älteren der beiden,
erzog seit früher Jugend ihn, behandle ihn
und liebe ihn, als wäre er mein eignes Kind.
Er schenkt mir Freude, ihm gilt meine ganze Neigung.
Ich gebe große Mühe mir, von seiner Seite
entsprechende Gefühle wachzurufen, bin
nicht knickrig, übe Nachsicht, poche keineswegs

stets auf mein Recht, gewöhnte schließlich ihn daran,
was andre ohne Wissen ihrer Väter tun,
die Jugendsünden eben, mir nicht zu verhehlen.
Wer dreist sich dran gewöhnte, seinen Vater zu
belügen, zu betrügen, wird auch um so eher
genauso dreist sich gegen andere verhalten.
Mit Ehrgefühl und Güte sollte man doch eher
in Schranken halten seine Kinder als durch Furcht!
Hier stimmt mein Bruder mir nicht zu, das lehnt er ab,
kommt oft zu mir und schreit: „Was heißt das, Micio?
Warum verwöhnst du uns den Jungen? Läßt ihn lieben,
ihn trinken? Steckst ihm Geld noch zu für solches Treiben?
Du siehst zu viel ihm nach in seiner Kleidung, bist
zu unvernünftig!“ Allzu strenge ist er, wider
Gebühr und Nutzen. Mächtig irrt nach meiner Ansicht,
wer Macht, die auf Gewalt sich stützt, für fester und
für dauerhafter hält als jene, die aus Freundschaft
erwächst. Derart verfahre ich, das bleibt mein Standpunkt:
Wer unter Druck nur seine Pflicht erfüllt, nimmt sich
in acht, solange er Entdeckung fürchten muß;
fühlt er sich unbeobachtet, so folgt er seiner
Natur. Doch einer, den durch Güte du gewinnst,
bewährt Aufrichtigkeit, will Gleiches dir mit Gleichem
vergelten, bleibt, ob nah, ob ferne, selbst sich treu.
Ein wahrer Vater läßt den Sohn das Rechte tun
aus eignem Antrieb, nicht durch äußerlichen Druck.
So unterscheiden Vater sich und Herr! Wer das
nicht fertigbringt, gestehe ein sein Unvermögen,
die Kinder recht zu lenken.
Kommt da etwa jener,
von dem ich sprach? Jawohl! Er scheint mir irgendwie
verärgert, sucht wohl, wie gewöhnlich, Streit!
Zu dem auftretenden Demea: Mit Freude
Demea, sehe ich dich wohlbehalten vor mir!

DEMEA *in mühsam unterdrückter Erregung*:
Ha, günstig! Dich gerade wünsche ich zu sprechen!
MICIO: Du ärgerst dich?

DEMEA: Du fragst mich nach dem Grund des Ärgers,
wo Aeschinus uns zusetzt?

MICIO *für sich*: Das sah ich voraus! *Laut:*
Was tat er denn?

DEMEA: Was? Keine Scham verspürt er, hegt
vor niemandem Respekt, wähnt sich durch kein Gesetz
gebunden! Was er früher angestellt hat, will
ich übergehen. Aber was er jetzt verbrach!

MICIO:
Was denn?

DEMEA: Schlug eine Tür ein, drang dann in das Haus,
ein fremdes, prügelte den Hausherrn und die ganze
Familie fast zu Tode und entführte seine
Geliebte! Alle Welt schrie Mord und Zeter über
das scheußliche Verbrechen. Wieviel Leute gaben
bei meiner Ankunft mir Bericht! Die Schandtat ist
in aller Munde. Schließlich, um ein Gegenbeispiel
zu nennen: Sieht er seinen Bruder nicht mit Fleiß
für sein Vermögen sorgen, auf dem Lande leben,
bescheiden, sparsam? Nichts, das solchem Handstreich gliche!
Wenn ich das Aeschinus vorwerfe, Micio,
dann werfe ich es dir vor: Du läßt ihn versumpfen.

MICIO:
Das größte Unrecht: Ohne gründliche Erfahrung
das eigne Handeln nur als richtig einzuschätzen!

DEMEA:
Was heißt das?

MICIO: Falsch, Demea, ist dein Urteil. Glaub mir:
Es ist doch keine Schande, wenn ein junger Mann
zu Mädchen geht, trinkt oder eine Haustür sprengt.
Wenn du und ich das seinerzeit nicht taten, so
hielt uns die Armut nur zurück. Jetzt rechnest du
zum Lob dir an, was du aus Mangel unterließest.
Das ist ein Unrecht. Hätten uns die Mittel zur
Verfügung einst gestanden, würden wir genauso
gehandelt haben. Wärest du ein Mensch, so ließest
du deinem Sohn jetzt freie Hand, solange es
sein Alter ihm gestattet – lieber, als daß er

nur darauf lauert, aus dem Hause dich zu schaffen,
und dann, schon überaltert, solche Streiche nachholt!

DEMEA:
Beim Jupiter, du Mensch, du machst mich noch verrückt:
Wie, keine Schande, wenn ein junger Kerl so handelt?

MICIO:
Ach, hör mal, lieg mir länger nicht im Ohr damit!
Du gabst mir deinen Sohn an Vaters Statt, er wurde
mein Sohn. Wenn er, Demea, etwas ausfrißt, dann
auf meine Kappe, ich muß hier die Hauptlast tragen.
Er schmaust, trinkt, riecht nach feinem Öl? Von meinem Gelde!
Er liebt? Ich zahle das, solange es mir paßt.
Paßt es mir nicht, so wirft man ihn vielleicht hinaus.
Er brach die Tür auf? Nun, die läßt sich reparieren,
Zerriß ein Kleid? Das kann man flicken. Dank den Göttern,
noch habe ich die Mittel, noch belastet mich
das nicht. Kurz, schweige – oder bring uns einen Schiedsmann
nach deiner Wahl: Dann werde ich beweisen, daß
in diesem Falle du das größre Unrecht tust!

DEMEA:
Weh mir, laß über Vaterpflichten dich belehren
von Leuten, die davon etwas verstehen!

MICIO: Von
Natur bist du sein Vater, ich durch guten Rat.

DEMEA *höhnisch*:
Durch guten Rat?

MICIO: Hörst du nicht auf, dann gehe ich.

DEMEA:
So handelst du?

MICIO: Ich will nicht über einen Fall
so vieles hören.

DEMEA: Sorgen macht mir dieser Fall.

MICIO:
Mir auch. Doch laß, Demea, jeden von uns beiden
sein Teil, wie billig, tragen. Sorg für Ctesipho
wie ich für Aeschinus. Für beide sorgen heißt
zurückverlangen den, den du mir anvertrautest.

DEMEA: Ha, Micio!

MICIO: Jawohl!

DEMEA: Wie das? Wenn du es möchtest –
verschwende er, vergeude, ruiniere sich!
Das schert mich nicht. Wenn ich hinfort ein Wörtchen noch –

MICIO:
Du regst dich wieder auf, Demea!

DEMEA: Glaubst du etwa –?
Zurückverlangen den, den ich dir anvertraute –?
Bedauerlich, ich bin kein Fremder. Stehe ich
im Wege – gut, ich gebe auf! Um einen nur
soll ich mich kümmern? Bitte! Und den Göttern Dank:
Er führt sich auf nach meinem Willen. Und der andre,
den du hast, der wird später alles merken – doch
ich will nicht allzu strenge gegen ihn mich äußern! *Ab.*

MICIO: Nicht schlechtweg nichts, doch auch nicht alles spricht er aus.
Mir geht der Streich schon an die Nieren, freilich wollte
ich meinen Ärger ihm nicht zeigen. Denn so ist
der Mann: Wenn ich auch zu begütigen versuche,
ihm nachdrücklich entgegentrete, seiner Strenge
auch wehren möchte, kann er dennoch menschlich kaum
empfinden. Nährte ich indessen seinen Zorn
und gösse Öl ins Feuer, würde ich mit ihm
gemeinsam den Verstand verlieren. Allerdings
tat Aeschinus mit diesem Streich uns Unrecht an:
Was für ein Mädchen hat er nicht geliebt und nicht
beschenkt? Zuletzt, erst kürzlich, sprach er von der Absicht,
zu heiraten – er hat sie wohl schon alle über –;
ich wähnte schon, sein Jugendfeuer sei erloschen.
Ich freute mich. Und jetzt der Rückfall! Was da los ist,
ich will es wissen, will ihn auf dem Marktplatz suchen! *Ab.*

Aeschinus und Parmeno kommen schnellen Schrittes mit Bacchis herbei. Sannio, außer Atem, verfolgt sie.

SANNIO: Ihr Mitbürger, bitte, gewährt mir Armem, Unschuldigem Hilfe! Leistet mir Beistand, ich kann mir nicht helfen!

AESCHINUS *zu Bacchis*: Bleibe jetzt ruhig hier stehen! Weswegen drehst du dich um? Es droht nicht Gefahr! Solange ich hier bin, wird dich der Kerl nicht berühren!

SANNIO: Ich – das Mädchen – allen zum Trotze –

AESCHINUS: Sicherlich ist er ein Schurke, doch wird er heute bestimmt nicht noch einmal Prügel riskieren!

SANNIO: Aeschinus, höre, damit du nicht später behauptest, du hättest von meinem Charakter nicht Kenntnis gehabt: Kuppler bin ich, …

AESCHINUS: Das weiß ich.

SANNIO: … doch einer von höchster Redlichkeit, wie kaum je einer gewesen! Solltest du später dich einmal entschuldigen damit, du hättest dies Unrecht mir gar nicht zufügen wollen, würde ich niemals es ernst nehmen. Glaub mir, ich werde mein Recht schon erlangen, niemals wirst du vom Schaden, den du mir zufügtest, einfach mit Worten dich loskaufen! Kenne ich doch das Geplärr euresgleichen: „Ich hab's nicht gewollt!"; und eidlich wird dann versichert: „Niemals verdientest du solch ein Unrecht!" – wie ich es hinnehmen mußte, jawohl, unverdient!

AESCHINUS *ohne Sannio weiter zu beachten, zu Parmeno*: Vorwärts, mach schon, und öffne die Haustür!

SANNIO: Ja, aber, du schlägst in den Wind, was ich sage?

AESCHINUS *zu Bacchis*: Du begib dich ins Haus jetzt!

SANNIO: Auf keinen Fall werde ich zulassen –

AESCHINUS: Dorthin, Parmeno, allzu weit abseits stehst du! Hierher, ganz dicht an den Kuppler, ja, richtig, so will ich es haben! Wende die Augen jetzt ja nicht von meinen: Schmettre sofort ihm, wenn ich ein Zeichen dir gebe, die Faust auf die Backe!

SANNIO *packt seinerseits Bacchis*: Das will ich doch gleich mal probieren!

AESCHINUS *zu Parmeno*: He, gib Obacht!

PARMENO *zu Sannio*: Lasse das Weib los! *Schlägt, da Sannio festhält, zu.*

SANNIO: Schändliche Tat!

AESCHINUS: Er wird noch einmal zuschlagen, wenn du nicht aufpaßt!

SANNIO *erhält von Parmeno einen zweiten Schlag*: Au! Ich Armer! *Läßt Bacchis los.*

AESCHINUS *zu Parmeno*: Ich hatte kein Zeichen gegeben. Doch handle nur ruhig auch ohne Befehl in dem Falle! Geh jetzt hinein! *Parmeno führt Bacchis in das Haus.*

SANNIO: Was soll das? Übst du hier Königsgewalt aus?

AESCHINUS: Wenn ich sie ausübte, wärst du entsprechend deinen Verdiensten geehrt!

SANNIO: Was hast du bloß mit mir?

AESCHINUS: Gar nichts.

SANNIO: Wie? Kennst du mich eigentlich?

AESCHINUS: Will dich gar nicht kennen.

SANNIO: Rührte ich etwa dein Eigentum an?

AESCHINUS: Sofern du es angerührt hättest, es würde dir übel bekommen!

SANNIO: Mit welchem Recht verlangst du das Mädchen, das ich für Geld mir beschaffte? Gib Antwort!

AESCHINUS: Besser, wir tragen den Streit nicht aus vor dem Hause. Denn fällst du mir weiter noch lästig, so wirst du hineingeschleppt werden und drinnen zu Tode gepeitscht!

SANNIO: Gepeitscht, ich, ein freier Bürger?

AESCHINUS: Jawohl!

SANNIO: Ein schuftiger Kerl! Und hier, so behauptet man, gelte die Freiheit für jedermann gleich!

AESCHINUS: Sofern du dich ausgetobt hast, mein Kuppler, so höre mir, bitte, jetzt zu!

SANNIO: Ich tobte mich aus? Nicht vielmehr du, gegen mich?

AESCHINUS: Laß das und komm zurück auf die Sache!

SANNIO: Auf welche Sache? Worauf zurück?

AESCHINUS: Soll ich dir jetzt etwas berichten, was dich betrifft?

SANNIO: Ja, bitte, doch etwas Berechtigtes!

AESCHINUS: Ha, ein Kuppler, der wünscht, daß ich etwas Berechtigtes sage!

SANNIO: Ich bin ein Kuppler, das gebe ich zu, für junge Männer in Bausch und Bogen ein Unglück, meineidig, verhaßt wie die Pest. Indessen ist dir von mir kein Unrecht geschehen.

AESCHINUS: Das fehlte, beim Herkules, noch!

SANNIO: Kehr, bitte, zurück zum Ausgangspunkt, Aeschinus!

AESCHINUS: Du kauftest das Mädchen für zwanzig Minen. *Für sich:* An denen sollst du ersticken – *Laut:* Genau die Summe sollst du bekommen!

SANNIO: Und wenn ich sie dir nicht verkaufen möchte? Willst du mich zwingen?

AESCHINUS: Durchaus nicht.

SANNIO *aufatmend*: Das fürchtete ich.

AESCHINUS: Doch ein freies Mädchen kann schwerlich verkauft werden, meine ich. Lege ich ihr doch die Hand zum Zwecke der Freilassung auf. Bedenke jetzt, was du dir wählst: das Geld zu nehmen oder einen Prozeß zu riskieren! Das überlege dir reiflich, bis ich zurückkehre, Kuppler! *Ab in das Haus Micios.*

SANNIO *unschlüssig; für sich*: Ach, du erhabenster Jupiter! Gar nicht mehr wundre ich mich über Leute, die angesichts schreienden Unrechts wahnsinnig werden. Weggeschleppt hat er aus meinem Hause mich, hat mich geprügelt, gewaltsam entführt mir mein Mädchen – und als Entgelt für die Schandtaten fordert er noch, daß ich sie ihm überlasse, zum Einkaufspreis! Fünfhundert Schwinger hat er mir Ärmstem verpaßt! Da er nun aber sich einmal den Anspruch erwirkt hat, so sei es bewilligt: er fordert sein Recht. Ja doch, zustimmen will ich, wenn er nur zahlt! – Aber da spinne ich bloß: Sagte ich ja zu dem Handel, so wird er gleich Zeugen auftreten lassen, ich hätte bereits sie verkauft. Wehe, mein Geld – ein Traum! Und dann heißt es: „Alsbald! Komm morgen wieder!“ – Allerdings kann ich auch das noch verkraften, wenn er die Summe nur rausrückt – obwohl es ein Unrecht bleibt! Doch an die Tatsachen will ich mich halten: Ließ man sich ein in solch ein Geschäft, muß man die bösen Streiche des jungen Volkes hinnehmen und sie stillschweigend schlucken. – Freilich, die Summe wird niemand zahlen; grundlos stelle ich meine Erwägungen an.

SYRUS *erscheint auf der Türschwelle von Micios Haus und spricht rückwärts in das Innere*: Sei unbesorgt, ich werde persönlich mit ihm mich schon einigen, sorgen dafür, daß mit Freuden er zustimmt, einräumt sogar, man sei mit ihm recht glimpflich verfahren! *Wendet sich um; mit verbindlichem Lächeln.* Was mußte ich hören, mein Sannio? Wirklich, du hättest, ich weiß nicht worüber, mit meinem Herrn dich gestritten?

SANNIO: Der Streit, den wir beide heut austrugen, das war der häßlichste doch, den ich jemals erlebte; durch Schläge, durch Einstecken ich und durch Austeilen er, so machten wir gegenseitig uns fertig.

SYRUS: Dein Verschulden doch wohl.

SANNIO: Was hätte ich tun sollen?

SYRUS: Den jungen Heißsporn gewähren lassen.

SANNIO: Wie konnte ich besser noch handeln: Ich hielt ihm heute in einem fort die Backe ja hin!

SYRUS: Nun, weißt du, was ich da vorschlagen möchte? Zum richtigen Zeitpunkt auf Geld zu verzichten bringt manchmal recht großen Gewinn. Ha! Du hattest gefürchtet, sofern du ein wenig von deinem Rechte nur preisgäbst, dem jungen Mann den Willen ließest, dann würdest du, Meister der Narrheit, gar nicht auf deine Kosten mehr kommen?

SANNIO: Ich kaufe nicht Hoffnung für Geld.

SYRUS: Du wirst wohl niemals dein Glück machen. Geh, du verstehst nicht die Menschen zu nehmen, Sannio!

SANNIO: Vielleicht erweist sich dein Vorschlag als besser. Doch war ich noch niemals so töricht, auf einen im Augenblick möglichen Höchstpreis schlechthin zu verzichten.

SYRUS: Ach, laß das, ich kenne dich besser! Als ob dir zwanzig Minen etwas bedeuteten, sofern du dem Aeschinus nur willfährig dich zeigst! Im übrigen willst du, erzählt man, nach Zypern verreisen.

SANNIO: Ha!

SYRUS: Du hättest schon Waren gekauft zum Transporte nach dort, ein Schiff auch gemietet; und darauf, ich weiß es, richtest du deine Gedanken. Doch gleich nach der Rückkehr von dort, wie ich hoffe, wirst du auf unseren Vorschlag schon eingehen!

SANNIO: Ich weiche nicht einen Fußbreit! *Für sich:* Beim Herkules – fertig! In dieser Erwartung heckten den Vorschlag sie aus!

SYRUS *für sich*: Er kriegt's mit der Angst schon zu tun!
Ich setzte ihm den Floh ins Ohr.

SANNIO *für sich*: Die Schurken! Schau,
er hat den Nerv getroffen! Frauen habe ich
gekauft mir, ziemlich viele, dazu andre Waren,
die ich nach Zypern schaffen will. Verfehle ich
den Markttermin, droht mir ein mächtiger Verlust.
Doch lasse ich für heute hier den Handel ruhen
und nehme ihn nach meiner Rückkehr wieder auf,
dann gibt's nichts mehr, dann ist das Eisen kalt geworden:

„Du kommst erst heute? Warum ließest das Geschäft
du fahren? Wo bist du gewesen?" Und das reicht
zum Schlusse, lieber auf die Summe zu verzichten,
als heute hier so lange zu verweilen oder
den Handel nach der Rückkehr weiter zu verfolgen!

SYRUS:
Nun, hast du den Gewinn berechnet, der dir winkt?

SANNIO:
Ist solch Verfahren würdig eines Aeschinus?
Es läuft doch auf die Forderung hinaus, zu dulden,
daß er gewaltsam mir die junge Frau entreißt!

SYRUS *für sich*:
Er wird schon weich.
Zu Sannio: Ich kann dir einen Vorschlag machen,
vielleicht gefällt er dir: Anstatt des Risikos
„Entweder alles oder nichts" nimm gleich die Hälfte;
zehn Minen kratzt er schon zusammen.

SANNIO: Wehe mir:
Ich Armer muß jetzt bangen um mein Kapital!
Schämt Aeschinus sich nicht? Er schlug mir alle Zähne
kaputt, dank seinen Schwingern ist mein Schädel blau
von Beulen. Obendrein will er mich jetzt begaunern?
Ich weiche keinen Schritt mehr!

SYRUS: Bitte schön! Willst du
von mir noch etwas? Kann ich gehen?

SANNIO: Nein, mein Syrus,
ich bitte vielmehr dringend dich, beim Herkules:
Was immer auch geschah, ich ziehe dem Prozeß
die Rückerstattung wenigstens des Einkaufspreises
noch vor, mein Syrus. Meine Freundschaft, wie ich weiß,
hast bis zur Stunde du noch nicht erprobt. Du sollst
bezeugen können, daß ich Dankesschulden nie
vergesse!

SYRUS: Tun will ich mein Bestes. *Für sich:* Doch da sehe
ich Ctesipho. Er freut sich über seines Mädchens
Entführung.

SANNIO: Und mein Wunsch?

SYRUS: Gedulde dich ein Weilchen!

CTESIPHO *tritt auf, ohne die Anwesenden zu bemerken*: Man freut in der Not sich über die Hilfe jedes beliebigen Menschen. Die reinste Freude empfindet man aber, sofern den Helfenden engere Bande zum Handeln verpflichten. Mein teurer Bruder! Wie soll ich zur Stunde dich loben? Ich weiß ja genau: Nie wird ein noch so glänzendes Lob deinem Handeln gerecht. Deswegen glaube ich einen Schatz vor sämtlichen andern vorauszuhaben – den Bruder, den Meister in List und Geschicklichkeit, wie niemand auf Erden ihn sonst noch besitzt!

SYRUS: He, Ctesipho!

CTESIPHO: He, Syrus! Wo ist Aeschinus?

SYRUS: Dort, er wartet zu Hause auf dich!

CTESIPHO: Oh!

SYRUS: Was gibt es?

CTESIPHO: Das fragst du? Dank meinem Bruder weile ich unter den Lebenden noch! Ein prächtiger Kerl, der alles hintansetzte meinem Vorteil zuliebe! Schmähungen, gehässige Nachrede, Scherereien genau wie gewaltsames Zupacken, was doch im Grunde mir zukam – alles das nahm er auf sich! Mehr kann man nicht leisten! – Knarrte da nicht die Tür?

SYRUS: So warte doch, Aeschinus selbst kommt heraus!

AESCHINUS *tritt auf*: Wo ist der Schurke?

SANNIO *für sich*: Mich sucht er. Bringt er mir etwas? Fertig, aus! Ich sehe nichts!

AESCHINUS *zu Ctesipho, ohne von Sannio weiter Notiz zu nehmen*: Ha, trefflich! Dich grad suche ich. Wie geht es, Ctesipho? Alles in Ordnung! Du brauchst dich tatsächlich nicht länger zu grämen!

CTESIPHO: Beim Herkules, tue ich auch nicht, mit dir als Bruder! Mein Aeschinus, mir wahrhaft verschwistert! Doch scheue ich mich, dich offen ins Antlitz zu loben – du sollst doch nicht glauben, ich wollte dir schmeicheln, statt aufrichtig Dank dir zu sagen!

AESCHINUS: Geh, laß das, du Dummkopf! Als ob wir Bescheid nicht wüßten übereinander! Mich schmerzt nur das eine: Beinahe zu spät erhielten wir Kenntnis, beinahe kam es so weit, daß keiner, und hätten es alle gewünscht, dir noch hätte beistehen können!

CTESIPHO: Ich schämte mich.

AESCHINUS: Ach was, Dummheit ist das, nicht Scham! Wegen solcher Kleinigkeit gar die Heimat verlassen! Schon schändlich als Vorsatz! Ich bitte die Götter, uns das zu ersparen.

CTESIPHO: Ich hatte doch schuld.

AESCHINUS *zu Syrus*: Was war denn nun Sannios letztes Wort?

SYRUS: Der ist schon besänftigt.

AESCHINUS: Ich will auf den Marktplatz gehen, das Geld ihm zu zahlen. Du, Ctesipho, geh in das Haus zu dem Mädchen!

SANNIO *leise zu Syrus*: Mein Syrus, lasse nicht locker!

SYRUS *ohne Sannio zu beachten, zu Aeschinus*: Gehen wir! Der hat's eilig, er muß nach Zypern.

SANNIO *während Aeschinus abgeht*: So eilig nun auch nicht. Ich warte hier ruhig, solange man will.

SYRUS: Du brauchst nichts zu fürchten, du kriegst dein Geld!

SANNIO: Vorausgesetzt, daß er die Summe voll auszahlt!

SYRUS: Er zahlt sie dir voll! Nur schweige und folg uns zum Marktplatz!

SANNIO: Ich komme gleich mit.

CTESIPHO: Du, Syrus!

SYRUS *bleibt hinter dem abgehenden Sannio stehen*: Was gibt es?

CTESIPHO: Ich flehe, beim Herkules, dringend dich an: Bezahlt mir so schnell wie möglich den Schurken! Sonst – wenn er stärker gereizt wird zum Zorn – kommt meinem Vater noch etwas zu Ohren davon; dann bin ich verloren für immer.

SYRUS: Das wird nicht geschehen, Kopf hoch! Vergnüg dich indessen drin mit dem Mädchen und laß für uns die Sofas zur Mahlzeit aufstellen, auch das übrige richten! Ist erst die Sache erledigt, werde ich gleich mich nach Hause begeben, mit allen benötigten Delikatessen.

CTESIPHO: Ich bitte darum. Und ist das Geschäftliche glücklich gelaufen, dann wollen den heutigen Tag wir freudig genießen. *Syrus folgt dem Kuppler; Ctesipho tritt in das Haus.*

Sostrata und Canthara treten auf.

SOSTRATA: Ich beschwöre dich, gute Amme: Was soll jetzt geschehen?

CANTHARA: Du fragst, was geschehen soll? Gutes, beim Pollux, hoffe ich! Setzen die Wehen doch grade zaghaft erst ein, meine

Liebe. Aber du fürchtest dich jetzt, als hättest du niemals geholfen dabei, auch niemals selber geboren!

SOSTRATA: Weh mir, ich Ärmste! Ich habe doch niemanden – wir sind allein, auch Geta ist fort –, niemanden, den ich zur Hebamme schicken, keinen, der Aeschinus herholen könnte!

CANTHARA: Der wird schon kommen, beim Pollux! Er läßt doch nicht einen einzigen Tag nur verstreichen, kommt doch alltäglich hierher!

SOSTRATA: Er allein vermag mir in meinem Kummer zu helfen.

CANTHARA: So, wie die Dinge liegen, konnte tatsächlich, Herrin, nichts Beßres geschehen als das, was jetzt eintrat, wo sie doch einmal geschwängert wurde – wenigstens was ihren Liebsten betrifft: so, wie der ist, von solchem Stand und Charakter, aus solcher Familie!

SOSTRATA: Recht hast du, beim Pollux! Mögen die Götter ihn für uns bei guter Gesundheit erhalten!

GETA *tritt auf, ohne die Frauen zu bemerken; für sich*: Jetzt sind wir so weit: Wenn sämtliche Menschen gemeinsam berieten und einen Ausweg suchten aus unserer Not, sie könnten nicht helfen, nicht mir, nicht meiner Herrin, nicht ihrer Tochter. Wehe mir Armem! So viele Schwierigkeiten türmen sich plötzlich ringsumher auf, man kann sich vor ihnen nicht retten: Gewalttat, Armut, Unrecht, Mangel an Freunden, drohende Schande! Nein, unser Jahrhundert! Verbrechen! Sippen von Schurken! Der Lump, der verdammte, ...

SOSTRATA *für sich*: Ich Arme! Da sehe ich Geta. Weswegen ist er so ängstlich und hat es so eilig?

GETA: ... den keinerlei Pflichtgefühl, keinerlei Eidschwur, keinerlei Mitleid zurückhielt oder zur Umkehr bewog, nicht einmal die Niederkunft, die jetzt bevorsteht dem armen Mädchen, das er, empörend, gewaltsam schwängerte!

SOSTRATA: Ich kann ihn nicht richtig verstehen!

CANTHARA: Ich bitte dich, treten wir näher doch, Sostrata!

GETA: Ich Armer, ich kann mich kaum noch beherrschen, so grausam verzehrt mich die Wut! Nichts wäre mir lieber, als diese gesamte Sippschaft in meine Finger zu kriegen. Ausschütten wollte ich meine Erbitterung über sie, solange der Kummer noch frisch ist. Ich würde sie sattsam bestrafen, sofern ich sie züchtigen dürfte. Dem Alten wollte zuerst ich das Lebenslicht löschen, der hat die schuftige Tat in die Wege geleitet. Dann aber Syrus, den treibenden Keil – ha, wie wollte ich ihn in Stücke zerreißen! Wollte ihn packen rings um die Hüften, ihn hochheben, ihm den Schädel am Boden zerschmettern, daß er mit dem Hirn die Straße bespritzt! Dem Jungen würde die Augen ich auskratzen, danach kopfüber ihn hinstürzen! Die übrigen niederstrecken, herumscheuchen, fortschleppen, tottrampeln, völlig kaputtmachen! *Ringt nach Atem.* Doch will ich nicht zögern, will gleich der Herrin das Unglück melden! *Eilt zu Sostratas Haus.*

SOSTRATA: Wir wollen ihn anrufen – Geta!

GETA: He, laß mich in Ruhe, seist du, wer will!

SOSTRATA: Ich doch bin es, Sostrata!

GETA: Wo denn? *Erblickt sie.* Dich suche ich eben in banger Erwartung. Du läufst wie gerufen mir über den Weg. *Räuspert sich.* Ja, Herrin –

SOSTRATA: Was gibt es? Was bist du so unruhig?

GETA: Wehe mir!

SOSTRATA: Warum nur so aufgeregt, Geta? So fasse dich doch!

GETA: Wir sind mit Haut und Haaren …

SOSTRATA: Was soll das: „mit Haut und Haaren“?

GETA: … verloren! Aus!

SOSTRATA: Bitte, so sprich doch, was ist denn geschehen?

GETA: Zur Stunde …

SOSTRATA: Wie denn, „zur Stunde“?

GETA: … ist Aeschinus …

SOSTRATA: Ist was mit ihm?

GETA: … unsrer Familie nicht länger befreundet!

SOSTRATA: Was? Ich bin fertig! Warum denn?

GETA: Er hat sich in eine andre verliebt!

SOSTRATA: Weh mir, ich Elende!

GETA: Und er macht kein Geheimnis daraus; er hat sie persönlich, vor aller Augen, dem Kuppler entführt!

SOSTRATA: Ist das denn sicher?

GETA: Ganz sicher, ich sah es mit eigenen Augen, Sostrata!

SOSTRATA: Ich Arme! Was soll man von heut an noch glauben, wem darf man Vertrauen noch schenken? Unser geliebter Aeschinus, unser aller Leben, all unsre Hoffnung und all unsre Zuflucht, er, der geschworen, er könne ohne Pamphila keinen einzigen Tag mehr leben, er, der versprach, treulich, er werde sein Kind in den Schoß des eigenen Vaters legen, werde dabei inständig ihn bitten um die Erlaubnis, Pamphila sich zur Gattin nehmen zu dürfen!

GETA: Herrin, weine nicht länger und richte doch lieber den Blick in die Zukunft, auf das, was wir in unserer Lage uns vornehmen müssen! Sollen wir schweigend die Schande ertragen, sollen wir einem andern sie anvertrauen?

CANTHARA: Bewahre, Mensch, bist du bei Sinnen noch? Spielst mit der Absicht, die Schmach zu enthüllen?

GETA: Ich heiße es keineswegs gut. Vor allem: Daß er von uns sich abwandte, hat sein Verhalten deutlich bewiesen. Wenn wir den Fehltritt jetzt öffentlich anprangern, wird er ihn sicherlich abstreiten. Dein guter Leumund und Pamphilas Lebensglück wären gefährdet. Und würde er derart zu einem Geständnis genötigt, so brächte es keinerlei Nutzen, ihm Pamphila doch noch zu geben – dieweil er die andere liebt! Deswegen sollten wir durchweg Schweigen bewahren.

SOSTRATA: Beileibe nicht! Niemals! Das tue ich nicht.

GETA: Was willst du beginnen?

SOSTRATA: Die Schandtat ans Licht bringen!

CANTHARA: Sostrata, du, überleg, was du vorhast!

SOSTRATA: Die Lage vermag nicht schlimmer zu sein, als zur Stunde sie ist: Als erstes: Pamphila hat keine Mitgift; zum anderen: was sie als zweite Mitgift besessen, verlor sie, kann nicht mehr als Mädchen verheiratet werden. Es bleibt nur das eine: Falls Aeschinus leugnet, so dient mir als Zeuge der Ring, den er zugesandt hat. Und da ich mir, schließlich, auch nicht der leisesten Schuld nur bewußt bin, kein Geld auch im Spiel war und nicht das geringste, was Pamphilas oder auch meiner nicht würdig gewesen, mein Geta, so kann ich auf einen Prozeß es ankommen lassen!

GETA: Was soll ich dazu noch bemerken? Ich pflichte dir bei, du triffst ja das Rechte!

SOSTRATA: Mach schnellstens dich jetzt auf den Weg und berichte der Reihe nach alles ihrem Verwandten Hegio. Denn der bedeutete meinem Simulus alles, erwies uns auch höchste Verehrung.

GETA: Beim Herkules, richtig, kein anderer zeigte uns Rücksicht wie er! *Ab.*

SOSTRATA: Du auch beeile dich, Canthara! Schnell, hole die Hebamme her: Sie soll uns nicht warten lassen, wir brauchen sie doch! *Beide ab.*

DEMEA *tritt auf*:

Ich bin erledigt: Mein Sohn Ctesipho entführte
mit Aeschinus vereint das Mädchen, wie ich höre!
Mir Armem bleibt das Unglück aufgespart: Auch den,
der etwas taugt noch, hat der Leichtfuß mir verdorben!
Wo werde ich ihn finden? Wohl in eine Kneipe
hat man ihn mitgelotst. Ihn hat bestimmt der Schurke
herumgekriegt! – Doch sehe dort ich Syrus kommen;
ich werde gleich von ihm erfahren, wo er steckt.
Doch der gehört, beim Herkules, zur gleichen Sippschaft.
Sobald er merkt, daß ich ihm auf der Fährte bin,
wird er nie Auskunft geben, dieser Henkersknecht!
Verhehlen muß ich meine Absicht.

Syrus tritt auf mit Dromo und Stephanio, die ihm die eingekauften Waren nachtragen; er tut so, als sähe er Demea nicht.

SYRUS: Ich erzählte
dem Alten eben Punkt für Punkt den ganzen Hergang:
Ich habe keine größre Freude je erlebt!

DEMEA *für sich*:
Beim Jupiter, wie ist mein Bruder blöd!

SYRUS: Er lobte
den Sohn und dankte mir, weil ich den Rat gegeben, …

DEMEA *für sich*:
Ich könnte platzen!

SYRUS: … zahlte auch das Geld gleich aus,
gab eine halbe Mine drauf noch für den Schmaus.
Die Summe ward genau nach Wunsch verbraucht.

DEMEA *für sich; ironisch*: Aha!
Dem Kerl mußt du den Auftrag geben, wenn du ihn
recht gut erledigt haben möchtest!

SYRUS *sich verstellend*: Ha, Demea!
Jetzt eben fällt mein Auge erst auf dich! Wie geht's?

DEMEA:
Wie? Euer Handeln kann ich nicht genug bewundern!

SYRUS:
Beim Herkules, es ist, um offen es zu sagen,
verrückt und sinnlos.
Zu Dromo: Wasch die Fische, Dromo! Nur
den großen Aal hier laß im Wasser noch ein Weilchen
sich tummeln. Bin im Hause ich, wird er entgrätet,
nicht früher!

DEMEA: Schimpf und Schande!

SYRUS: Mir gefällt es gar nicht,
und oft beklage ich mich laut darüber. *Zu Stephanio:* Hier
den Salzfisch wäßre sorgfältig, Stephanio!
Dromo und Stephanio ab in das Haus.

DEMEA:
Getreue Götter! Hält er es für eine Pflicht,
für eine Ehre gar, den Jungen unglücklich
zu machen? Ach, ich Ärmster! Zu erleben fürchte
ich noch den Tag, wo er, in bittrer Not, als Söldner
ins Ausland geht!

SYRUS: Demea, Weisheit zeigt sich darin,
nicht das allein, was vor den Füßen liegt, zu sehen,
nein, in die Zukunft auch den Blick vorauszurichten.

DEMEA:
Was nun? Weilt diese Musikantin jetzt bei euch?

SYRUS:
Ja doch, im Haus.

DEMEA: Er will sie also dort behalten?

SYRUS:
Ich glaube, ja – er ist nun einmal so verrückt.

DEMEA *kopfschüttelnd*:
Wie so was möglich sein kann!

SYRUS: Ungereimte Milde
und falsche Nachsicht eines Vaters!

DEMEA: Ja, mein Bruder
erregt mir Scham und Widerwillen.

SYRUS: Allzu sehr,
Demea – und das sage ich nicht, weil du grad

zugegen bist –, seid ihr dem Wesen nach verschieden.
Du bist, vom Scheitel bis zur Sohle, Weisheit nur;
doch er – ein Träumer. Würdest deinen Sohn du je
so handeln lassen?

DEMEA: Ihn – und so? Im Gegenteil,
die Übeltat ein halbes Jahr zuvor schon wittern!

SYRUS:
Du offenbarst mir deine Wachsamkeit.

DEMEA: Der Junge
soll bleiben, wie er ist – so lautet mein Gebet.

SYRUS:
Ein jeder formt die Kinder nach dem eignen Willen.

DEMEA:
Im übrigen: Hast du ihn heute schon gesehen?

SYRUS:
Wen, deinen Sohn?
Für sich: Ich will aufs Land zurück ihn schicken.
Laut: Er hat, nach meinem Wissen, auf dem Land zu tun.

DEMEA:
Bist du dir dessen sicher?

SYRUS: Oh, ich schickte ihn
doch selbst dahin.

DEMEA: Sehr gut! Ich fürchtete, er wäre
noch hier geblieben.

SYRUS: Er ging äußerst wütend fort.

DEMEA:
Warum?

SYRUS: Er fing doch auf dem Markt mit seinem Bruder
zu streiten an – um dieser Musikantin willen.

DEMEA:
Tatsächlich? Ja?

SYRUS: Und ob! Er hat ihm nichts erspart.
Denn grad als man die Summe zählte, kam dein Sohn
dazu, ganz plötzlich, und begann zu schreien: „Du,
so schmählich handeln, Aeschinus! Du, unsere
Familie derart mit Schmutz bewerfen!"

DEMEA: Oh!
Ich muß vor Freude weinen!

SYRUS: „Nicht dein Geld verspielst du,
vielmehr dein Leben!“
DEMEA: Segen werde ihm zuteil!
Ich hoffe, er wird seinen Ahnen ähnlich.
SYRUS: Ha!
DEMEA:
Er quillt von solchen Lehren über, Syrus.
SYRUS: Ei,
er hat ja auch den Quell zu Haus!
DEMEA: Man tut sein Bestes!
Ich übe keine Nachsicht, ich gewöhne ihn,
ich lasse ihn ins Leben eines jeden wie
in einen Spiegel schauen und das Beispiel nutzen:
„Tu dies – …“
SYRUS: Sehr richtig!
DEMEA: „… meide jenes – …“
SYRUS: Sehr gescheit!
DEMEA:
„… dies dort ist lobenswert – …“
SYRUS: Der Punkt!
DEMEA: „… das tadelnswürdig!“
SYRUS:
Vortrefflich!
DEMEA: Ferner freilich –
SYRUS: Jetzt, beim Herkules,
fehlt mir die Zeit, dich anzuhören. Fische, ganz
nach Wunsch, erhielt ich. Nicht verderben lassen darf
ich sie. Denn das bedeutete für uns, Demea,
die gleiche Schande wie für euch das Nichtbefolgen
der Weisungen, die du soeben hier erwähntest.
Ich mahne meine Kameraden stets nach Kräften,
genau wie du: „Das ist versalzen – angebrannt –
zu schlecht gewaschen– dies da richtig – denke dran!“
So mahne ich sie möglichst eindringlich, soweit
mein Wissen reicht. Zum Schluß dann lasse ich, Demea,
sie, wie in einen Spiegel, in die Schüsseln gucken
und mache sie auf ihre Pflichten aufmerksam.
Daß unser Handeln töricht ist, weiß ich sehr wohl.

Was will man aber tun? Man muß sich nach der Art
der Menschen richten! – Hast du einen Wunsch noch?

DEMEA: Ja:

Euch möge etwas mehr Verstand beschieden sein!

SYRUS:

Du gehst von hier sogleich aufs Land?

DEMEA: Geradenwegs.

SYRUS:

Natürlich – denn was richtest du hier aus, wo niemand
von deinen guten Weisungen sich lenken läßt?

Ab in das Haus Micios.

DEMEA:

So will ich gehen denn, weil der, um dessentwillen
ich herkam, sich schon heimbegab. Nur diesem gilt
all meine Sorge, ihm nur meine Anteilnahme.
Da es mein Bruder nun einmal so haben will,
so mag er seinerseits um Aeschinus sich kümmern. –
Doch wen erblicke ich dort hinten? Hegio,
den Gaugenossen? Wenn ich richtig sehe, ist
er es, beim Herkules! Ha! Er, mein treuer Freund
von Kindheit an! Ihr guten Götter: Bürger von
solch wackrem Schlag sind heute bei uns Mangelware.
Ein Mann, so tüchtig und so redlich wie die Alten!
So schnell erwächst dem Staat durch dessen Schuld kein
Schaden!
Wie freue ich mich, Überbleibsel dieses Stammes
noch zu erblicken! Ja, es gibt noch Lebensfreuden!
Ich will ihn hier erwarten, grüßen ihn und sprechen.

Hegio und Geta treten auf, ohne Demea zu erblicken.

HEGIO:

Bei den Unsterblichen, ein schändliches Verhalten,
mein Geta! Was berichtest du!

GETA: Tatsachen.

HEGIO: Solch

gemeines Handeln in so trefflicher Familie!
Nein, Aeschinus! Beim Pollux, was du fertigbrachtest,
entspricht nicht deines Vaters Art!

DEMEA *für sich*: Er hat gehört
von dieser Harfenspielerin, natürlich. Ihm,
dem Außenstehenden, ist dieser Vorfall schmerzlich,
der Vater selbst erachtet ihn für nichts! Weh mir!
Wenn er zugegen wäre und das hören könnte!

HEGIO:
Wenn sie nicht ihre Pflicht erfüllen, werden sie
nach solchem Handeln schwerlich ohne Strafe bleiben.

GETA:
All unsre Hoffnung, Hegio, beruht auf dir.
Wir haben dich nur, du giltst uns als Schutz, als Vater;
auf seinem Sterbebett hat uns der alte Herr
dir anvertraut. Läßt du im Stiche uns, sind wir
verloren.

HEGIO: Sag das nicht: Ich will euch nicht verlassen,
kann sicher kaum genug an Treue euch erweisen.

DEMEA *für sich*:
Anreden will ich ihn. *Laut:* Mein Hegio, ich grüße
dich herzlich.

HEGIO: Oh! Dich eben suchte ich. Sei mir
gegrüßt, Demea!

DEMEA: Nun, was gibt es?

HEGIO: Aeschinus,
dein Ältester, den deinem Bruder Micio
du einst als Adoptivkind anvertrautest, hat
sich weder anständig noch ehrenhaft benommen.

DEMEA:
Wieso?

HEGIO: Du hast doch unsern Jahrgangskameraden
und guten Freund gekannt, den Simulus?

DEMEA: Natürlich.

HEGIO:
Dein Sohn verführte dessen Tochter.

DEMEA: Ha!

HEGIO: Bleib ruhig:
Du hörtest noch das Allerschlimmste nicht, Demea!

DEMEA:
Was könnte denn noch schlimmer sein?

HEGIO: Jawohl, noch schlimmer!
Denn jener Fehltritt läßt sich in bestimmtem Grade
ertragen. Nacht und Liebe, Wein und Jugendalter
verführen leicht, das ist halt menschlich. Aber höre,
was hier geschah! Sobald der junge Mann erfuhr,
was er getan, die Folgen auch erwog, begab
er sich aus freien Stücken gleich zu ihrer Mutter,
versicherte ihr unter Eid, mit Tränen in
den Augen, flehentlich, er werde ihre Tochter
zur Gattin nehmen. Man verzieh ihm, man verschwieg
den Hergang, schenkte ihm Vertrauen. Und das Mädchen
bekommt ein Kind, der zehnte Monat ist erreicht.
Da nimmt doch unser feiner junger Mann, so Götter
es wollen, eine Harfenspielerin sich zur
Gefährtin – läßt die Schwangere jedoch im Stich!

DEMEA:
Das ist tatsächlich wahr?

HEGIO: Die Mutter dieses Mädchens
bezeugt es uns, das Mädchen selbst, die Tatsachen,
auch Geta hier, für einen Sklaven weder schlecht
noch träge: Er ernährt die Frauen, er allein
stützt die Familie. Führ ihn ab, schlag ihn in Fesseln,
befrag ihn!

GETA: Ja, beim Herkules, du kannst mich peinlich
befragen, ob das stimmt, Demea! Übrigens
wird Aeschinus es auch nicht leugnen. Stell ihn nur
mir gegenüber!

DEMEA: Mich brennt Scham, ich weiß nicht, was
ich tun und was ich ihm entgegnen soll.

PAMPHILA *schreit im Hause der Sostrata*: Ich Arme,
der Schmerz zerreißt mich! Hilf, Lucina, bitte, bring
mir Rettung!

HEGIO: Ha, das Mädchen, sprich, liegt in den Wehen?

GETA:
Ja, Hegio.

HEGIO: Sie fleht uns an um Schutz und Obhut,
Demea! Gib aus freiem Willen ihr, wozu
euch das Gesetz doch zwingt! Ich flehe zu den Göttern:

Geschehe dies, so wie es eurer würdig ist!
Doch solltest du, Demea, anders dich entschließen,
so will nach Kräften ich das Mädchen und den Toten
verteidigen: Er war verwandt mit mir, wir wurden
gemeinsam auch von Kindheit an erzogen, waren
gemeinsam unter Waffen und zu Hause, trugen
gemeinsam bittre Armut. Deshalb werde ich
mir Mühe geben, handeln, das Gericht anrufen,
ja, sterben eher als die Mutter und die Tochter
im Stiche lassen. Was erwiderst du darauf?

DEMEA:
Ich will mit meinem Bruder sprechen, Hegio.

HEGIO:
Erwäge aber, bitte, eines noch, Demea:
Ihr lebt im Wohlstand, seid höchst reich an Einfluß wie
an Geld, vom Glück begünstigt, angesehen: Um
so stärker müßt ihr Recht für Recht erkennen auch,
sofern ihr noch als gute Menschen gelten wollt.

DEMEA:
Geh ruhig deines Weges! Alles soll gerecht
geregelt werden!

HEGIO: Das ist deine Pflicht. Du, Geta,
führ mich ins Haus zu Sostrata!
Mit Geta ab in das Haus.

DEMEA: Ich habe das
sehr wohl vorausgesagt! O wäre doch der Fall
jetzt ausgestanden! Sicher muß die allzu große
Freizügigkeit in eine Katastrophe führen!
Aufsuchen will ich meinen Bruder gleich und möchte
ihn überschütten mit dem angestauten Groll! *Ab.*

HEGIO *tritt aus dem Hause Sostratas und spricht rückwärts hinein*:
Sei guten Mutes, Sostrata, und tröste sie,
soweit du kannst! Aufsuchen will ich Micio –
er ist wohl auf dem Markt – und ihm der Reihe nach
berichten, was geschah. Will seine Pflicht er tun –
nun gut. Denkt anders er darüber, gebe er
Bescheid: Dann weiß ich frühestmöglich, was zu tun.
Ab.

Ctesipho und Syrus treten aus dem Hause Micios.

CTESIPHO: Hat sich, im Ernst, mein Vater verzogen aufs Land?

SYRUS: Schon lange.

CTESIPHO: Nun sage doch endlich die Wahrheit!

SYRUS: Er ist auf dem Hofe, hat, wie ich glaube, gerade zur Stunde dort mächtig zu tun.

CTESIPHO: Ach, wenn das doch stimmte! Er sollte sich dort – doch, bitte, zu seinem Glück! – bei der Arbeit so abrackern, daß über drei volle Tage hinweg er sein Bett nicht verlassen kann!

SYRUS: So sollte es sein, und wenn möglich, noch länger!

CTESIPHO: Jawohl, denn ich wünsche von Herzen, den heutigen Tag, wie ich anfing bereits, ganz der Freude zu widmen. Nichts macht mir das Landgut noch schlimmer verhaßt als der Umstand, daß es so nah sich befindet! Ja, wäre es weiter entfernt noch gelegen, so würde die Nacht ihn dort draußen vielleicht überraschen, noch ehe er hierher zurückkehren könnte. Wenn er mich freilich jetzt draußen nicht antrifft, dann wird er, ich weiß es, im Laufschritt zurückkommen, wird mich fragen sofort, wo ich war: „Ich habe dich heute den ganzen Tag nicht gesehen!" Was soll ich dann antworten?

SYRUS: Will dir nichts einfallen?

CTESIPHO: Nichts.

SYRUS: Um so schlimmer! Hast du nicht jemanden, einen Klienten – Vertrauten – auch Gastfreund?

CTESIPHO: Schon, aber was dann?

SYRUS: Du hättest ihnen geholfen –

CTESIPHO: Aber das wäre gelogen. Unmöglich!

SYRUS: Doch, möglich!

CTESIPHO: Das ginge bei Tage noch an. Doch wenn ich die Nacht hier verbringe – was könnte als Grund ich nennen, mein Syrus?

SYRUS: Ach, würde es üblich doch, Freunden auch nächtlicherweile zu helfen! Du aber verhalte dich ruhig! Ich kenne genau in seinen Launen mich aus. Grad wenn er am hitzigsten aufbraust, dann mache ich ihn so zahm wie ein Lamm.

CTESIPHO: Wie kriegst du das fertig?

SYRUS: Er hört doch so gerne ein Loblied auf dich: Ich will dich in seinen Augen zur Gottheit erheben, will aufzählen deine vorzüglichen Eigenschaften –

CTESIPHO: Meine?

SYRUS: Ja, deine. Gleich werden ihm Tränen entrinnen wie einem Kinde, vor Freude! *Demea nähert sich den beiden.* Ha, siehe, bei dir!

CTESIPHO: Was gibt es denn?

SYRUS: Spricht man vom Wolfe, so kommt er!

CTESIPHO: Mein Vater?

SYRUS: Dein Vater!

CTESIPHO: Was machen wir, Syrus?

SYRUS: Verschwinde ins Haus nur, ich werde mich kümmern!

CTESIPHO *versteckt sich im Eingang von Micios Haus*: Du, sollte er Fragen stellen, nie darfst du dann mich – verstanden?

SYRUS: Schweige doch endlich!

DEMEA *tritt auf, ohne die Anwesenden zu bemerken*: Ich bin doch wahrhaftig ein Pechvogel! Nirgendwo kann ich den Bruder entdekken. Außerdem stieß ich beim Suchen auf einen der Knechte vom Gutshof; der nun behauptet, mein Sohn sei nicht auf dem Landgut. Ich weiß nicht, was soll ich nur tun?

CTESIPHO *flüstert*: He, Syrus!

SYRUS *ebenso*: Was gibt es?

CTESIPHO: Sucht er etwa gar mich?

SYRUS: Doch, ja!

CTESIPHO: Es ist aus!

SYRUS: Aber nicht doch, Kopf hoch!

DEMEA *für sich*: Was ist das, verdammt, für ein Unglück! Ich kann es genau nicht entscheiden – es sei denn, ich glaube, ich wäre zum Dulden von Mißgeschick schlechthin geboren! Als erster entdecke ich immer unsere Übel, als erster erfahre ich alles, als erster auch muß ich es melden; wenn etwas passiert, muß i c h allein darüber mich ärgern!

SYRUS *für sich*: Den kann ich nur auslachen; weiß es als erster, behauptet er; aber in Wirklichkeit weiß er als einziger gar nichts!

DEMEA: Jetzt kehre ich heim. Sollte mein Bruder noch etwa zurückkommen, werde ich sicher ihn sehen.

CTESIPHO *flüstert*: Mein Syrus, ich bitte dich dringend: Paß auf, daß er nicht noch geraden Weges hier eindringt!

SYRUS: Noch einmal: schweig still! Ich werde schon achtgeben!

CTESIPHO: Niemals, beim Herkules, werde ich jetzt dir das Wächteramt anvertrauen. Einschließen will ich mich lieber mit ihr in ein Zimmer; das ist noch das Sicherste. *Zieht sich ganz ins Haus zurück*.

SYRUS: Meinetwegen! Ich werde den Alten trotzdem vom Halse uns schaffen!

DEMEA *erblickt Syrus*: Ha, siehe da! Syrus, der Schelm!

SYRUS *tut, als sähe er Demea nicht; laut*: Beim Herkules, solch einen Zustand vermag doch auf Dauer kein Mensch zu ertragen! Wissen will ich genau, wieviel Herren ich habe. Was für ein Jammer bedrängt mich!

DEMEA *für sich*: Was meckert der Kerl? Was bezweckt er? *Laut:* Was sagst du, mein Guter? Ist mein Bruder zu Hause?

SYRUS: Was willst du, verflucht, mit deinem „mein Guter"? Ich bin doch erledigt!

DEMEA: Was ist dir?

SYRUS: Du fragst noch? Mit Faustschlägen deckte mich Ctesipho ein, mich Armen, dazu noch die Kleine, die Musikantin!

DEMEA: Ha, was berichtest du da?

SYRUS: Hier, schau doch, wie er die Lippe mir aufschlug!

DEMEA: Weswegen?

SYRUS: Behauptet er doch, gekauft sei das Mädchen auf mein Betreiben!

DEMEA: Sagtest du nicht noch vorhin, du hättest ihn auf das Landgut geschickt?

SYRUS: Das tat ich. Doch kam er gleich wieder zurück, wie von Sinnen, ließ keinerlei Rücksicht walten, schämte sich nicht, einen älteren Menschen zu prügeln! Er, den auf Armen ich trug noch vor kurzem, den Kleinen!

DEMEA *strahlend*: Vortrefflich, mein Ctesipho, wirklich! Du kommst nach dem Vater! Bist flügge, ich werte als Mann dich!

SYRUS: Vortrefflich, sagst du? In Zukunft soll er die Fäuste nur stillhalten, ist er vernünftig!

DEMEA: Wie tüchtig!

SYRUS: Sehr tüchtig! Über ein armes Mädchen und mich, den kleinen Sklaven, der Widerstand gar nicht erst wagte, den Sieg zu erringen! Pfui! Wirklich, sehr tüchtig!

DEMEA: Er konnte nicht besser verfahren, er dachte genauso wie ich, du bist der Rädelsführer des Ganzen! Doch ist mein Bruder im Hause?

SYRUS: Nein.

DEMEA: Ich frage mich, wo ich ihn antreffen könnte.

SYRUS: Ich weiß, wo er ist, doch werde ich heute dir keinesfalls Auskunft erteilen.

DEMEA: Was sagst du da, he?

SYRUS: Was ich sagte.

DEMEA: Man wird dir den Schädel zerschmettern!

SYRUS: Ich weiß aber wirklich nicht, wie der Mann heißt; ich kenne den Ort nur, an dem er sich aufhält.

DEMEA: Dann nenne den Ort!

SYRUS: Kennst du die Säulenhalle am Fleischmarkt, dort unten?

DEMEA: Natürlich kenne ich die.

SYRUS: Gehe vorbei, auf der Straße dort, ganz gradeaus, in die Höhe. Sobald du dort ankommst, zieht sich ein Hügel sanft abwärts. Dem folge in Eile. Dann liegt dort, in dieser Richtung – *weist mit der Hand* – ein winziges Heiligtum, nahe dabei ein enges Gäßchen.

DEMEA: Welches denn?

SYRUS: Dort, wo ein riesiger wilder Feigenbaum steht.

DEMEA: Den kenne ich.

SYRUS: Dort geh entlang!

DEMEA: Aber da kommt man nicht weiter, das ist eine Sackgasse!

SYRUS: Richtig, beim Herkules! Ha! *Schlägt sich mit der Hand vor die Stirn.* Hältst du mich noch für einen verständigen Menschen? Ich irrte mich, ja! In den Säulengang mußt du zurück. Wirklich, da kommst du weit schneller ans Ziel und kannst dich so leicht nicht verlaufen. Kennst du das Haus des reichen Cratinus?

DEMEA: Gewiß.

SYRUS: Sobald du das hinter dir hast, bieg links in die Straße, und dann gradeaus. Beim Platz der Diana halte dich rechts. Bevor du zum Tor kommst, dicht neben dem Becken des Brunnens, erblickst du den kleinen Bäckerladen mit Mühle, genau gegenüber die Werkstatt des Tischlers. Dort ist er.

DEMEA: Was macht er denn da?

Syrus: Er gab dort Speisesofas in Auftrag – für draußen, mit Füßen aus Steineichenholz.

Demea *ironisch*: Für eure Gelage wohl, was? Hervorragend, wirklich! Aber jetzt schleunigst zu ihm! *Entfernt sich eilig.*

Syrus *für sich*: Hau ab! Ich werde dich heute in Atem schon halten, wie du es verdienst, du Ausbund von Sturheit! Leider ist Aeschinus noch nicht zur Stelle. Das Essen verdirbt! Ctesipho aber hat nur die Liebe im Sinn. Ich muß für mich selber schon sorgen. Aufbrechen will ich und mir die jeweils leckersten Stücke aussuchen, werde genüßlich beim Schlürfen der Becher die Stunden des Tages dahinstreichen lassen!
Ab in das Haus Micios.

Micio und Hegio treten auf.

Micio: Ich finde bei alledem, Hegio, keinerlei Anlaß, solch glänzendes Lob mir zu spenden. Nur meine Pflicht erfülle ich, mache den Fehler nur gut, den wir begingen – es sei denn, du hast mich zu jenen Leuten gerechnet, die wähnen, daß ihnen ein Unrecht geschieht, sofern man ihnen, was selbst sie verschuldeten, vorwirft, und obendrein Ankläger spielen! Dafür, daß ich nicht derart verfahre, brauchst du nicht zu danken.

Hegio: Nicht doch! Ich habe an deinem Charakter niemals gezweifelt. Aber ich bitte dich, Micio: Gehe mit mir zur Mutter des Mädchens und sag ihr persönlich, was du mir erklärtest: daß dieser Verdacht nur aufkam wegen des Bruders und seiner Harfenspielerin!

Micio: Hältst du ein solches Verfahren für billig und nötig, so wollen wir gehen!

Hegio: Du handelst vernünftig und richtig. Aufrichten wirst du die Frau, die in Kummer und Not sich verzehrt, und erfüllen die Pflicht, die du hast. Doch denkst du anders darüber, will ich auch selber berichten, was du mir sagtest.

Micio: Nicht doch, ich komme schon mit!

Hegio: Vernünftig und richtig! Jeder Mensch in weniger glücklicher Lage neigt, kaum begreiflich, stärker zum Argwohn; in allem, was ihm auch zustößt, sieht er gleich eine persönliche Kränkung. Aufgrund der eigenen Ohnmacht fürchtet er immer, man wolle beiseite ihn schieben. Deswegen wirst du die Mutter leichter beruhigen, wenn du persönlich ihr deine Entschuldigung vorbringst.

MICIO: Vollkommen richtig und wahr!

HEGIO: So folg mir ins Haus denn!

MICIO: Sehr gerne! *Beide ab in das Haus der Sostrata.*

AESCHINUS *tritt auf*: Seelische Qualen zerreißen mich! Derart viel Unheil brach wider Erwarten auf mich herein, daß ich nicht weiß, was tun und was lassen! Die Glieder sind mir gelähmt vor Furcht, mein Herz erstarrte vor Schreck. Nicht durchringen kann mein Verstand sich zu einem Entschluß. Ach, wie ziehe ich mich aus dieser Verwirrung? Solch ein schlimmer Verdacht fällt nunmehr auf mich, dazu noch verdient! Sostrata wähnt, ich hätte für mich die Musikantin gekauft, das vertraute die Alte mir an! Fortgeschickt wurde sie grade zur Hebamme, da erspähe ich sie, ich laufe sogleich zu ihr hin und frage sie, wie es Pamphila geht, ob die Wehen schon anfingen, ob sie deswegen die Hebamme hole. Da schreit sie: „Verschwinde, Aeschinus, lange genug belogest du uns, jetzt reicht uns deine geheuchelte Treue." – „Ha, was soll das, ich bitte dich!" frage ich. Sie: „Amüsier dich mit der, die du gern hast, doch laß uns in Ruhe!" Ich durchschaute sofort den Verdacht, doch faßte mich, wollte der schwatzhaften Frau vom Bruder nichts sagen, nichts austragen lassen von dem, was geschah. Aber was soll ich jetzt tun? Verraten: „Die liebt doch mein Bruder?" Das darf nicht herauskommen! Nein, ich verschweige es. Möglicherweise bleibt es geheim. Fürchten auch muß ich, daß keiner mir glaubt. So vieles belastet mich ja: Ich entführte sie, ich bezahlte, zu mir in die Wohnung ward sie gebracht. All das, ich muß es gestehn, verschuldete ich: und daß ich dem Vater nicht reinen Wein einschenkte. Ich hätte bestimmt die Erlaubnis zur Hochzeit bekommen von ihm! Vieles wurde versäumt bis heute – wach auf jetzt, Aeschinus, endlich! Im Augenblick gilt als das Wichtigste: aufsuchen Mutter und Tochter, um mich zu entschuldigen. Auf, an die Haustür! *Zaudert.* Ich gehe kaputt. Ich kriege das Zittern, sooft ich hier anklopfen will, ich Unglückswurm! *Klopft.* He! Ich bin es, ich, Aeschinus! Macht doch die Tür auf, los, gleich! *Erschrickt.* Kommt da nicht irgendwer raus? Ich trete doch lieber beiseite!

MICIO *erscheint in der geöffneten Tür, spricht rückwärts ins Haus*: Handle nur so, wie ich vorschlug, Sostrata! Ich will mich mit Aeschinus treffen, damit er erfährt, was geschah! *Wendet sich um.* Da pochte doch einer ans Tor?

AESCHINUS: Beim Herkules: Vater! Da bin ich doch fertig!

MICIO: Aeschinus!

AESCHINUS *für sich*:
Was hat er hier zu tun?

MICIO: Hast du hier angeklopft? –
Für sich:
Er schweigt. Ein bißchen dürfte ich ihn schon verkohlen.
Berechtigt, wo er mir kein Wörtchen anvertraute!
Laut:
Willst du mir keine Antwort geben?

AESCHINUS *verwirrt*: Ich? Geklopft?
Hier? Davon weiß ich nichts.

MICIO: So, so! Ich wunderte
mich nur, was du an dieser Tür zu suchen hast.
Für sich: Er wird
schon langsam rot. Die Sache stimmt.

AESCHINUS: Sag, bitte, Vater,
was hast denn du hier zu erledigen?

MICIO: Nichts von
Belang. Ein Freund hat eben mich vom Markt hierher
geholt, als Rechtsbeistand.

AESCHINUS: Wie das?

MICIO: Laß dir erklären:
Zwei Frauen, ziemlich arm, bewohnen dieses Haus.
Sie sind dir unbekannt, das weiß ich ganz genau.
Sie zogen nämlich erst vor kurzem her.

AESCHINUS *in steigender Erregung*: Was nun?

MICIO:
Es ist ein Mädchen mit der Mutter.

AESCHINUS: Und?

MICIO: Das Mädchen
hat keinen Vater mehr. Ihr nächster Anverwandter
ist dieser Freund. Ihn muß, nach den Gesetzen, sie
zum Gatten nehmen.

AESCHINUS *spontan*: Aus!
MICIO: Wie bitte?
AESCHINUS: Nichts, schon richtig.
Erzähl nur weiter!
MICIO: Der ist jetzt gekommen, um
sie mitzunehmen. Er wohnt nämlich in Milet.
AESCHINUS:
Ha! Will das Mädchen mit sich nehmen?
MICIO: Freilich.
AESCHINUS: Nach
Milet? Ich bitte dich!
MICIO: Genau.
AESCHINUS: Mir wird ganz schlecht.
Rafft sich zusammen.
Wie nehmen das die Frauen hin? Was sagen sie?
MICIO: Was sollen die denn sagen? Nichts natürlich! Nur
die Mutter faselt was von einem Kind, das hätte
zum Vater einen andern, weiß nicht wen, den Namen
verschweigt sie. Dieser habe Vorrecht, deshalb dürfe
mein Freund die junge Mutter nicht zur Frau sich nehmen.
AESCHINUS:
Sag mal, hältst du denn ihre Forderung nicht für
berechtigt nach dem Stand der Dinge?
MICIO: Nein.
AESCHINUS: Wie, nein?
Mitnehmen soll dein Freund sie, Vater?
MICIO: Warum nicht?
AESCHINUS *ausbrechend*:
Da handelt ihr brutal und ohne Mitgefühl,
ja, wenn es stimmt, um offen es zu sagen, Vater:
gemein!
MICIO: Wieso?
AESCHINUS: Du fragst mich noch? Was, glaubst du, macht
der arme Junge durch, der vorher mit ihr ging?
Der Unglückliche ist vielleicht gerade jetzt
ganz heiß in sie verliebt – und muß nun sehen, wie
man sie kaltschnäuzig-roh ihm aus den Armen reißt,
sie seinem Blick entführt? Abscheulich ist das, Vater!

MICIO *mit gespielter Strenge*:

In welcher Hinsicht? Wer verlobte sie mit ihm?
Wer gab ein Anrecht ihm auf sie? Mit wem und wann
beging sie ihre Hochzeit? Wer war deren Zeuge?
Warum nahm er ein Mädchen, das ihm nicht gehörte?

AESCHINUS:

Ja, sollte denn das Mächen, alt genug zur Ehe,
zu Hause hocken und ergeben darauf warten,
daß der Verwandte aus Milet sich herbequemte?
Die Frage solltest du gerechterweise stellen,
mein lieber Vater, und dem Mädchen Beistand leisten!

MICIO:

Zum Lachen! Gegen den soll ich Partei ergreifen,
dem ich zu Hilfe kam? Doch eigentlich geht uns
die Sache gar nichts an, wir haben nichts zu schaffen
mit diesen Leuten. Gehen wir! Was soll das? Tränen?

AESCHINUS *verzweifelt*: Ich bitte dich, Vater, höre!

MICIO *gibt die Verstellung auf*: Ich weiß doch schon alles, mein Aeschinus, bin ganz genau unterrichtet. Ich liebe dich doch, und um so stärker liegt mir dein Handeln am Herzen!

AESCHINUS: Verdiente ich doch, solange du lebst, deine Liebe, Vater, so sehr, wie jetzt mein Vergehen mir weh tut, wie jetzt ich mich schäme vor dir!

MICIO: Ich glaube dir aufrichtig, kenne ja deinen anständig-offnen Charakter. Doch läßt du es, leider, an Umsicht noch allzusehr fehlen. In was für einer Gesellschaft wähnst du denn eigentlich, Junge, zu leben? Ein Mädchen, das niemals du anrühren durftest, hast du in Schande gestürzt! Dies Handeln allein schon war ein bedenklicher Fehler, doch immerhin menschlich; schon mancher redliche Mann beging ihn. Doch als es nun einmal geschehen war, bitte: Bedachtest du gründlich die Folgen? Trafest behutsam Vorsorge gleich für alle möglichen Weiterungen? Wenn du vor mir ein Geständnis schon scheutest – wie sollte ich dann es erfahren? Gezögert hast du neun Monate lang! Verraten dich selbst und das arme Mädchen, das Kind auch – du hättest dich ihrer doch annehmen müssen! Das würden für dich die Götter, so wähntest du wohl, im Schlaf übernehmen? Man würde das Mädchen, ganz ohne dein Zutun, hinein dir ins Schlafzimmer führen? Nie möchte ich dich, auch auf andern Gebieten, noch einmal derartig tatenscheu sehen! Doch jetzt sei guten Mutes, du wirst das Mädchen zur Gattin bekommen!

AESCHINUS: Wie?

MICIO: Ja, sei guten Mutes!

AESCHINUS: Ich bitte dich, Vater, willst du mich etwa verhöhnen?

MICIO: Verhöhnen? Ich dich? Wie kommst du darauf?

AESCHINUS *leise*: Ich weiß nicht. Weil ich mir das so sehnlich als Wirklichkeit wünsche, habe ich um so mehr Angst.

MICIO: Los, gehe ins Haus und sprich dein Gebet zu den Göttern um gutes Gelingen der Hochzeit!

AESCHINUS: Wie denn, gleich Hochzeit?

MICIO: Gleich.

AESCHINUS: Gleich?

MICIO: So schnell wie nur möglich!

AESCHINUS: Sollen die Götter mich sämtlich mit Abscheu verfolgen, wenn ich dich, Vater, nicht mehr als meinen Augapfel liebe!

MICIO *verschmitzt*: Noch mehr als etwa deine Geliebte?

AESCHINUS *geht auf den Ton ein*: Nein, ebensosehr!

MICIO *mit leiser Ironie*: Sehr verbunden!

AESCHINUS: Wo steckt jetzt aber der Mann aus Milet?

MICIO: Schon weg – verschwunden – an Bord! Doch warum zögerst du noch?

AESCHINUS: Ach, Vater, bete doch lieber jetzt du zu den Göttern – sie werden dich zweifellos um so eher erhören, als du mich an Güte und Redlichkeit weit übertriffst!

MICIO *winkt ab*: Ich gehe ins Haus und bereite das Nötige vor, du handle in meinem Sinn, wenn du klug bist!

Ab in sein Haus.

AESCHINUS: Was soll das bedeuten? Handeln so Vater und Sohn? Wäre er Bruder mir, auch Kamerad, er könnte mir keinen größren Gefallen erweisen! Ich muß ihn lieben, ins Herz ihn aufs innigste schließen! Durch seine gütige Nachsicht verpflichtet er mich, nie unbedacht gegen seinen Willen zu handeln – mit vollem Wissen schon gar nicht! Doch schnell in das Haus jetzt, damit ich nicht etwa noch meine eigne Hochzeit verpasse!

Ab in Sostratas Haus.

DEMEA *tritt auf; erschöpft*:
Das Hin- und Hergelaufe macht mich fertig. Soll
für deine Auskunft dich der große Jupiter
verrecken lassen, Syrus! Ich durchstöberte
die ganze Stadt, am Tor, am Becken, überall!
Da gab es keine Werkstatt – keine Menschenseele
hat meinen Bruder dort gesehen! Jetzt will ich –
das Sicherste – am Haus auf seine Rückkehr warten.

MICIO *erscheint in der Tür seines Hauses, spricht rückwärts ins Innere*:
Ich gehe zu den Frauen jetzt und sage ihnen,
daß sie von uns aus länger nicht zu warten brauchen.

DEMEA:
Da kommt er! – Micio, ich suche dich schon lange!

MICIO:
Was ist denn los?

DEMEA: Ich bringe wieder tolle Streiche
von unsrem wackren Jungen!

MICIO: Siehe da!

DEMEA: Ja, neue,
um Kopf und Kragen!

MICIO: Oh, was du nicht sagst!

DEMEA: Du weißt
noch nicht, was in dem Burschen steckt.

MICIO: Ich weiß genau.

DEMEA:
Du Narr, du wähnst, ich meinte noch die Musikantin?
An einem Bürgermädchen hat er sich vergriffen!

MICIO:
Ich weiß.

DEMEA: Du weißt – und nimmst es hin?

MICIO: Warum auch nicht?

DEMEA:
Du schreist nicht, fährst nicht aus der Haut?

MICIO: Nein. *Für sich:* Möchte wohl!

DEMEA:
Ein Junge kam zur Welt!

MICIO: Die Götter mögen ihn
beschützen!

DEMEA: Bettelarm die Mutter, …
MICIO: Wie ich hörte.
DEMEA:
… sie muß genommen werden ohne Mitgift!
MICIO: Freilich.
DEMEA:
Was soll jetzt werden?
MICIO: Was die Lage selbst erfordert:
Mit entsprechender Handbewegung.
Man bringt von dort hierher das Mädchen.
DEMEA: Jupiter!
Gehört sich das?
MICIO: Was soll ich weiter tun!
DEMEA: Was weiter?
Wenn dich die Sache selbst nicht beißt, so mußt du doch
als Mensch so tun!
MICIO: Nein, ich versprach ihm schon das Mädchen.
Der Fall ist klar, die Hochzeit findet statt. Ich nahm
ihm alle Furcht. Das heißt doch eher menschlich handeln.
DEMEA:
Du billigst es wohl gar?
MICIO: Nein – könnte ich es ändern.
Da ich das nicht kann, will ich es mit Gleichmut tragen.
Das Leben ähnelt einem Würfelspiel: Gelingt
ein Wurf nicht so, wie er gelingen sollte, bleibt
nur eins: des Zufalls Spiel durch Klugheit zu verbessern.
DEMEA:
Verbessern, ja! Für eine Musikantin warfst
du dank der „Klugheit" zwanzig Minen weg. Abschieben,
so schnell wie möglich, solltest du das Mädchen, wenn
schon nicht für Geldeswert, dann wenigstens umsonst!
MICIO:
Ich denke nicht daran, das Mädchen wegzugeben.
DEMEA:
Was dann?
MICIO: Sie wird im Hause bleiben.
DEMEA: Gute Götter!
Die Hure und die Ehefrau in einem Haus!

MICIO:
Warum denn nicht?
DEMEA: Hältst du dich noch für ganz normal?
MICIO:
Doch, ja.
DEMEA: Wahrhaftig, ich durchschaue deine Dummheit:
Du brauchst die Musikantin wohl zum Hauskonzert?
MICIO:
Warum auch nicht?
DEMEA: Die junge Frau lernt mit?
MICIO: Natürlich!
DEMEA:
Und zwischen ihnen tanzt du mit dem Strick!
MICIO: Sehr wohl!
DEMEA:
Sehr wohl?
MICIO *hintergründig*:
Und du mit uns, wenn wir dich brauchen!
DEMEA: Ha!
Du schämst dich nicht einmal?
MICIO: Jetzt lasse deinen Groll,
Demea, endlich fahren, nimm, wie sich das schickt,
vergnügt und gern an deines Jungen Hochzeit teil!
Ich treffe gleich die andern Gäste, kehre dann
hierher zurück.
Ab in das Haus Sostratas.
DEMEA *ahnungslos*: Beim Jupiter! Was für ein Leben!
Und was für Sitten! Was für eine Unvernunft!
Ins Haus soll eine Gattin ohne Mitgift kommen –
schon unterm Dache weilt die Harfenspielerin –
die Wirtschaft voll Verschwendungssucht – ein junger Mann,
den seine Ausschweifung zugrunde richtete –
ein blöder Greis: Die Rettungsgöttin selber könnte,
auch wenn sie wollte, dieser Sippschaft nicht mehr helfen!

SYRUS *tritt angeheitert auf; für sich*:
Beim Pollux, wacker hast du gütlich dich getan,
mein kleiner Syrus, weidlich deine Pflicht erfüllt,

kannst gehen! Schlug mit allem mir den Bauch so voll,
will außer Haus ein bißchen jetzt spazierengehen!

DEMEA *betrachtet ihn mit grimmigem Hohn*:
Da, bitte, seht: Ein Muster solcher Zucht!

SYRUS *für sich*: Da kommt
ja unser Alter! *Laut:* Was ist los? So traurig?

DEMEA: Schurke!

SYRUS *für sich*:
Oha, jetzt läßt du kluggesetzte Worte fließen!

DEMEA:
Sofern du mir gehörtest, ...

SYRUS: Wärst du reich, Demea,
und hättest längst im trockenen dein Schäfchen!

DEMEA: ... solltest
du jedermann zur Warnung dienen.

SYRUS: Und weshalb?
Was habe ich verbrochen?

DEMEA: Wie, du fragst noch? Bei
dem Wirrwarr, besser: bei dem widerlichen Fehltritt,
den ihr gerade noch so hingebogen habt,
da konntet saufen ihr, du Schuft, als hättet ihr
was Herrliches geleistet!

SYRUS *für sich*: Wäre ich bloß nicht
durch diese Tür herausgekommen!

DROMO *ruft aus Micios Haustür, ohne Demea zu bemerken*: Syrus, he,
komm rein, schnell, Ctesipho verlangt nach dir!

SYRUS *leise, eindringlich*: Hau ab!

DEMEA *schreckt auf; argwöhnisch*:
Was sagt der da von Ctesipho?

SYRUS: Nichts!

DEMEA: Ha, du Schurke,
ist Ctesipho im Haus?

SYRUS: Nein!

DEMEA: Warum nennt er ihn
bei Namen dann?

SYRUS: Es handelt sich um einen andern,
um einen kleinen Kerl, der hier schmarotzt – du kennst ihn?

DEMEA:
Ich will mich vergewissern!
Geht auf die Haustür Micios zu.
SYRUS *sucht ihn zurückzuhalten*: Was? Wohin?
DEMEA: Laß mich!
SYRUS:
Nicht weiter, he!
DEMEA: Nimm weg die Hand, du Taugenichts!
Sonst schlage ich den Schädel dir zu Brei!
Reißt sich los und dringt in Micios Haus.
SYRUS: Schon ist
er drin! Beim Pollux, kein bequemer Zechkumpan,
zumal für Ctesipho! Was bleibt mir jetzt noch übrig?
Nur eines: bis sich Wind und Wellen legen, mich
in einen Winkel zu verdrücken und den Schwips
in aller Ruhe auszuschlafen. Also los!
Verschwindet in einer Nebengasse, um durch einen Hintereingang in das Haus zu gelangen.

MICIO *erscheint auf der Türschwelle Sostratas, spricht rückwärts in das Innere*:
Wir haben alles vorbereitet, Sostrata!
Sobald du willst – wer knallt da so mit meiner Haustür?
DEMEA *stürzt wieder ins Freie; außer sich*:
Weh mir! Was tun? Was unternehmen? Schreien? Jammern?
Nein! Himmel! Erde! Wogen des Neptun!
MICIO *für sich*: Da haben
wir den Salat: Er ist im Bilde! Schreit! Nun los!
Der Krach bricht aus. Eingreifen muß ich jetzt.
DEMEA: Da ist er,
der unsre Kinder beide ins Verderben stürzte!
MICIO:
Bezwing doch einmal deine Wut, komm zur Besinnung!
DEMEA:
Ja, ich bezwang sie, kam auch zur Besinnung, schimpfe
auch gar nicht mehr. Zur Sache! Waren wir nicht einig –
du gabst den Anstoß! –, daß du dich um meinen Sohn
nicht kümmerst, ich auch nicht um deinen? Gib mir Antwort!

MICIO:

Jawohl, das streite ich nicht ab.

DEMEA: Warum säuft jetzt

mein Sohn bei dir? Warum nimmst du ihn auf, kaufst ihm
noch eine Freundin, Micio? Gilt nicht für jeden
von uns das gleiche Recht dem andern gegenüber?
Wenn ich mich nicht um deinen Sohn bekümmere,
dann hast auch du dich nicht um meinen zu bekümmern!

MICIO:

Unbilliges verlangst du.

DEMEA: Ich?

MICIO: Alt ist das Sprichwort:

Gemeinsam nutzen Freunde alles miteinander.

DEMEA:

Recht witzig – heute erst kommst du auf diesen Spruch!

MICIO:

Hör kurz mir zu, Demea, gönne uns die Zeit!
Zunächst zum Stachel, der dich quält, dem Geld, das uns
die Söhne kosten: Bitte, denk darüber nach!
Du hast einst dein Vermögen überschlagen und
dir demgemäß zwei Söhne angeschafft, im Glauben,
es werde für die beiden reichen, wähntest freilich,
genauso würde ich auch eine Frau mir nehmen.
Nun halte dich an die bekannte Regel: Hüte
das Deine, raffe, spare, hinterlaß den Söhnen
so viel wie möglich. Deine Ehre sieh darin!
Was ihnen unversehens von dem Meinen zufällt,
laß sie genießen – von dem Deinen geht nichts ab.
Verbuch das Geld aus dieser Quelle als Gewinn!
Wenn du dies alles reiflich überdenkst, Demea,
ersparst du mir und dir und unsern Jungen Kummer!

DEMEA:

Ich will vom Geld nicht weiter reden. Doch die Art,
wie beide leben –

MICIO: Halt, ich weiß das schon, ich komme

jetzt selber drauf zu sprechen. Mancherlei Beweise,
Demea, gibt es, die, wenn zwei dasselbe tun,
bei dem Vergleich sehr oft den Schluß gestatten: „Straflos

darf dies der eine tun, der andre aber nicht!"
Der Unterschied liegt nicht im Tun, vielmehr im Täter.
Das, meine ich, gilt auch für unsre Jungen. Ich
bin deshalb überzeugt: Sie werden sich entwickeln,
wie wir es wünschen! Ich erkenne Einsicht und
Verstand bei ihnen, Ehrfurcht, wo sie hingehört,
auch brüderliche Liebe. Zugestehen muß
man ihnen Herz und Denkart eines freien Mannes.
An einem Tag, den du bestimmst, wirst du sie auf
den rechten Weg zurückgeleiten. Allerdings
befürchtest du wohl, daß sie allzu sorglos mit
dem Geld umgehen. Ach, Demea, Lieber, Guter:
In allem wächst mit unsern Jahren unsre Einsicht –
nur einen Fehler bringt das Alter mit sich: Wir
sind allesamt zu sehr erpicht auf Geld und Gut!
Das Alter wird auch ihnen diese Gier entfachen.

DEMEA:
Dein kluges Rechnen und dein edles Herz, die werden
uns beide wohl noch ganz zugrunde richten!

MICIO: Schweig!
Das tritt nicht ein. Verscheuche die Bedenken! Laß
von mir dich heute einmal leiten. Streich die Falten
von deiner Stirn!

DEMEA *zugleich ironisch wie grimmig, doch schon nachgiebig*:
Natürlich, das verlangt die Stunde,
mir bleibt nichts andres übrig. Aber morgen, gleich
beim ersten Frühlicht, ziehe ich mit meinem Jungen
aufs Feld ...

MICIO: Von mir aus auch noch in der Dunkelheit.
Nur heut gib dich der Freude hin!

DEMEA: ... und schleppe die
bewußte Musikantin gleich noch mit.

MICIO: Du triffst
ins Schwarze: Damit hältst du deinen Jungen dort
am allerbesten fest! Gib nur gut acht auf sie!

DEMEA:
Dafür will ich schon sorgen: Will beim Kochen sie
und Mahlen ganz in Asche, Qualm und Mehlstaub hüllen,

dann sie am hohen Mittag Ähren sammeln lassen:
Durchkochen soll sie mir und schwarz wie Kohle werden!

MICIO:
Sehr gut! Jetzt kommst du zur Vernunft: „Der Bengel soll
mit ihr gleich schlafen gehen, ob er will, ob nicht!"

DEMEA:
Du willst mich frotzeln? Glücklich du, nach deiner Art!
Mit tut es weh –

MICIO: Du zeterst noch?

DEMEA: Ich schweige schon.

MICIO:
Tritt ein denn! Feiern wir den Tag ganz nach Gebühr!
Tritt in sein Haus.

DEMEA *bleibt allein zurück*: Niemand vermochte jemals die Rechnung des Lebens gültig zum Abschluß zu bringen: Umstände, Alter, Notwendigkeit bringen uns immerfort Neues, zwingen dich zu der Erkenntnis, daß du nicht weißt, was du wähntest zu wissen, daß du, was bisher dir galt als das Wichtigste, nach der Erprobung verschmähst! Ebenso geht es jetzt mir: Ich führte ein hartes Leben bis heute, bewußt – nunmehr, beinahe am Ziel meiner Tage, will ich das ändern. Weswegen? Mich lehrte das Leben: Güte und mildes Verständnis nutzen dem Menschen am ehesten noch! Ich und mein Bruder, wir liefern das treffende Beispiel für diese Erkenntnis: Er verbrachte sein Leben in ständiger Muße, in heitrer Geselligkeit, sanftmütig, friedfertig, kränkte nie einen durch Grobheiten, lächelte jedem entgegen, lebte zu seinem Vergnügen, genoß das eigne Vermögen: Jedermann lobt ihn, jedermann liebt ihn! Ich, der Bauer, von grausamer Strenge, mürrisch, knauserig, griesgrämig, stur, nahm mir ein Weib. Was lud ich für Elend mir auf! Söhne kamen, neue Sorgen! Während ich schuftete, nur um ihnen möglichst viel hinterlassen zu können, rieb ich mich auf im Erraffen, verspielte Leben und Jahre. Heute, am Ende des Lebens, ernte von ihnen als Preis für die Mühe ich eines allein: Haß! Doch der andre genießt, ganz ohne Bemühung, die Freuden des Vaters. Ihm gilt ihre Liebe – mich meiden sie; ihm eröffnen sie voller Vertrauen ihr Herz. Ihm gilt ihre Achtung, seine Gesellschaft suchen sie beide – ich bin verlassen. Langes Leben wünschen sie ihm – doch warten bei mir auf den Tod sie, versteht sich! Derart gewann er die beiden, die ich so mühevoll aufzog, ohne sich groß zu verausgaben. Mir blieben Kummer und Plagen, ihm lachen die Freuden.

Aber wohlan, jetzt will ich dagegen aufbieten, was ich vermag: einschmeichelnd schwatzen, den Wohltäter spielen; er fordert dazu ja heraus! Ich auch möchte bei meinen Söhnen Liebe und hohe Achtung genießen. Erntet man das durch Geschenke und Nachgiebigkeit, so will ich ihm darin nicht nachstehen. Kostet es Geld mich, so schert mich das wenig – ich stehe schon hoch in den Jahren!

SYRUS *tritt aus Micios Haus*:
Demea, hallo! Herzlich bittet dich dein Bruder,
nicht länger fern zu bleiben!

DEMEA: Ruft mich wer? Mein Syrus,
sei mir gegrüßt! Wie geht es? Was ist los?

SYRUS: Sehr gut
steht alles.

DEMEA: Bestens! *Für sich:* Dreimal habe ich an meiner
Natur gesündigt schon: „Mein" und „Wie geht es, was
ist los?" *Laut:* Nicht als gemeiner Sklave zeigst du dich,
ich würde gern dir etwas Gutes tun!

SYRUS *erstaunt, ungläubig*: Ich danke
dir herzlich.

DEMEA: Zweifelst du, mein Syrus? Nein, es stimmt!
Du wirst es schon sehr bald am eignen Leibe spüren.
Syrus bleibt fassungslos und unsicher stehen.

GETA *tritt aus dem Hause Sostratas, spricht rückwärts hinein*:
Nachsehen will ich, Herrin, ob die junge Frau
nun bald geholt wird. – Ha, Demea! Guten Tag!

DEMEA:
Mein Bester – sag, wie heißt du?

GETA: Geta.

DEMEA: Geta, ja,
ich lernte dich als Mann von höchstem Wert heut schätzen.

Denn für vortrefflich gilt mir in der Tat der Sklave,
der seines Herren Wohl im Auge hat – wie ich,
mein Geta, es von dir gesehen habe. Deshalb
will ich dir bei Gelegenheit gern Gutes tun.
Für sich:
So bin ich auf Leutseligkeit bedacht und mache
ganz gute Fortschritte.

GETA *verblüfft, verwirrt*: Wohlwollend urteilst du.

DEMEA *für sich*:
So ganz allmählich, für den allerersten Anfang
nicht übel, mache ich mich bei dem Volk beliebt.

AESCHINUS *tritt aus dem Hause Micios; für sich*:
Die bringen mich noch um mit ihrer Mühe für
recht feierlichen Hochzeitsprunk. Im Vorbereiten
vergeuden sie den ganzen Tag.

DEMEA: Mein Aeschinus,
wie geht es?

AESCHINUS: Ha, mein lieber Vater! Du bist hier?

DEMEA:
Dein Vater, ja, von Herz und Geist wie von Natur,
der inniger dich liebt als selbst sein Augenlicht!
Aus welchem Grunde aber, sprich, führst du die Frau
nicht heim?

AESCHINUS: Ich möchte gern, doch zwingt man mich zum Warten:
Noch fehlt uns die Flötistin, fehlt der Hochzeitschor!

DEMEA *vertraulich*:
Du, höre: Willst du von mir Altem Rat annehmen?

AESCHINUS:
Wofür?

DEMEA: Verzichte auf den Kram: die Hochzeitslieder,
den Gästetrubel, Fackeln, Flötenspielerinnen,
und laß im Garten dort die Mauer niederreißen,
so schnell wie möglich, bring dein Mädchen her, mach aus
zwei Häusern eines, führe auch die Mutter nebst
dem ganzen Anhang gleich zu uns!

AESCHINUS: Ha, das gefällt mir,
mein allerliebster Vater!

DEMEA *für sich*: Herrlich! Nunmehr heiße
ich „allerliebst"! Des Bruders Haus steht offen gleich,
er wird dem Haufen Einlaß geben, für den Spaß
gehörig blechen. Doch mich schert das nicht. Ich ernte
den Dank als „Allerliebster". Soll der reiche Mann
aus Babylon nur zwanzig Minen zahlen! *Laut:* He,
mein Syrus, willst du dich nicht in die Arbeit stürzen?

SYRUS: In welche, ich?

DEMEA: Du sollst die Mauer niederreißen!
Zu Geta:
Du geh und bring die Frauen her!

GETA: Die Götter mögen,
Demea, reich vergelten dir, was du an Gutem
so liebevoll für unsere Familie tust!
Geta und Syrus ab.

DEMEA:
Ich glaube, sie verdient es.
Zu Aeschinus: Was sagst du dazu?

AESCHINUS:
Ich bin derselben Meinung.

DEMEA: Es ist besser doch,
die Wöchnerin in ihrem Zustand durch den Garten
als auf der Straße herzutragen.

AESCHINUS: Niemals sah
ich etwas besser angeordnet, lieber Vater!

DEMEA:
Bei mir so üblich. – Da kommt Micio heraus!

MICIO *erscheint auf der Schwelle seines Hauses und spricht rückwärts zu dem unsichtbar bleibenden Syrus*:
Mein Bruder gab Befehl? Wo ist er?
Er nickt, wendet sich um und tritt ins Freie, auf seinen Bruder zu.
Diese Weisung
hast du erteilt, Demea?

DEMEA: Ich, jawohl! Wir sollten
auf andrem Weg auch die Familie möglichst eng
mit uns verbinden, Achtung ihr erweisen, ihr
auch helfen, dicht an uns sie fesseln.

AESCHINUS: Eben dies
erbitte ich auch, Vater!

MICIO: Völlig meine Meinung.

DEMEA:
Uns freilich bleibt, beim Herkules, noch eine Pflicht.
Die Braut, fürs erste, hat noch eine Mutter bei sich, …

MICIO:
Na und?

DEMEA: … rechtschaffen und bescheiden, …

MICIO: Heißt es, ja.

DEMEA:
… nicht mehr die Jüngste allerdings.

MICIO: Ist mir bekannt.

DEMEA:
Sie kann, nach ihren Jahren, keine Kinder mehr
bekommen, hat auch niemanden, der für sie sorgt,
steht ganz allein.

MICIO *für sich*: Worauf will er denn nur hinaus?

DEMEA *zu Micio*:
Es wäre recht und billig, daß du sie zur Frau nimmst.
Zu Aeschinus:
Du aber solltest das mit allem Nachdruck fördern.

MICIO: Ich – die Mutter zur Gattin?

DEMEA: Ja, du!

MICIO: Ich?

DEMEA: Natürlich.

MICIO: Verrückt!

DEMEA *zu Aeschinus*: Wenn du wirklich ein Kerl bist, wird er sie heiraten!

AESCHINUS: Lieber Vater –

MICIO: Du läßt dich von ihm wohl beschwatzen, du Esel?

DEMEA: Da kannst du nichts machen: Heiraten mußt du!

MICIO: Unsinn!

AESCHINUS: Laß dich erweichen doch, Vater!

MICIO: Bist wohl verrückt? *Wehrt Liebkosungen des Sohnes ab.* Geh, laß das!

DEMEA: Los, tu doch dem Sohn den Gefallen!

MICIO: Du hast wohl nicht alle beisammen: frischgebackener Bräutigam ich mit fünfundsechzig Lenzen erst, dazu eine graue, abgelederte Frau noch! Das wollt ihr mir einreden?

AESCHINUS: Tu es – ich habe es ihnen versprochen!

MICIO: Versprochen? Verschenke dich selber, du Kindskopf!

DEMEA: Na mach schon, so wichtig ist es nun auch wieder nicht, worum er dich bittet!

MICIO: Als ob es sich nicht um das Wichtigste handelte!

DEMEA: Bitte, erweis ihm den Liebesdienst!

AESCHINUS: Sträube dich nicht!

DEMEA: Sag ja und erfüll es!

MICIO: Ihr laßt nicht locker?

AESCHINUS: Nein, erst wenn du den Wunsch mir erfüllst!

MICIO: Das ist ja Gewalt!

DEMEA: Los, zeig dich gefällig, mein Micio!

MICIO: Einsehen muß ich: Verkehrt und töricht, geschmacklos auch ist es und meinem Lebensstil fremd – aber wenn ihr es so dringend euch wünscht, so mag es geschehen!

AESCHINUS: Du handelst gerecht und vernünftig, verdienst meine Liebe.

DEMEA: Sehr wahr! *Für sich:* Was könnte ich vorbringen noch, wo mein erster Wunsch sich erfüllte?

MICIO *ironisch*: Bitte, was noch?

DEMEA: Verwandt mit Mutter und Tochter ist Hegio, nunmehr verschwägert mit uns, nur mäßig bemittelt. Wir sollten ihm etwas zukommen lassen.

MICIO: Zukommen, was?

DEMEA: Du hast doch am Stadtrand ein kleines Grundstück verpachtet. Lassen wir ihm die Einkünfte!

MICIO: Handelt es dabei vielleicht sich um „etwas"?

DEMEA: Ist es auch reichlich, wir sollten dennoch es tun. Er vertrat bei dem Mädchen die Stelle des Vaters, zeigt sich als Ehrenmann, also gehört er zu uns; er verdient diese Gabe. Schließlich mache ich mir zu eigen das Wort, das ich nicht gesprochen, nein, Micio, du, kürzlich erst, weise und klug: „Ein weit verbreitetes Laster ist es, daß wir im Alter zu gierig erpicht sind aufs Geld!" Solcherlei Fehler müssen wir meiden. Der Ausspruch ist wahr, man muß ihn beherzigen!

AESCHINUS: Bitte, mein Vater!

MICIO: Was bleibt übrig? Er soll es haben, denn Aeschinus wünscht es!

DEMEA: Bravo! Nunmehr bist du in Wahrheit mein Bruder – nach Herz und Geist wie nach Banden des Blutes! *Für sich:* Derart schlage ich ihn mit seinen eigenen Waffen.

SYRUS *tritt aus Micios Haus*: Ausgeführt ist dein Befehl, Demea!

DEMEA: Tüchtiger Bursche! Beim Pollux, nach meinem Urteil verdiente Syrus noch heute die Freiheit!

MICIO: Die Freiheit? Für welches Verdienst?

DEMEA: Viele Verdienste!

SYRUS: Teurer Demea, beim Pollux, du bist ein gütiger Herr! Treulich umsorgte ich eure beiden Jungen seit frühester Kindheit, habe sie ständig belehrt, ermahnt, unterwiesen, soweit ich vermochte!

DEMEA *ironisch*: Ja, offensichtlich, und weit noch darüber hinaus: Leckerbissen auf Pump zu kaufen, ein lockeres Mädchen auch zu besorgen, am hellichten Tag schon schlemmen zu lassen! Solcherlei Pflichten erfüllt ein Durchschnittsmensch kaum.

SYRUS: Ein reizender Herr!

DEMEA: Seiner Bemühung und Hilfe verdanken wir schließlich heute den Kauf der Künstlerin. Dafür ist eine Belohnung fällig, das dürfte andere Sklaven nur anspornen! Übrigens wünscht das auch Aeschinus.

MICIO *zu Aeschinus*: So, wünschst du es wirklich?

AESCHINUS: Ja, gerne!

MICIO: Freilich – wenn du es begehrst! Komm her zu mir, Syrus: Sei frei!

SYRUS: Du handelst sehr gütig! Herzlich danke ich allen, besonders dir, Demea.

DEMEA: Das freut mich.

AESCHINUS: Und mich desgleichen.

SYRUS: Aufrichtig glaube ich euch. Doch würde auf ewig ich Freude empfinden, dürfte ich meine Frau Phrygia gleichfalls als Freie erblicken!

DEMEA: Eine ganz prächtige Frau!

SYRUS: Sie reichte heute dem Aeschinussprößling, deinem Enkel, als erste die Brust!

DEMEA *ironisch*: Beim Herkules, ja, ein hohes Verdienst! Reichte sie wirklich als erste die Brust ihm, verdient sie ganz ohne Zweifel die Freiheit!

MICIO *mit wachsendem Unmut*: Wie denn, deswegen?

DEMEA: Deswegen! Und laß dir von mir obendrein das Geld für sie geben!

SYRUS: Mögen doch sämtliche Götter, Demea, stets all deine Wünsche erfüllen!

MICIO *nachdem er durch Gebärden sein Einverständnis ausgedrückt hat*: Heute, mein Syrus, hattest du Glück!

DEMEA: Doch solltest du, Micio, noch ein Weiteres tun für ihn und ein bißchen Bargeld ihm vorschießen für den Beginn; sicherlich zahlt er es bald dir zurück.

MICIO *unterdrückt einen Ausbruch; entschieden*: Keinen Pfifferling mehr!

AESCHINUS: So ein rechtschaffener Mann!

SYRUS: Ich werde zurück es erstatten, beim Herkules! Gib doch!

AESCHINUS: Tu es doch, Vater!

MICIO *kühl*: Ich werde ins Auge es fassen, für später!

DEMEA *zu Syrus*: Er gibt es dir sicher!

SYRUS: Gütigster unter den Menschen!

AESCHINUS: Großartiger Vater!

MICIO *zu Demea*: Sag mir: Was soll das? Was wandelte derart plötzlich deinen Charakter? Was bedeutet die Großzügigkeit? Was bezweckst du mit deinem reichlichen Spenden?

DEMEA: Das will ich dir sagen. Aufzeigen möchte ich eines: Was die Leute an dir als Gutmütigkeit und Heiterkeit rühmen, das erwächst nicht aus triftigen Lebensgrundsätzen, nicht aus Erkenntnis des Rechten und Guten, sondern aus Jasagen, Nachgeben, reichlichem Schenken! *Wendet sich an Aeschinus und an Ctesipho, der während der letzten Worte in Micios Haustür erschienen ist:* Wenn euch deswegen jetzt meine Maximen derart verhaßt sind, Aeschinus, weil ich euch niemals in Bausch und Bogen, unkritisch, nachgebe, will ich ab heute euch freie Bahn lassen: Vergeudet das Geld, kauft ein, kurz, handelt nach eurem Belieben! Wünscht ihr euch freilich gegebenen Falles lieber Kritik und Belehrung und Hilfe von mir, dort, wo aufgrund eurer Jugend ihr blind seid, törichte Sehnsüchte hegt, zu wenig die Folgen bedenkt: Bitte, so will ich den Wunsch euch erfüllen!

AESCHINUS: Auf dich, lieber Vater, verlassen wir uns; besser erkennst du, was not tut. Was soll aber mit meinem Bruder geschehen?

DEMEA: Soll er sein Mädchen behalten. Doch sei sie die letzte!

MICIO: Richtig die Weisung!

DER SÄNGER *zum Publikum*: Ihr bitte, spendet uns Beifall!

ANHANG

In den „Anmerkungen“ erwähnte Namen, über die sich Näheres im „Verzeichnis antiker Namen und Begriffe“ findet, sind mit einem Hinweispfeil (→) versehen.

ANMERKUNGEN

DAS MÄDCHEN VON ANDROS

Bereits das älteste Stück des Dichters läßt erkennen, worin Terenz die Schwerpunkte seiner für das damalige Rom ungewöhnlichen Komödienhandlungen erblickt. Es sind dies vor allem: das Verhältnis des Herrn zum treuen Sklaven, der nicht zum Liebediener herabsinkt, sondern seine menschliche Würde zu behaupten sucht; die Liebe des Vaters zum Sohn, die von guten Vorsätzen getragen ist; die Liebe des jungen Mannes zu einem Mädchen, zu dem ihn nicht Besitzinteressen, sondern persönliche Vorzüge hinziehen; die achtungsvolle Rücksicht des Sohnes auf den Vater, die bis zum Entschluß des Verzichtes geht. Dabei bleiben die Charaktere realistisch gezeichnet. Dem Vater kann aufwallender Zorn die Besonnenheit rauben; der Sohn sieht sich von widerstreitenden Empfindungen hin- und hergerissen. Der soziale Hintergrund liegt fern, deutet sich nur an: das durch drohende Kriegsgefahr bedingte Schicksal des Mädchens; die von dem jähzornigen Vater verfügte Bestrafung des Sklaven; die Lösung des Problems nicht durch Überwinden gesellschaftlicher Schranken, sondern durch die Aufdeckung der Tatsache, daß die Geliebte das attische Bürgerrecht besitzt. Ein von Terenz zum Unterschied von Menander eingeführter zweiter Liebhaber ermöglicht eine reizvolle Erweiterung des Geschehens durch mehrfache Kontraste, Mißverständnisse, Verwicklungen, die aber zu guter Letzt in einen alle befriedigenden Schluß ausklingen.

Didaskalie

gleiche rechte und linke Flöten – → Musik.

5 *Er muß ... Prologe schreiben* – Vgl. Einl. S. XXXV ff.

7 *ein alter Dichter* – → Luscius Lanuvinus.

9 *„Andria“ ... „Perinthia“* – „Das Mächen von Andros“ ... „Das Mädchen von Perinthos“; die griechischen Originale sind nur in dürftigen Fragmenten erhalten, die den Gang der Handlung nicht erkennen lassen. Die Stadt Perinthos lag an der Südküste Thrakiens.

16 *„ineinanderschustern“* – → Kontamination.

51 *zum Mann herangewachsen* – Davon konnte man nach Beendigung des zwei Jahre umfassenden Militärdienstes sprechen, den die jungen Athener Bürger vom 18. bis zum 20. Lebensjahr als Epheben, „junge Männer", ableisteten.

56 *sich ... einer Lieblingsneigung widmen* – Die im folgenden genannten „Neigungen" sind typisch für einen freigeborenen Bürgersohn, dem es die ökonomische Sicherheit des Elternhauses ersparte, selbst für den Lebensunterhalt arbeiten zu müssen.

61 *„Nichts im Übermaß!"* – Als Lebensregel schon von Solon (um 640–560 v. u. Z.), Pythagoras (um 580–500 v. u. Z.) und anderen Dichtern und Denkern gepriesen, die „goldene Mittelstraße" (aurea mediocritas) des Horaz (65–8 v.u.Z.).

75 *verdiente sich ihr Geld durch Spinnen und durch Weben* – Vgl. Einl. S. XVII.

84 *beim Kommen wie beim Gehen* – Die Sklaven kamen, um ihre jungen Herren, die sich nachts bei Chrysis aufgehalten hatten, nach Hause zu holen.

100ff. *mir die Tochter ... als Gemahlin anzubieten für meinen Sohn* – Der Vater besaß das Recht, für seinen Sohn oder – was seltener geschah – für seine Tochter den Werber zu spielen, ohne sein Kind um Erlaubnis zu fragen oder auch nur zu verständigen.

123 *edler Anstand* – Diese Haltung war von einer Freien im Unterschied zu den im Trauerzug mitgehenden Sklavinnen zu gewärtigen.

126 *Deshalb die Tränen ...!* – Römische Autoren der Folgezeit nutzten diese Worte wiederholt als geflügeltes Wort, um eine unerwartete Enthüllung zu bezeichnen.

173f. *als er von dem ... Hochzeitsfest uns reden hörte* – Simo meint offenbar eine vor Beginn des Stückes zu denkende Szene.

199 *Drehmühle* – → Mühle.

219 *Sie wollen dieses Kind ... erziehen* – Der nüchtern denkende Sklave hielte es für durchaus gerechtfertigt, daß die beiden Liebenden, zumal angesichts ihrer ökonomischen Abhängigkeit, das uneheliche Kind aussetzen. Vgl. Einl. S. XVIIff.

221 *Die Mutter sei Bürgerin Athens!* – Sofern das stimmte, konnte Pamphilus nach attischem Recht zur Heirat mit ihr verpflichtet werden.

228 *Archylis* – Eine Mitsklavin der Mysis.

265 *Herrin* – Gemeint ist Glycerium, auch V. 268 u. ö.

289 *Schutzgeist* – → Genius.

296 *Beschützer* – Glycerium bedurfte vor allem als Frau und Ausländerin eines dauernd für sie verantwortlichen Rechtsbeistandes.

401 *das Neugeborene anzunehmen* – D. h., er will es nicht aussetzen.

507 *ein Kind vor die Haustür dir legen* – Die in diesen Worten versteckte Drohung weist voraus auf das Geschehen der Verse 720ff.

546 *kannst du das Mädchen kommen lassen* – Angespielt wird auf den Hochzeitsritus, dem zufolge die Braut mit brennenden Fackeln, unter Flöten- und Harfenmusik sowie Gesang feierlich vom Vaterhaus zum Haus des Bräutigams geführt bzw. gefahren wurde.

555 *Ein Streit ... frischt nur die Liebe auf* – Vielfach variiert sprichwörtlich geworden.

600 *Drehmühle* – → Mühle.

621 *Das Kreuz!* – Vgl. Einl. S. XVII, XXXVIII, XLV.

636 *ich bin mir selber der Nächste* – Sprichwörtlich geworden.

726 *der Altar hier* – Gemeint ist ein Altar des Apollo (vgl. Einl. S. XXVIIf.), der mit „heiligen Zweigen" des Lorbeer- und Ölbaums, insbesondere aber mit Myrtenzweigen geschmückt war.

772 *freie Frauen Zeugen der Geburt* – Nur persönlich Freie durften eine Geburt rechtsgültig bestätigen.

780f. *unterm Zwange der Gesetze heiraten* – Vgl. Anm. zu V. 221.

799 *Laut Gesetz bin ich ... Erbe* – Nach attischem Recht erbte er als ihr nächster noch lebender Verwandter – nach Glycerium, die als Schwester der Verstorbenen ausgegeben worden war.

805 *So wie wir können – nicht nach ... Wunsch* – Sprichwörtlich geworden.

839 *sie stritten sich echt* – Eigentlich: „gemäß ihrem Gesichtsausdruck", d. h., man konnte es von ihren Mienen ablesen. Vgl. Anm. zu *Phormio*, V. 210ff.

863 *Weil ich es will!* – Einen Grund für die Bestrafung des Sklaven brauchte der Herr nicht anzugeben.

950f. *Die Mitgift beträgt zehn Talente* – Diese Summe war für die damaligen Verhältnisse außergewöhnlich hoch. Chremes und mittelbar auch die Familie des Empfängers gehören demnach zu den reichsten Bürgern Athens.

952 *Sie wird mich ... nicht erkennen* – Daß der Vater offenbar bisher keinerlei angestrengte Nachforschungen nach dem Verbleib seiner Tochter angestellt hat, erklärt sich aus der Haltung des antiken Menschen gegenüber Ereignissen wie Krieg und Sturm. Auch der Stand der damaligen Nachrichtenübermittlung ist einzurechnen.

960f. *selber gewann ich Unsterblichkeit, wenn keinerlei Kummer mir meine Freuden durchkreuzt* – Die Freude als Zeichen der Unsterblichkeit gehört zum Gedankengut des griechischen Philosophen Epikur (342–271 v. u. Z.), den Menander besonders schätzte. Donat (4. Jh. u. Z.) bemerkt in seinem Kommentar, Terenz hätte diese Stelle dem „Eunuchen" des Menander entlehnt, sie aber in seinem Stück als Monolog gebracht, während Menander sie als Teil eines Dialogs bot.

980 *die Verlobung* – Gemeint ist die des Charinus mit Philumena. Offenbar ist der durch Terenz nur knapp angedeutete glückliche Ausgang auch der Liebesbeziehung des Charinus zu Philumena von einigen späteren Lesern als unbefriedigend empfunden worden. Daraus erklärt es sich, daß in jüngeren Handschriften eine Schlußergänzung von 21 Versen überliefert wird, in der ein Unbekannter, der den Sprachgebrauch des Terenz, trotz einiger Härten, im ganzen vorzüglich nachzuahmen wußte, das von ihm Vermißte nachträgt.

DER MANN, DER SICH SELBST BESTRAFT

Ein verwitweter Vater treibt durch übertriebene Strenge seinen in ein armes Mädchen verliebten Sohn in die Fremde und verurteilt sich aus Reue über sein Tun selbst zu harter und entbehrungsreicher Arbeit. Sein Nachbar, dessen Sohn ohne Wissen des Vaters eine reiche und verschwenderische Hetäre liebt, empfindet Mitgefühl mit dem schwer Schuftenden, erfragt von ihm das Geschehene und spart nicht mit gutgemeintem Rat. Beider Söhne sind miteinander befreundet. Als der eine, vom Vater unbemerkt, zurückkehrt, schmieden sie mit Hilfe getreuer Sklaven eine Intrige, die ihnen ein Stelldichein mit ihren Mädchen ermöglichen soll. Dabei sollen die Geliebten zum Zwecke der Tarnung die Rollen tauschen. Teilweises Scheitern des Planes nötigt die Beteiligten zu improvisierten Änderungen, wodurch es zu Mißverständnissen und Verwicklungen kommt. In deren Verlauf sieht sich der anfangs so selbstsichere Nachbar überlistet, während der Mann, der sich selbst bestrafte, nunmehr Herr der Situation, Gelegenheit bekommt, sich seinerseits als kluger Ratgeber zu erweisen. Die Entdeckung eines Ringes bringt die Lösung. Der heimgekehrte Sohn heiratet seine Geliebte, die als Tochter des Nachbarn erkannt wird. Sein Freund entsagt, von Vater und Mutter gedrängt, seiner Hetäre und heiratet ein Bürgermädchen aus der Nachbarschaft. Das Stück gewinnt seinen Reiz durch die Gestaltung realistischer Charaktere, eine spannende Szenenführung und die lebendige Diskussion vor allem pädagogischer Probleme.

Didaskalie

Heautontimorumenos – (griech.) Einer, der sich selbst bestraft.

ungleiche, ... rechte Flöten – → Musik.

als das zweite – Vgl. Einl. S. XXXIX. Überliefert ist auch die – möglicherweise richtige – Lesart „als das dritte". Vgl. die vierte Anm. zur Didaskalie der *Schwiegermutter*.

1 f. *daß der Autor mir, dem alten Mann, die Rolle anvertraute* – Den Prolog spricht ausnahmsweise der Theaterdirektor Lucius → Ambivius Turpio. Vgl. Einl. S. XL.

6 ff. *Handlung, einfach im Original* – Von diesem Original sind lediglich zwei – in der Zuweisung umstrittene – Verse erhalten, die keinen Schluß auf das dargestellte Geschehen zulassen.

7 f. *das Stück und seinen Dichter nicht ... nennen* – Das Publikum wußte also, daß Menanders „Heautontimorumenos" als Vorlage gedient hatte.

17 *Griechenstücke roh vermanscht* – → Kontamination.

18 *nur wenig römische* – Von römischen Stücken des Terenz ist nichts bekannt. Immerhin läßt der lateinische Text auch die Deutung zu „wenig Stücke mit römischem Kolorit". Das träfe einen der Unterschiede zu Plautus. Vgl. Einl. S. XXX ff., XLV.

20 *Beispiel guter Dichter* – Vgl. *Mädchen von Andros*, V. 18 f.

22 *jener alte Dichter* – → Luscius Lanuvinus.

24 *stütze sich auf das Talent von Freunden* – Vgl. *Brüder*, V. 15 ff. und Einl. S. XXXVI f.

47 ff. *[Ich machte niemals ...]* – Die hier überlieferten Verse sind in der *Schwiegermutter*, V. 49 ff., besser am Platze.

77 *Ich bin ein Mensch, nichts Menschliches gilt mir als fremd* – Die wohl berühmteste von Terenz überkommene Sentenz.

117 *der König* – Ein nicht namentlich genannter Diadochenherrscher. Vgl. Einl. S. XV.

183 f. *Wir waren ... von Kindheit an ... befreundet* – Das ist unwahrscheinlich angesichts der Tatsache, daß die Väter (V. 53 ff.) sich erst seit kurzer Zeit kennen. Möglicherweise sind hier die Spuren einer → Kontamination zu bemerken.

191 *ein Bursche* – Clinias Sklave Dromo.

421 f. *jene Weisheit ...: die Zeit befreie uns ... von Kummer* – Ein in der antiken Literatur wiederholt ausgesprochener, auch nuancierter Gedanke.

474 *dein Sklave* – Dromo.

520 f. *es sei der Adler ewig jung* – Nach einem Sprichwort, das allerdings in dieser Form anderswo nicht überliefert ist, wohl aber nuanciert in ähnlichem Sinne, z. B. „Das Alter des Adlers ist so viel wert wie die Jugend der Lerche".

599 *diese Hetäre* – Bacchis. Vgl. die Einschätzung V. 521 ff.

627 *du wolltest das Kind, wenn ein Mädchen es würde, nicht aufziehen* – Vgl. Einl. S. XVIII f.

635 *das Kind ... beseitigen* – Vgl. *Schwiegermutter* V. 749 und Anm.

650 f. *meinen Ring ... mit dem Mädchen ... auszusetzen* – Es bleibt offen, ob das mehr aus abergläubischer Furcht vor den Göttern oder aus der Überlegung heraus geschah, daß die Überlebenschancen des Kindes durch Beigabe eines Wertgegenstandes sich vergrößerten. Chremes läßt (V. 653) beide Beweggründe gelten.

953 *eine Witwe* – Hier Inbegriff einer schutzlosen Frau.

976 *brauchst keinen Altar und keinen Verteidiger* – Sklaven, die eine harte Bestrafung durch ihren Herrn zu gewärtigen hatten, fanden an einem Altar bzw. in einem Tempel Asyl. Außerdem stand es ihnen gegebenenfalls offen, einen „Verteidiger", im Sinne von „Fürbitter" (precator), zu gewinnen, der den zornigen Herrn zu begütigen und die Strafe zu mildern oder ihre Aussetzung bzw. wenigstens einen Aufschub zu erreichen suchte. Ein solcher Fürbitter konnte ein von dem Herrn für diesen Zweck bestimmter Mitsklave des Bedrohten, aber auch ein außenstehender Freigelassener oder Freier sein. Vgl. V. 1002 und *Mädchen von Andros*, V. 601, sowie *Phormio*, V. 140.

1042 *das häßliche Wort* – Das Wort „Hure".

DER EUNUCH

Das Stück, das dem Dichter den entscheidenden Durchbruch in der Gunst des Publikums brachte, bietet die besten Wesenszüge Terenzischer Poesie im Zusammenklang mit – freilich in gedämpften Tönen gebotenen – Elementen des plautinischen Lustspiels, das der Situationskomik breiten Raum gewährte. Wahrscheinlich hat der nur mäßige Erfolg der ersten Stücke den Dichter veranlaßt, dem Geschmack des größeren Teiles seines Publikums etwas weiter entgegenzukommen. Über Typen wie den ruhmredigen Offizier und seinen ihn an der Nase herumführenden Parasiten, auch über den nach allen Regeln militärischer Kunst unternommenen Sturmangriff auf das Haus der Hetäre und seinen kläglichen Ausgang konnte man herzlich lachen. Der draufgängerische Liebhaber, der als Eunuch den Zugang zu seinem Mädchen findet; sein schmachtender Bruder; die „edle Hetäre", die es versteht, ihre Reize gegenüber jedem Mann zur Geltung zu bringen, doch zugleich tiefer Empfindungen und selbstloser Hilfe fähig ist, auch beharrlich ihre Pläne zum Anschluß an eine bürgerliche Familie verwirklicht – sie alle führen die Handlung zu einem Schluß, der nicht nur die beiden Liebespaare vereinigt sieht, sondern auch dem Parasiten einen guten Tischherrn und sogar dem Offizier einen Anteil an den von Thais zu erwartenden Liebesfreuden verspricht. Daß dieser Anteil nur ein scheinbarer ist, ändert nichts an der selbstgefälligen Zufriedenheit des Betrogenen.

Didaskalie

zwei rechte Flöten – → Musik.

4 *jemand* – → Luscius Lanuvinus.

9 *das „Gespenst" Menanders* – Das Original dieses Stückes („Phasma") ist nur durch wenige Fragmente und durch eine von Donat (4. Jh. u. Z.) im Eunuch-Kommentar gebotene kurze Inhaltsangabe bekannt: Eine Frau bringt nach einer Vergewaltigung ein Mädchen zur Welt und erzieht das Kind insgeheim. Herangewachsen, erscheint das Mädchen dem Stiefsohn der Frau zuerst als Gespenst, ehe er es liebgewinnt und zur Frau nimmt.

10 *„Schatz"* – Das griechische Original dieses Stückes („Thesauros") ist verloren. Es stammt von Philemon (um 365–264 v. u. Z.). In ihm kauft, nach Donat, ein betagter

Geizhals ein Stück Land, auf dem sich ein Grab befindet. In letzterem wird ein Schatz entdeckt, auf den der Sohn des Bestatteten ebenso Anspruch erhebt wie der Käufer des Grundstücks. Ein Prozeß entscheidet zugunsten des Sohnes.

19f. *der „Eunuch" des Menander* – Das griechische Original ist nicht erhalten.

22 *Vertreter der Behörden* – Offensichtlich Beauftragte der → Ädilen. Vgl. Einl. S. XXIX.

25 *der „Schmeichler"* – Vom griechischen Original dieses Menanderstückes („Kolax") liegen nur wenige Fragmente vor, die den Gang der Handlung nicht erkennen lassen. Die Bearbeitungen des Naevius wie des Plautus sind nicht erhalten.

26 *Schmarotzer* – → Parasit.

28 *nicht, weil er stehlen wollte* – Die Antike kannte kein Urheberrecht zum Schutze geistigen Eigentums. Zitate oder Übernahme von Motiven ohne Angabe der Quelle waren in der schönen Literatur üblich. Lediglich in wissenschaftlichen Arbeiten setzten sich bis zum Ausgang der Antike Quellenangaben allmählich durch. Unsere Stelle beweist nur, daß es in Einzelfällen zu Streitigkeiten und wechselseitigen Vorwürfen im Hinblick auf Urheberrechte gekommen ist. Beispiele dafür bietet bezeichnenderweise schon die Komödie des Aristophanes. Der Begriff Plagiat als „Diebstahl geistigen Eigentums" ist nach dem lat. plagiator, „Dieb", „Betrüger", von den Franzosen gebildet und seit dem 19. Jahrhundert ins Deutsche übernommen worden.

36ff. *flinke Sklaven ... Liebe, Haß und Argwohn* – Eine Aufzählung der gängigen Typen und Motive der Neuen Komödie.

41 *Nichts läßt sich sagen, was nicht schon früher ... ausgesprochen wurde* – Sprichwörtlich geworden.

59ff. *Liebe birgt alle Übel ...* – Zitiert von Cicero in den „Gesprächen im Tusculanum", IV 35, 76.

133 *voll Gewinngier* – Die ausdrückliche Begründung des Verkaufs, der nach geltendem Recht unanstößig war, mit einer negativen Charaktereigenschaft des Verkäufers kann aus der Vorlage stammen; für Terenz ist sie in jedem Falle typisch.

165f. *ein Mädchen aus Äthiopien* – Nach den Eroberungszügen Alexanders des Großen (etwa seit 334 v. u. Z.) wurden Negersklaven in den Kreisen der Wohlhabenden als Zeichen des Luxus beliebt.

167 *Wunsch nach einem Eunuchen* – Die orientalische Sitte, entmannte Sklaven als Haremswächter („Bettbehüter") einzusetzen, galt den Griechen noch zur Zeit der Perserkriege als „barbarische" Entartung. Die Eroberungszüge Alexanders leiteten einen Wandel in dieser Auffassung ein. In der Zeit Menanders prunkte derjenige, der es sich leisten konnte, gern mit dem Besitz eines Eunuchen.

169 *Für beide zahlte ich ... zwanzig Minen* – Soweit historische Quellen es erkennen lassen, wäre die Summe auch für *einen* Sklaven schwerlich zu hoch gewesen. Vielleicht spielte die Person des Eunuchen (V. 231, 357ff.) eine Rolle für den auffällig niedrigen Preis. Ein Vergleich mit V. 471, wo Thraso allerdings den Preis herunterspielen will, zeigt im übrigen, daß die Zahlenangaben der Komödie nicht durchweg ernst zu nehmen sind.

264 *„Gnathoniker"* – Zweifellos soll die Wortbildung an die Platoniker erinnern, an die von Platon (427–347 v. u. Z.) begründete Philosophenschule.

290 *Er muß doch heut Posten dort stehen!* – Chaerea leistet seinen Dienst als Ephebe ab, vgl. Anm. zum *Mädchen von Andros*, V. 51. Ob er beim Verlassen des Piräus gerade wachfrei hatte oder den Postenbereich heimlich verließ, bleibt offen.

340 *als Anwalt* – Im prozeßfreudigen Athen war Beistand vor Gericht unter Verwandten und Bekannten an der Tagesordnung.

397 *der Fürst* – Die für die Neue Komödie kennzeichnende allgemein bleibende Erwähnung eines der Diadochen, auch *der König* (V. 401 u. ö.). Vgl. Einl. S. XV.

406 *Sein Herz von Kummerbürden zu befreien!* – Das kann, muß aber nicht ein Dichterzitat sein. Dem gewitzten und wortgewandten Parasiten ist ein improvisierter Vers tragischen Charakters durchaus zuzutrauen.

413 *Elefantenkorps* – Nach dem Vorbild der indischen Könige hielten die Diadochen sowohl zur Prachtentfaltung an ihren Höfen wie auch für den Kampfeinsatz Elefanten.

422f. *Bei Tisch lag neben mir* – Bei den Gelagen pflegten die Männer auf Sänften oder Speisesofas zu liegen, die Frauen bzw. die Hetären zu sitzen.

429 *Er stammt von mir* – Nach antiker Notiz kommt der Witz zum ersten Male bei Livius Andronicus vor, dem ersten namentlich bekannten römischen Dichter aus dem 3. Jahrhundert v. u. Z. Vgl. Einl. S. XXIII.

491 *aus dem Abfall* – Wörtlich: „aus dem Feuer". Die Beschimpfung spielt an auf jene Armen, die Leichenbrandstätten nach Überbleibseln des Trauermahles absuchten.

513 *sie hätte eben schon das Opfer dargebracht* – Verhandlungen über bedeutsame Fragen wurden, im öffentlichen wie im privaten Bereich, durch feierliche Kultmaßnahmen eingeleitet. Dieses „Gehabe" (V. 515) war Chremes verdächtig erschienen.

539 *Wir, ein paar Jungen ...* – Donat (4. Jh. u. Z.) bemerkt in seinem Kommentar, Terenz hätte Antipho auftreten lassen, um die folgenden Ausführungen Chaereas nicht, wie bei Menander, als Monolog, sondern als lebendigen Dialog vorzuführen.

589 *ein offenes Dach* – Der Innenhof des römischen Hauses, in dem sich ein Bassin oder eine Zisterne zum Auffangen des Regenwassers befand, war nicht überdacht.

590 *„Der durch ... Donner des Himmels ... Hallen erzittern läßt!"* – Nach Donat eine Parodie auf den pathetischen Stil des → Ennius.

598 *du mächtiger Esel* – Der Esel gilt als Sinnbild der Geilheit.

627 *legte ... den Goldschmuck ... ab* – Thais traute dem Hauptmann zu, daß er ihr im Falle von Handgreiflichkeiten den Schmuck entreißen und sich aneignen würde.

728 *als ich bei Tische noch lag* – Vgl. Anm. zu V. 422f.

732 *Ohne Ceres und Bacchus muß Venus frieren* – Ein in der antiken Literatur oft zitiertes Sprichwort.

759 *der Kerl ... ist Ausländer* – Ausländer, selbst höheren Ranges, waren in einer fremden Stadt bei Rechtshändeln fast immer im Nachteil, wenn sie sich nicht auf persönliche Beziehungen stützen konnten.

777 *Schwamm* – Das Werkzeug, mit dem der Koch Töpfe, Geschirr, Tische, Bestecke und dergleichen zu reinigen pflegte.

864 *Chaerea!* – Thais hat ihn also trotz seiner Verkleidung erkannt.

865 *wenn ich auch ... solche Schmach ... verdiene* – Sie bekennt sich freimütig zu ihrem Stand als Hetäre. Vgl. Einl. S. XIXf.

890 *sofern mein Mädchen nur das Bürgerrecht besitzt* – Vgl. Einl. S. XVIIIf.

957 *abschneiden ..., was man Lüstlingen abschneidet, Brechern der Ehe* – Mit auf frischer Tat ertappten Ehebrechern bzw. Vergewaltigern eines freien Mädchens konnte der Ehegatte oder nächste Verwandte derart verfahren, ohne Strafe gewärtigen zu müssen. Der Dichter läßt den Vorgang durch Pythias dezenter formulieren, im Sinne: „droht er, so zu verfahren, wie man mit ... verfährt".

1039f. *Thais ... begab sich in unseren Schutz* – Damit tritt sie als Hetäre und Ausländerin zu einer Bürgerfamilie Athens in ein Verhältnis, das dem der römischen Klienten ähnelt und ihr in allen Rechtsfragen Schutz und Beistand sichert. Vgl. Einl. S. XX.

PHORMIO

Der Titelheld ist ein Parasit, der sich von dem des Offiziers im *Eunuchen* als Charakter wesentlich unterscheidet. Selbstbewußt und teilweise auch uneigennützig setzt er seine genaue Kenntnis der staatlichen Gesetze bei der Durchführung von nicht immer risikofreien Intrigen ein. Geschickt ermöglicht er einem jungen Mann, der sich in ein armes verwaistes Mädchen verliebt hat, die Heirat mit der Geliebten. Der Vetter des jungen Mannes, verliebt in eine Sklavin, doch nicht bemittelt genug, sie ihrem Herrn abzukaufen, erhält durch eine weitere Intrige Phormios das benötigte Geld. Von den Vätern der Liebhaber, Brüdern recht unterschiedlicher Wesensart, wird der eine durch List und darauf auch durch einen Appell an die Vernunft bewogen, der andere durch eine klug angesetzte Erpressung genötigt, sich mit den geschaffenen Tatsachen abzufinden. Zunutze machen kann sich der Parasit als Druckmittel, daß der eine der beiden Väter mit einer zweiten Frau in heimlicher Ehe gelebt und eben jene arme Waise mit ihr gezeugt hat. Sämtliche Charaktere zeichnen sich durch Frische, Lebendigkeit, Wirklichkeitsnähe aus, nicht zuletzt die Frau des als Ehebrecher entlarvten Vaters, die sich, ihrem Manne an Intelligenz und Tüchtigkeit weit überlegen, ohne Schmerz und Enttäuschung zu verhehlen, nicht ohne Würde behauptet – innerhalb der ihr in der Gesellschaft gesetzten Grenzen: „Wäre ich als Mann geboren!" (V. 792). Echte Gesellschaftskritik lag der Neuen Komödie naturgemäß fern (vgl. Einl. S. XVI–XXIII). Der *Phormio* ist die Komödie des Terenz, die einer derartigen Kritik am nächsten kommt.

Didaskalie

„Epidikazomenos" – (griech.) Einer, der (vor Gericht) einen Anspruch stellt. Dabei kann es sich z.B. um einen Erbanspruch, eine Pflichtheirat, die Anerkennung bürgerlicher Rechte u.a. handeln.

1 *der alte Poet* – → Luscius Lanuvinus.

6f. *verrückte Knaben ..., die eine Hirschkuh ... fliehen sahen ...* – Möglicherweise hat Luscius in einer derartigen Szene einen Jüngling auftreten lassen, der aus Angst um seine Geliebte von Wahnvorstellungen (des in eine gehetzte Hirschkuh verwandelten Mädchens?) heimgesucht wurde. Denkbar ist aber auch, daß Terenz sie nur zur allgemeinen Charakterisierung der Arbeiten des Luscius und seiner poetischen Gesinnungsgenossen erfunden hat.

32 *wie neulich erst, als Störenfriede unsre Truppe jäh verscheuchten* – Anspielung wohl auf die gescheiterte erste Aufführung der *Schwiegermutter.* Vgl. Einl. S. XXXIX.

33 *der Direktor* – Lucius → Ambivius Turpio.

35 *Landsmann* – Aus griechischer Sicht galten Daker und Geten (→ Namen der Neuen Komödie) als stammverwandt. Daß Landsleute im Sklavenstand befreundet sind, bedeutet, zumal unter den Verhältnissen des Stadtlebens, nicht unbedingt, daß sie *einem* Herrn gehören. Indes legt die Vertrautheit des Davos mit der Familiensituation im Hause (V. 63ff.) die Vermutung nahe, daß Davos wie Geta Sklave Demiphos ist oder doch war. Vielleicht ist er von Demipho als Arbeitskraft an einen anderen Herrn vermietet worden. Daß Davos V. 148 Demipho als „euren" Alten bezeichnet, braucht unter den Bedingungen seines jetzigen Einsatzes nicht dagegen zu sprechen. Da der Dichter die Gestalt des Davos lediglich in den Dienst der Exposition stellt – ähnlich der des Sosia im *Mädchen von Andros* –, bleibt die Frage für die Handlung ohne Belang.

43 *unzenweise* – → Unze.

Monatsration – In der Regel wurde den Sklaven, die in einem städtischen Haushalt eingesetzt waren, monatlich, oft in Naturalien, die Verpflegung zugeteilt, zuweilen auch ein Taschengeld.

49 *Fest zur Weihe* – Terenz übernimmt den im Original genannten attischen Brauch der „Einweihung" des Jugendli-

chen in eine Kultgemeinschaft, die etwa der späteren christlichen Einsegnung bzw. der heutigen Jugendweihe entsprach und feierlich begangen wurde.

51 *ein Rotkopf* – In der römischen Antike wurden auffällig kennzeichnende körperliche Eigenschaften – hier wohl das rotblonde Haar des Davos – ohne herabwürdigenden oder spöttischen Nebensinn zu sachlicher Orientierung unter Freien wie Sklaven benutzt. Vornehme römische Geschlechter führten derartige Bezeichnungen, z.B., wie hier, Rufus, „Rotkopf", weiter Corvinus, „nach Rabenart" (sei es nach der Form des Schnabels, sei es nach der krächzenden Aussprache), Flaccus, „Schlappohr", Tubero, „Buckliger", u.a., sogar dann, wenn bei den Nachkommen die angesprochenen Eigenschaften nicht mehr erkennbar waren. → Namen der Neuen Komödie.

68 *durch Versprechen goldner Berge* – Sprichwörtlich geworden.

70 *Wäre ich ein König!* – In dem Sinn: Ich wollte schon zeigen, wie man Reichtum sinnvoll verwendet.

74 *mein Schutzgott* – → Genius.

88 *Schule* – Hier eine Stätte musischer Ausbildung (V. 82 „Harfe spielt"). Vgl. Einl. S. XIX.

125 *Es ist Gesetz ...* – Nach attischem Recht. Dieses „Erbtöchtergesetz", dessen ursprünglicher Sinn Ausdruck des Strebens war, der Familie das in Frage kommende Erbteil zu erhalten, konnte sehr verschieden ausgelegt werden und hat in der Praxis mehrfach zu schwierigen Prozessen geführt. Vgl. *Brüder*, V. 651 und Anm.

140 *Bittmann* – Vgl. Anm. zum *Mann, der sich selbst bestraft*, V. 976.

144 *„Mädchenführer"* – Im lateinischen Text: paedagogus, eine Anspielung darauf, daß Phaedria die von ihm geliebte Harfenspielerin zur Schule und zurück „geleitet" (V. 85ff.), eine Aufgabe, die in vornehmen Familien von vertrauenswürdigen Sklaven oder Freigelassenen übernommen wurde, die man Pädagogen nannte.

150 *Hafenzoll* – Diese Behörde hatte den Waren- und Nachrichteneingang zu überwachen.

152 *Dorcium* – Eine Mitsklavin Getas, vielleicht seine Frau. Mit Genehmigung ihres Herrn durften Sklaven innerhalb ihres Standes heiraten; Kinder, die aus der Ehe hervorgingen, waren genauso Eigentum des Herrn wie die Eltern. Vor dem Gesetz begründete eine solche Ehe keinerlei Rechte

und Pflichten, nicht anders als eine Verbindung zwischen einem Freien und einer Sklavin.

186 *wasche ich Ziegel* – Griechisches Sprichwort, das eine sinn- und nutzlose Arbeit bezeichnet.

190 *hätte mein Bündel geschnürt* – Die lateinische Wendung hat noch den Nebensinn: „einiges mitgehen heißen". Vgl. Einl. S. XX.

201 *Phanium* – Die bis jetzt noch nicht mit Namen genannte Geliebte und dank der Intrige Phormios juristisch anerkannte Gattin Phaedrias.

203 *Dem Tapferen hilft das Glück* – Vielzitiertes, zuweilen im Wortlaut variiertes römisches Sprichwort.

207 *zu etwas viel Schlimmerem* – Zur Trennung von Phanium.

210 ff. *Guckt mein Gesicht an! So: Reicht das?* – Diese Stelle beweist, daß ohne Masken gespielt wurde. Vgl. auch V. 890 f. und Anm. zum *Mädchen von Andros*, V. 839.

220 *am Strick geprügelt werden* – Der Delinquent wurde an den Händen aufgehängt und gepeitscht.

224 f. *beim Bemühen, das Verschulden zu verteidigen* – Offenbar Anspielung darauf, daß Phaedria die Intrige Phormios guthieß.

249 *Stampfmühle* – → Mühle.

281 *wie er es tat* – Daß Antipho vor Gericht geschwiegen hat, stellte Demipho schon in Rechnung, als er sich zweifelnd die Frage vorlegte, ob angesichts eines Gesetzeszwanges „der Kenner der Wahrheit durch Schweigen die eigene Sache … preisgeben" solle (V. 237).

292 *Ein Sklave … darf vor Gericht nicht sprechen* – Sklaven durften vor Gericht lediglich unter der Folter aussagen. Dies war aber nur zulässig, wenn eine der Parteien es ausdrücklich forderte.

318 *Du hast es eingebrockt, jetzt mußt du alles löffeln* – Sprichwörtlich geworden.

328 *Ausländer, Bürger sodann* – Die Reihenfolge ist insofern wichtig, als die rechtliche Stellung auch der in Athen ansässig gewordenen Ausländer grundsätzlich labiler war als die der Vollbürger (vgl. *Mädchen von Andros*, V. 811 ff. sowie *Eunuch*, V. 759 und Anm.). Ausländer vermieden es nach Möglichkeit, sogar wenn sie schuldlos geschädigt worden waren, einen Prozeß anzustrengen. Bei ihnen konnte Phormio folglich am leichtesten Erfahrungen für seine Parasitenpraktiken sammeln, die ihm später, als er sich, küh-

ner geworden, auch Vollbürger als Opfer erkor, zugute kamen.

337 *mein Herr* – Ohne Ironie dürfte Antipho, der „junge Herr", gemeint sein; ironisch, wohl hier eher am Platze, Demipho.

364f. *er hatte dort zur Pacht von meinem Vater ein Stück Boden* – Phormio will mit dieser erfundenen Behauptung seine persönliche Anteilnahme am Lose Phaniums begründen. Vgl auch V. 650ff.

386f. *Ich vergaß ... den Namen* – V. 356 hatte Phormio ihn gewußt. Versehen des Dichters? Fehler der Überlieferung? Oder ein Trick Phormios, dem verzögert ausgesprochenen Namen ein höheres Gewicht zu verleihen?

406 *die Wiederholung des Verfahrens* – Eine solche war formal möglich, wurde aber in der Regel selbst von zu Unrecht Verurteilten gemieden, weil sie die Gefahr einer durch ein zweites Verfahren heraufbeschworenen Verschlimmerung ihrer Lage scheuten. Diese Gefahr war durch die Umstände des damaligen Rechtswesens allein schon insofern gegeben, als die Gerichte in dem Antrag auf Wiederaufnahme eines Verfahrens ein Mißtrauensvotum gegen ihre Kompetenz und Rechtlichkeit sehen konnten. Daß Demipho die in den Worten Phormios liegende Drohung respektiert, beweist er, der in dieser Szene von Anfang an den Parasiten mit der ihm größtmöglichen Sachlichkeit, ja Höflichkeit (V. 377ff.) behandelt, durch seinen jetzt folgenden Vorschlag einer gütlichen Einigung.

410 *fünf Minen* – Eine für die Vermögenslage Demiphos lächerlich geringe Summe, durch die er sich freizukaufen sucht. Vgl. die Mitgiftsangebote im *Mädchen von Andros*, V. 950 nebst Anm. und 980.

454 *Viel Menschen, viele Sinne* – In der antiken Literatur wiederholt zitiertes Sprichwort. Vgl. schon Homers Ilias II 203ff.

484 *seine Palästra* – Scherzhaft für das Haus des Kupplers Dorio.

491 *der Kuppler führt Böses im Schilde* – Nämlich „in seinem Interesse" (suo capiti). Der Sinn ist seit der Antike umstritten. Schon Donat (4. Jh. u. Z.) vermutete in dem Vers die Bedeutung: „Ich habe Angst vor dem Kuppler, ⟨er könnte Böses im Schilde führen⟩", daraufhin aber ein Umbiegen des Gedankens, noch ehe der abhängige Satz ausgesprochen war, etwa zu der Verwünschungsformel: „– soll er

doch Böses gegen sich selber ins Werk setzen!" Sprachlich wäre dieses Umbiegen möglich, was dann einige Herausgeber veranlaßte, den abhängigen Satz dem Geta in den Mund zu legen.

541 *der Hinweis reicht dem Gewitzten* – Sprichwörtlich geworden.

571 *mit ihrem Anhang* – Wörtlich: „mit ganzer Familie". Dieser Umstand scheint in gewissem Widerspruch zu V. 96 ff. zu stehen, wo der trauernden Tochter „nur eine alte Frau" Hilfe leistet, und zu V. 733 und 751, wo die Amme ausdrücklich Armut und Verlassenheit hervorhebt. Indessen brauchte der Dichter wohl kaum auszuführen, daß der Tod der Mutter und der Mangel an Mitteln möglicherweise noch weitere Mitglieder der → Familie veranlaßt haben konnten, das Weite zu suchen.

587 *auf mich allein gestellt* – Die Ehefrau, Nausistrata, besitzt das Vermögen. Vgl. V. 680.

590 *das Versprechen* – Sein Sohn Antipho sollte mit der Tochter des Chremes verheiratet werden, wie schon aus V. 579 ff. hervorgeht.

630 f. *so geht es ... nicht um seinen Kopf, ... nur um das Geld* – Demipho mußte, wenn er für das Verstoßen des ihm angeblich verwandten Mädchens bestraft werden sollte, lediglich mit einer Geldbuße in Höhe einer Mitgift für die Verstoßene rechnen. Der mittellose Parasit Phormio dagegen mußte im Falle des Unterliegens eine Geldstrafe gewärtigen, für die er mit seiner Person einzustehen hatte. Ihm drohte also im schlimmsten Falle der Verlust seiner Freiheit.

647 *daß er sie ... als Kind verstoßen ließ* – D. h., er hat sie ausgesetzt. Vgl. Einl. S. XVIII.

653 *wird sie, bei ihrer Armut, Sklavin eines Reichen* – Die Rolle einer verheirateten Frau, die keine Mitgift in die Ehe eingebracht hatte, glich in der Regel der einer Sklavin.

668 *sechshundert* – Umgangssprachlich für eine unbestimmte, aber riesige Menge.

690 f. *Nichts schädlicher, als dies Geschwür berühren oder die Gattin nennen!* – Sprichwörtlich für das Berühren eines wunden Punktes bzw. ein nachteiliges Aufdecken der eigenen Karten.

705 ff. *Unheilszeichen ... Opferschau ... Wahrsager* – Zeichen wie die im folgenden genannten sowie die Auskünfte von Zukunftsdeutern waren nicht nur in der Familie, sondern sogar in der Politik gern genutzte Mittel, unangenehme Ent-

scheidungen „aus religiöser Scheu“ auf die lange Bank zu schieben.

733 *die schwachen Punkte der Hochzeit* – Das waren vor allem die Eile des Verfahrens und die Nichtanwesenheit des Vaters bei einem so jungen Bräutigam.

768 *Wenn du … wegläufst, so nicht … an der Hütte vorbei* – Das schon in der Antike verschieden gedeutete Sprichwort bedeutet wohl soviel wie: Wenn du vor Verfolgern fliehst, so renne nicht blindlings an einer Stätte vorbei, die dir Unterschlupf gewähren kann.

792 *Wäre ich als Mann geboren!* – Vgl. Einl. S. XIX und Vorbemerkung zum Stück.

812 *jene Tochter unsres Freundes* – Demipho hat noch nicht völlig den Zusammenhang begriffen. Er versteht nur soviel, daß sein Bruder die Peinlichkeit vor seiner Frau vertuschen will, und umschreibt deshalb das von ihm gemeinte „deine Tochter“ mit „Tochter unseres Freundes“.

830 *sie ward ja freigelassen* – Sie blieb demnach als Freigelassene die Geliebte Phaedrias.

838 *die junge Magd …, von der Geta vorhin sprach* – Vgl. V. 665.

844 *den Mantel hoch zur Schulter ziehen* – Umgangssprachliche Wendung, mit der man ausdrückt, daß man „die Beine in die Hand nimmt“.

877 *Ich auch habe davon munkeln hören* – Im Text wird es nirgendwo ausdrücklich gesagt. Doch von Phanium wie von Sophrona hat Antipho einiges erfahren können.

915 *vor kurzem erst … vorgeworfen* – V. 413ff., dort in einer dem Parasiten gemäßen drastischeren Ausdrucksweise.

922 *die … Summe wieder auf mein Konto schreiben* – Das Geld war von Demipho bei einem Wechsler zugunsten Phormios eingezahlt und diesem gutgeschrieben worden.

928 *eurer Ehre wegen* – Beißender Hohn, denn Demipho wollte im Grunde nur keine arme Schwiegertochter nehmen.

DIE SCHWIEGERMUTTER

Ein junger Mann, Sohn eines Bürgers, läßt sich eines Nachts im Weinrausch dazu hinreißen, ein ihm unbekanntes Mädchen zu vergewaltigen, und entwendet ihr, seiner Sinne nicht mächtig, einen Ring, den er später seiner Geliebten, einer Hetäre, schenkt. Unter väterlichem Druck heiratet er eine Bürgerstochter, die er, ohne ihre guten Eigenschaften zu verkennen, nicht anrührt, da er seiner Geliebten die Treue halten will. Allmählich nur lernt er die guten Eigenschaften seiner Frau schätzen und löst sich von der Hetäre. Von einer längeren Reise zurückgekehrt, steht er vor der Tatsache, daß seine junge Frau schwanger geworden ist und aus Scham wieder bei ihrer Mutter Zuflucht gesucht hat; die herrschende Moralauffassung bürdet ihr die Last der ihr widerfahrenen Vergewaltigung auf, sie gilt für einen freien Mann als nicht mehr ehefähig. Die an tragischen Momenten reiche Konfliktsituation, in der sich das junge Paar und die Eltern beider befinden, erfährt ihre Lösung dadurch, daß der Ring, den jetzt die Hetäre besitzt, als ehemaliges Eigentum der jungen Frau entdeckt wird. Damit ist die Vaterschaft des jungen Mannes bewiesen, seine Ehe legitimiert. Die Hetäre, ihrer Standesgenossin Thais im *Eunuchen* wesensähnlich, gibt den Geliebten frei, ohne ihre ihm weiterhin gewidmeten Gefühle zu verhehlen.

Vielleicht sind die tragischen Momente der Handlung und der weitgehende Verzicht auf typische Mittel der Komödie Ursache dafür, daß das Stück zweimal beim Publikum durchfiel, bevor es in einer dritten Aufführung überhaupt bis zum Ende gespielt werden konnte.

Didaskalie

Hecyra – (griech.) Die Schwiegermutter.

Das ... Original stammt von Menander (Apollodoros?) – Der Verfasser des von Terenz benutzten, uns nicht mehr zugänglichen Originals ist nicht eindeutig erwiesen. Die antiken Quellen schwanken zwischen Menander und Apollodoros. Donat (4. Jh. u. Z.) nennt letzteren mehrere Male, ohne sich klar zu entscheiden. Von keinem der beiden Dichter ist aus anderen Quellen ein Stück dieses Titels bekannt. Die heutige Forschung neigt dazu, das Original dem Apollodoros zuzusprechen.

gleiche Flöten – → Musik.

das fünfte Stück – Die Angabe berücksichtigt nicht den Zeitpunkt der ersten Aufführung. Vgl. Einl. S. XXXIX sowie die dritte Anm. zur Didaskalie des *Mannes, der sich selbst bestraft.*

die erste Aufführung – Mit großer Wahrscheinlichkeit fand sie schon im Jahre 165 v. u. Z. statt. Die in den Handschriften gebotenen teilweise widersprüchlichen bzw. unklaren Angaben stehen einer völligen Sicherheit entgegen.

die zweite – Im Jahre 160 v. u. Z.
die dritte – Im Jahre 160 v. u. Z. Diese, die erste erfolgreiche, fand wahrscheinlich bei den Römischen Spielen statt.

Inhaltsangabe

Pamphilus ... wollte nicht die Mutter zu sich nehmen – Er verweigerte damit Philumena die Anerkennung als Gattin und stritt, über die Zusammenhänge noch nicht unterrichtet, auch seine Vaterschaft ab. Aus der Inhaltsangabe geht nicht hervor, daß Pamphilus von seinem Vater zur Heirat genötigt worden war.

1 *Das Stück hier ...* – Die Verse 1ff. sind ein Bruchstück des Prologs zu der zweiten Aufführung, die, wie schon die erste, mißglückte. In der erschlossenen Lücke nach V. 7 wird, nachdem der finanzielle Aspekt als Begründung der Wiederholung ausgeschlossen wurde, ein mit „sondern" eingeleitetes positives Argument gestanden haben.

10 *mir als altem Mann* – Es spricht Lucius → Ambivius Turpio. Er eröffnet mit V. 9 den Prolog zur dritten Aufführung.

14 *die Tücke seiner Gegner* – Gemeint ist der Kreis um → Luscius Lanuvinus.

400 *Aussetzen wird man es gleich* – Vgl. Einl. S. XVIIIf.

403 *als Mann von Ehre* – Trotz seiner Neigung zu dem Mädchen und trotz seiner Einsicht in ihre Unschuld ist Pamphilus bereit, sich dem Zwang der herrschenden Moral zu beugen. In gewissem Sinne kann sein Monolog als antiker Vorläufer der Sprechszene zwischen Instetten und Wüllersdorf in Fontanes „Effi Briest" angesehen werden. Es fehlt nicht viel, daß auch er sagt: „... unser Ehrenkultus ist ein Götzendienst, aber wir müssen uns ihm unterwerfen, solange der Götze gilt" (Kap. 27).

440f. *rot im Gesicht ... blaß wie eine Leiche* – Der groteske Widerspruch in dieser fingierten Beschreibung unterstreicht die Erregung und Verwirrung des Pamphilus. Zur möglicherweise komischen Wirkung der Szene (vgl. V. 803f.) vgl. Einl. S. XLIIIf.

532 *zumal ... Philumena ordnungsgemäß und zum richtigen Zeitpunkt gebar* – Nach der ausdrücklichen Aufrechnung durch Myrrhina (V. 393f.) könnte Phidippus, sofern er sich in seiner

Erregung nicht schlechthin irrte, diese Worte nur im Sinne einer – von Myrrhina selbst schon V. 398 als Ausflucht erwogenen – Frühgeburt sprechen.

592 f. *niemals verzichten auf ... festliche Tage* – Insbesondere ist an das Frauenfest der Thesmophorien zu denken, allgemein auch an mehrere andere attische religiöse Feste, an denen Frauen teilnehmen durften.

684 *deine Liebste* – Bacchis.

711 *Myrrhina hat es mir erzählt* – Eher hat er es ihr V. 537 ff. in den Mund gelegt.

748 *Wer behauptet denn das?* – Die Frage bezieht sich nicht auf die unmittelbar vorangehenden Äußerungen des Laches, sondern auf die V. 743 formulierte Anschuldigung des Umgangs mit Pamphilus.

749 *den Jungen ... beseitigen* – Das ist gewiß eine härtere Formulierung als der Ausdruck Myrrhinas („aussetzen", V. 400), aber die Bestätigung der Tatsache, daß ein Aussetzen in der Regel der „Beseitigung" gleichkam. Eines der Motive, in denen die Neue Komödie schwelgte, das Auffinden und Erretten ausgesetzter Kinder, stellt sich somit als eine ganz seltene Ausnahmeerscheinung heraus. Vgl. Einl. S. XVII ff. und *Mann, der sich selbst bestraft,* V. 635.

773 *befrage sie ... unter jeder beliebigen Folter* – Vgl. Anm. zu *Phormio*, V. 292.

776 *als einzige etwas getan zu haben, wovor sich andre Hetären wohl hüten* – Vgl. V. 834 f. und Einl. S. XIX f.

DIE BRÜDER

In allen bisherigen Stücken hatte Terenz bald stärker, bald schwächer pädagogische Fragen anklingen lassen, wobei er die Probleme gern an den Verhaltensweisen und Auffassungen altersmäßig etwa gleicher, zuweilen miteinander verwandter, in ihrem Wesen gegensätzlicher Personen verdeutlichte. In seinem letzten Stück wird diese Materie zum Hauptthema. In den Erziehungsgrundsätzen zweier Brüder stehen sich konservative Strenge und liberale Duldsamkeit gegenüber. Daß im Rom jener Zeit diese Thematik höchst aktuell war, geradezu ein Existenzproblem des Staates berührte, der seinen Bestand wie seine Erweiterung auf unerbittliche militärische Disziplin gründete, und daß sie sich auch weithin in den Maximen eines Cato wie des Scipionenkreises ausprägte, liegt auf der Hand (vgl. Einl. S. XXXIII f.). Der Verfechter der Strenge scheitert bei seinem Sohne völlig. Aber auch der Vertreter der Duldsamkeit muß seine Grenzen und seinen teilweisen Irrtum erkennen. Läßt der Dichter das Geschehen auch harmonisch ausklingen, so wagt er es doch mit aller Behutsamkeit, den für das Leben der römischen Führungsschichten maßgebenden rigorosen, auf Macht und materiellen Gewinn gerichteten Standpunkt als letzthin der menschlichen Natur zuwider und nur durch äußeren Zwang durchsetzbar darzustellen.

Didaskalie

Adelphoe – Der latinisierte griechische Titel („Adelphoi").
sarranische Flöten – → Musik.

6 *„Synapothnescontes"* – (griech.) Die gemeinsam Sterbenden.

11 *„Brüder"* – Terenz weist in diesem Prolog nicht auf das in der Didaskalie genannte griechische Original des Menander hin. Letzteres bzw. letztere – Menander soll zwei Stücke mit diesem Titel verfaßt haben, deren eines nach antiker Notiz dem (erhaltenen) „Stichus" des Plautus als Vorlage diente – sind nur in sehr wenigen, in der Zuweisung teilweise umstrittenen und für die Einschätzung der Leistung des Terenz kaum brauchbaren Fragmenten erhalten. Die V. 8ff. genannte, von Plautus nicht genutzte und von Terenz übernommene Szene des Diphilos-Stückes ist jene, in der Aeschinus die von ihm entführte Zitherspielerin gegen den Widerstand ihres Besitzers, des Kupplers Sannio, in das Haus Micios führt (V. 155–208).

13 *als ein Plagiat bewertet* – Vgl. Anm. zum *Eunuchen*, V. 28.

15f. *hochgestellte Persönlichkeiten unterstützten unsern Dichter* – Vgl. Einl. S. XXXVI f.

20f. *im Krieg, bei Amtsgeschäften, zur Freizeit* – Donat (4. Jh. u. Z.) nennt in seinem Kommentar als beispielhaft für die aufgeführten Tätigkeitsbereiche die Namen Scipio, Furius Philus und Laelius. Vgl. Einl. S. XXXIV. Sueton allerdings führt, unter Berufung auf den römischen Philologen Santra (um 50 v. u. Z.), als Freunde und Förderer des Dichters die ehemaligen Konsuln Gaius → Sulpicius Galus (Did. *Mädchen von Andros*), Quintus Fabius Labeo (183; versuchte sich selbst als Dichter) und Marcus Popillius (173) an, die ihrem Alter und ihrer politischen und wissenschaftlichen bzw. poetischen Tätigkeit nach eher für die Kennzeichnung „im Krieg" usw. in Frage kämen als die damals noch jugendlichen Scipio und Laelius.

26 *Storax!* – Micios Ruf gilt einem im Hause vermuteten Sklaven, einem von denen, die seinen Pflegesohn Aeschinus „holen sollten" (V. 27).

43 *was manche glücklich schätzen* – Der überlieferte Wortlaut gestattet auch eine andere Beziehung: „... habe auch eine Frau, etwas, das manche" (oder „diese da", was die Zuschauer auf sich beziehen konnten) „als ein Glückspfand schätzen, niemals gehabt." Diese Auffassung entspräche in ihrer Zweideutigkeit dem von Donat zitierten Originalsatz Menanders. Daß die im Text gebotene Deutung dem Verhältnis der beiden ungleichen Brüder eher entspricht, macht neben V. 46 („hat eine Ehefrau") V. 867 wahrscheinlich, wo Demea klagt: „... nahm mir ein Weib. Was lud ich für Elend mir auf!"

47 *Ich adoptierte* – Adoption von Kindern noch lebender Eltern bzw. eines noch lebenden Elternteils war aus persönlichen oder familiär-ökonomischen, zuweilen auch aus politischen Gründen gesetzlich erlaubt.

69f. *Wer unter Druck nur seine Pflicht erfüllt* ... – Ein später oft zitierter Gedanke, u. a. von Cicero.

107 *Wärest du ein Mensch* ... – Vgl. Einl. S. XLVf.

109 *aus dem Hause dich zu schaffen* – Sinn: dich zu Grabe zu tragen.

119 *wirft man ihn ... hinaus* – D. h., die Hetäre will nichts mehr von ihm wissen. Der Text erlaubt auch den Sinn: „... kann ich seinem Treiben immer noch Einhalt gebieten."

183 *Freiheit für jedermann gleich* – Durch diesen Grundsatz, der freilich nur für Vollbürger Gültigkeit hatte, unterschied sich die griechische Polis namentlich von den asiatischen Despotien.

193f. *Doch ein freies Mädchen kann schwerlich verkauft werden* – Zu diesem Zeitpunkt, da das Mädchen noch nicht als eine Freigeborene erwiesen war, ist dies im Munde des Aeschinus nur eine Drohung, auf die der Kuppler mit keinem Wort eingeht. Ihn schreckt nur die Aussicht, seine Sklavin zum Einkaufspreis, das heißt ohne Verdienst, weggeben zu müssen.

206 *solch ein Geschäft* – Das Gewerbe eines Kupplers.

242 *zehn Minen* – Die Hälfte des Einkaufspreises (V. 191 und 223).

275 *die Heimat verlassen* – Der nicht selten in Anspruch genommene Ausweg unglücklich Liebender. Vgl. die Rolle des Clinia im *Mann, der sich selbst bestraft.*

277 *Das Geld ... zu zahlen* – Geldgeschäfte wurden meistens auf dem Marktplatz abgewickelt. Dort hatten die Wechsler, die fast immer auch berüchtigte Wucherer waren, ihre Stände.

347 *der Ring, den er zugesandt hat* – Diese – bisher nicht erwähnte – Handlung kam einem Eheversprechen gleich.

350 *kann ich auf einen Prozeß es ankommen lassen* – Nach der Schwängerung eines Mädchens, das eine freie Bürgerin war, mußte der Täter sie entweder heiraten oder mit einer seinem eigenen Vermögen entsprechenden Mitgift ausstatten. Mittelbar wurde durch dieses Gesetz die sexuelle Freizügigkeit der Begüterten auch gegenüber persönlich freien, aber armen Mädchen gesichert.

353 *mein Simulus* – Der verstorbene Gatte der Sostrata.

439 *der Gaugenosse* – Hier soviel wie Mitbewohner eines Stadtbezirks.

471 *das ist halt menschlich* – Vgl. V. 687, 734, 736 und Einl. S. XLVf.

482 *Führ ihn ab, ... befrag ihn* – Vgl. *Schwiegermutter*, V. 773 und Anm. zum *Phormio*, V. 292.

537 *Spricht man vom Wolfe, so kommt er* – Das schon bei Plautus sinngemäß zitierte sprichwörtlich gewordene „lupus in fabula", offenbar übernommen aus einer – uns nicht vorliegenden – Fabel, in der während eines Gespräches über den Wolf dieser plötzlich erschien.

541 *einer der Knechte vom Gutshof* – Kein Sklave, sondern ein um Tagelohn arbeitender Freier.

651 f. *Ihn muß, nach den Gesetzen, sie zum Gatten nehmen* – Nach dem „Erbtöchtergesetz", vgl. *Phormio*, V. 125 und Anm.

670 *Wer verlobte sie mit ihm?* – Das hätte normalerweise der Vater bzw. Adoptivvater des Bräutigams tun müssen.

741 *des Zufalls Spiel durch Klugheit zu verbessern* – Lebendig geblieben in dem französischen Sprichwort: Corriger la fortune.

752 *tanzt du mit dem Strick* – Es ist an kunstvolle Tanzfiguren gedacht, deren ästhetische Wirkung durch geschwungene oder mehrere Tänzer miteinander verbindende Schnüre, Ketten u. ä. gesteigert wird.

761 *die Rettungsgöttin* – → Salus.

804 *Gemeinsam nutzen Freunde alles miteinander* – Nach der Erklärung des Donat (4. Jh. u. Z.) geht dieses Sprichwort auf die Schule des Philosophen Pythagoras (580–500 v. u. Z.) zurück.

823 *wenn zwei dasselbe tun* – Mit der V. 824f. genannten Schlußfolgerung sprichwörtlich geworden, insbesondere in dem Satz: Quod licet Iovi, non licet bovi (Was dem Jupiter erlaubt ist, ist einem Rindvieh nicht erlaubt).

863ff. *Er verbrachte sein Leben in ständiger Muße ...* – Vgl. *Mädchen von Andros*, V. 62ff.

902 *Dein Vater, ja, von Herz und Geist wie von Natur* – Vgl. das Urteil, das Micio V. 127 über seinen Bruder fällt.

905 *die Flötistin ... der Hochzeitschor* – Sie wurden zur musikalischen Umrahmung der Feier gemietet.

908 *die Mauer* – Nicht ein aus Steinen errichtetes Bauwerk, sondern eine leichte, aus Lehm oder auch aus Latten hergestellte Einfriedigung, wie sie zwischen benachbarten Grundstücken üblich war.

943 *Das ist ja Gewalt!* – Nach Sueton (Caesar 82) rief Caesar vor seiner Ermordung den auf ihn eindringenden Verschworenen fast die gleichen Worte zu. – Donat bemerkt, daß der Widerstand Micios eine Erfindung des Terenz sei; der Micio des Originals habe sich ohne Widerrede zur Heirat mit Sostrata bestimmen lassen.

952 *das Wort, das ich nicht gesprochen, nein, Micio, du* – Vgl. V. 834f.

970 *Komm her zu mir, Syrus: Sei frei!* – Micio läßt den Sklaven nähertreten, um die mündlich bekräftigte Freilassung zu ergänzen durch das brauchgemäß damit verbundene Verfahren: dem Sklaven eine Ohrfeige zu verabreichen, ihn im Kreise herumzudrehen und mit einem leichten Schubs zu entlassen.

973 *meine Frau Phrygia* – Zur Möglichkeit von Sklavenehen vgl. Anm. zum *Phormio*, V. 152.

977 *Das Geld für sie* – Das Geld, das sie, würde sie verkauft, wert ist. Demea will seine an Micio gerichteten Forderungen nicht auf die Spitze treiben und erklärt sich selbst zu einem gewichtigen Beitrag bereit.

980f. *ein bißchen Bargeld ihm vorschießen für den Beginn* – Juristisch war ein Sklave nach der Freilassung auf sich selber gestellt, hatte also von seinem ehemaligen Herrn keine Beköstigung, Kleidung und Unterkunft mehr zu erwarten. In der

Praxis blieb jedoch meist eine enge menschliche wie ökonomische Bindung bestehen, die oft auch vertraglich festgelegt wurde. Zum Beispiel konnte, wie hier vorgeschlagen, der Herr einen Geldbetrag bereitstellen, der es dem Sklaven ermöglichte, einen Handwerksbetrieb, eine Schenke o.ä. zu betreiben. Der Freigelassene konnte zu regelmäßigen Abgaben an den ehemaligen Herrn oder, wie V. 882 von Syrus in Aussicht gestellt, zur Rückgabe der vorgeschossenen Summe verpflichtet werden. Auch Kuppler und überhaupt Herren weiblicher Sklaven, die als Hetären Gewinn zu bringen versprachen, entließen diese zuweilen unter ähnlichen Bedingungen in die Freiheit. Vgl. Einl. S. XIX.

VERZEICHNIS ANTIKER NAMEN UND BEGRIFFE

Erläuterungen zu den Eigennamen der handelnden Personen sind unter dem Stichwort Namen der Neuen Komödie zusammengefaßt.

Ädil (Mz. Ädilen): Innerhalb der republikanischen Ämter Roms die vier höchsten Polizeibeamten, zwei patrizische und zwei plebejische; nur die beiden ersteren durften sich der sella curulis, des Amtsstuhls der höheren Beamten, bedienen und hießen deshalb, als ranghöhere, *kurulische* Ä. Sie waren insgesamt zuständig für die öffentliche Ordnung einschließlich der baulichen Pflege der Tempel (aedes), für die Marktvorschriften, die Lebensmittelversorgung sowie für die Ausrichtung der öffentlichen Spiele an Feiertagen. Zu letzterer Aufgabe gehörte auch die Ausübung einer Zensur über die eingereichten Schauspiele. Vgl. Einl. S. XXIX, XXXIX.

Aemilius: Lucius A. Paullus, etwa 228–160 v. u. Z., römischer Staatsmann und Feldherr, leiblicher Vater des jüngeren → Scipio und des Quintus → Fabius Maxumus, unterwarf 168 v. u. Z. die nordostgriechische Landschaft Makedonien.

Aesculap(ius): Sohn des Apollo und der Koronis, Gott der ärztlichen Kunst.

Ambivius: Lucius A. Turpio, der Schauspieldirektor (vgl. Einl. S. XXIX) des Terenz; er hielt seinem Autor standhaft und mit bemerkenswerter Einsicht in den Wert literarischer Schöpfungen die Treue.

Andros: Insel im Ägäischen Meer, ostwärts von Attika, südostwärts der Insel Euböa.

Apollo: Sohn des Zeus und der Titanin Leto, Zwillingsbruder der Artemis (→ Diana), Führer und Freund der Musen, Meister im Gesang und im Spiel, treffsicherer Bogenschütze, Arzt, oft als Retter angerufen. Als Gott von Delphi galt er auch als Gottheit, die Wahrheit verkündet.

Apollodoros: Aus Karystos auf Euböa stammender Dichter der Neuen Komödie, etwas jünger als → Menander. Von seinem Werk sind nur sehr wenige, meist umstrittene Fragmente erhalten.

Asien: Der Name bezeichnet zur Zeit des Terenz in der Regel die Halbinsel Kleinasien im östlichen Mittelmeer, das heute der Türkei zugehörige „Hochland von Anatolien", zuweilen die von Alexander dem Großen eroberten ostwärts sich anschließenden Gebiete eingerechnet.

Atilius: Lucius A. Praenestinus erscheint in den Didaskalien der Stücke des Terenz mehrfach neben → Ambivius Turpio. Da an der Bedeutung des letzteren als des einzigen Schauspieldirektors des Terenz nach den Quellen nicht zu zweifeln ist, neigt die Forschung dazu, in A. einen Veranstalter späterer Aufführungen zu sehen, dessen Name in die Didaskalien aufgenommen wurde.

Attika: Die an der Südostseite Mittelgriechenlands gelegene Halbinsel mit der Hauptstadt Athen.

Babylon: Die am Euphrat gelegene Hauptstadt mehrerer vorder- und mittelasiatischer Reiche, aus römischer Sicht ein Inbegriff der Pracht, des Luxus und der Schätze des Orients. Als „Mann aus Babylon" konnte ein Schwerreicher bezeichnet werden.

Bacchus: Anderer Name für → Dionysos.

Caecilius: Statius C., etwa 220–168 v. u. Z., gallischer Kriegsgefangener und Sklave, von seinem Herrn freigelassen, ein besonders an Menander orientierter, zu seiner Zeit berühmter Verfasser von Komödien. Von seinem Werk sind nur wenige Fragmente erhalten.

Ceres: Die der griechischen Demeter entsprechende römische Göttin des Ackerbaus und der Feldfrüchte.

Cornelius: → Scipio.

Danaë: Tochter des argeischen Königs Akrisios. Diesem war prophezeit worden, er werde von der Hand eines Enkels den Tod erleiden. Deshalb schloß er D. in einen Kerker ein. Jupiter gewann in Gestalt eines Goldregens Zugang zu ihr, worauf sie den Heroen Perseus gebar. Dieser tötete später tatsächlich seinen Großvater unabsichtlich durch einen mißglückten Diskoswurf.

Diana: Die der griechischen Artemis entsprechende römische Göttin der Jagd, Zwillingsschwester Apollos, Beschützerin und Helferin gebärender Frauen.

Didaskalie: „Belehrung", „Unterweisung", dann „Einübung und Aufführung eines Dramas", im weiteren Sinne das aufgeführte „Stück" (Tragödie wie Komödie), schließlich auch „Mitteilung über die Aufführung eines Stücks". Diese Mitteilungen enthielten den Zeitpunkt und den Anlaß der Aufführungen, Gattung und Titel der aufgeführten Werke, die Namen der Dichter, der Veranstalter, gelegentlich auch der Musikanten sowie hervorragender Schauspieler, zuweilen Hinweise auf den Erfolg bzw. Mißerfolg der Stücke. Die für die Literaturgeschichte besonders wertvollen Didaskalien Athens wurden erstmals von Aristoteles zusammengestellt und veröffentlicht. Für die römische Literatur bieten die Terenz-Handschriften sowie, zur Ergänzung, der Kommentar des Donat (4.Jh. u.Z.) Didaskalien bzw. zur Rekonstruktion der Didaskalien verwertbare Angaben. Die Aufführungsnotiz zum *Mädchen von Andros* mußte aus dem Kommentar des Donat, die zur *Schwiegermutter* aus widersprüchlichen Angaben der Handschriften erschlossen werden.

Dionysos: Sohn des Zeus und der thebanischen Königstochter Semele, der orgiastisch verehrte Gott des Weins und allen Wachstums. In Attika fanden zu seinen Ehren alljährlich mehrtägige Volksfeste mit dramatischen Aufführungen statt, die Dionysien. Diese wurden auch privat im Familien- bzw. Freundeskreis begangen.

Diphilus: Diphilos, geb. um 360 v.u.Z. in Sinope, gest. in Smyrna (heute Izmir), Dichter der Neuen Komödie, der etwa 100 Stücke verfaßt haben soll. Mehr als 20 Fragmente sind erhalten. Er übte einen starken Einfluß auf Plautus und Terenz aus.

Drachme: „Eine Handvoll", griechische Gewichts- und Münzeinheit, als Silberdrachme etwa 80 Pfennige wert. Ihre Kaufkraft sank bis in die hellenistische Zeit hinein ständig.

Ennius: Quintus E., geb. 239 v.u.Z. in Rudiae in der südostitalischen Landschaft Kalabrien, gest. 169 v.u.Z. in Rom, römischer Epiker und Epigrammatiker, Verfasser von Dramen und Prosaerzählungen, Nachdichter bzw. Übersetzer griechischer Tragödien. Seine Werke sind nur fragmentarisch erhalten. Vgl. Einl. S. XXV f.

Fortuna: Die der griechischen Tyche entsprechende römische Göttin des launischen Glücks.

Fabius: Quintus F. Maxumus, leiblicher Sohn des Lucius → Aemilius Paullus, von einem – in der Person umstrittenen – Angehörigen des patrizischen Geschlechts der Fabier adoptiert, richtete mit seinem Bruder Cornelius (→ Scipio), der mit ihm gemeinsam Ädil war, die Trauerfeierlichkeiten zu Ehren seines Vaters aus. Vgl. Didaskalien zur *Schwiegermutter* und zu den *Brüdern*.

Familie: Der in die Zeit vor der Sklaverei zurückgehende Sammelbegriff für alle der Gewalt des Familienvaters (pater familias) unterstehenden Personen einschließlich der Vermögenswerte kennzeichnet die nach dem Übergang vom Matriarchat zum Patriarchat bestehende Unterordnung der Frau unter die Herrschaft des Mannes (patria potestas). Mit dem Aufkommen der Sklaverei wurden in Rom auch die Sklaven zur Familie gerechnet. Dem pater familias unterstanden, solange er lebte, auch volljährig gewordene Kinder; ihm oblag sogar das Recht über Leben und Tod. Gesetzliche Einschränkungen der väterlichen Gewalt gab es erst in der Kaiserzeit.

Flaccus: Der als Sklave des – sonst nicht bekannten – Claudius bezeichnete Komponist, möglicherweise auch Flötenspieler des Terenz. Die Texte erlauben auch die Deutung „Freigelassener". Zum Namen vgl. Anm. zum *Phormio,* V. 51.

Genius: Römischer Schutzgeist einer Örtlichkeit wie eines Menschen. In letzterer Bedeutung dient der Begriff manchmal nur zur Umschreibung einer bestimmten, namentlich genannten Person.

Gladiator (Mz. Gladiatoren): „Mit dem Schwert Bewaffnete", meist aus Kriegsgefangenen, Sklaven, auch Verbrechern rekrutierte, später in staatlichen oder privaten Schulen ausgebildete Fechter, die bei feierlichen Leichenbegängnissen, Gastmählern, vor allem bei regelrechten Kampfaufführungen im Amphitheater, im Zirkus oder auf freien Plätzen zur Unterhaltung des Publikums gegeneinander fochten, in der Regel auf Leben und Tod. Trotz des zur allgemeinen Bezeichnung beibehaltenen Namens wurden neben dem Schwert im Laufe der Zeit auch andere Waffenarten von ihnen geführt. Den schon bei den Etruskern als Teil des Totenkults der führenden Schichten üblichen grausamen Brauch übernahmen die Römer während des 3. Jahrhunderts v. u. Z.

Große Mutter (lat. Magna Mater): Die kleinasiatische Mutter- und Fruchtbarkeitsgöttin Kybele, deren Kult im Jahre 204 v. u. Z. auch in Rom eingeführt wurde. Bei ihren jährlich vom 4. bis zum 10. April begangenen Hauptfesttagen, den Ludi Megale(n)sia, „Großen Spielen", fanden auch Komödienaufführungen statt.

Herkules (griech. Herakles): Sohn des Zeus und der thebanischen Fürstin Alkmene, der volkstümlichste Heros der Griechen, Wohltäter der Menschheit, als Helfer in der Not gepriesen und angefleht. Sein Name wurde oft und bei verschiedensten Anlässen ausgerufen, als Ausdruck u. a. der Überraschung, der Freude wie der Betroffenheit, des Erstaunens wie der Enttäuschung, der Ratlosigkeit wie des Erschreckens.

Hetäre (griech. Hetaira): „Gefährtin". Bezeichnung der Frauen und Mädchen, die erwerbsmäßig Verkehr mit Männern pflegten. Vgl. Einl. S. XVII, XIX f.

Imbros: Insel im nordöstlichen Teil des Ägäischen Meeres.

Jupiter: Der dem griechischen Zeus entsprechende höchste Gott der Römer.

Karien: Landschaft im Südwesten der kleinasiatischen Halbinsel.

Kastor: Mit seinem Zwillingsbruder Pollux (griech. Polydeukes) Sohn des Zeus und der spartanischen Fürstin Leda, Nothelfer der Menschheit, gleich Herkules oft und bei verschiedensten Anlässen angerufen.

Kilikien: Landschaft im Südosten der kleinasiatischen Halbinsel (→ Asien).

Klient (lat. cliens): „Ein sich Anlehnender". Bezeichnung freier römischer Bürger, die sich in den juristischen und ökonomischen Schutz eines der führenden Geschlechter begaben, in der Regel wirtschaftlich Schwächere (kleine und mittlere Bauern, Pächter, Handwerker, zuweilen Ärzte, Dichter, Lehrer, auch freigelassene Sklaven, die sich ihrem ehemaligen Herrn anschlossen; vgl. Anm. zu den *Brüdern*, V. 980). Ihr Patron(us), „Schirmherr", lieh ihnen gegebenenfalls seine Unterstützung und rechnete seinerseits auf ihre Stimmen bei der Wahl zu Ämtern sowie allgemein bei der Stärkung seines öffentlichen Einflusses.

Komödie: Etwa „Gesang im (bzw. des) Komos". Mit Komos bezeichnete man in Athen einen volkstümlichen ausgelassenen und feuchtfröhlichen Umzug zu Ehren des Dionysos. Er war Teil mehrtägiger Volksbelustigungen, in deren Verlauf zum Zwecke der Identifizierung mit göttlichen Wesen maskierte Chöre sangen und tanzten, Spottverse vorgetragen und improvisierte wie vorbereitete Streitgespräche geführt wurden. Aus diesen Volksfesten erwuchs auf einem Wege, dessen Etappen im einzelnen in der Forschung noch umstritten sind, die heitere Form des attischen Dramas, die – einige Jahrzehnte später als die ernste Form, die Tragödie – im Jahre 486 v. u. Z. zum ersten Male als staatliche Veranstaltung nachgewiesen ist. Vgl. Einl. S. XIII ff.

Konsul (Mz. Konsuln): Die jährlich von der Volksversammlung gewählten beiden Inhaber des höchsten Amtes der römischen Republik, des Konsulats. Nach ihren in Listen erhaltenen Namen, mit denen die einzelnen Jahre bezeichnet wurden, lassen sich, neben historischen Ereignissen, auch die Aufführungen der Stücke des Terenz mit relativer Sicherheit zeitlich festlegen. → Didaskalie.

Kontamination (lat. contaminatio): „Befleckung", „Vermischung", „Verhunzung", das Ineinanderarbeiten von Szenen zweier bzw. mehrerer griechischer Originale zu *einem* Drama, von Gegnern insbesondere des Plautus und Terenz in abträglichem Sinne verwandt. Vgl. Einl. S. XXXI, XXXVI.

Lemnos: Insel im nördlichen Teil des Ägäischen Meeres.

Lucina: Römische Geburtsgöttin.

Luscius Lanuvinus: „L. aus Lanuvium", einer etwa 40 km südostwärts von Rom gelegenen Stadt, ein sonst nicht bekannter Autor und erbitterter Kritiker des Terenz, etwas älter als dieser, möglicherweise Wortführer eines Kreises gleichgesinnter Literaten. Vgl. Einl. S. XXXV ff.

Menander: Menandros, geb. um 342 v. u. Z. als Kind einer wohlhabenden Familie der attischen Stadt Kephisia, gest. um 292 v. u. Z. in Piräus, namhaftester Dichter der Neuen Komödie; er soll mehr als 100 Stücke verfaßt haben. Vgl. Einl. S. XVI.

Milet: Hafen- und Handelsstadt an der Südwestküste Kleinasiens.

Mine: Als Geldverrechnungseinheit von 436,6 Gramm Silber besaß sie einen Wert von 100 → Drachmen.

Minerva: Die der griechischen Athene entsprechende römische Göttin der Besonnenheit, der Handwerke und Künste, damit auch Schutzgöttin der Dichter und Schauspieler. Sie entsprang der Sage nach in voller Rüstung dem Haupte ihres Vaters Jupiter (Zeus).

Mühle: Sie bestand, auch als Dreh- bzw. Stampfmühle bezeichnet, im 4. Jahrhundert v. u. Z. in Griechenland wie in Rom im Prinzip – bei lokalen Unterschieden – aus einem im Boden verankerten gerundeten „Bodenstein", um den sich ein doppelseitig hohl geschliffener „Läuferstein", an einer Mittelachse befestigt, drehte. Die Drehung, mittels eines Balkengerüstes und daran befindlicher Holme ermöglicht, wurde durch Sklaven oder angeschirrte Zugtiere nach Art eines Göpelwerks ausgeführt. Auch das ältere umgekehrte Prinzip eines sich im ausgehöhlten Bodenstein drehenden Zapfens hielt sich noch in der gleichen Zeit, ebenso die von einer einzelnen Person zu bedienende Handdrehmühle. Die Arbeit an den Mühlen war sehr schwer und als Strafe gefürchtet. Nennenswerte Arbeitserleichterungen brachten erst die frühestens im letzten Jahrhundert v.u.Z. nachweisbaren, in mehreren Variationen konstruierten Wassermühlen.

Musik: Zur Rolle der Musik bei den Aufführungen und zur Tätigkeit des „Sängers“ (cantor) im allgemeinen vgl. Einl. S. XXXIf. (Plautus) und S. XXXVII (Terenz). Da uns Noten nicht erhalten sind, können wir die von „Flaccus, dem Sklaven (Freigelassenen?) des Claudius“ komponierten und wohl auch gespielten Melodien nicht beurteilen. Auch die vorliegenden Angaben über die Flötenbegleitung fanden offenbar bis heute noch keine abschließende Erklärung. Rätsel gibt schon das hier als „Flöte“ bezeichnete Blasinstrument auf. War diese Übersetzung bereits für den Aulos, das Instrument, das die lyrischen Teile der griechischen Tragödie wie der Komödie begleitete, nur ein Notbehelf, so gilt dies nicht minder für die Instrumentalbegleitung der römischen Komödie. Die beiden Blasrohre, eine Art Doppelflöte, an der beide Rohre gleichzeitig von einem Spieler mittels einer verschieden konstruierten (durch ein Band um den Hinterkopf bzw. den Nacken vor dem Munde festgehaltenen?) Blasvorrichtung bedient wurden, ähnelten eher dem, was wir heute als Klarinette bzw. Oboe bezeichnen. Unsicher bleiben auch die Arten der Begleitmusik. In den Didaskalien ist die Rede von rechten, linken, gleichen, ungleichen sowie sarranischen Flöten; Sarra war der ältere Name der phönizischen Hafenstadt Tyrus, weist also auf vorderasiatische Elemente der Musik hin. An der Doppelflöte war das rechte Rohr führend, das linke begleitend, wohl im Sinne von Diskant und Baß. Zwei rechte Flöten scheinen die Kombination zweier rechter Rohre zu bedeuten; zwei linke sind bisher nirgendwo nachgewiesen. Über die Bedeutung der gleichen wie der ungleichen Flöten, mit denen offenbar Kombinationen jeweils rechter wie linker gemeint sind, konnte noch keine Klarheit gewonnen werden. Daß die Kombination und damit die Tonart innerhalb eines Stückes wechseln konnte, beweist die Didaskalie für den *Mann, der sich selbst bestraft*: Dort ist von erst ungleichen, dann zwei rechten Flöten die Rede.

Myconus: Insel im südlichen Teil des Ägäischen Meeres.

Naevius: Gnaeus N., 274–201 v.u.Z. (?), der erste römische Dichter italischer Herkunft. Vgl. Einl. S. XXIVf.

Namen der Neuen Komödie: Die Namen der Neuen Komödie unterscheiden sich in einem wesentlichen, inhaltlich bedingten Punkt von denen der Alten Komödie. Deren gesellschaftliches Engagement trat *auch* in teils eigenwillig, meist satirisch und kritisch gemeinten, manchmal phantastischen Neubildungen, teils in mehr oder weniger verhüllten Bezeichnungen bestimmter Persönlichkeiten oder sozialer Gruppen, schließlich sogar in gelegentlicher direkter Namensnennung von Zeitgenossen bzw. politisch aktiven Personen zutage. Die Namen der Neuen Komödie jedoch gehen von anderen Voraussetzungen aus (vgl. Einl. S. XVIf.). Sie spiegeln vorrangig den individuellen „Typ" der Personen wider, differenzieren auch gemäß den Altersstufen, dem Geschlecht und der sozialen Stellung, meist in bezug auf die Rolle, die den Personen im Geschehen des jeweiligen Stückes zufällt.

Terenz übernimmt dieses Verfahren als eines unter anderen; er folgt ihm keineswegs konsequent. So wird zwar ein älterer Mann im *Mädchen von Andros*, im *Mann, der sich selbst bestraft*, im *Phormio* Chremes genannt, „der sich Räuspernde". Daraus aber schließen zu wollen, die ausgedrückte, im übrigen nicht nur einem höheren Alter anstehende Eigenschaft sei deshalb gewählt, damit der Name den Träger treffend kennzeichne, ist abwegig, weil im *Eunuchen* denselben Namen ein junger Mann trägt. Eine Hetäre im *Eunuchen* heißt Thais, vielleicht „die Anschaubare", im Sinne von „schön anzuschauen", ein Name, den mehrere historisch nachweisbare Hetären getragen haben, und auch andere Hetärennamen, wie Bacchis, „Bacchantin", d. h. „Freundin des Rauschs", Philotis, etwa „Liebenswerte", Glycerium, „kleine Süße", lassen sich im Zusammenhang der Handlung durchaus als für die Rolle kennzeichnend erklären. Dies darf aber nicht darüber hinwegtäuschen, daß dieselben Namen außerhalb der Komödie von Frauen und Mädchen allgemein getragen werden. Der prahlerische Soldat im *Eunuchen* heißt treffend Thraso, „der Dreiste", und sein Parasit nicht weniger treffend Gnatho, „Kinnbacke", im Sinne von „Gefräßiger". Aber der Parasit, der dem Stück *Phormio* den Titel geliefert hat und nicht weniger auf einen gutgedeckten Speisetisch erpicht ist als sein Zunftgenosse, trägt einen biederen attischen Durchschnittsnamen, den sogar einige literarisch wie historisch genannte Athener, ein Feldherr, ein Kaufmann, ein Geldwechsler u. a., geführt haben. Ein jugendlicher Liebhaber kann Pamphilus, eine Geliebte Pamphila heißen, „Allgeliebte(r)". Andere junge Männer und Liebhaber heißen Charinus, „Hübscher", Chaerea, „Heiterer", Clinia, „Berühmter", Clitipho, „Ruhmglänzender", Phaedria, „Leuchtender", Antipho, „Widersprecher" (?), Ctesipho, vielleicht „um Besitz Sprechender", das könnte bedeuten „erfolgreicher Redner", auch im Sinne von „Rechtsanwalt"; junge Mädchen Phanium, „Leuchtende", Philumena, „Geliebte", Antiphila, „Wiederliebende" bzw. „-geliebte" – sämtlich Namen, die auch im Alltag für Männer und Frauen, bei letzteren für „Ehrbare" wie für Hetären, vorkommen. Nun bringt ein freier Mann namens Crito, „Entscheidender", „Richter", im *Mädchen von Andros* innerhalb des Geschehens durch sein Erscheinen tatsächlich eine entscheidende Auskunft; im *Phormio* beweist eine verheiratete Frau namens Nausistrata, „Kämpferin zur See", wahrhaft streitbare Klugheit („Wäre ich als Mann geboren!", V. 792), und eine nicht mehr junge Sophrona, „Besonnene", Amme im *Eunuchen* wie im *Phormio*, rechtfertigt in beiden Fällen ihren Namen in einer Nebenrolle durchaus. Aber, von Nausistrata abgesehen, sind Crito wie Sophrona in Athen nachweisbare gewöhnliche Namen, nicht anders als Demipho, „im Volke Tönender", und Hegio, „Vormann", Cratinus, „Starker", und noch einmal ein Crito, die im *Phormio* auftreten.

Entsprechendes gilt für die Namen der auftretenden Sklaven. Sosia, „Helfer", „Retter", heißt ein von seinem Herrn aufgrund wertvoller Dienste freigelassener Sklave im *Mädchen von Andros*; Parmeno, „Bleibtreu", ein seinem jungen Herrn treu ergebener Sklave im *Eunuchen* wie in den *Brüdern*; beide Namen bezeichnen in Athen, offenbar sogar in der Regel, freie Bürger. Die meisten anderen Sklavennamen gehen über das Übliche nicht hinaus, bezeichnen entweder die Nationalität der Sklaven, wie Syrus, „Syrer", Davos (griech. Daos), „Daker" (nach einem Volksstamm nördlich der Donau), Dorias, „Dorerin", männliche Entsprechung Dorus (nach dem griechischen Stamme der Dorer), Geta, „Geter" (nach dem thrakischen Stamm der Geter bzw. Geten), Mysis, „Mysierin" (nach einem kleinasiatischen Volk), oder körperliche Eigenheiten, wie Byrria, „Rotschopf" (vgl. Anm. zum *Phormio*, V. 51). Darüber hinaus gibt es Spitznamen, die dann zu Namen geworden sind, ohne daß wir in jedem Falle die Bedeutung einwandfrei klären können, so Sanga, vielleicht „Beutel", oder Storax, etwa „stinkender Strauch", „Strunk" u. ä. Wie vorsichtig man freilich mit dem Begriff des „typischen" Sklavennamens auch bei Terenz sein sollte, lehrt uns Syra, „Syrerin", als Name einer alten freien Frau in der *Schwiegermutter*, lehrt uns z. B. auch Simo, „Plattnase", „Stülpnase", „Rümpfnase", als Name eines alten Herrn im *Mädchen von Andros*, einer der häufigsten Namen im griechischen Sprachbereich für Freie *und* für Sklaven wie Freigelassene.

Die angeführten Beispiele, die sich leicht vermehren ließen, zeigen zur Genüge die Bedeutung, die Terenz den Namen seiner Gestalten beilegt. Es soll nicht geleugnet werden, daß schon Menander in vielen Fällen „sprechende" Namen verwendet hat; man denke etwa an Smikrines, den „Kleinlichen", den „Knicker", der, ohne in den Stücken des Terenz zu erscheinen, als Typ des verknöcherten Geizhalses in der Neuen Komödie auftritt; an den Dyskolos, den „Mißgestimmten", „Verdrießlichen", „Mürrischen", usw. Es soll noch weniger geleugnet werden, daß Plautus als Meister des Wortwitzes vielfach über seine griechischen Vorlagen hinaus nicht nur seine Szenen allgemein mit kräftigen sprachlichen Gags würzte, sondern auch oft – nicht ausschließlich – eigenwillige komische Namenbildungen nutzte, wobei die Frage, inwieweit er sie von griechischen Vorbildern übernahm, in einzelnen Fällen noch nicht geklärt ist; man denke an den Parasiten Artotrogos, „Brotnager", oder den prahlerischen Soldaten Pyrgopolinices, „Festungsstädtebezwinger". Bei Terenz fehlen vergleichbare Namenbildungen, und Namen, die in sich einen „Typ" kennzeichnen, sind selten und in der Mehrzahl der Fälle bemerkenswert schlicht.

Da dies nicht in das Schema paßt, das man sich vielfach von der Neuen Komödie gemacht hat, gab es bereits in der Antike krampfhafte Versuche, unter den von Terenz verwendeten Namen weitere „sprechende" aufzuspüren. Schon Donat (4. Jh. u. Z.) weist darauf hin, daß etwa der Name Lesbia, den im *Mädchen von Andros* eine trunksüchtige Hebamme trägt, mit Rücksicht auf den Weinreichtum der Insel Lesbos gewählt und deshalb treffend sei; bestehen bleibt aber die Tatsache, daß dieser Name außerhalb des Theaters nicht nur sehr oft völlig neutral vorkommt, sondern, wenn er „sprechend" sein soll, im negativen Sinne fast ausschließlich die angebliche Homosexualität der lesbischen Frauen anprangert, im positiven Sinne jedoch, unter Anspielung auf die große Lesbierin Sappho, musische Qualitäten rühmt. Auch der Name Phormio ließ den Erklärern keine Ruhe; man wollte und will es nicht wahrhaben, daß der Dichter der *Brüder*, der *Schwiegermutter*, des *Eunuchen* statt, wie noch im Heautontimorumenos (vgl. die erste Anm. zur Didaskalie des *Mannes, der sich selbst bestraft*), des griechischen Originaltitels Epidikazomenos (vgl. die Didaskalie zum *Phormio* und Anm. zu V. 26 dieses Stücks) für seine Komödie solch einen simplen Namen als Titel gewählt haben könnte, zumal es sich um einen Parasiten handelt, der als Typ doch ein weidlich ausgebeutetes Glanzstück der Neuen Komödie war. Man fand in dem Wort phormos, „aus Schilf geflochtene Matte", endlich einen Aufhänger: wer eine derartige Matte zum Schlafen benutzt, ist ein armer Schlucker, folglich sei der Name „sprechend". Man kann darüber streiten, ob Deutungen dieser Art im Sinne des Dichters stimmen. Stimmten sie tatsächlich, bewiesen sie letztendlich auch nicht mehr, als daß Terenz keinerlei besonderen Wert auf die Formulierung von Namen legte, sondern seine Bemühung auf das richtete, was als Kern seines poetischen Strebens jenseits jeglicher Namenklügelei zu suchen ist. Vgl. Einl. S. XLI ff.

Neptun(us): Der dem griechischen Poseidon entsprechende Gott des Meeres, dessen Name auch das Meer bezeichnet.

Obolus (Mz. Obolen): „Stäbchen", „Stückchen". Als kleinste Münze in Athen der sechste Teil einer → Drachme, etwa 13 Pfennige wert.

Ödipus (griech. Oidipus): Mythischer Heros aus der mittelgriechischen Stadt Theben. Er befreite die Stadt von der Sphinx. Dieses mythische Ungeheuer, eine geflügelte Löwin mit einem Frauenkopf, lauerte an der Straße nach Theben und gab jedem Vorübergehenden ein Rätsel auf, um ihn, wenn er es nicht lösen konnte, zu verschlingen. Das Rätsel fragte nach dem Wesen, das sich als Kind auf vier, in der Vollkraft auf zwei, im Alter auf drei Beinen fortbewege. Die Antwort war: der Mensch. Ödipus wußte die Antwort, worauf sich die Sphinx in einen Abgrund stürzte. Die Thebaner setzten den Helden als König ein. Unwissentlich hatte er zuvor seinen Vater erschlagen und nahm nun seine Mutter, die Königin von Theben, zur Frau.

Omphale: Mythische Königin von Lydien, die den Helden Herkules für eine ein- bzw. dreijährige Zeitspanne als Sklaven kaufte. In ihrem Dienst sank der Heros zum Pantoffelhelden herab, lieferte die Sinnbilder seiner Stärke und seines Mutes, die Keule und das Fell des von ihm erlegten Löwen, seiner Herrin aus, hüllte sich in Frauenkleider und scheute auch die Arbeit am Spinnrocken nicht.

Opferschauer: Römische Priester, die nach Vollzug eines Opfers, jener in vielen Formen durchgeführten Kulthandlung, gemäß dem äußeren Ablauf – z. B. bei Rauchopfern Windstärke und -richtung sowie Flammenentwicklung, bei blutigen Opfern ein etwaiges Sträuben des Opfertieres – oder nach dem Zustand der Eingeweide geschlachteter Opfertiere bestimmte Voraussagen über den Ausgang einer bevorstehenden Reise, eines Geschäftes, einer Geburt, einer Erkrankung, einer Schlacht usw. trafen. → Wahrsager.

Orcus: Der dem griechischen Hades entsprechende Gott der Unterwelt, dessen Name auch die Unterwelt bezeichnet.

Palästra (griech. palaistra): „Ringschule", im weiteren Sinne „Sportstätte", an der die freigeborenen Knaben und Männer sich körperlich übten.

Parasit: „Mitesser", „Schmarotzer", auch „Tischgast", Personen, die es verstanden, sich durch Schmeicheleien, witzige Reden und durch auf Schlagfertigkeit, Geistesgegenwart und gesunden Menschenverstand gegründete Hilfeleistungen bei Begüterten unentbehrlich zu machen und sich damit ihren Unterhalt zu sichern. Sie waren eine beliebte Figur der Neuen Komödie. Im *Eunuchen* läßt Terenz den Gnatho geradezu eine Parasitenphilosophie entwickeln (V. 232–264), ähnlich den Phormio in dem nach ihm betitelten Stück (V. 325–345).

Penaten: Römische Schutzgötter des Hauses und des Hausrates, insbesondere des „heimischen Herdes".

Piräus: Die Hafenstadt Athens, etwa 10 km südwestlich von Athen am Saronischen Golf gelegen, insgesamt drei Hafenbecken umfassend.

Plautus: Titus Maccius P., geb. um 250 v. u. Z. in dem umbrischen Städtchen Sarsina (heute Sarcina), gest. 184 v. u. Z., römischer Komödiendichter. Von seinen Stücken, deren Gesamtzahl an die 130 betragen haben soll, sind 21 erhalten, von weiteren 30 die Titel und einige Fragmente. Vgl. Einl. S. XXVII, XXX ff.

Pollux: → Kastor.

Praeneste: Stadt etwa 40 km ostwärts von Rom (heute Palestrina).

Prolog: Vgl. Einl. S. XXXV f. Er wurde in der Regel von einem der Schauspieler gesprochen, der als „Abgesandter" des Dichters zum Zeichen dieses Heroldsamtes einen mit Bändern geschmückten Öl- bzw. Lorbeerzweig trug.

Pyrrhus: Pyrrhos, 319–272 v. u. Z., König der nordwestgriechischen Landschaft Epirus, führte zur Erlangung einer Großmachtstellung mehrere Kriege mit wechselndem Erfolge, scheiterte bei dem Versuch, die griechischen Gemeinden Süditaliens vor der römischen Herrschaft zu bewahren, fiel im Kampfe um die nordostpeloponnesische Stadt Argos. Vgl. Einl. S. VII.

Rhamnus: Gemeinde im nordöstlichen Attika.

Rhodos: Der Südwestküste Kleinasiens vorgelagerte Insel mit gleichnamiger Hauptstadt.

Römische Spiele (lat. ludi Romani): Sie waren die ältesten volksfestartigen Spiele Roms und fanden alljährlich in der ersten Septemberhälfte statt. Zu ihrem Programm gehörten auch Komödienaufführungen.

Salus: „Errettung", „Gesundheit", „Wohlergehen", im weiteren Sinne auch „bürgerliche Ordnung". Als Göttin personifiziert, wurde sie in Rom in einem Tempel verehrt.

Samos: Dem südlichen Teil der Westküste Kleinasiens vorgelagerte Insel.

Sänger (lat. cantor): Vgl. Einl. S. XXXVII.

Satrap: Statthalter des persischen Großkönigs, Sinnbild von Macht- und Prunkentfaltung.

Schmarotzer: → Parasit.

Scipio: „Stab" als Zeichen der Herrscherwürde; „Zepter". Beiname des römischen Patriziergeschlechtes der Cornelier. Für Terenz wichtig wurde Publius Cornelius Scipio Aemilianus mit dem Beinamen Africanus minor, „der jüngere Afrikaner", so genannt zum Unterschied von seinem gleichnamigen Adoptivgroßvater, der 202 v. u. Z. in Zama auf afrikanischem Boden die Karthager geschlagen und damit den zweiten Punischen Krieg zugunsten Roms beendet, danach als Ehrentitel den Beinamen Africanus maior, „der ältere Afrikaner", erhalten hatte. Africanus minor, leiblicher Sohn des Lucius → Aemilius Paullus und von dem Sohne des Africanus maior adoptiert, 185–129 v. u. Z., beendete 146 durch Eroberung und Zerstörung Karthagos den dritten Punischen Krieg. 160 hatte er mit seinem Bruder Quintus → Fabius Maxumus die Trauerfeierlichkeiten zu Ehren seines Vaters ausgerichtet. Vgl. die Didaskalie zur *Schwiegermutter* und zu den *Brüdern.* Um ihn scharte sich der Scipionenkreis. Vgl. Einl. S. XXV, XXXIV.

Sesterz (Mz. Sesterzen; lat. sestertius): „Der dritte ⟨As⟩ halb". Ein As, als kleinste römische Münze, hatte zur Zeit des Terenz einen Wert von etwa sechs Pfennigen. Ein Sesterz betrug demnach zweieinhalb As, d. h. etwa 15 Pfennige.

Sulpicius: 1. Gaius S. Apollinaris, 2. Jh. u. Z., Philologe, verfaßte in engem Anschluß an den Stil des Terenz die im Original aus je zwölf Versen bestehenden Inhaltsangaben. Außerdem sind von ihm Inhaltsangaben zu den Gesängen der Aeneis Vergils in je sechs Hexametern erhalten. Die kleinen Stücke sind recht äußerlich angelegt und lassen zuweilen die Hauptstränge des Geschehens kaum erkennen. – 2. Gaius S. Galus, Konsul 166 v. u. Z., soll die Mondfinsternis des Jahres 168 v. u. Z. wissenschaftlich erklärt haben.

Sunium: Vorgebirge an der Südostspitze Attikas mit gleichnamiger Ortschaft.

Sykophant: „Feigenanzeiger". In Attika war der Export von Feigen verboten. Sykophanten hatten ursprünglich die Aufgabe, gegen staatliche Belohnung Übertreter des Verbotes aufzuspüren und anzuzeigen. Der Mißbrauch dieser Aufgabe als Instrument einer auf persönliche Bereicherung berechneten Verleumdung oder Erpressung führte zur allgemeinen Bedeutung des Begriffs im negativen Sinne von „Denunziant", „Spitzel".

Talent: Höchste griechische Geldeinheit im Wert von 60 Minen, d. h. 6000 Drachmen; sie entsprach zur Zeit Menanders, gemäß ihrem Silbergewicht, ungefähr einem Betrag von 4700 Mark.

Unze: „Ein Zwölftel" einer Maßeinheit, u. a. des römischen Pfundes (libra), d. h. etwa 27 Gramm, und des römischen As (→ Sesterz), bedeutet im allgemeinen soviel wie „ein bißchen", „eine Kleinigkeit".

Venus: Die der griechischen Aphrodite entsprechende römische Göttin weiblicher Schönheit und sinnlicher Liebe.

Wahrsager: In Rom neben den haruspices, → Opfer(be)schauern, vor allem das Priesterkollegium der Auguren, der „Vogel(be)schauer". Sie deuteten das Fliegen und Schreien der Vögel, die Annahme oder Verweigerung des Futters durch die heiligen Hühner, darüber hinaus „Vorzeichen" aller Art wie Blitz, Donner, Erdbeben u. a. und sagten danach den Ausgang geplanter Unternehmungen sowie allgemein künftige Entwicklungen voraus.

ZU DIESER AUSGABE

Als Textgrundlagen und wichtigste Hilfsmittel wurden genutzt:

P. Terenti Afri comoediae ed. R. Kauer – W. M. Lindsay – O. Skutsch, Oxford ^{4}1958 (repr. 1979).
P. Terenti Afri comoediae ed. S. Prete, Heidelberg 1954.
Terence, with an english translation (Prosaübers. A. d. Ü.) by J. Sargeaunt, 2 Bde., Cambridge (USA) – London 1912 (repr. 1979).
Térence, comédies, texte établi et traduit (Prosaübers. A. d. Ü.) par L. Marouzeau:
Tom. I Andrienne – Eunuque, Paris ^{5}1979 (1942);
Tom. II Heautontimorumenos – Phormion, ^{5}Paris 1984 (1947), corrigé et augmenté par J. Gérard;
Tom. III Hécyre – Adelphes, Paris ^{4}1978 (1949).

Zur Einführung dienten die gleichbleibend wertvollen Arbeiten:

Ausgewählte Komödien des P. Terentius Afer ... erklärt von K. Dziatzko – E. Hauler, Bd. 1: Phormio, Leipzig und Berlin ^{4}1913;
K. Dziatzko – R. Kauer, Bd. 2: Adelphoe, Leipzig und Berlin ^{2}1921.
P. Terentius Afer, Andria, herausg. von R. Kauer, Text und Kommentar (2 Bde.), Bielefeld und Leipzig 1930.

Von Fall zu Fall wurden auch neuere Einzelausgaben eingesehen.

Zur Methodik seines Bemühens, griechische und lateinische Verstexte deutsch wiederzugeben, verweist der Übersetzer auf die im Nachwort „Zu dieser Ausgabe“ des Bandes „Griechische Lyrik“, Berlin und Weimar ^{2}1980, S. 656 zitierten Arbeiten, auf den Tagungsbeitrag „Zwischen Übersetzung und Neudichtung. Methodologische Probleme der Übersetzung als eines Mittels der Popularisierung altertumswissenschaftlicher Forschungsergebnisse“, Wiss. Zeitschrift der Univ. Rostock, 27. Jahrgang 1978, Gesellschafts- und sprachwiss. Reihe, Heft 7, S. 503 ff. sowie auf das Nachwort „Zu dieser Ausgabe“ des Bandes „Vergil. Werke in einem Band“, Berlin und Weimar ^{2}1987, S. 638 ff.

Von der bisherigen Praxis des Übersetzers unterscheidet sich der hier vorgelegte Terenzversuch vor allem durch *eine* Änderung. Sie betrifft die Versanzahl. Zwar hat der Übersetzer stets eine dem heutigen Deutsch gemäße Satzfügung jener des Originals vorgezogen, d. h. auch darauf verzichtet, die Reihenfolge der Verse des Originals dem Wortlaut nach genau zu übernehmen; er hat im deutschen Text in bestimmten Fällen Versumstellungen gegenüber dem Original vorgenommen in dem Bestreben, den Satzbau für den deutschen Leser klarer und übersichtlicher zu gestalten, als er es durch Beibehalten der antiken Reihenfolge hätte erreichen können. Dennoch ist es ihm möglich gewesen, bei allen bisher vorgelegten Arbeiten die Zahl der im deutschen Text erscheinenden Verse jener des Originals gleichzuhalten. Ausnahmen nach oben oder unten sind äußert selten.

Bei Terenz ist dem Übersetzer ein gleiches Verfahren nicht möglich gewesen. Der Gründe sind zweierlei. Zum einen bedient sich Terenz eines leicht gehobenen Alltagslateins, das sich, von meist durch den Sinn bedingten Ausnahmen abgesehen, durch treffende Kürze auszeichnet. Das Deutsche kann, formal gesehen, diese Kürze nachahmen, und mancher Übersetzer ist diesen Weg gegangen; er bietet sich zuweilen auch zwanglos an. In zahlreichen Fällen jedoch schien dem Verfasser dieser Zeilen durch eine quantitativ etwa entsprechende Wortzahl der Sinn des Originals für einen deutschen nichtfachmännischen Leser, dem eine belletristische Lektüre geboten werden soll, nicht in gleichem Maße klar durchschaubar zu sein, hätte auch manchmal eine zusätzliche Anmerkung erfordert. Deshalb entschloß er sich nach mehrmaligen unbefriedigenden Versuchen, von Fall zu Fall im Deutschen über die Zahl der lateinischen Worte und damit der Verse etwas hinauszugehen. Zum anderen verwendet Terenz, nach umgangssprachlicher Art, zur Bezeichnung von Personen, manchmal auch von Gegenständen oder bestimmten im Vorhergehenden genannten Tätigkeiten bzw. Geschehnissen sehr reichlich das Fürwort. Obwohl die Nuancierungsmöglichkeiten der Bedeutung lateinischer Fürwörter einschließlich der oft zur Verstärkung oder Verdeutlichung des Sinns gebrauchten Suffixe relativ zahlreich sind, haben schon antike Kommentatoren zuweilen gerätselt, auf wen bzw. was ein betreffendes „sein“, „ihr“, „deren“, „dessen“, „diese“, „es“ usw. zu beziehen sei. Es gibt nicht wenige Stellen, an denen mehr als eine Beziehung möglich ist, wobei dann naturgemäß der Sinn unterschiedlich ausfällt. Bei einer Bühnenaufführung konnten die Schauspieler zuweilen die jeweilige Bedeutung solcher Fürwörter durch entsprechende Mienen und Gesten, auch durch die Betonung oder Sprechrichtung erkennen lassen; in diesen Fällen hat der Übersetzer dem Verständnis durch eine Regienotiz zu dienen gesucht. Dennoch blieben der Stellen übergenug, an denen die Beziehung, zum mindesten auf den ersten Blick, unklar erscheint, eine Aufklärung allenfalls einige Verse später oder gar erst in einer anderen Szene erfolgt. In mehreren Fällen dieser Art hat der Übersetzer das Fürwort durch namentliche Nennung oder eindeutige Umschreibung der gemeinten Person bzw. durch die Bezeichnung des gemeinten Gegenstandes oder Geschehens ersetzt.

Diese Verfahrensweisen haben dazu geführt, daß im gebotenen deutschen Text *durchschnittlich* zehn Dialogversen des Originals zwölf gegenüberstehen. Da aus methodischen Gründen im Kolumnentitel der Seiten jeweils die Verszahlen des Originals geboten werden, möge ein des Lateinischen mächtiger Leser, der Original und Übertragung zu vergleichen wünscht, damit rechnen, daß er z. B. einen lateinischen Vers 26 im deutschen Vers 27 oder 28 wiederfinden kann.

Ein weiteres gelegentliches Abweichen vom Original sei erwähnt. Auch Terenz liebt, obwohl in wesentlich geringerem Grade als Plautus, das witzige Wortspiel. So lautet im *Mädchen von Andros* der Vers 218:

nam inceptiost amentium, haud amantium,

wörtlich etwa „dies Beginnen ist ja ein Zeichen von Verrückten, nicht von Verliebten". Die Pointe liegt hier in der Gegenüberstellung der fast gleichlautenden Worte amentium „Verrückten" – amantium „Verliebten". Sie wurde in Rom sprichwörtlich in der Form: Amantes amentes (sunt), „Verliebte sind Verrückte", was dem Sinn der deutschen Fassung „Liebe macht blind" entspricht. Nun bestünde für einen Übersetzer die ideale Lösung darin, eine Formulierung zu finden, die solche Pointe in seiner Sprache mit etwa gleicher Stärke zum Ausdruck bringt. Der Verfasser dieser Zeilen gesteht, daß es ihm selten vergönnt gewesen ist, deutsche Lösungen zu finden, die ihn auch nur halbwegs befriedigt hätten. Er hat sich in solchen Fällen meist für eine sachlich interpretierende Übertragung entschieden. Daß ein solches Verfahren einen Verlust bedeutet, streitet er in keiner Weise ab. Aber er zieht diesen Verlust einer Formulierung vor, die er angesichts unserer heutigen Ausdrucksmöglichkeiten als gequält und gekünstelt und zuweilen nicht einmal sachlich treffend empfindet, gemäß seinem schon wiederholt geäußerten Grundsatz: „Bestimmte Feinheiten und sinnige Nuancierungen der griechischen und lateinischen Originale sind in annähernd vollem Umfang nur an den Originalen selbst zu erkennen und zu genießen."

Bei der Wiedergabe der sprachlichen Bindung des Originals ist der Übersetzer nach seinen u. a. im Kapitel „Zur Metrik" des Bandes „Griechische Lyrik“, Berlin und Weimar ²1980, S. 648ff. dargelegten Grundsätzen verfahren. Der aus dem Dialogvers der griechischen Tragödie und Komödie, dem jambischen Trimeter, hervorgegangene römische Senar (senarius versus, „sechsfüßiger Vers“) weist gegenüber den auch schon in der griechischen Komödie möglichen „Auflösungen“ eine weitere Steigerung der Freizügigkeit auf: etwa 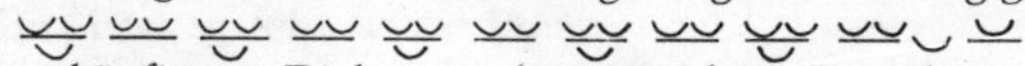.

Neben diesem häufigsten Dialogvers der römischen Komödie erscheinen in den Dialogen noch aus Jamben (⏑ –) bzw. Trochäen (– ⏑) bestehende sieben- (Septenare) und achtfüßige (Octonare) Verse, in den lyrischen Partien darüber hinaus freie, oft auch sieben- und achtfüßige Kombinationen griechischer Versfüße bzw. Verselemente. Eine Erörterung der auch hier reichlich begegnenden Freizügigkeiten und Ausnahmeerscheinungen wäre lediglich am Originaltext sinnvoll. Die bemerkenswert hohe Zahl der Freizügigkeiten, die sich in den römischen Varianten der griechischen metrischen Gebilde finden, erklärt sich aus dem Unterschied der Betonungssituation beider Sprachen. Das klassische wie das hellenistische Griechisch war überwiegend musikalisch, d. h. nach der Steigerung der Tonhöhe, akzentuiert, seine Metrik orientierte sich nach langen und kurzen Silben. Das Latein zur Zeit des Terenz war auch noch, vor allem in der Poesie, überwiegend musikalisch akzentuiert; in der Umgangssprache aber nahm der dynamische (oder exspiratorische), d.h. der durch Lautstärke hervorgehobene Akzent schon einen breiteren Raum ein als im zeitgenössischen Griechisch. Dieses Nebeneinander in unsere Sprache zu übertragen wäre ohne Künstelei kaum möglich. Aus diesem Grunde wählte der Übersetzer für die Wiedergabe des Senars einen deutschen steigenden Sechsheber mit freiem Ausklang, für die Wiedergabe der o. g. „Langverse“ wie für die lyrischen Partien freie Rhythmen. Dabei blieb ihm, wie in allen seinen bisherigen Versuchen, das Ziel maßgebend, einen natürlich, d. h. „prosaisch“ Lesenden zwanglos die sprachliche Bindung erkennen zu lassen. Eine Teilung der „Langverse“ wäre aus drucktechnischen Gründen unumgänglich gewesen, hätte sich freilich für einen Leser eher verwirrend als hilfreich erwiesen. Insofern hält der Übersetzer die Wiedergabe dieser den Umfang einer Druckzeile meist weit überschreitenden Verse als Prosatext für *einen* Weg unter mehreren möglichen anderen. Einem die Zeilen sinngemäß Sprechenden werden durch dieses Verfahren keine Beschränkungen auferlegt.

Die Schreibweise der Namen folgt in der Regel den Originalen. Sie bietet, mit Ausnahmen, latinisierte Formen des Griechischen.

Die in den Handschriften angeführten, im übrigen auch nicht einheitlich vorgenommenen und teilweise umstrittenen Einteilungen der Stücke in Akte und Szenen hat der Übersetzer nicht übernommen. Die meisten der Stücke lassen sich, unbeschadet kurzer, auch technisch bedingter Zwischenpausen, in einem Zuge durchspielen; in der Antike wurden derartige Pausen zuweilen durch Flötenmusik oder varietéähnliche Einlagen ausgefüllt. Das Auf- und Abtreten der Personen kennzeichnet der Übersetzer in den Regienotizen.

Für Leser, die über das in diesem Bande Gebotene hinaus ihre Kenntnis des Stoffes zu vertiefen und Hinweise auf die Sekundärliteratur zu erhalten wünschen, seien neben den o.g. grundlegenden Ausgaben noch einige weitere, teilweise populär gehaltene Schriften genannt. In die gesamte antike Kulturentwicklung eingebettet sind die Dichter der griechischen und der römischen Komödie in dem von Reimar Müller herausgegebenen Werk eines Autorenkollektivs „Kulturgeschichte der Antike“, Berlin, Bd. I: Griechenland, ^{3}1980; Bd. II: Rom, ^{3}1980. K. Büchner bietet eine interpretierende Darstellung der Werke des Plautus und Terenz in seiner „Römischen Literaturgeschichte“, Stuttgart ^{4}1968. Dem gleichen Gelehrten verdanken wir die Studie „Das Theater des Terenz“, Heidelberg 1974. Erich Reitzenstein untersucht die Rolle des „Terenz als Dichter“, Amsterdam 1940. Ausgewählte Arbeiten zum heutigen Forschungsstand bietet als Herausgeber E. Lefèvre in den Werken „Die römische Komödie: Plautus und Terenz“, Darmstadt 1973 (Wege der Forschung 236), und „Das römische Drama“, Darmstadt 1978 (Grundriß der Literaturgeschichten nach Gattungen). Beispiele moderner Terenzinterpretation finden sich in A. Thierfelder, Heautontimorumenos, Einl., Text und Erkl., Stuttgart 1981. Eine Spezialstudie widmete E. Lefèvre dem Verhältnis des Terenz zu seinen Vorlagen in der Schrift „Der Phormio des Terenz und der Epidikazomenos des Apollodor von Karystos“, in der Reihe Zetemata Nr. LXXIV, München 1978.

An fremdsprachigen Monographien seien B. A. Taladoire, Térence. Un théâtre de la jeunesse, Paris 1972, und L. Perelli, Il teatro rivoluzionario di Terenzio, Firenze 1973, empfohlen.

Die redaktionelle Betreuung der Ausgabe lag in den Händen von Wolfgang Ritschel.

INHALTSVERZEICHNIS

12,-